办案千件 胜在思维

Guidelines for the Cases of Public Prosecution

公诉案件办案思路指引

一位基层检察官的工作手记

韦兴顺 著

知识产权出版社
全国百佳图书出版单位

图书在版编目（CIP）数据

公诉案件办案思路指引：一位基层检察官的工作手记 / 韦兴顺著. —北京：知识产权出版社，2017. 12

ISBN 978 - 7 - 5130 - 5011 - 1

Ⅰ. ①公… Ⅱ. ①韦… Ⅲ. ①公诉—研究—中国 Ⅳ. ①D925. 04

中国版本图书馆 CIP 数据核字（2017）第 162405 号

责任编辑： 齐梓伊　　**责任校对：** 潘凤越

执行编辑： 刘春艳　　**责任出版：** 刘译文

封面设计： 张　悦

公诉案件办案思路指引

——一位基层检察官的工作手记

韦兴顺　著

出版发行： 知识产权出版社有限责任公司　　**网　　址：** http：//www. ipph. cn

社　　址： 北京市海淀区气象路 50 号院　　**邮　　编：** 100081

责编电话： 010 - 82000860 转 8176　　**责编邮箱：** qiziyi2004@ qq. com

发行电话： 010 - 82000860 转 8101/8102　　**发行传真：** 010 - 82000893/82005070/82000270

印　　刷： 北京嘉恒彩色印刷有限责任公司　　**经　　销：** 各大网上书店、新华书店及相关专业书店

开　　本： 787mm × 1092mm　1/16　　**印　　张：** 32. 5

版　　次： 2017 年 12 月第 1 版　　**印　　次：** 2017 年 12 月第 1 次印刷

字　　数： 500 千字　　**定　　价：** 78. 00 元

ISBN 978 - 7 - 5130 - 5011 - 1

序

韦兴顺同志从其执法经历中遴选、整理出75个存在争议的案例作为研究和讨论的素材，经过深入分析和思考，编著为《公诉案件办案思路指引》，很有意义。本书从实践出发，不断反思、探究、改进、提高，研究成果进一步指导实践，不仅是推动学术进步的重要方式，而且是实现司法人员专业化成长的重要路径。以案例为载体，提出问题、分析问题、解决问题，在进行案例评析的同时又注重对相关领域知识的融会贯通，增强说服力。书稿具有较强的思辨性、趣味性和启迪性。

《公诉案件办案思路指引》以生动鲜活的案例为素材，对实践问题展开思考，从一个侧面反映了基层司法的观念、模式、策略和方法，凝聚着司法实务家的经验与智慧，再现了作者从事刑事法律工作的心路历程、执法情怀、执法态度和职业担当，展现了一线基层检察官的职业风采。

《公诉案件办案思路指引》融刑法基本理论与司法实践活动于一体，从具体的案例和问题出发，记录了作者的理论思考和实践感悟，彰显了问题意识、主体意识和探索精神。理论与实践结合，司法实践中勇于反思，善于总结，勤于思考，这样形成的作品，能够有力推动司法观念、司法理论进步，促进司法能力提高。

《公诉案件办案思路指引》不仅对案例进行法理分析和结论评判，还把司法伦理融入其中，这对培育司法人员的职业情操非常必要。作为法律实务专家，能够充分关注法律职业人才成长中最为关键的职业伦理问题，实属难能可贵。正是职业伦理的有效约束，法律职业才能在维护社会公平正义的过程中发挥应有的作用。

如何把法律的一般正义转化为个案的具体正义，变为实实在在的社会效果，是一个重要的理论与实践课题。书稿对这一重大课题进行了很好的探究，促进了理论与实践的互动。在执法中研究，在研究中执法，体现了作者的职业担当和对法治精神的坚持与恪守，更是其践行“努力让人民群众在每一个司法案件中都感受到公平正义”的生动体现。

根据中央政法委员会、教育部“卓越法律人才教育培养计划”精神，2014年8月韦兴顺同志被西北政法大学聘任为首批校外兼职硕士研究生导师，曾多次来校授课交流，深受同学们欢迎。以问题为中心，以总结司法实务经验为重点，其对法学研究、法学教育的启示已超出了书稿本身的意义。作为基层司法队伍中的一员，像他这样能够孜孜以求，默默奉献，勇攀高峰，令人钦佩！

韦兴顺同志扎根法学教育和法律实践的沃土，以独特的视角观察、思考和研究，取得了可喜可贺的成果。法律是公平正义的艺术。“苟日新，日日新，又日新”，让我们共勉。

是为序。

汪世荣
西北政法大学校长助理、教授、博士研究生导师
二〇一七年十月十一日

目　录

第一章　刑法基础

第二章　犯罪论

第三章 刑罚论

第四章 刑事辩护

第一章　刑法基础

1. 主客观相统一原则的实践应用

——孔某某等人强迫交易案

【案情摘要】

被告人孔某某，男，1966 年 8 月 24 日出生，农民。

被告人杨某某，男，1970 年 12 月 9 日出生，农民。

被告人孔某，男，1972 年 4 月 25 日出生，农民。

被告人毛某某，男，1963 年 7 月 5 日出生，农民。

被告人姚某某，男，1979 年 9 月 24 日出生，农民。

被告人王某某，男，1980 年 12 月 2 日出生，农民。

被告人王某，男，1979 年 8 月 28 日出生，农民。

被告人刘某某，男，1980 年 3 月 20 日出生，农民。

2009 年 12 月 21 日，经他人介绍，党甲、党乙、权某某携带仿古工艺品入住三明商务宾馆 101 房，欲与孔某某交易“古董”，经双方商谈对货物价款未达成一致。被告人孔某某、孔某、杨某某、毛某某遂预谋进行盗窃，如果盗窃不成，就抢了“古董”后由孔某某、孔某带到江苏去卖。如果货是真的，就把钱给党甲，并给杨某某等 5 人好处费50 000元；如果货是假的就予以退还。被告人杨某某后找到刘某某、王某、姚某某、王某某，告知其有人带来了“古董”，现准备将他们控制住后把东西拿走再商量价格，事成后每人10 000元。次日，被告人杨某某和毛某某用偷配的101房钥匙偷开房门意欲行窃，但未得逞，被告人杨某某、刘某某、王某、姚某某入室按住党乙、权某某，被告人孔某、孔某某、毛某某将室内“古董”放到车上，给杨某某放下2000元钱和孔某的银行卡，让其照顾党甲等人的吃住，尔后开车离开。被告人杨某某将预谋内容告知党甲等人，并给党甲打了1张货物欠条，交给其800元钱作为生活费，将剩余的1200元钱分给了刘某某等人，后杨某某又带党甲等人到其家中认了家门，让对方查看了身份证。返回宾馆后，杨某某打电话把以上情况告诉了孔某某，孔某某等人均表示同意。12月23日，党甲将银行卡号发给孔某某用于打货款，孔某某在卡内打入现金5000元。期间，被告人孔某某将一手镯赠送给宾馆服务员，后因党甲报案被抓获。

破案后，扣押赃物30件。经鉴定，一般文物1件，其余均为工艺品，价值42 490元。

【诉讼意见与处理结果】

侦查机关以孔某某、杨某某、孔某、毛某某、姚某某、王某、王某某、刘某某涉嫌抢劫罪、移送审查起诉。公诉机关指控，被告人孔某某、杨某某、孔某、毛某某、姚某某、王某、王某某、刘某某的行为触犯了《中华人民共和国刑法》（以下简称《刑法》）第226条，应当以强迫交易罪追究其刑事责任。辩护意见认为，在交易过程中，被害方有欺诈行为，因其欺诈行为导致了本案的发生，被害人的行为已构成了诈骗犯罪，在不追究被害人责任的情况下，应对被告人予以减轻处罚。

一审法院认为，被告人孔某某、杨某某、孔某、毛某某、姚某某、王某、刘某某采用暴力、威胁手段强买强卖商品，情节严重，其行为构成了强迫交易罪。依照《刑法》规定，判决如下：

1. 被告人孔某某犯强迫交易罪，判处有期徒刑1年6个月，并处罚金10 000元；

2. 被告人杨某某犯强迫交易罪，判处有期徒刑1年6个月，并处罚金10 000元；

3. 被告人孔某犯强迫交易罪，判处有期徒刑1年6个月，并处罚金

10 000元；

4. 被告人毛某某犯强迫交易罪，判处有期徒刑1年，并处罚金8000元；

5. 被告人刘某某犯强迫交易罪，判处有期徒刑11个月，并处罚金7000元；

6. 被告人王某某犯强迫交易罪，判处有期徒刑1年，宣告缓刑1年，并处罚金7000元；

7. 被告人王某犯强迫交易罪，判处有期徒刑11个月，并处罚金7000元；

8. 被告人姚某某犯强迫交易罪，判处有期徒刑11个月，宣告缓刑1年，并处罚金7000元。

宣判后，被告人孔某某等人未上诉。公诉机关未抗诉。

【法律适用问题】

从诉讼过程来看，本案所涉及的问题，从形式上看是对抢劫罪与强迫交易罪该如何界别的问题，而实质上则是对主客观相统一原则如何把握应用的问题。

对被告人孔某某、杨某某、孔某等人的行为性质，认为构成抢劫罪的理由在于：被告人孔某某和杨某某在抢物品之前有预谋地实施过盗窃行为，物品被抢后，又将被抢的物品带回老家进行了藏匿，且对部分物品进行了处分，具有无偿占有的目的；被告人在客观上没有实际交易的行为，在夺取财物之时没有支付任何对价即将财物拿走，属于当场劫取他人财物；虽然被告人给被害人打过欠条承诺付款，并打回5000元钱，但该行为发生在抢劫行为之后，属于事后表现，其实质是以交易之名行抢劫之实。

认为构成强迫交易罪的理由在于：被告人与被害人是通过中间人的联系，约定从事“古董”交易。在交易过程中，被告人孔某某等人先后两次看了被害人的货物并商谈了价格。在夺取货物的过程中暴力手段轻微，被告人杨某某告诉了被害人预谋的内容，给被害人留下生活费用，又放下银行卡作为给被害人打货款的工具。从事后的表现来看，被告人杨某某让被害人认下其家门，告诉了身份证号，并打下了欠条，孔某某也表示认可。在案发前也存在实际的打款行为。这说明被告人和被害人之间，存在真实的交易关系，具有交易的意图和行为，不具有非法占有的故意，而是通过非法手段有偿占有。

被告人孔某某等人的行为是抢劫还是强迫交易，关键在于明确抢劫与强迫交易罪的概念及其差异。抢劫罪是指以非法占有为目的，采取暴力、胁迫或者其他方法抢劫公私财物的行为。强迫交易罪是指以暴力、威胁手段强买强卖商品、强迫他人提供服务或者强迫他人接受服务，情节严重的情形。两罪都侵犯了公民的人身权利和财产权利，但对法益侵害的侧重点不同，强迫交易罪强调的是犯罪行为对市场交易秩序和公民公平自愿交易权的侵犯，抢劫罪强调的是对财产权利的侵犯。从主客观表现来看，强迫交易罪中现实的交易事实存在是实施暴力、胁迫行为的前提条件；而抢劫罪中的行为人则根本没有交易的目的，行为人所追求的是如何非法占有他人财物。即在抢劫罪中行为人实施暴力、胁迫行为的目的是非法占有他人财物，而在强迫交易罪中，行为人实施暴力、胁迫的最终目的是完成非法交易。

主观故意见之于客观行为。从案件的发生、发展过程来看，无论是从事先预谋的内容，还是从事中、事后的表现来看，都反映出被告人孔某某等人具有交易的意图和行为事实存在，行为人之所以实施暴力，就在于企图通过暴力行为来抑制对方的反抗，迫使对方违背意愿来达到非法交易的目的。预谋的内容也表明，其间所实施的窃取行为亦在于通过秘密方式占有对方财物后来实现强迫交易的目的，即“先斩后奏”。无论是盗还是抢，其主观意愿主要是想通过非法手段夺取被害人货物中的利益，而不是非法占有货物，不存在以交易之名行抢劫之实的问题，且暴力手段轻微，应被抢劫罪的构成要件及其要素所排斥，按照主客观相统一的定罪原则，以强迫交易认定更为妥当。

另外辩护意见认为被害人有诈骗犯罪行为，那么被害人将工艺品当作文物交易出售，其行为是否也构成了诈骗犯罪？从案情来看，被害人的目的是为了投机经营，并没有对“古董”的来历、性质等特征进行虚假陈述，只是开出了出卖的价格，即没有实施诈骗犯罪所要求的欺诈行为，也不存在被告人受骗后被害人处分财物的问题。被害人的行为并不构成诈骗罪，以此为由认为应对被告人减轻处罚的辩护意见不能成立。

对具体犯罪的确认，既要注重概念化思考，更要注重类型化思考，在此过程中，只有遵循从客观到主观、从事实到规范、从形式到实质的判断顺序，才有可能得出合理的结论。

【办案札记】

主客观相统一是评价事实、认定犯罪的基础性原则。只有行为人的主观认识活动与行为的客观事实相符，达到主客观相一致时，才能定罪。否则，就无法划分罪与非罪的界限，难以界定意外事件、正当防卫、紧急避险等事件或者行为的性质。那么，在具体犯罪的认定中如何才能做到主客观相统一？

1. 在法律层面上，判明具体犯罪构成的主观要件和客观要件。

犯罪构成要件是认定罪与非罪、此罪与彼罪的基本标尺。同时，犯罪构成又是主观要件与客观要件的统一。要做到主客观相统一，首先必须明确法律规定的具体犯罪主观要件和客观要件是什么。在把握了该前提的基础上，才能判断事实与规范的符合性问题。如行为人为赚取暴利，将从市场上购买的普通玉米种子，伪造包装后作为优质种子销售，致使玉米减产，造成较大损失的。要确定行为人构成的是销售伪劣种子罪还是诈骗犯罪，就必须明确二者的主观要件和客观要件是什么，区别在哪里。诈骗罪与销售伪劣种子罪相比，在主观上，前者是为了非法占有财物，后者是为了获取非法利润；在客观上，前者缺乏基本、真实的交易事实，而后者存在真实的交易事实，只是交易对象的质量存在问题。通过比较二者的主客观要件就可以看出，上例中的行为人虽有欺诈行为，但与诈骗犯罪的主客观要件并不符合，当属于销售伪劣种子罪。

2. 在事实层面上，明确具体案件的主观事实和客观事实及其相互关系。

只有在一定的主观罪过支配下实施了危害社会的行为，且这种主观上的罪过和客观上的危害行为具有一定的因果关系时，才能认定其为犯罪。所以，对行为事实的认定，首先，应从行为人的主观恶性和行为的社会危害性两方面去把握，不仅要关注已然发生的客观行为及其后果，同时要考虑导致危害行为及后果产生的行为人的主观心理状态。不存在主观恶性或者不存在客观危害，就不能认定行为人构成犯罪。其次，原因先于后果，主观罪过作为客观行为发生的原因，决定了主观罪过先于或者同时于客观行为。对于产生于客观行为及结果之后的主观意识，就不存在引起与被引起的因果性，当然不能成为案件的主观事实。最后，主观事实与客观事实必须符合一致，客观危害必须是主观恶性的外化，即主观事实与客观事实在具体内容上存在着一致性。如果不一致，就不应在该层面上进行评价。如对因盗窃而抗拒抓捕实施伤害行为的转化犯，就不能仅停留在盗窃或者伤害的事实层面上评价其主观内容。

3. 在方法层面上，做到主观评价与客观事实、法律规范相符合。

主客观相统一原则的主观和客观不仅仅是主观要件与客观要件，更主要是对犯罪的评价标准。① 在判断和认定行为人的行为是否构成犯罪以及构成何种犯罪时，应当将行为人的主观和客观因素有机地结合起来，主观犯意要得到客观行为的证实，客观行为才能说明主观犯意的确定性，认定犯罪时必须使主观与客观在内容上始终保持一致性，使行为人的主观罪过与客观危害紧密关联。如收受贿赂后将部分财物用于单位活动，并不能改变行为的性质。原因就在于行为人在主观上具有收受贿赂的故意，客观上实施了收受贿赂的行为，国家工作人员的职务廉洁性已受到侵犯，整个犯罪行为已经完成。如果将收受贿赂后用于单位活动的部分财物从中扣除不以犯罪论，必然导致主客观相分离。

思维往往主导法律。在定罪活动中，应当以主观与客观相统一作为认定事实和裁判案件的基本观念，以规范的思维方式和法律方法，归纳、评价案件事实。一方面要做到主观认识与案件的客观法律事实相符合，使案件本身的事实能够得到全面而又非重复的评价。如果把故意伤害认定为故意杀人，或者相反，就是主观认识与案件事实中的主观要件事实不符；如果把敲诈勒索行为认定为抢劫行为，或者相反，就是主观认识与案件事实中的客观要件事实不符。另一方面要做到主观认识与法律规范相符合，从理性、正义的角度解读法律规范，使客观的法律规范与主观的思维方式相符合，而不能根据特定裁判结果的需要去发现法律、适用法律和处理案件。

---

① 王勇：《定罪导论》，中国人民大学出版社1990年版，第34页。

【法规链接】

《中华人民共和国刑法》

第二百二十六条 以暴力、威胁手段，实施下列行为之一，情节严重的，处三年以下有期徒刑或者拘役，并处或者单处罚金；情节特别严重的，处三年以上七年以下有期徒刑，并处罚金：

（一）强买强卖商品的；

（二）强迫他人提供或者接受服务的；

（三）强迫他人参与或者退出投标、拍卖的；

（四）强迫他人转让或者收购公司、企业的股份、债券或者其他资产的；

（五）强迫他人参与或者退出特定的经营活动的。

第二百六十三条 以暴力、胁迫或者其他方法抢劫公私财物的，处三年以上十年以下有期徒刑，并处罚金；有下列情形之一的，处十年以上有期徒刑、无期徒刑或者死刑，并处罚金或者没收财产：

（一）入户抢劫的；

（二）在公共交通工具上抢劫的；

（三）抢劫银行或者其他金融机构的；

（四）多次抢劫或者抢劫数额巨大的；

（五）抢劫致人重伤、死亡的；

（六）冒充军警人员抢劫的；

（七）持枪抢劫的；

（八）抢劫军用物资或者抢险、救灾、救济物资的。

第二百六十六条 诈骗公私财物，数额较大的，处三年以下有期徒刑、拘役或者管制，并处或者单处罚金；数额巨大或者有其他严重情节的，处三年以上十年以下有期徒刑，并处罚金；数额特别巨大或者有其他特别严重情节的，处十年以上有期徒刑或者无期徒刑，并处罚金或者没收财产。本法另有规定的，依照规定。

2. 刑法谦抑性原则的实践应用

——马某等人贪污案

【案情摘要】

被不起诉人马某，男，1972 年 10 月 23 日出生，水利勘测设计队负责人。

被不起诉人王某某，男，1972 年 10 月 23 日出生，水利勘测设计队员工。

2008 年至 2009 年，被不起诉人马某利用其担任市水利勘测设计队负责人的职务便利，私自以市水利勘测设计队的名义和资质，伙同王某某为市国土局土地整理开发项目办公室（以下简称市项目办）进行土地复垦项目的勘测设计，以水利勘测设计队的名义先后收取市项目办支付的勘测设计费115 000元，支付雇佣人员劳务等费用60 000元后，将剩余55 000元设计费与王某某各分得33 000元和22 000元。

【诉讼意见与处理结果】

侦查机关以马某、王某某涉嫌贪污罪移送审查起诉。辩护意见认为，马某、王某某的行为虽然违纪违规，但不违反刑事法律，其行为没有社会危害性，缺乏构成犯罪的事实基础，不应当以犯罪论处。公诉机关认为，马某、王某某的贪污行为情节显著轻微，危害不大，依据《中华人民共和国刑事诉讼法》（以下简称《刑事诉讼法》）第 173 条第 1 款的规定，决定对马某、王某某不起诉。

宣布后，侦查机关未提出复议。

【法律适用问题】

在诉讼过程中，对马某、王某某的行为是否构成贪污罪，形成两种不同认识。一种意见认为，马某、王某某的行为构成贪污罪，理由在于：马某是受市国土局土地复垦项目办的委托从事工程设计，工程设计是其利用单位资质，以单位名义承揽并以所在单位名义完成的，获取的报酬应当属于其所在单位，马某、王某某将设计费用私自处分的行为，构成贪污罪。另一种意见认为，马某、王某某的行为不构成贪污罪，理由在于：马某、王某某的行为性质当属利用单位资质和自身的技术，兼职从事工程设计收取费用的行为，在该行为过程中，马某、王某某自行组织管理，自行组织设计，且是利用业余时间完成，付出了大量劳动，所在单位既未参与组织管理、设计，也未提供人力、物力、财力，其所获取的报酬应属于其劳动的“对价”，不应以犯罪论处。但其利用单位资质的行为，对所在单位的权益有所侵犯，当建议由纪检监察机关或者所在单位进行纪律处分。

“犯罪的本质不在于犯罪人获得利益，而在于行为侵犯了合法权益。”① 对技术人员利用业余时间从事有偿技术服务，获取报酬的行为，是否具有刑事违法性，应当着重判明该行为是否具有法益侵犯性，即其行为是否因违反了法律、法规、政策而侵害了相关法益。如果其所实施的行为并未侵犯所在单位权益，根据市场经济等价交换的原则，就应获得相应的报酬，获得报酬的行为就不应当受到刑法的非难，而应当受到刑法的保护。同时，刑法的严厉性、保障性和谦抑性也决定了刑法与其他部门法在调整内容、行为后果上具有一定的衔接协调性。所以，对于一些侵犯法益的行为，只有在运用民事、行政的法律手段，仍不足以有效调整时，才能通过相应的刑事司法活动予以解决，即刑事手段只是在其他制裁性手段难以奏效时才不得已而使用的措施，具有最后手段性。换而言之，对于轻微脱逸社会相当性的行为，不应纳入刑法的调整范围。

在本案中，需要明确两个问题，一是马某、王某某私自利用单位资质，

---

① 张明楷：《刑法格言的展开》，法律出版社 1999 年版，第 101 页。

以单位名义承揽工程设计项目的行为是否存在受委托从事公务的问题。马某以水利勘测设计队的名义为市项目办进行土地复垦项目的勘测设计，收取勘测设计费的行为，本身是平等协商的结果，属于平等主体之间的民事合同关系，而非行政上的委托合同关系，没有受委托从事公务的事实存在。二是获取的报酬是否应归属于所在单位。马某、王某某私自利用单位资质，以单位名义承揽工程设计项目后，利用业余时间自行组织管理，自行组织设计，所在单位既未参与组织管理、设计，也未提供人力、物力、财力。尽管其私自利用单位资质的行为对单位权益有所侵犯，因为单位的资质也是一种无形资产，但在从事工程设计收取设计费用的行为过程中，既未利用职务技术成果，亦未使用单位技术装备，设计行为并未侵犯所在单位技术及其他利益，获取报酬主要属于其付出劳动的“对价”，对单位权益的侵犯程度极其有限。从整体上来看，马某、王某某的行为，实质上是职务之外的劳动，是一种具有商品交换性质的行为。对其予以党纪或者行政处理完全可以达到惩罚与教育相结合的目的，尚无刑法介入的必要，不应当以犯罪论处。

不是每一个违法行为都必须受到追诉，谦抑是刑法的基本价值观念。对犯罪的认定，应当在坚守刑法原则的基础上，保持必要的谨慎与克制，使谦抑成为刑事司法活动的基本格调，从而抑制不必要的犯罪认定和刑罚适用。

【办案札记】

“刑法既是善良人的大宪章，也是犯罪人的大宪章。”在刑法的适用中，如何体现刑法的谦抑性，把静态的法律精神转化为动态的执法效果是一个值得思考的问题。

刑法的谦抑性，是指立法者应当力求以最小的支出——少用甚至不用刑罚（而用其他刑罚替代措施），获取最大的社会效益——有效地预防和控制犯罪。[①] 其具体内容包括“罪”的谦抑性和“刑”的谦抑性两个方面。“罪”的谦抑性是指刑法调控范围的有限性和补充性。“刑”的谦抑性是指刑罚程度的经济性和宽容性。前者着眼于刑法介入的充分性、必要性问题，后者着

① 陈兴良：《刑法的价值构造》，中国人民大学出版社 2006 年版，第 292 页。

眼于刑法介入后刑罚的人道性问题。在实务工作中，既要关注“罪”的谦抑性，也应当关注“刑”的谦抑性。

1. “法无明文规定不为罪，不处罚。”

罪刑法定以抑制处罚为基本精神，体现着刑罚权行使时的紧缩、经济、宽容思想。在司法实践中，对犯罪的认定应当谦让、内敛，而非张扬、外放，尽量克减不必要的犯罪认定和刑罚适用，要在遵守罪刑法定原则、适用刑法平等原则和罪责刑相适应原则的前提下，积极贯彻落实宽严相济刑事政策，保持刑事手段介入的滞后、谨慎而不是优先。当刑事手段已经介入时，既要注重追诉犯罪与保障人权的平衡，也要注重惩治犯罪与教育挽救的平衡。如当对行为事实存在合理怀疑时，应作出有利于被告人的选择；当行为事实处于有罪和无罪之间时，应当认定为无罪，做到“疑罪从无”；当行为事实处于重罪与轻罪之间时，应当认定为轻罪，做到“疑罪从轻”。

2. “没有法益则没有法律规范。”

刑法处罚的范围限于侵犯法益的行为。对于那些没有侵犯法益的行为，应排除在刑法的保护圈之外。对于侵犯法益的行为，也不是皆可入罪。《刑法》第 13 条中的但书规定“情节显著轻微危害不大的，不认为是犯罪”。显然，某些已经符合犯罪构成要件，但没有达到需要刑罚惩治程度的社会危害行为，就不应当认定为犯罪，即在对违法行为的实际处理上，将一些情节轻微的行为不作为刑法调整的对象。具体而言：其一，对于某些从法律上评价虽然也是不好的行为，但是其性质上却是无关紧要的东西，刑法不应加以调控；其二，对于某些不合正统的观念和看法，不宜采用刑法调控；其三，对于轻微的过错、一般的违法行为不应用刑法加以控制；其四，对于私人道德领域的有关行为，不宜多采用刑法调控；其五，对于有关宗教、风俗、习惯方面的行为，刑法不宜调整。①

3. “没有责任便没有刑罚。”

责任主义要求对于不可归责于行为人的事实，不能令行为人承担责任。如影响定罪的结果与事实，只能是可以归责的结果与事实，对不属于可以归

① 陈正云：《刑法的精神》，中国方正出版社 2007 年版，第 505 ~ 506 页。

责的行为及结果，不能成为案件事实，更不能把与行为人无关联的事实、情节作为刑罚处罚的对象。如在交通肇事案件中，对行为人的逃离现场的事实是否属于“逃逸”，必须针对具体情况进行符合法理和生活常情的判断，不能不分青红皂白，把行为人离开现场的表现一概认定为“逃逸”。所以，在案件事实的认定上，必须以证据为依托，按照从客观到主观的顺序进行归纳，既要符合法理也要符合社会常理。证据不足，则事实不清，责任不明。如没有意思联络的数人同时伤害他人造成轻伤结果，若证据表明该轻伤由一人行为所致，但却不能确认该轻伤为何人造成时，则不应追究其中任何人的刑事责任。

4. “刑罚与其严厉不如缓和。”

“宽容是最高的德行。”刑事司法活动应当张扬刑法谦抑的格调，在坚持罪责刑相适应原则的前提下，保持刑罚的克制、节俭、经济，防止刑罚过度。如在诉讼程序的选择上，当出现可起诉可不起诉的情形时，应当尽可能选择不起诉；对于起诉后已经确定为犯罪的，进行刑罚裁量时，只能针对与行为人有关联的事实、情节，不能把无关联的事实、情节作为刑罚处罚的对象；在刑种、刑期的选择上，能不用重刑时即不用重刑，能不用刑时则不用刑；对自首、坦白等法定的“可以型”从宽情节，在量刑时，一般应当以从宽为原则，不从宽为例外。在刑罚执行中，应当体现人道、宽容的精神，在保证执法行为符合法理的同时，也应尽可能地使执法行为符合社会常识、情理。

对刑法谦抑性原则的适用，要注意防止两种错误做法：一是对法定的行政犯，不能先入为主地去实行“刑事优先”。行为违反国家经济、行政管理法规是构成经济、行政犯罪的基本前提和依托。当缺乏经济、行政法的违法性评价时，刑法就不能优先介入而判断为犯罪，[①] 这是刑法最后手段性的必然逻辑。二是谦抑性原则仅仅体现在适用刑法这同一部门法之中。当其某一行为同时触犯两种轻重不一的部门法时，法律适用上首要选择的是“重法优于轻法”原则而非“谦抑性”原则。所以，当某种危害程度严重的行为，在既违反行政经济法规范，又触犯刑法规范的情况下，不能根据刑法的“谦

① 游伟：“反思刑事优先论”，载《检察日报》2010 年 3 月 18 日。

抑性原则”直接适用经济行政制裁而排除刑法的适用。[①]

【法规链接】

《中华人民共和国刑法》

第十三条 一切危害国家主权、领土完整和安全，分裂国家、颠覆人民民主专政的政权和推翻社会主义制度，破坏社会秩序和经济秩序，侵犯国有财产或者劳动群众集体所有的财产，侵犯公民私人所有的财产，侵犯公民的人身权利、民主权利和其他权利，以及其他危害社会的行为，依照法律应当受刑罚处罚的，都是犯罪。但是情节显著轻微危害不大的，不认为是犯罪。

第三百八十二条 国家工作人员利用职务上的便利，侵吞、窃取、骗取或者以其他手段非法占有公共财物的，是贪污罪。

受国家机关、国有公司、企业、事业单位、人民团体委托管理、经营国有财产的人员，利用职务上的便利，侵吞、窃取、骗取或者以其他手段非法占有国有财物的，以贪污论。

与前两款所列人员勾结，伙同贪污的，以共犯论处。

《中华人民共和国刑事诉讼法》

第一百七十三条 犯罪嫌疑人没有犯罪事实，或者有本法第十五条规定的情形之一的，人民检察院应当作出不起诉决定。

对于犯罪情节轻微，依照刑法规定不需要判处刑罚或者免除刑罚的，人民检察院可以作出不起诉决定。

人民检察院决定不起诉的案件，应当同时对侦查中查封、扣押、冻结的财物解除查封、扣押、冻结。对被不起诉人需要给予行政处罚、行政处分或者需要没收其违法所得的，人民检察院应当提出检察意见，移送有关主管机关处理。有关主管机关应当将处理结果及时通知人民检察院。

---

① 屈学武：“正确理解刑法的谦抑性原则”，载《光明日报》2003年11月4日。

3. 刑法有无明文规定的实践判断

——单某等人非法行医案

【案情摘要】

被告人单某，男，1967 年 5 月 12 日出生，药店业主。

被告人邵某某，女，1970 年 12 月 18 日出生，药店雇员。

2003 年 4 月 19 日，王某在丈夫陪同下到被告人单某的药店，请求放置节育器以防怀孕，被告人单某在明知自己没有行医资格的情况下答应后，从他人处找来“T”型节育器，安排无行医资格的药店工作人员邵某某给王某上了节育器。4 月 26 日，王某感觉身体不适前来检查，被告人单某又指使邵某某给王某摘取节育器，未能取出。当晚，王某被送入医院治疗，诊断为回肠、子宫穿孔。经鉴定，因异位节育器致王某回肠、子宫破裂，阑尾摘除，为重伤。

【诉讼意见与处理结果】

侦查机关以单某、邵某某涉嫌非法进行节育手术罪移送审查起诉。公诉机关指控，被告人单某、邵某某的行为触犯了《刑法》第 336 条第 1 款，应以非法行医罪追究其刑事责任。辩护意见认为，单某、邵某某在王某宫内放置宫内节育器的行为是在王某请求下进行的，是为了帮助他人节育而实施的，其行为不违法。摘取宫内节育器致人重伤，应当属于过失致人重伤罪，不应以非法行医罪对待。诉讼代理人认为，根据《刑法》第 336 条第 2 款的规定，对单某、邵某某摘取宫内节育器的行为，以非法行医定性违反罪刑法定原则。

一审法院认为，被告人单某、邵某某明知自己没有从事医疗活动的资格，却擅自从事医疗活动，致人重伤，情节严重，其行为已构成非法行医罪。依照《刑法》规定，判决如下：

1. 被告人单某犯非法行医罪，判处有期徒刑3年6个月，并处罚金3000元；
2. 被告人邵某某犯非法行医罪，判处有期徒刑3年，并处罚金3000元。

宣判后，被告人单某、邵某某未上诉。公诉机关未抗诉。

【法律适用问题】

对被告人单某、邵某某的行为性质，侦查机关和诉讼代理意见评价的基点为其擅自摘取宫内节育器的行为，按照《刑法》第336条第2款的规定，“摘取宫内节育器，情节严重的”构成非法进行节育手术罪。那么，公诉机关和审判机关以非法行医罪定性是否违反了罪刑法定原则呢？

罪刑是否法定关键在于行为的本质属性是否被刑法规定为犯罪，而不在于仅从形式上看刑法条文中有无相应的文字术语。或者说，对罪刑法定原则，不能从字面上理解法律上是否有明文规定，而应该从实质上分析该行为是否符合法律规定，并且是如何规定的。根据《刑法》第336条的规定，非法行医罪是指未取得医生执业资格的人，擅自从事医疗活动，情节严重的行为；非法进行节育手术罪是指未取得医生执业资格的人，擅自为他人进行节育复通手术、假节育手术、终止妊娠手术或者摘取宫内节育器，情节严重的行为。

对于被告人单某、邵某某的行为事实，首先，就“摘取宫内节育器”在法条中的含义而言，仅仅是指为了破坏计划生育而将合法放置的节育器从宫内摘除的行为，这是法条的逻辑含义。对于被告人单某、邵某某为了他人节育而放置节育器，又因放置节育器导致身体异常再摘取的行为，并没有侵犯国家对计划生育工作的管理秩序，当然不存在侵害非法进行节育手术罪所保护的法益问题。其次，就罪刑法定原则而言，罪刑法定原则所要求的罪之法定是指某种行为是否构成犯罪必须事先由法律作出明文规定，当某一行为的事实特征不符合某一法律条文的内在要求时，当然也不符合罪之法定的要求，也就是说罪刑法定以犯罪构成的法定为基础。既然被告人实施的“摘取宫内节育器”行为不符合非法进行节育手术罪的客观要件，那么其行为就至少没有被该罪直接涉及的条文所法定，被告人单某、邵某某的行为当然不构成非法进行节育手术罪。最后，就评价方法而言，放置和摘取宫内节育器是在同一犯意支配下一个行为过程的两个阶段，应当从危害行为的整体性出发，视为一个行为整体。如果将本案中的放置宫内节育器的行为和摘取宫内节育器的行为割裂开来，只看到摘取宫内节育器的行为或者放置宫内节育器的行为，则不能对其非法医疗活动进行全面有效的评价，或会导致将非法放置节育器的行为认定为非法行医罪，而将非法摘取节育器的行为认定为非法进行节育手术罪的重复评判结论，这显然有违法理，也有违逻辑。这说明，分析机关和审判机关对被告人单某、邵某某的行为评价为非法行医罪，是对罪刑法定原则的遵守而不是违反。

罪刑法定只是刑法条文的类型化而不是具体化。所以，罪刑是否法定，不能持僵化的法条主义思想，只重视形式判断、逻辑判断而排斥实质判断、价值判断。司法人员在适用法条的过程中，应当在正确把握法条基本内涵的基础上，明确法言法语的定义域，既要体现对法律形式的尊重，也要体现实质正义的要求，在实质正义与形式正义之间寻找最大的平衡点，做到“理魂法形”，而不是望文生义，“白马非马”，机械地生搬硬套。

【办案札记】

《刑法》第3条规定：“法律明文规定为犯罪行为的，依照法律定罪处刑；法律没有明文规定为犯罪行为的，不得定罪处刑。”那么，如何判断刑法有无明文规定呢？

1. 明确刑法有无明文规定的外延。

从整体范围来看，罪刑法定中的“法”，包括刑法典、单行刑法、有关刑法修正案、附属刑法以及刑事立法解释等由国家立法机关制定的有效的刑事法律规范。凡是以上法律有明文规定的，即刑法有明文规定。同时，司法解释是对法律条文的具体化、明确化，在事实上具有法的意义和作用，亦不应排除在外。如最高人民法院、最高人民检察院《关于办理利用信息网络实施诽谤等刑事案件的解释》（法释〔2013〕21号）第5条第2款规定：“编造虚假信息，或者明知是编造的虚假信息，在信息网络上散布，或者组织、指使人员在信息网络上散布，起哄闹事，造成公共秩序严重混乱的，依照《刑法》第二百九十三条第一款第（四）项的规定，以寻衅滋事罪定罪处罚。”尽管，网络空间不能成为公众可以自由出入的公共场所，但利用网络空间编造、故意传播虚假信息同样会造成公共秩序严重混乱，在此意义上，与《刑法》第293条第1款第4项的规定具有等价性，即行为具有法定性。①

从具体法条内容来看，判断某一行为是否属于具体条文法定的调控范围，应该从法律体系的角度对该条文的内容进行整体分析。如《刑法》第276条规定：“由于泄愤报复或者其他个人目的，毁坏机器设备、残害耕畜或者以其他方法破坏生产经营的，处三年以下有期徒刑、拘役或者管制；情节严重的，处三年以上七年以下有期徒刑。”那么，对于不合法的生产经营活动是否属于破坏生产经营罪的保护范围？有观点认为，破坏生产经营罪保护的对象是正常的生产经营活动，正常的生产经营活动应当属于合法的生产经营活动，不包括非法的经营活动，对于破坏非法经营活动的行为，依照罪刑法定原则不能认定为破坏生产经营罪。事实上，从《刑法》第276条的规定中并不能得出任何不法经营活动都不属于破坏生产经营罪保护范围的结论。相反，从法秩序的统一性和法益保护的必要性来看，对于一些轻微违法行为，如没有营业执照开业经营小商店的行为等，由于其生产经营行为并未严重超出法秩序可容忍的范围，理当受到破坏生产经营罪的保护，否则就会背离人们朴素的正义观念。但对于严重违法的生产经营活动，如非法制造毒品、淫秽物品的地下工厂等，就不应受该罪的保护。因为这类行为本身具有犯罪性，超

① 网络社会作为一种特殊的“虚拟空间”，实际上也是现实社会的一部分，网络公共秩序也是社会公共秩序的重要组成部分。特别是随着信息技术的快速发展和信息网络的普及，信息网络与人们的工作、生活、生产、经营活动已经密不可分、融为一体，成为现实生活的重要延伸和组成部分，互联网门户网站、公共微博平台等网络空间同样具有“公共场所”属性。从字面含义来看，公共场所是指属于社会的、公共的场所。公共场所既可以包括现实社会真实存在的“车站、码头、民用航空站、商场、公园、影剧院、展览会、运动场”等场所，也可以包括门户网站、面向公众开放的论坛等互联网上开放性的电子信息交流“场所”。将微博、门户网站等开放性的网络公共平台做符合信息社会形势变化的解释，没有超出刑法用语可能具有的含义，也未超出社会民众的预测可能性。参见彭东主编：《刑事司法指南》2013年第4集（总第56集），法律出版社，第189页。

出了破坏生产经营罪所调整的法益范畴。所以，对具体法条的调控范围的确定，应当从正义的观念出发，按照法律规范的目的、作用从整体上来衡量判断是否被刑法法定。

2. 把握刑法有无明文规定的内涵。

出于立法技术的原因，刑法明文规定的情形大致可分为三种：一是显形规定，即法律文本在字面上的直接规定；二是隐性规定，即法律文本在内容上的逻辑包容；[①] 三是提示性规定，又称注意规定。无论哪种规定，都属于罪刑法定的范畴，即刑法有明文规定。

（1）对于显形规定应当明确：第一，刑法有无明文规定，应当恪守刑法的用语，不能背离刑法规范的文义，不得超出用语可能文义的范围。如在渎职类徇私犯罪中，“徇私”应当理解为徇个人之私，而不应当包括徇单位之私，这样认识才既符合“徇私”本身的含义又符合刑法规范的文义。但是法律有特别规定的依照规定。如徇私舞弊不移交刑事案件罪中的“徇私”，根据最高人民检察院《渎职侵权犯罪案件立案标准的规定》，既包括徇个人之私也包括徇单位之私。第二，就一个具体的法条而言，对用语含义的理解要符合该法条的语言环境和逻辑结构特点。如在妨害公务罪与抢劫罪中，犯罪手段均可表现为“暴力”，刑法显然没有明文规定两个罪中的暴力的不同性。但是，根据法条的逻辑结构特点可知，妨害公务罪中的“暴力”只限于轻伤范围以内，而抢劫罪中的“暴力”，则涵括轻微伤、轻伤、重伤甚至死亡。显然，不能因为法条内容中对“暴力”的范围没有明文规定，就认为所有法条中“暴力”的含义都是等同的。否则，必然会得出违背法条本身逻辑结构特点和违反罪刑相适应原则的结论。

（2）对于隐形规定应当明确：第一，罪刑法定的本质是行为类型的法定性。“对罪刑法定中的罪之法定的理解，必须透过刑法条文词句术语的表面差异，抓住词句术语承载的刑法规范的实质内容和精神要义，关键是发现刑法规范所确定的类型化的罪行的种类、性质及其下限。”[②] 如非法拘禁罪，其

---

① 陈兴良、周光权：《刑法学的现代展开》，中国人民大学出版社2006年版，第72页。

② 姜伟、陈正云：“罪刑法定与刑法解释”，载《人民检察》2001年第1期。

本质特征在于已满16周岁具有刑事责任能力的人实施了非法剥夺他人人身自由的行为。至于具体的手段法律并没有限制，既可以采用强暴、引诱、欺骗、非法“监护”以及使用药物使人失去知觉等积极作为的方式拘禁；也可以采取消极不作为的方式拘禁。因此，刑法有无明文规定，不是指对危害行为的具体形式、方法、步骤有无明确规定，而是指行为类型及其特征是否被刑法分则的相关条款予以规制。第二，对于具体犯罪主客观方面的认定，还应当从具体法条的内在本质上全面把握。如有的诈骗犯罪的法条中并没有规定“以非法占有为目的”，但是以非法占有为目的是“诈骗”二字的基本内容，是一切诈骗犯罪的题中应有之义。又如《刑法》第116条、第119条第1款规定的破坏交通工具罪，法条中并没有明文规定必须是“正在使用”的交通工具，但要构成本罪，其犯罪对象必须是正在使用的交通工具，这是由其危害公共安全的本质性特征所决定的。所以，“正在使用”是法条本身的逻辑内涵，不能以刑法条文中没有“正在使用”的文字规定为由，将破坏非正在使用中的交通工具认定为破坏交通工具罪。

（3）对于提示性规定应当明确：提示性规定，就是提示适用时应当注意的规定。刑法分则性规范中有无该项规定，并不影响法律的适用，完全可以根据刑法的基本原理、原则来认定。如《刑法》第382条第3款规定的“与前两款所列人员勾结，共同贪污的，以共犯论处”就是一个提示性规定，即便没有该规定也完全可以按照共同犯罪理论来认定为共犯。不能因为《刑法》第386条对非国家工作人员与国家工作人员共同勾结受贿的没有类似的规定，就认为前者法有明文规定，后者法无明文规定，从而得出非国家工作人员与国家工作人员勾结受贿不成立受贿罪共犯的结论。因为无身份的人可以成为有身份人的共犯，这是共同犯罪的一个基本原理。又如《刑法》第171条第1款规定的“出售、购买伪造的货币，或者明知是伪造的货币而运输，数额较大的，处……”并不是表示出售、购买的时候不明知是伪造的货币也构成犯罪，而运输伪造的货币必须是明知的才能构成犯罪，实际上只要是故意犯罪，在主观上都应当是明知的，这是刑法总则明文要求的。可见，该条文中的“明知”仅仅是一个提示性规定。

刑法是一个具有整体性、系统性的网络体系，定罪就是在刑法这个整体的网络体系中一种理性的找法过程。判断刑法有无明文规定，不能眼中只有法条，而忘却了法条后面的法理和人们认可的道理。不管是出罪还是入罪，都应当从刑法规范的完整性出发，既要以法定的语言单位为标准进行形式判断，也要从适用刑罚的必要性出发进行实质性判断。只要某一行为事实与刑法所规定的犯罪构成之间具有本质上的互相一致性和应受刑罚惩罚性，就应当认为该行为事实具有罪刑法定性。

【法规链接】

《中华人民共和国刑法》

第三百三十五条 医务人员由于严重不负责任，造成就诊人死亡或者严重损害就诊人身体健康的，处三年以下有期徒刑或者拘役。

第三百三十六条 未取得医生执业资格的人非法行医，情节严重的，处三年以下有期徒刑、拘役或者管制，并处或者单处罚金；严重损害就诊人身体健康的，处三年以上十年以下有期徒刑，并处罚金；造成就诊人死亡的，处十年以上有期徒刑，并处罚金。

未取得医生执业资格的人擅自为他人进行节育复通手术、假节育手术、终止妊娠手术或者摘取宫内节育器，情节严重的，处三年以下有期徒刑、拘役或者管制，并处或者单处罚金；严重损害就诊人身体健康的，处三年以上十年以下有期徒刑，并处罚金；造成就诊人死亡的，处十年以上有期徒刑，并处罚金。

4. 罪刑相适应原则的实践应用

——王某某非法行医案

【案情摘要】

被告人王某某，男，1973 年 7 月 21 日出生，药房业主。

2005 年，王某某开办同福堂大药房，无《医疗机构执业许可证》，经营药品销售业务。2011 年 7 月 23 日，被告人王某某在对患者郭某某诊疗时，未经皮试，即给郭某某输打头孢曲松钠。在输打药物过程中，郭某某顿感不适，并伴有出汗、恶心、呕吐等症状，后经抢救无效死亡。经鉴定，郭某某“在输液中过敏性反应休克，造成急性循环紊乱、微循环障碍、有效循环血量相对不足，导致组织、器官灌流及回血量减少。另外，在死者患有冠状动脉粥样硬化心脏病存在的基础上，在过敏性休克致病因子的作用下，加速加重了心脏缺血缺氧的严重程度，在相互作用的促使下，使多脏器功能衰竭，最后导致循环、呼吸衰竭而死亡”。次日，被告人王某某主动归案。其间与郭某某近亲属就民事赔偿达成调解协议，被害人近亲属对王某某表示谅解并希望从轻处罚。

【诉讼意见与处理结果】

公诉机关指控，被告人王某某在未取得医疗机构执业许可证的情况下，擅自行医，造成就诊人死亡，情节严重，其行为触犯了《刑法》第 336 条第 1 款，应当以非法行医罪追究其刑事责任。因被告人有自首情节，并积极赔偿经济损失，得到被害人近亲属谅解，可减轻处罚。辩护意见认为，死者患有冠状动脉粥样硬化心脏病是事故发生的主要原因，被告人的过失行为对死亡后果的发生原因力较小，具备适用缓刑的条件，应对其适用缓刑。

一审法院认为，被告人王某某擅自开办非法医疗机构行医并过失造成就诊人死亡，应以非法行医论处。考虑被害人死亡后果的原因力因素、被告人王某某的自首情节和积极赔偿被害人亲属的经济损失并取得谅解等方面，可减轻处罚并适用缓刑。依照《刑法》规定，判决如下：

被告人王某某犯非法行医罪，判处有期徒刑 3 年，缓刑 5 年，并处罚金 10 000元。

宣判后，公诉机关认为，原审法院对被告人王某某适用缓刑不当，提出抗诉。

二审法院裁定，驳回抗诉，维持原判。

【法律适用问题】

在本案中，对被告人王某某减轻处罚后适用缓刑，是否符合法律规定？或者说对被告人王某某适用缓刑是否违反了罪刑相适应原则？这是争议的焦点所在。

刑法分则条文所确定的具体罪刑单元，体现着犯罪与刑罚的价值关系和程度关系，对刑罚的适用不仅要与犯罪的价值相当，而且要和犯罪的程度相当。如果罪行较轻，立法者就不会规定较重的刑罚；如果罪行较重，立法者就不会规定较轻的刑罚。由此，对刑罚的适用从总体上可分为两个步骤：第一步是对行为的评价，即对犯罪行为的评价，以确定犯罪性质及应当适用的具体法定刑幅度。第二步是对行为人的评价，即对人身危险性的评价，根据人身危险性的大小选择刑罚的种类和强度。

《刑法》第 336 条第 1 款规定：非法行医，情节严重的，处 3 年以下有期徒刑、拘役或者管制，并处或者单处罚金；严重损害就诊人身体健康的，处 3 年以上 10 年以下有期徒刑，并处罚金；造成就诊人死亡的，处 10 年以上有期徒刑，并处罚金。被告人王某某因非法行医致人死亡，应当适用的法定刑为 10 年以上有期徒刑，并处罚金。考虑被告人王某某有自首情节、案发后能积极赔偿被害人亲属的经济损失并取得谅解等人身危险性因素，从刑罚个别化的需要出发，对被告人王某某减轻处罚并无不当。但是，“在‘罪—

责—刑’的逻辑结构中，罪刑相当原则是第一位的，刑罚的性质与轻重首先必须与行为人所犯罪行相适应，在此基础上，再根据刑罚个别化原则进行适当的调整”。[①] 即“罪刑相适应是首要的原则，而刑罚个别化是第二位的原则”。[②] 罪刑相适应原则与刑罚个别化原则相比，具有价值选择上的优先性。在10年以上有期徒刑法定刑幅度内减轻处罚，“应当在法定量刑幅度的下一个量刑幅度内判处刑罚”，即对其应当适用的刑罚幅度为3年以上10年以下有期徒刑，而不是3年以下有期徒刑、拘役或者管制。按照不同法定刑幅度的衔接关系，这里的3年以上有期徒刑只能是高于3年的有期徒刑，而不应当是等于或者低于3年的有期徒刑。同时，尽管就诊人死亡和其自身的体质有关系，但由于被告人王某某并没有对就诊者采取必要的常规诊查措施。对非法行医罪而言，这种业务上的低级过失不可视为“容许的危险”，不应成为阻却或者减轻责任的事由。按照刑法规定，适用缓刑的刑度条件为3年以下有期徒刑或者拘役。由此，对被告人王某某判处有期徒刑3年，缓刑5年，不符合刑罚质与量之间的相当关系，也不符合缓刑的适用条件，有违反基础法理和相关规定之嫌，并不妥当。

“刑当罪则威，不当罪则侮。”“刑罚不但应该从强度上与犯罪相对称，也应该从实施刑罚的方式上与犯罪相对称。”因此，当刑法规定可以作出有利于被告人的选择时，在司法裁量上，对被告人的有利程度不得超出法定的范围，不能因为被告人具有刑法规定的有利情节，就无限度地作出有利于被告人的选择，即裁量应当谦让于法律，不能超越法律的栅栏和法理的边界。

【办案札记】

《刑法》第5条规定：“刑罚的轻重，应当与犯罪分子所犯罪行和承担的刑事责任相适应。”那么，在刑事司法活动中，如何才能做到罪责刑相适应呢？

“讲究正义原则不能否定或者忽视功利追求，追求功利目的不能忘记正

① 曲新久：《刑法的精神与范畴》，中国政法大学出版社2003年版，第532页。

② 同上，第230页。

义原则的制约。"[1] 对罪行相适应原则的司法适用，应当注意以下几点。

1. 在按罪定刑的基础上按需配刑。

"应受惩罚的是行为，而惩罚的是行为人"是现代刑法的基本原理。"应受惩罚的是行为"是指定罪对象只能是行为，其评价的核心是社会危害性，"惩罚的是行为人"是指适用刑罚的对象是犯罪人，犯罪人是刑罚的承担者，其评价的核心是人身危险性。[2] 由此，罪刑相适应原则的适用，应当以报应为主兼顾功利。以报应为主就是犯罪行为应当与刑罚相平衡，实现刑法的一般正义，以保护社会利益，达到一般预防的目的。兼顾功利就是犯罪者的人身危险性应当与刑罚相平衡，实现刑法的个别正义，以保障个人权益，达到特殊预防的目的。在司法活动中，应当遵循先非功利性评价后功利性评价的结构序列关系。首先，刑罚的轻重应当与犯罪性质相适应。按照法条的罪状与其法定刑相适应的原理，在案件定性上，不仅要考虑行为特征是否与法条罪状的要求相符合，而且必须考查行为的危害程度是否与法定刑相适应。如在寻衅滋事中，随意殴打他人如果致人重伤，应当认定为故意伤害罪，而不能认定为寻衅滋事罪。因为寻衅滋事中除"纠集他人多次实施前款行为，严重破坏社会秩序的"情形外，最高法定刑为 5 年有期徒刑，其法定刑决定了在客观方面不能包容重伤的危害后果。其次，刑罚的轻重要与人身危险性及其犯罪情节相适应。性质相同的犯罪，其人身危险性和具体情节也可能千差万别，要实现刑罚的个别化，在确定犯罪性质的基础上，还必须考虑体现社会危害性和人身危险性的各种犯罪情节对量刑的影响。刑法设置不同种类的刑罚及在同一种类的刑罚中设置不同的量刑幅度，就是要求在实践中既要正确认定犯罪性质，又要根据具体案件情况，实行区别对待。如同是自首情节，对未成年人自首和成年人自首从宽的幅度就应当有所不同。最后，在定罪、量刑和行刑过程中，都应当做到公正与功利相结合。作为刑法的基本原则，罪刑相适应原则不仅对案件的定罪量刑具有重要作用，而且在行刑过程中也应当体现出这一原则的精神。如果不重视行刑，必将使定罪和量刑的效果化

① 曲新久：《刑法的精神与范畴》，中国政法大学出版社 2003 年版，第 95 页。
② 同上，第 230 页。

为乌有。每个犯罪人在服刑期间的表现不同，反映了接受教育改造的程度不同，人身危险性变化情况不一，行刑的待遇也应当有所不同。但在定罪、量刑过程中应当是公正优先兼顾功利，而在行刑过程中，应当是功利优先兼顾公正。[①]

2. 在全面评价的基础上禁止重复评价。

全面评价表现在定性上，就是对于一个犯罪意图中的数个行为应当整体评价，既不能“一叶障目”，只见其一无视全局；也不能分阶段评价，将一个过程中的不同事实侧面分割开来，更不得将刑法规定的复合行为分割评价。如有些犯罪必须有两种以上的行为才能构成，此时就不能对两种行为分别进行评价，确定罪名。全面评价表现在量刑上，就是对于不同的量刑情节应当综合考虑，不得只考虑从重情节而不考虑从轻情节，只考虑法定情节而不考虑酌定情节，或者相反。在评价方法上，应当坚持总则性情节优于分则性情节；法定情节优于酌定情节；“应当”情节优于“可以”情节；在犯罪情节的功能相同的情况下，做到罪中情节优于罪前、罪后情节。在评价效果上，应当遵守量刑情节质的规定性，不得任意改变量刑情节的功能，将数个从轻情节合并为减轻情节、将数个从重情节合并为加重情节或者将数个减轻情节合并为免除处罚情节。

禁止重复评价就是在定罪量刑时，不得对同一事实或者情节进行两次或者两次以上的法律评价。体现在定性上，就是一个行为事实只能在犯罪构成要件中评价一次，不能在定罪中反复使用。对一个行为事实进行反复评价，必然违反一罪一罚原则，导致罪刑失衡。[②] 如行为人在盗伐林木的过程中，往往同时也有乱伐、滥伐林木的特点，但不能对这一行为事实既认定为盗伐林木罪又认定为滥伐林木罪。禁止重复评价体现在量刑上，就是一个犯罪情节作为构成要件要素予以评价时，不得在量刑时再次使用；量刑情节在量刑时只能使用一次，不得在确定基础刑期和确定宣告刑期的过程中同时作为评价的依据。如《刑法》第313条规定：对人民法院的判决、裁定有能力执行

---

① 陈兴良：《刑法哲学》，法律出版社1997年版，第343～344页。

② 陈兴良：《刑法理念导读》，法律出版社2003年版，第376页。

而拒不执行，情节严重的，处3年以下有期徒刑、拘役或者罚金。显然，情节严重是拒不执行判决、裁定罪的构成要件内容，只有在情节严重的情况下，才能成立该罪。在此情形下，不得再将情节严重作为量刑时从重的根据。当然，对于一些可分割的情节，在量刑时可以区别对待。[①] 即当定罪情节中存在过剩内容，对过剩的内容可以成为量刑时“从重处罚”的依据。如盗窃数额巨大时，法定刑为3年以上10年以下有期徒刑，并处罚金。如果数额巨大的标准为50 000元，行为人盗窃数额为90 000元，则可将90 000元中的50 000元作为选择3年以上10年以下有期徒刑的依据，而将“过剩”的40 000元作为法定刑3年以上10年以下有期徒刑内从重处罚的根据。同样，在有些犯罪中，当行为人具有多个严重情节时，可以将部分严重情节作为充足构成要件的情节，对“过剩”的严重情节作为量刑因素予以考虑。

3. 在合理公正的基础上自由裁量。

法律的适用问题，绝不是简单的对号入座，而是将规范与事实相融合的过程，是把“死法”变为“活法”的过程，在这个过程中，充满着司法人员的价值判断和自由裁量，而法律的精神和原则当是自由裁量权的运行界限，超出界限即为滥用。所以，司法实践的任务，就是要在保证规范确定性的前提下追求体现人人平等的具体妥当性。体现在保障方面，当面临复杂模糊的情形需要自由裁量时，要在符合法律、法规和司法解释的精神以及基本法理的前提下实现个案正义，选择所应适用的法律，使得出的结论不仅符合法律的形式，而且符合法律的精神和目的。体现在保护方面，对于同种或者同类权益的保护应有同样的态度；对于法律授予权益主体的权利，应当予以同样的尊重。只有对于那些影响行为的社会危害性程度和行为人的人身危险性的评价产生影响的因素，才能成为决定“不平等”的理由。如刑事司法自然不能排除对公众感情的尊重，但对舆情民意要理性评估对待，不能以正义换和谐，要在坚守法律底线的前提下，尊重社情民意，注重裁量结果与社会公众对公平正义普遍理解的契合性，保障执法办案活动做到法理、事理与情理相融合。在多元价值、不同利益冲突的情形下，要善于从诸多不同的价值之间寻求合理的平衡，而不是为了某一价值而舍弃其他价值。在综合考量案件所

① 张明楷：《刑法格言的展开》，法律出版社1999年版，第326页。

涉各种利益关系的基础上，对相互冲突的权利或者利益进行权衡与取舍，正确处理好公共利益与个人利益、人身利益与财产利益、生存利益与商业利益的关系，保护合法利益，抑制非法利益。①

【法规链接】

《中华人民共和国刑法》

第三百三十五条 医务人员由于严重不负责任，造成就诊人死亡或者严重损害就诊人身体健康的，处三年以下有期徒刑或者拘役。

第三百三十六条 未取得医生执业资格的人非法行医，情节严重的，处三年以下有期徒刑、拘役或者管制，并处或者单处罚金；严重损害就诊人身体健康的，处三年以上十年以下有期徒刑，并处罚金；造成就诊人死亡的，处十年以上有期徒刑，并处罚金。

未取得医生执业资格的人擅自为他人进行节育复通手术、假节育手术、终止妊娠手术或者摘取宫内节育器，情节严重的，处三年以下有期徒刑、拘役或者管制，并处或者单处罚金；严重损害就诊人身体健康的，处三年以上十年以下有期徒刑，并处罚金；造成就诊人死亡的，处十年以上有期徒刑，并处罚金。

---

① 《最高人民法院关于在审判执行工作中切实规范自由裁量权行使保障法律统一适用的指导意见》（法发〔2012〕7号）。

5. 如何解读刑法条文的含义

——蒋某某盗窃、诈骗案

【案情摘要】

被告人蒋某某，男，1986年10月23日出生，无业。

2006年1月30日，被告人蒋某某在与卜某某喝酒过程中，从卜某某衣服口袋内窃得价值1848元的手机1部。同年2月，被告人蒋某某与熟人在酒吧、歌厅等娱乐场所消费过程中，以忘了带手机或者自己的手机无电为由，借用李某等人6部手机打电话，又以现场吵闹无法通话等为幌子携带手机逃离现场，后将手机出售他人。经评估，6部手机价值10 200元。

2006年3月，被告人蒋某某以自己使用为名，从常某某处借得摩托车1辆。次日将该车低价出售给他人。经评估，摩托车价值1730元。

【诉讼意见与处理结果】

公诉机关指控，被告人蒋某某窃取卜某某手机的行为触犯了《刑法》第264条，应以盗窃罪追究其刑事责任；其骗取李某等6人手机和以借为名骗取常某某摩托车的行为触犯了《刑法》第266条，应以诈骗罪追究其刑事责任。辩护意见认为，被告人蒋某某以借为名骗取常某某摩托车的行为构成诈骗罪不成立，被告人蒋某某与常某某存在借贷关系，在借用期间，摩托车处于被告人蒋某某的合法占有状态之下，其将借用物处分属于侵占行为而非诈骗行为。侵占罪不属于公诉范围，应对该事实宣告无罪。

一审法院认为，被告人蒋某某秘密窃取卜某某手机的行为构成盗窃罪；采用哄骗手段获取手机和借得摩托车后，随即进行非法处分的行为，构成诈骗罪。依照《刑法》规定，判决如下：

被告人蒋某某犯盗窃罪，判处拘役 2 个月，并处罚金 1000 元；犯诈骗罪，判处有期徒刑 6 个月，并处罚金11 000元，决定执行有期徒刑 6 个月，并处罚金12 000元。

宣判后，被告人蒋某某提出上诉，认为原审判决量刑过重，请求改判。

二审法院裁定，驳回上诉，维持原判。

【法律适用问题】

本案的争议问题在于：一是对被告人蒋某某以借用手机打电话为名占有李某等人手机 6 部价值10 200元的事实，构成诈骗罪还是盗窃罪？二是对被告人蒋某某将借用的摩托车以自己的名义处分的事实性质该如何评价？

对案件性质的评价，应当从刑法规范和案件事实中寻找出典型性因素，然后在具体刑法规范要件与案件事实要素之间进行反复“涵摄”，以寻找相连接的桥梁和纽带，从而按照“最密切联系的规则”定罪处罚。在这个过程中，对刑法规范如何解读就显得十分重要，本案所涉争议问题的实质也在于此。

1. 关于诈骗罪与盗窃罪的区分问题。

按照刑法的规定，诈骗罪的行为模式是：通过虚构事实、隐瞒真相的手段，致使被害人因产生错误认识而将财物处分给行为人。盗窃罪的行为模式是：行为人采取自以为不被财物占有人发觉的手段，将财物非法占有。被告人蒋某某以非法占有为目的，向被害人实施了借手机打电话的欺诈行为，被害人也误以为他要打电话而将手机借给了被告人蒋某某，但评价为诈骗犯罪行为并不合适，原因在于：被害人并未因欺诈行为而将手机处分给被告人蒋某某，只是将手机借给被告人蒋某某在现场临时使用，该行为不属于处分手机的行为。将手机临时借给被告人蒋某某打电话使用，手机的占有关系并未因此而改变，李某等人仍然占有着自己的手机，就像在商场购买手机的过程中，货主把手机交给客户选择一样，不能说此时客户已占有了手机，事实上该手机仍然由货主占有。被告人蒋某某非法占有手机的目的，实际上是乘被害人不备离开现场的方式实现的，该行为方式完全符合盗窃罪“行为人自以为不被财物占有人发觉的手段，将财物非法占有”的特征，应当构成的是盗窃罪，不能认为只要有“骗”的因素存在就是诈骗。

2. 关于诈骗罪与侵占罪的区分问题。

依照刑法条文的规定，侵占罪与盗窃罪、诈骗罪的本质区别在于“侵占”的含义及其方式不同：侵占罪中的“侵占”是把自己原本占有的财物变为己方不法所有，而盗窃、诈骗罪中的“侵占”则是把原本由他人占有的财物变为己方非法占有。被告人蒋某某将他人的摩托车借用后，出借人常某某与其形成了因借用而形成的对摩托车的保管关系，被告人蒋某某对该摩托车具有了事实上的合法占有权。换言之，在借用期间，该摩托车属于被告人蒋某某代为保管的财物，将代为保管的他人财物以自己名义非法处分，应当属于侵占行为。除非有证据表明，被告人蒋某某在借用之时就有非法处分该摩托车的故意，具有以借用之名行诈骗之实的动机。事实上，辩护人的第二点辩护意见具有合理性，但认为侵占罪不属于公诉范围应宣告无罪的意见不当。对于提起公诉的案件，如果经审理确属于告诉才处理的自诉案件，不能径行作出有罪或者无罪判决，应当通过向被害人告知转化为自诉程序。如果被害人表示不告诉的，应依据《刑事诉讼法》第 15 条第 4 项的规定，终止审理。“有比较才有鉴别。”法律本身是严谨的制度体系，对于法律条文的理解，只有把它置于制度体系之中，与其他条款的内容进行比较、鉴别，通过体系性思考，才能明确其内涵及边界，如果单纯机械地认为，以欺诈行为获取财物就是诈骗，乘人不备获得财物就是抢夺，那么在有些情况下，盗窃罪、诈骗罪、侵占罪和抢夺罪之间就没有界限可言了。由此也说明，有些刑法条文所体现的刑法规范本身往往不具有确定性、完整性，在实际适用中需要通过解释才能得出确定的含义。

【办案札记】

刑法的解释方法，即对刑法文本规范的解读方法，在一定意义上，司法适用的过程就是对法律文本的解释过程。对刑法条文的解读，从技术层面来看，主要有文义解释、论理解释和目的解释等方法。

1. 恪守文义解释。

文义解释，又称文理解释、文法解释，是指按照法律条文客观表现出来的文字、语法特点阐明法律规范具体含义的方法。在刑事司法活动中，对法条含义的理解，首先应当进行文理解释。[①]“在刑法体系范围之内根据法条所用语言文字进行严格的解释，而不能超出法律文本的含义进行解释。”[②] 即文义解释的界限必须限定在法条语词可能承载的含义范围之内。

对“法条语词可能承载的含义范围”，应按照语言含义中“核心—边缘”的结构特点来认识。“核心”即典型的基本的含义，“边缘”即非典型的可能的含义。如《刑法》第347条规定的贩卖毒品罪中的“贩卖”，其核心含义当是指低价买进高价卖出以获取利润，包括买进和卖出两方面的内容。但从法条文字最大的可能含义范围来看，对于不是以“买入”为前提的单纯的出售行为，如对自身原有毒品的出售，或者买入毒品后因情势变化原价甚至低价出售的行为，在本质上都是出售毒品，并不超出“贩卖”的可能的文义，只不过属于“贩卖”的非典型的“边缘”含义。无论“核心”含义还是“边缘”含义，都是用语的含义。所以，对于没有“买”毒品仅有“卖”毒品的行为以及买入毒品后原价或者低价出售的行为，仍然属于贩卖毒品罪中的“贩卖”。由此，在进行文义解释时，不应当只注重用语的核心含义而忽略其边缘含义。

法律的意思以“可能的词义”为最大的边界。在法律适用过程中是选择其核心含义还是边缘含义，应当以公平正义的价值观念为指导。因为“法律的用语，对每一个人要能够唤起同样的观念”。否则，即为“不教而诛”。所以，在进行文义解释时，对文字边缘含义的选择应为社会公众所认可，符合事物本身的道理，不背离“常识、常理、常情”，不超出人们可预测的范围。

---

① 对法条各种解释方法之间的位阶关系，首先应采用文义解释方法，如解释的结果可能为复数，则继之以论理解释方法；作论理解释时，应先运用体系解释和法意解释以探求法律意旨，进而运用扩充解释或者限缩解释或者当然解释以判明法律的意义内容，如仍不能澄清法律语义的疑义，则进一步作目的解释以探求立法目的，或者在依上述方法初步确定法律意义内容后，以目的解释进行核实，最后作合宪性解释看是否符合宪法的基本价值判断；经论理解释仍不能确定结论，可进一步作比较法解释或者社会学解释；论理解释、比较法解释或者社会学解释的结果只有在不超出法条语义可能的范围时才能作准；经解释最终仍存在相互抵触的结果，则应进行利益衡量或者价值判断，从中选出具有社会妥当性的解释结果作为结论。参见梁慧星：《民法解释学》，中国政法大学出版社1995年版，第243～246页。

② 曲新久：《刑法的精神与范畴》，中国政法大学出版社2003年版，第440页。

但是，如果刑法用语的普通含义与专门含义发生冲突，应当对专门含义优先考虑，即法律的特殊语言用法应优先于一般的语言用法。

2. 注重论理解释。

论理解释，是指按照刑法条文之间以及刑法与其他法律条文之间的联系来阐明法律规范具体含义的方法。论理解释相对于文义解释而言，具有补充性。在具体司法适用中，当文义解释不能得出合理结论时，就需要进行论理解释。如在聚众性犯罪中“众”则必须是3人以上，而在侮辱罪中“公共场所当众侮辱他人”的“当众”，则是当着第三者的面，既可以是一人也可以是数人，其核心要素是行为在一定程度上的公开性，而不要求必须是3人以上。以上情形都是因文义解释“存疑”而通过论理解释得出的合理结论。

“对于一个本文某一部分的诠释如果为同一本文的其他部分所证实的话，它就是可以接受的；如果不能，则应舍弃。”[①] 如对《刑法》第114条、115条规定的以其他危险方法危害公共安全罪，首先，应当明确，依据“以其他危险方法危害公共安全犯罪”定罪量刑，必须是刑法分则规定中不能容纳的危害公共安全行为，如果某一行为完全可以按照刑法某一条文的规定定罪判刑，就不得适用该罪名。其次，对于“其他危险方法”刑法条文虽然没有明文规定，但当法律以列举与概括并举的方式来规定犯罪时，概括方式所表达的概念的外延应当与列举方式所表达的概念的外延属于同一层级上的同类延续，相互之间具有可比性。[②] 既然法条将其与放火、决水、爆炸等危险方法并列规定，说明“其他危险方法”应当与放火、决水、爆炸等危险方法具有同类性质，即判断一个行为是否属于“其他危险方法”，应当以该方法行为是否与放火、决水、爆炸等危险方法具有相当性，是否会危及公共安全为标准，这样才会使整个法条的内容相协调。尽管不同的法条体现着不同的行为及价值规范，但是由众多法条共同组成的刑法，从整体上说是一个网络性、体系性的规范。这就要求理解条文内容时，要有系统性、整体性的观念。如《刑法》第273条规定的挪用特定款物罪与第384条规定的挪用公款罪，由于

① ［美］艾柯：《诠释与过度诠释》，生活·读书·新知三联书店1997年版，第78页。

② 黄伟明：《刑法总则案例教程》，北京大学出版社2004年版，第3页。

《刑法》第384条第2款规定："挪用用于救灾、抢险、防汛、优抚、扶贫、移民、救济款物归个人使用的，从重处罚。"由此，只有挪用特定款物用于非个人使用的，才构成挪用特定款物罪，否则应以挪用公款罪论。

3. 忠于目的解释。

目的解释，是指按照刑法规范的目的来阐明刑法条文具体含义的方法。① "不论对'法律所作的扩张解释或限制解释，都必须符合法律的目的，而不是相反'目的论的解释论。"② 如故意伤害、故意杀人犯罪以及过失致人重伤、过失致人死亡等犯罪中的"致人重伤""致人死亡"中的"人"，如果按照文字本身之义包括本人和他人，但从设立刑法的目的来看，就应当认为仅指他人而不包括本人在内。特别是当不同的解释方法得出多种结论或者不能得出妥当结论时，更要注意从刑法规范设立的目的出发进行解释。如交通肇事罪中规定的"因逃逸致人死亡"的情形，必须排除行为人具有故意杀人的主观心理。否则，就与交通肇事罪这种过失犯罪的立法精神相悖。

任何解释都或多或少包含了目的解释。当不同的解释方法得出多种结论或者不能得出妥当结论时，最终由目的解释决定取舍。③ 如在《刑法》第163条规定的非国家工作人员受贿罪中，犯罪主体为"公司、企业或者其他单位的工作人员"。如果进行扩张的解释，这里的"公司、企业或者其他单位"应当包括已经法定程序取得营业执照的公司、企业或者其他单位和尚未取得营业执照的正在筹建中的公司、企业或者其他单位。如果进行限制解释则仅为已经取得营业执照的公司、企业或者其他单位，对于尚未取得营业执照的正在筹建中的公司、企业或者其他单位，因单位尚未成立，不应在公司、企业或者其他单位之列。但是，如果对正在筹建中的公司、企业或者其他单位的工作人员收受贿赂不以犯罪论处，仅对已经成立的公司、企业或者其他单

① 目的解释在理论上分为主观的目的解释和客观的目的解释。主观的目的解释是按照立法时的主观意图对法律条文所作的解释，追求的是规范的历史意思。客观的目的解释是按照法律文本的客观意义来推定刑法规范目的的解释，追求的是规范的现实意思。一般意义上的目的解释是指客观的目的解释，本文亦如此。

② 陈忠林：《意大利刑法纲要》（前言），中国政法大学出版社1999年版，第6页。

③ 张明楷："如何使解释结论符合法条目的"，载《人民法院报》2005年11月23日。

位的工作人员收受贿赂以犯罪论处，则有违法律内在价值体系的统一性，与人们朴素的正义观念不符，也必将纵容现实中此类现象的频发，这显然与刑法设置该法条的目的相悖。在此情形下，对“公司、企业或者其他单位的工作人员”进行扩张解释符合该法条的具体含义，目的解释决定了扩张解释的选择，即负责筹建公司、企业或者其他单位的工作人员利用职务便利收受贿赂的，也可构成非国家工作人员受贿罪。①

“用语的含义就是法律的精神。”在实际工作中，对刑法规范的内容的解释既符合正义，又没有超出法条整体可能含义的范围，说明就是符合立法目的的。在一般情况下，对具体法条的解释需要依据具体规范的特定目的进行解释。但是，如果依据具体规范的特定目的进行解释得不出合理的结论时，就需要秉持衡平的态度从刑法的目的是保护法益和保障自由这一更加宽泛的层面上来思考认识问题。

当然，“所有的方法都不能被视为偶像，它们只能被视为工具。我们必须用另一些方法来检验其中的一种方法，弥补和克服它的弱点，是我们在需要之时能够利用其中那些最强大最出色的因素”。②

【法规链接】

《中华人民共和国刑法》

第二百六十四条 盗窃公私财物，数额较大的，或者多次盗窃、入户盗窃、携带凶器盗窃、扒窃的，处三年以下有期徒刑、拘役或者管制，并处或者单处罚金；数额巨大或者有其他严重情节的，处三年以上十年以下有期徒

---

① 在非国家工作人员受贿罪中，《刑法》第163条既没有限定企业的性质，也没有限定企业的存在状态。只要是依法设立的企业，其工作人员利用职务便利实施受贿犯罪活动的，就应当适用该条款。企业的成立需要一个过程，不能将依法设立理解为取得营业执照。没有领取企业法人营业执照或者营业执照，不应影响对企业性质的认定。实践中，筹建中的公司、企业因管理不规范，更容易出现侵占、受贿、挪用等腐败问题，如不将筹建中的公司、企业认定为刑法意义上的公司、企业会放纵大量此类犯罪行为。参见最高人民法院编：《刑事审判参考》(2004年第6辑 总第41辑)，法律出版社，第5~7页。

② ［美］本杰明·卡多佐：《法律的成长》，刘培峰、刘晓军译，贵州人民出版社2003年版，第55页。

刑，并处罚金；数额特别巨大或者有其他特别严重情节的，处十年以上有期徒刑或者无期徒刑，并处罚金或者没收财产。

第二百六十六条 诈骗公私财物，数额较大的，处三年以下有期徒刑、拘役或者管制，并处或者单处罚金；数额巨大或者有其他严重情节的，处三年以上十年以下有期徒刑，并处罚金；数额特别巨大或者有其他特别严重情节的，处十年以上有期徒刑或者无期徒刑，并处罚金或者没收财产。本法另有规定的，依照规定。

第二百七十条 将代为保管的他人财物非法占为己有，数额较大，拒不退还的，处二年以下有期徒刑、拘役或者罚金；数额巨大或者有其他严重情节的，处二年以上五年以下有期徒刑，并处罚金。

将他人的遗忘物或者埋藏物非法占为己有，数额较大，拒不交出的，依照前款的规定处罚。

本条罪，告诉的才处理。

6. 怎样认识刑法用语的含义

——张某某假冒注册商标案

【案情摘要】

被告人张某某，男，1969 年 1 月 6 日出生，个体人员。

2012 年 11 月，被告人张某某与李某某（另案处理）分别从他人处购买了普通的西葫芦籽，存放在张某某处。2013 年 3 月，李某某从他人处印制 10 000个假冒的酒泉希望种业有限公司“瑞丰九号”西葫芦种子包装桶和两编织袋商标标识和防伪标识，发给被告人张某某，并向张某某提供封口包装机 1 台。后被告人张某某和李某某共同雇人用假冒的“瑞丰九号”西葫芦种子商标分装了 4000 桶左右的“瑞丰九号”西葫芦种子。李某某将包装好的假冒“瑞丰九号”商标的西葫芦种子运回内蒙古以每桶 100 元的单价出售他人，非法经营数额共计132 000元。

【诉讼意见与处理结果】

侦查机关的张某某涉嫌销售伪劣种子罪移送审查起诉。公诉机关指控，被告人张某某的行为已触犯《刑法》第 213 条，应当以假冒注册商标罪追究其刑事责任。辩护意见认为，张某某以普通种子冒充优质种子包装销售的行为情节轻微，应从轻处罚。

一审法院认为，被告人张某某的行为已构成假冒注册商标罪。被告人张某某在犯罪过程中所起作用较小，系从犯，可对其从轻处罚。依照《刑法》规定，判决如下：

被告人张某某犯假冒注册商标罪，判处拘役 3 个月，并处罚金10 000元。

宣判后，被告人张某某未上诉，公诉机关未抗诉。

【法律适用问题】

用假冒注册的商标将普通种子包装成优质种子予以销售的，因行为牵涉法律规范的多样性，导致其属性也具有多重性，容易引起法律适用上的混乱，本案亦如此。在定性过程中，有观点认为，《种子法》规定，种子种类与标签标注的内容不符的或者品种与标签标注的内容不符的，属于假种子，张某某的行为应构成销售伪劣种子罪。也有观点认为，对张某某“以次充好”销售种子的行为，在现有证据体系下，应按照《刑法》第140条的规定追究其销售伪劣产品罪的刑事责任。

对同一行为事实，从不同的侧面概括归纳，得出的结论就各不相同。对被告人张某某的行为，就可以归纳为以下不同的事实：销售伪劣产品、销售伪劣种子、假冒注册商标和销售假冒注册商标的商品等。相应地，其可能涉嫌的罪名也包括销售伪劣产品罪、销售伪劣种子罪、假冒注册商标罪、销售假冒注册商标的商品罪等。但公诉、审判机关对被告人张某某的行为并没有以法定刑较重的销售伪劣产品罪或者销售伪劣种子罪定性，这里面既有因证据问题涉及的诉讼技术问题，同时也涉及刑法术语的界定问题。就诉讼技术而言，按照行政法规的规定，对种子质量优劣的鉴定涉及众多技术规范，同时《刑法》第147条规定的销售伪劣种子罪要求“使生产遭受较大损失”，但从案情来看对种子的质量问题，或者说生产是否遭受了较大损失，相关部门并未作出鉴定，在业已失去补充鉴定条件的情形下，对行为性质的评价只能退而求其次。就术语的含义而言，刑法规定的伪劣产品包括：（1）掺杂、掺假的产品；（2）以假充真的产品；（3）以次充好的产品；（4）以不合格冒充合格的产品。《种子法》第49条规定的假种子为：（1）以非种子冒充种子或者以此种品种种子冒充他种品种种子的；（2）种子种类、品种与标签标注的内容不符或者没有标签的。劣种子为：（1）质量低于国家规定标准的；（2）质量低于标签标注指标的；（3）带有国家规定的检疫性有害生物的。《产品质量法》第5条规定的伪劣产品有：（1）国家明令淘汰和失效、变质的；（2）伪造产品产地的；（3）冒用他人厂名、厂址的；（4）冒用认证标志等质量标志的；（5）掺杂、掺假的；（6）以假充真的；（7）以次充好的；（8）以不合格产品冒充合格的。通过比较上述法律的规定，可以看出《种子法》中的“假劣种子”、《产品质量法》中的“伪劣产品”和《刑法》中的“伪劣种子”“伪劣产品”含义不尽相同，销售明知是假劣种子的，不能一概依据《刑法》第 147 条的规定追究销售伪劣种子罪的刑事责任或者以《刑法》第 140 条的规定追究销售伪劣产品罪的刑事责任。

按照以上分析，在本案中，被告人张某某利用其他单位制作的种子包装袋、种子标签包装的种子，当不属于《种子法》规定的假种子和劣种子之中的任何一种，也与《刑法》中的伪劣产品或者伪劣种子的内涵不符，自然不能以销售伪劣种子或者销售伪劣产品的名义追究其刑事责任。但是，《商标法》规定，禁止伪造或者冒用他人的厂名、厂址。《产品质量法》规定，产品质量应当符合国家标准的要求。被告人张某某明知李某某购买标注他人的企业名称、厂址、许可编号证号的种子包装袋和种子标签后，与李某某直接使用包装、标注自己购买的其他种子予以销售，其行为显然违反了商标法和产品质量法的禁止性规定和国家强制性标准，因情节严重，其假冒注册商标、销售假冒注册商标的商品事实同时具备了假冒注册商标罪、销售假冒注册商标的商品罪的构成要件，根据最高人民法院、最高人民检察院《关于办理侵犯知识产权刑事案件具体应用法律若干问题的解释》（法释〔2004〕19 号）的规定，在此情形下，对其行为应以假冒注册商标罪论处。

概念是逻辑的起点。对刑法条文的理解与适用，离不开对其中语言含义的把握，不借助法律语言的概念和特定话语系统，就难以正确认识法律条文的含义，更无法有效进行法律实践活动。司法人员作为法律实施的推动者、执行者，应当注意解释意识及方法的养成，以提升运用法律思维解决法律问题的实践能力。

【办案札记】

对刑法条文的适用过程本身就是一个解释的过程，在这个过程中，刑法用语往往起着关键词的作用，因为“用语的含义就是法律的精神”。那么，在刑事司法活动中，如何有效地解释刑法的用语呢？

对刑法条文中用语的含义，如果刑法、刑事立法解释和司法解释中有规定的，应依照规定。如《刑法》第 91 条对“公共财产”的规定、第 219 条第 3 款对“商业秘密”的规定、第 357 条第 2 款对“毒品”的规定、第 367 条对“淫秽物品”的规定等。对于刑事法律及司法解释缺乏明确定义的用语，在进行适用解释时，应注意把握以下几点，以体现出“真、善、美”。①

1. 坚持严格解释。

基于罪刑法定原则的要求，对刑法应当严格解释。所谓严格解释，即对法条的解释必须在刑法用语的逻辑含义内展开，不能任意逾越。如《刑法》第 20 条第 3 款规定：“对正在进行行凶、杀人、抢劫、强奸、绑架以及其他严重危及人身安全的暴力犯罪，采取防卫行为，造成不法侵害人伤亡的，不属于防卫过当，不负刑事责任。”这里的“行凶”，在普通语义层面上，可以是随意殴打他人等一般违法行为，也包括杀人、抢劫等犯罪行为。但在法条中将其与“杀人、抢劫、强奸、绑架”并列规定，这样“行凶”就不能包含杀人、抢劫、强奸、绑架的内容。同时，“严重危害人身安全的暴力犯罪”这一语境，也决定了一般的争斗、殴打行为不属行凶的范畴。这样，“行凶”就只能被解释为能够对生命与身体安全造成紧迫危险的除杀人、抢劫、强奸、绑架以外的暴力伤害行为，即为对“行凶”的严格解释。

严格解释是在严守法条形式正义底线的前提下，充分考虑法条实质正义的解释。所以，严格解释既不同于有利于被告人的解释也不等同于限制解释。无论是进行有利于被告人的解释还是进行不利于被告人的解释，是进行限制解释还是进行扩张解释，取决于解释的结果是否体现了正义的要求，解释的

---

① 刑法适用解释的标准是三个字：真、善、美。“真”指前提真实，是解释的基础。要求刑法适用解释应符合特定时空背景的真实情况。在当今时代罪刑法定原则的功能价值与其载体刑法的惩罚犯罪、保障人权的二元功能价值相一致。罪刑法定原则的底线是“不伤及无辜，不重罚轻罪”。国家司法官只要不突破此底线就具有自由裁量空间。“善”指方法妥善，是解释的核心。要求刑法适用解释妥善与否要看能否体现法律的生命——“公正”。公正，即不偏不倚，均衡不同利益，协调纠纷恢复秩序。公正实现的方法和过程主要是通过“折中”，即居中、不偏私，平抑偏执达致适中（执中）。“美”指解释的结论美好，呈现社会效果和法律效果兼优的结局。要求刑法适用要取得美好结局，还需要考虑量刑公正的诸多要素。参见储槐植：“真善美：司法官刑法适用解释的标准”，载《检察日报》2008 年 6 月 30 日。

内容是否在文字的可能含义之内，而不是对被告人有利还是不利，更不在于有利于入罪还是有利于出罪。如在贿赂犯罪中，将“贿赂”的对象限制解释为财物，还是扩大解释为财物以及设定债权、免除债务、提供免费旅游、免费提供高消费娱乐等可用金钱数字计量的财产性利益，就需要通过以上标准来判断。从语言层面上看，“财产性利益”虽与“财物”不同，但仍然在法条的可能含义范围之内，从贿赂的特征来看，“财物”与权力的交易和“财产性利益”与权力的交易在本质上并没有差别。由此，对贿赂对象“财物”的含义进行的扩大解释仍然属于严格解释，并不违反罪刑法定原则。

刑法条文的确定性并不影响对其中用语含义的开放性解释。在进行严格解释时，对法条用语“可能的文义”的确定应当符合社会生活事实，不违背人们一般的社会观念。如在传统社会中仅有女性向不特定的男性提供性服务的现象，此时的“卖淫”即为“以营利为目的与不特定的男性发生性交的行为”。但随着社会的发展，又出现了男性向女性提供性服务以及同性间提供性服务的情况，此时对“卖淫”的解释就应当和社会情状与时代变化相衔接，可将其界定为“以营利为目的与不特定的人发生性交的行为”。但是，如果将以获得性满足为目的的付费网络视频裸聊的行为解释为卖淫行为，则超出了卖淫所包含“性交”的“可能的文义”和一般国民的预测范围，当缺乏合理性。

2. 坚持体系解释。

体系解释，是指依照刑法条文与其他法律条文的联系来阐明其含义的解释方法，具体包括广义的体系解释和狭义的体系解释。狭义的体系解释，仅指在刑法系统中，通过不同条文的联系来阐明其含义的解释方法。广义的体系解释，是指在刑法与部门法组成的系统中，依照刑法条文在整个法律体系中与其他法律条文的联系来阐明其含义的解释方法。对刑法术语的理解，如果通过狭义的体系解释可以得出合理的结论，则一般无须再进行广义的体系解释。但如果狭义的体系解释不能得出合理的结论或者难以得出结论时，则需要进行广义的体系解释。

法律条文只能处于与它有关的所有条文的整体之中才显示出其真正的含义。如对于收买被拐买的妇女、儿童罪，《刑法》第 241 条第 1 款规定：“收买被拐卖的妇女、儿童的，处三年以下有期徒刑、拘役或者管制。”第 2 款规定：“收买被拐卖的妇女，强行与其发生性关系的，依照本法第二百三十六条的规定定罪处罚。”即以强奸罪定罪处罚。第 3 款规定：“收买被拐卖的妇女、儿童，非法剥夺、限制其人身自由或者有伤害、侮辱等犯罪行为的，依照本法的有关规定定罪处罚。”即以非法拘禁罪等定罪处罚。第 4 款规定：“收买被拐卖的妇女、儿童，并有第二款、第三款规定的犯罪行为的，依照数罪并罚的规定处罚。”仅孤立地从第 2 款和第 3 款的规定来看，收买被拐买的妇女，强行与其发生性关系的，应按强奸罪一罪来定罪处罚，收买被拐买的妇女、儿童后有非法拘禁、故意伤害、侮辱等行为构成犯罪的，也只能按所触犯的非法拘禁罪、故意伤害罪和侮辱罪来处理。这样认识，显然没有把第 1、2、3、4 款联系起来看问题。从法条的整体内容考察，行为人只要实施了收买被拐买的妇女、儿童行为的，即构成收买被拐买的妇女、儿童罪，如果具有第 2 款规定的情形，则应当以收买被拐买的妇女、儿童罪与强奸罪数罪并罚；如果具有第 3 款规定的情形，则应当以收买被拐买的妇女、儿童罪与非法拘禁罪、故意伤害罪和侮辱罪等数罪并罚，而不是按照一罪定罪处罚。

“使法律相协调的解释是最好的解释。”从整个法律体系来看，刑法与民法、行政法并不是完全独立存在的，刑法中某些概念术语内涵的界定完全可以借助于民法、行政法中的规定，得出相互协调一致的结论。如《刑法》第 141 条第 2 款关于“假药”范围，第 142 条第 2 款关于“劣药”范围，第 180 条第 3 款、第 4 款关于“内幕信息”“知情人员”范围的规定等，特别是对一些空白罪状的具体内容，更需要借助相关行政法、经济法的规定来认定。如在《刑法》第 194 条规定的票据诈骗罪中，对于该条中的“汇票”“本票”“支票”等必须参照有关票据法规才能确定。在体系解释中，基于法秩序的统一性，相同的词语应作相同的解释，但由于其规制内容、伴随语境等情况的不同，刑法用语有时也具有相对性，这时需要对同一词语作出不同的解释才符合罪刑法定的要求，使罪与刑相适应。如“致人死亡”一词，在强奸罪中仅指过失致人死亡，而在抢劫罪中既包括过失致人死亡，也包括故意致人死亡。

3. 坚持善意解释。

法即公平正义，“施行正义应本乎仁心”。法律活动作为实践的智慧，应当充满善意和公平。善意解释，即对法律条文解释的结论符合公平正义，不违背常情、常理、常识。这就要求司法人员在对刑法进行解释时，不管是出罪还是入罪，应基于正义的观念和合理的结论来尽量扩张或者限制刑法条文的字面意义，而不是断章取义、一叶障目或者标新立异地通过曲解法意而恶意解释。恶意应当排除。如在《刑法》第234条对故意伤害罪的规定中，如果将“故意伤害”理解为只要实施了非法伤害行为，无论造成的后果是重伤、轻伤还是轻微伤，甚至没有造成任何结果的行为都属于故意伤害罪中的“故意伤害”，即为断章取义。对合同诈骗罪中的“合同”，如果认为泛指一切合同，即为一叶障目，因为该罪被规定在“扰乱市场秩序罪”一节之中，从其所保护的法益上可知，这里的“合同”仅指经济合同，一般不包括没有市场交易内容的行政合同、劳动合同等。

“法官除了法律就没有别的上司。法官的责任是当法律运用到个别场合时，根据他对法律的诚挚的理解来解释法律。”[①] 无论是对法条用语“核心含义”还是“可能含义”的确定，都应当以善意为原点，以社会良知为支点，坚守文义、恪守正义，使之不超出公民可预测的范围，不背离常识、常理、常情。如在网络时代，把“电子邮件或者其他数据资料”解释为信件、合同等，即为善意解释。善意解释是忠于文本又高于文本的解释，而不是僵死的教条主义。如对于“入户抢劫”应以非法入侵为前提，无论子女是否成年或者是否与父母分开另住，对于子女进入父母住宅进行抢劫的，虽在形式上符合“入户抢劫”的构成特征，一般不应当认定为“入户抢劫”，[②] 否则，就与我国的传统伦理道德观念相背离，损伤人们的法感情。所以，严格执法不等于机械执法。当严格依照刑法条文的字面含义得出的结论不具有合理性时，就应当进行必要的限制解释或者扩大解释，在常识、常理、常情的指引下选择法条及其文字含义，以实现司法个别正义。当通过不同的解释方法亦不能得出合理结论时，就必须承认刑法适用的局限性。

---

① 《马克思恩格斯全集》第1卷，人民出版社1972年版，第76页。

② 最高人民法院编：《刑事审判参考》（2001年第10辑　总第21辑），法律出版社，第26页。

【法规链接】

《中华人民共和国刑法》

第一百四十条 生产者、销售者在产品中掺杂、掺假，以假充真，以次充好或者以不合格产品冒充合格产品，销售金额五万元以上不满二十万元的，处二年以下有期徒刑或者拘役，并处或者单处销售金额百分之五十以上二倍以下罚金；销售金额二十万元以上不满五十万元的，处二年以上七年以下有期徒刑，并处销售金额百分之五十以上二倍以下罚金；销售金额五十万元以上不满二百万元的，处七年以上有期徒刑，并处销售金额百分之五十以上二倍以下罚金；销售金额二百万元以上的，处十五年有期徒刑或者无期徒刑，并处销售金额百分之五十以上二倍以下罚金或者没收财产。

第一百四十七条 生产假农药、假兽药、假化肥，销售明知是假的或者失去使用效能的农药、兽药、化肥、种子，或者生产者、销售者以不合格的农药、兽药、化肥、种子冒充合格的农药、兽药、化肥、种子，使生产遭受较大损失的，处三年以下有期徒刑或者拘役，并处或者单处销售金额百分之五十以上二倍以下罚金；使生产遭受重大损失的，处三年以上七年以下有期徒刑，并处销售金额百分之五十以上二倍以下罚金；使生产遭受特别重大损失的，处七年以上有期徒刑或者无期徒刑，并处销售金额百分之五十以上二倍以下罚金或者没收财产。

第一百四十九条 生产、销售本节第一百四十一条至第一百四十八条所列产品，不构成各该条规定的犯罪，但是销售金额在五万元以上的，依照本节第一百四十条的规定定罪处罚。

生产、销售本节第一百四十一条至第一百四十八条所列产品，构成各该条规定的犯罪，同时又构成本节第一百四十条规定之罪的，依照处罚较重的规定定罪处罚。

第二百一十三条 未经注册商标所有人许可，在同一种商品上使用与其注册商标相同的商标，情节严重的，处三年以下有期徒刑或者拘役，并处或者单处罚金；情节特别严重的，处三年以上七年以下有期徒刑，并处罚金。

第二百一十四条 销售明知是假冒注册商标的商品，销售金额数额较大的，处三年以下有期徒刑或者拘役，并处或者单处罚金；销售金额数额巨大的，处三年以上七年以下有期徒刑，并处罚金。

第二百一十五条 伪造、擅自制造他人注册商标标识或者销售伪造、擅自制造的注册商标标识，情节严重的，处三年以下有期徒刑、拘役或者管制，并处或者单处罚金；情节特别严重的，处三年以上七年以下有期徒刑，并处罚金。

第二百二十五条 违反国家规定，有下列非法经营行为之一，扰乱市场秩序，情节严重的，处五年以下有期徒刑或者拘役，并处或者单处违法所得一倍以上五倍以下罚金；情节特别严重的，处五年以上有期徒刑，并处违法所得一倍以上五倍以下罚金或者没收财产：

（一）未经许可经营法律、行政法规规定的专营、专卖物品或者其他限制买卖的物品的；

（二）买卖进出口许可证、进出口原产地证明以及其他法律、行政法规规定的经营许可证或者批准文件的；

（三）未经国家有关主管部门批准非法经营证券、期货、保险业务的，或者非法从事资金支付结算业务的；

（四）其他严重扰乱市场秩序的非法经营行为。

《最高人民法院、最高人民检察院关于办理侵犯知识产权刑事案件具体应用法律若干问题的解释》（法释〔2004〕19号）

第十三条 实施刑法第二百一十三条规定的假冒注册商标犯罪，又销售该假冒注册商标的商品，构成犯罪的，应当依照刑法第二百一十三条的规定，以假冒注册商标罪定罪处罚。

实施刑法第二百一十三条规定的假冒注册商标犯罪，又销售明知是他人的假冒注册商标的商品，构成犯罪的，应当实行数罪并罚。

第二章　犯罪论

定　罪

7. 如何认定犯罪

——谢某某贪污案

【案情摘要】

被告人谢某某，男，1962 年 1 月 25 日出生，金丽公司矿山部工作人员。

2000 年 1 月至 2002 年 11 月经省地质矿产局分配给金丽公司探矿项目补偿费112 900元。被告人谢某某在协助该金丽公司矿山资源部（以下简称矿山部）负责人江某某（另案处理）管理探矿项目期间，伙同江某某将该补偿费从矿产局提取后，采取涂改数据、虚列开支等手段共同套取该项目补偿费36 000元。

2000 年 12 月 1 日，矿山部代表金丽公司与水利水电建设工程公司（以下简称水电公司）签订探矿工程施工合同。在合同履行过程中，因钻探矿石化验之事，水电公司项目部负责人朱某某找到江某某请求帮忙解决。江某某经与一地质化验室王某某商谈后，约定由江某某直接向王某某个人支付化验费。后江某某指示被告人谢某某以矿山部地测科的名义与水电公司项目部签订了样品加工化验协议，从中获取差价34 000元。

2003 年 3 月，江某某提议将70 000元按 6 ∶ 4 比例分成，江某某分得42 000元，谢某某分得28 000元。后被告人谢某某得知江某某被检察机关调查，遂向纪检监察机关主动交代了全部事实。

【诉讼意见与处理结果】

公诉机关指控，被告人谢某某身为国有公司中从事公务的人员，利用职务之便利，伙同他人共同侵吞公款70 000元的行为触犯了《刑法》第382条第1款、第383条，应当以贪污罪追究其刑事责任。辩护意见认为，刑法的最后手段性要求对案件事实首先应当进行民法分析而不是刑法分析。矿山部属于金川公司的内设机构，地测科又是矿山部的内设机构，均不具有法人资格，矿山部地测科对外签订的合同是无效合同，获取的化验费差价34 000元不属于其所在单位的财产，且该行为事后也未得到有效的追认，不属于职务行为，非职务行为获得的利益与贪污罪无关，属于不当得利，应由民法来调整，不应当作为犯罪来对待。

一审法院认为，被告人谢某某伙同江某某套取项目补偿款36 000元的行为已构成贪污罪。但留取化验费差价34 000元的行为不符合贪污罪构成要件，不应认定为犯罪。鉴于被告人谢某某在共同贪污犯罪中处于从属地位，系从犯，且有自首情节，退还了全部赃款，应减轻处罚。依照《刑法》规定，判决如下：

被告人谢某某犯贪污罪，判处有期徒刑1年6个月，宣告缓刑2年。

宣判后，被告人谢某某未上诉。公诉机关亦未抗诉。

【法律适用问题】

对被告人谢某某伙同江某某截取化验费差价34 000元的事实该如何定性？这是控辩双方争议的焦点。事实上，该问题不仅仅是一个单纯的刑法问题，也涉及刑法与民法的关系问题。

就刑法与民法的关系而言，刑法不仅有补充性也有独立性。刑法的从属性或者补充性，即刑法从属于民法、行政法等其他法律，只在其他法律制裁不足以惩治的条件下，才适用刑法；刑法的独立性，指刑法的概念、构成、功能具有独立性，不从属于其他法律领域，自成思想体系。[①] 由此，可以初

① ［日］木村龟二主编：《刑法学词典》，顾肖荣等译，上海翻译出版公司1991年版，第5页。

步得出以下结论：犯罪行为与民事、行政不法行为，不是“非此即彼”的排斥关系，刑事违法性判断与民事、行政不法判断存在一定的关联性、依赖性。[①] 如行政犯的构成，以行政不法为前置。但毕竟刑法与民法、行政法属于不同的价值规范，对于同一行为事实进行不同法律评价，应依照不同的法律规范体系进行独立的判断。[②] 否则，刑法就会成为一纸空文。

对被告人谢某某伙同江某某侵吞化验费差价34 000元的事实，单纯从民法角度来评价，辩护观点无疑是合理的。但是，对行为事实是否构成犯罪的评价，应当以刑法规范为标尺，而不能以民法、行政法规范为依据。所以，对犯罪的判断过程也并非完全是“出于民法或者行政法而入于刑法”的排除过程。因为许多刑法规范并不以民法、行政法为前置法。自然犯即为如此，不存在先民法分析后刑法分析的问题。刑法与民法、行政法显然属于不同的评价规范。如“一房多卖”的，在合同法上数个合同都是合法有效的，即并不违反合同法，但如果实质上是在以合法形式掩盖非法目的，这时就不能以契约自由或者意思自治为由，否定刑事违法性的存在。同时，依照辩护观点，被告人谢某某的行为事实是否构成贪污罪，首先要从民法上确定合同是合法还是不法、有效还是无效，而这又取决于“单位授权或者事后被单位追认”。这样，等于说对被告人谢某某行为性质的评价不在于其行为事实本身，而在于行为后的案外事实，即由他人的行为事实来决定被告人谢某某是否构成贪污罪，这显然违反了评价的基本规矩。当然，刑法作为独立的评价体系，也

---

① 对于刑法与民法的关系问题，或者说刑事违法与民事不法的关系问题，一般认为，违反不同法律而应受违法性评价的行为，应保持结论上的一致性，刑事违法性判断从属于民事违法性或者行政违法性，属于“二次违法判断”。对于民法、行政法视野中的合法行为，在刑法的判断上不能认为具有刑事违法性犯罪。只有超出了民法、行政法的调整范围或者已经违反民法、行政法的行为，才能进入刑法评价的视野。参见杨兴培：“犯罪的二次性违法理论探究”，见《社会转型时期的刑事法理论》，法律出版社2004年版。

② 刑法的谦抑性并不意味着对于任何个案都首先考虑、判断能否按照民法处理，只有当民法的处理不能令人满意时，才适用刑法。如果认为只要某种案件事实符合其他法律的规定，就不得再适用刑法，那么，刑法必然成为一纸空文。因为侵犯人身、财产的案件，几乎都可以在民法上找到处理根据。刑事附带民事诉讼制度的设立，就意味着民事违法行为可能构成犯罪，构成犯罪的行为可能同时触犯民法。参见张明楷：“不当得利与财产犯罪的关系”，载《人民检察》2008年第13期（总第529期）。

并不意味着对犯罪性质的认定，与民法、行政法毫不相干。如在本案中，如果化验费差价是水电公司的让利行为，则需要以民法来确认利益的归属问题，因为资金的归属，对于行为的定性有直接影响。如同国家工作人员在商业活动中的“回扣”一样，如果回扣是给付单位的，单位管理人员予以侵吞，属于贪污行为；如果回扣款项是直接给付个人的，则属于受贿行为。

按照以上逻辑，对某一行为事实是否构成犯罪，既要进行形式判断也要进行实质判断。从本案情况来看，水电公司并不存在让利的事实，其对化验费差价之事并不知情。化验费差价针对水电公司而言，该款项是完成工程所必须支出的费用，属于正常成本支出，被告人谢某某伙同他人获取该利益并没有侵犯其权益；针对金丽公司而言，由于非职务行为获得的财产并不属于公司所有，其行为亦未侵犯该公司的权益。“没有法益则没有法律规范”，被告人谢某某伙同江某某赚取化验费差价34 000元的行为事实，因没有侵犯他人的财产权及与之相关的法益，以贪污犯罪论处显失偏颇。

从本案的处理过程说明，首先，对同一个案件事实，以不同的法律规范来分析评价，结论往往不同。案件事实是否构成犯罪，不能根据其他法律来确定，而应当以刑法规范为指导进行分析。其次，无论是刑事违法还是民事不法的判断，都应该依据各自的规范体系来考量，不能相互替代。当某种违法行为同时触犯不同法律规范时，不能以刑法的最后手段性为由，排除刑法的适用。最后，刑法的目的是保护法益但并不禁止获得利益。评价案件性质的核心基点在于法益是否受到了严重的侵害，而不在于行为人是否从中获得了利益。

【办案札记】

观念是行动的指南。以什么样的观念来认定犯罪，是刑事司法活动中一个首要的基本的问题。那么，在司法实务中，该如何认定犯罪？应当具备什么样的观念呢？

认定犯罪的过程，即确认无罪或者有罪的过程，包括判别行为人是无罪还是有罪这样相反相成的两个方面。在这个过程中，主观判断应当建立在客观判断之上，实质判断应当建立在形式判断之上，定量判断应当建立在定性判断之上，才能保证评价结论合法合理，客观公正。

1. 实质判断建立在形式判断之上。

按照罪刑法定原则和刑法对犯罪概念的规定，对犯罪的判断既要进行形式判断，审查是否具有刑事违法性，又要注重实质判断，考察是否应受刑罚处罚及其程度。换言之，对于犯罪的认定，应当在对刑法条文进行字面的、逻辑的形式解释的同时，进行价值的、合目的的实质解释。就二者的序列关系而言，首先应当从形式的角度来考察，判断行为是否被刑法明文规定，是否属于刑法规定的类型化的行为。如果行为不具有刑事违法性，则直接排除了该行为的犯罪性，这是罪刑法定原则的必然逻辑。因为法益处于规范关系之中，某一行为是否侵犯了法益，应当以该行为是否符合刑法所规定的行为类型为基本前提。① 或者说对犯罪的认定只能根据行为事实是否违反了刑事法律规范为标准，不能以道德规范或者非刑事法律规范替代刑事法律规范。即便某一行为严重侵犯了某种法益，但没有刑法的规定，即不具有刑事违法性，一概不能认定为犯罪。当然，有限的规范可以包容无限的行为，罪刑法定只是刑法条文的类型化而不是具体化，对具体刑法规范的边界需要从形式到精神、从制度到观念等多个角度来认识，而不是对事实与法条的简单对照。其次要在形式判断的基础上进行实质判断，考察行为是否具有法益侵犯性，有无刑罚处罚的必要性。因为刑法的目的和任务是保护合法权益，犯罪的本质是侵犯或者威胁合法权益。② 这就要求在具体认定犯罪时，必须对具体犯罪构成的要件进行实质解释，判明行为是否侵犯了某种权益，如果没有侵犯刑法所保护的法益，自然就与犯罪无关。因此，对于尽管在形式上符合犯罪构成要件，但实质上不应当受到刑罚处罚或者不值得科处刑罚的行为，则无须入罪。即只有在确定了违法之后，才能判断有无责任，而不是相反。如在婚姻关系正常存续期间，丈夫针对妻子实施暴力的性行为不能成为刑法上的强奸行为，而在婚姻关系非正常存续期间，同样的事实行为则具有了违法性

---

① 曲新久：《刑法的精神与范畴》，中国政法大学出版社 2003 年版，第 143 页。

② 张明楷：《刑法格言的展开》，法律出版社 1999 年版，第 92 页。

和法益侵犯性，应视为强奸行为。[①]

2. 定量判断建立在定性判断之上。

《刑法》第13条规定："一切危害……社会的行为，依照法律应当受刑罚处罚的，都是犯罪，但是情节显著轻微危害不大的，不认为是犯罪。"即对犯罪的规定，既有定性因素又有定量因素。在刑法分则中，许多罪刑式条文除了行为要素等定性因素外，还附带了"数额较大""数额巨大""情节严重""情节恶劣"等定量因素。在"定性+定量"的立法模式下，对于一般违法与犯罪的区分以行为及危害程度为界限，既要考虑定性问题也要考虑定量问题。具体到案件事实及涉嫌罪名的认定，在方法步骤上，应当分解为定性判断和定量判断两个层次，定性判断即考量"行为特征"是否符合罪状的模式，确定行为本身的基本属性，重点是确认不法及不法的类型。定量判断是分析具体案件所具备的具体情况，重点是把握事实的质的界限，划定承担刑罚责任的范围，区分犯罪与违法行为的界限。

不法是定性和定量的统一，其中行为是定性的核心因素，危害程度是定量的核心因素，没有行为就没有危害程度。在一般意义上，应当先定性分析再定量分析，做到定性和定量分析相结合，才可得出合理结论。所以，对事实的评价、犯罪的认定，不能唯后果论，认为后果严重即为犯罪。如《刑法》第338条规定：违反国家规定，排放、倾倒或者处置有放射性的废物、含传染病病原体的废物、有毒物质或者其他有害物质，严重污染环境的，处3年以下有期徒刑或者拘役，并处或者单处罚金；后果特别严重的，处3年以上7年以下有期徒刑，并处罚金。其中"违反国家规定，排放、倾倒或者处置有放射性的废物、含传染病病原体的废物、有毒物质或者其他有害物质"为定性因素，"严重污染环境"为定量因素。对环境污染事故是否构成

① 夫妻之间既已结婚，即相互承诺共同生活，有同居的义务。这虽未有法律明确规定或者法律的强制性规定，但植根于人们的伦理观念之中。只要夫妻正常婚姻关系存续，即足以阻却婚内强奸行为成立犯罪。在一般情况下，丈夫不能成为强奸罪的主体。但是，夫妻同居义务是自愿结婚的伦理义务，不是法律规定的强制性义务。如果在婚姻关系非正常存续期间，如离婚诉讼期间，婚姻关系已进入法定的解除程序，不能再推定女方对性行为是一种同意的承诺，也就没有理由从婚姻关系出发否定强奸罪的成立。参见最高人民法院编：《刑事审判参考》(2000年第2辑 总第7辑)，法律出版社，第26~28页。

犯罪的判断，首先需要判明的是有无违反国家规定的行为和向环境中排放、倾倒或者处置有害物质的行为，通过定性因素确定不法的规范问题。在得出肯定性结论后，再进行是否造成严重污染环境事故的定量分析，确定不法的程度问题。

3. 主观判断建立在客观判断之上。

“罪过总是与危害行为及其危害结果统一在犯罪过程当中。没有危害行为及其结果就没有罪过。危害行为及其危害结果等客观事实是罪过的外在表现，罪过外化为危害行为及其结果。”① 无论是故意还是过失，都并非单纯的心理活动，都具有客观的品质和内容，必须通过客观方面事实表现来确认。②为此，在认定犯罪时，一方面要坚守从违法到责任的逻辑顺序，即首先考虑行为及其后果是否存在，该事实是否属于违法事实，然后再审视行为人及其罪责问题。如果行为本身不违法，对责任的判断就没有意义。如在复杂共同犯罪中，对帮助行为是否成立帮助犯，就必须先考虑实行犯的行为是否符合构成要件，是否存在违法阻却事由，帮助行为与结果发生有无因果性等问题。在确定了实行行为具有刑事违法性后，才有判断帮助行为的刑法意义及是否应当承担刑事责任的必要性。另一方面，“违法是客观的，责任是主观的”。在行为具有违法性的前提下，对罪责具体内容的主观判断也必须严格建立在客观事实的判断之上，客观事实不仅表征着主观内容而且对主观罪过的内容往往具有规制性。在对案件事实进行规范化评价过程中，应当通过客观的违法行为事实发现并确定其中有无罪责，罪责的具体内容是故意还是过失。即便行为侵犯了同一法益或者相同的法益，但如果行为人的罪责内容不同，也不能作出同一评价。

当然，对违法和责任的判断也离不开行为主体、主观方面和结果等众多客观方面事实的支持。如不满 14 周岁的人实施的危害社会的行为，就不能视为任何犯罪的不法行为；国家机关工作人员实施的滥用职权行为，如果没有造成法定的危害结果，就不属于滥用职权罪的犯罪行为，自然也不存在刑事

① 陈兴良、曲新久：《刑法案例教程》（上卷），中国政法大学出版社 1994 年版，第 118 页。
② 姜伟：《犯罪故意与犯罪过失》，群众出版社 1992 年版，第 210 页。

责任的问题。所以，在从违法到责任的判断过程中，也应当明确具体犯罪的违法内涵和责任内涵。

【法规链接】

《中华人民共和国刑法》

第三百八十二条 国家工作人员利用职务上的便利，侵吞、窃取、骗取或者以其他手段非法占有公共财物的，是贪污罪。

受国家机关、国有公司、企业、事业单位、人民团体委托管理、经营国有财产的人员，利用职务上的便利，侵吞、窃取、骗取或者以其他手段非法占有国有财物的，以贪污论。

与前两款所列人员勾结，伙同贪污的，以共犯论处。

第三百八十三条 对犯贪污罪的，根据情节轻重，分别依照下列规定处罚：

（一）贪污数额较大或者有其他较重情节的，处三年以下有期徒刑或者拘役，并处罚金；

（二）贪污数额巨大或者有其他严重情节的，处三年以上十年以下有期徒刑，并处罚金或者没收财产；

（三）贪污数额特别巨大或者有其他特别严重情节的，处十年以上有期徒刑或者无期徒刑，并处罚金或者没收财产；数额特别巨大，并使国家和人民利益遭受特别重大损失的，处无期徒刑或者死刑，并处没收财产。

对多次贪污未经处理的，按照累计贪污数额处罚。

犯第一款罪，在提起公诉前如实供述自己罪行、真诚悔罪、积极退赃，避免、减少损害结果的发生，有第一项规定情形的，可以从轻、减轻或者免除处罚；有第二项、第三项规定情形的，可以从轻处罚。

犯第一款罪，有第三项规定情形被判处死刑缓期执行的，人民法院根据犯罪情节等情况可以同时决定在其死刑缓期执行二年期满依法减为无期徒刑后，终身监禁，不得减刑、假释。

8. 情节是否显著轻微的判断

——潘某某滥伐林木案

【案情摘要】

被不起诉人潘某某，男，1963 年 12 月 22 日出生，农民。

1997 年 1 月，经区农综办批准，潘某某与乡政府签订了北部草原开荒 280 亩创办农牧场的土地开发经营承包合同。合同约定：经营承包期间，在 5 年内种植每亩不少于 20 株树的防风林，合同期限 30 年。2015 年 3 月 19 日，潘某某未经林业行政主管部门批准，雇用装载机推倒农场内自己种植的杨树 464 棵。因被林业局的工作人员发现，2015 年 3 月 21 日潘某某又主动将已推倒杨树中的 419 棵移栽到该农牧场内的北面。经市林业勘察设计队勘察，潘某某滥伐林木的总蓄积为 34.4 立方米，幼树 45 棵。其中，被推倒 419 株胸径大于 5 公分的杨树重新移栽后，成活株数 368 株，死亡株数 51 株，成活率达到 87.8%，活立木蓄积为 30.03 立方米，死亡树木蓄积为 4.36 立方米。

【诉讼意见与处理结果】

侦查机关以潘某某涉嫌滥伐林木罪移送审查起诉。公诉机关认为，潘某某虽有滥伐林木的行为，但在同一地点未经许可移植普通树木并且成活的行为，并未违反相关政策法规对滥伐林木罪所保护的法益并无侵害，其行为属于情节显著轻微危害不大的情形。依据《刑事诉讼法》第 173 条第 1 款的规定，决定对潘某某不起诉。

宣布后，侦查机关未提出复议。

【法律适用问题】

本案需要关注的主要问题是，潘某某的行为是否构成滥伐林木罪？是否属于“情节显著轻微危害不大”的情形？

根据《刑法》的规定，所谓滥伐林木罪，是指违反森林法的规定，未经有关部门批准并核发采伐许可证，或者虽持有采伐许可证，但违背采伐证所规定的地点、数量、树种、方式而任意采伐本单位所有或者管理的，以及本人自留山上的森林或者其他林木，数量较大的行为。据此，滥伐林木罪属于法定犯，以违反国家森林法为前置条件，那么，对于未经许可擅自移植普通树木的行为，是否违反森林法进而构成犯罪呢？一种观点认为，潘某某的行为构成滥伐林木罪，主要理由在于：（1）《中华人民共和国森林法》（以下简称《森林法》）第 32 条规定：采伐林木必须申请采伐许可证，按许可证的规定进行采伐；农村居民采伐自留地和房前屋后个人所有的零星林木除外。据此，移植普通树木的行为也必须申请采伐许可证。（2）《森林法》第 4 条规定：森林分为五类，其中第一类为防护林：以防护为主要目的的森林、林木和灌木丛，包括水源涵养林，水土保持林，防风固沙林，农田、牧场防护林，护岸林，护路林。《甘肃省实施〈中华人民共和国森林法〉办法》第 9 条规定：本省重点防护林为……以及防风固沙林、水土保持林、水源涵养林和农田林网。根据以上规定，潘某某所伐林木属农田林网，归为“防护林”之列，应当纳入森林采伐管理限额，属于“严格控制”的范围，不能“自主采伐”。（3）其未经许可滥伐林木的总蓄积为 34.4 立方米，达到了追诉标准。其事后移植是因为被林业局的工作人员发现调查后采取的补救措施，只对量刑产生影响并不影响定罪。另一种观点认为，潘某某的行为不构成滥伐林木罪，主要理由在于：（1）从滥伐林木罪的概念上看，旨在保护国家林业资源，维护国民经济的持续发展及自然生态的良好平衡。对于未经许可移植普通树木并且成活的行为，事实上对该罪所保护的法益并无侵害。（2）《国家林业局关于改革和完善集体林采伐管理的意见》（林资发〔2009〕166 号）第 11 条规定：实行森林采伐分类管理。非林业用地上的林木，不纳入采伐限额管理，由经营者自主经营、自主采伐；林业用地上的林木继续实行采伐限额管理。潘某某开垦经营的农牧场不属于林业用地，其移植树木的行为不违反森林法。（3）农田林网是为保护农田而把大面积耕地规划，营造的纵横交织形成网状的林网综合防护体，林带相互衔接组成网状，称农田林网。把潘某某在距离周边农村数十公里外戈壁开垦的农牧场上种植的树木认定为“农田林网”，进而认为属于“防护林”之列的意见，不符合本案实际。

要廓清以上分歧的症结所在，必须明确以下几个问题：一是潘某某开垦经营的农牧场是林业用地还是非林业用地？二是非林业用地上的林木是否都可以“自主采伐”？

《森林法实施条例》规定：林地，是指郁闭度 0.2 以上的乔木林地以及竹林地、灌木林地、疏林地、采伐迹地、火烧迹地、未成林造林地、苗圃地和县级以上人民政府规划的宜林地。2011 年国务院《关于全国“十二五”期间年森林采伐限额的审核意见》规定：“改革和完善森林采伐管理制度，建立与现代林业和市场经济相适应的森林采伐监管机制。……非规划林地上的林木，不纳入采伐限额管理，由经营者自主经营、自主采伐，具体管理办法由省级林业主管部门制定。”甘肃省人民政府《关于严格执行“十二五”期间年森林采伐限额进一步加强森林资源保护管理工作的通知》（甘政发〔2011〕96 号）规定：“实行森林采伐分类管理。对农村居民房前屋后和自留地个人所有的零星林木，以及因调整种植结构在耕地等非规划林业用地上自发营造的林木，不纳入采伐限额管理，由经营者自主经营、自主采伐。”本案中，尽管合同约定 5 年内种植每亩不少于 20 株的防风林。但林业主管部门并未将其确认为“林业用地”或者“规划林业用地”。潘某某滥伐的林木当属于“非林业用地上的林木、非规划林地上的林木”，其可以自主经营、自主采伐，无须办理采伐证。但是，“非林业用地上的林木、非规划林地上的林木”也有防护林，如铁路、公路旁的护路林等往往不属于“林业用地上的林木”。根据《森林法》的规定，在采伐非“林业用地”或者“规划林业用地”上的公益林时，实行“严格控制”，即在采伐时应当经过许可。

那么，潘某某采伐的是否属于具有公益性质的防护林？从案情来看，被采伐的林木既有防风固沙的公益作用亦有商品林木的经济性质。但其在同一地点采伐移植林木并且成活的行为对滥伐林木罪所保护的法益并没有实际侵害。没有法益的侵犯，就没有犯人。对于这种具有双重性质且归属于个人林权的林木，只要其采伐移植行为对林业资源及自然生态没有造成严重破坏的，应当视为“情节显著轻微危害不大的”情形，不宜作为犯罪来处理。

另外，对潘某某的行为是否可以评价为“滥伐林木”也是值得探讨的问题。“滥伐林木”一般是指未经许可，将“活”树木变为“死”木材的行为，林木在滥伐前后的属性发生了根本性的变化。但在本案中潘某某只是对树木进行了移植，且多数成活，树木的资源价值和用途并没有发生本质上的改变，显然与采伐林木不同。在此意义上，将潘某某的行为评判为“滥伐林木”尚存疑问。

“检察官的责任是追寻公正，而不仅仅是控诉犯罪。”作为法律守护人，检察官既要重视保护社会秩序，更要注重保障犯罪嫌疑人、被告人的人权，使法治的精神、正义的观念闪烁在每一个案件的处理过程中，使司法活动的结论在形式正义中体现实质正义的结果。为此，在刑事司法活动中，不能只注重对犯罪的确认而不重视对犯罪的排除，只注重社会保护而忽视人权保障。事实上，在观念层面上，对犯罪的排除比对犯罪的确认更为重要。

【办案札记】

“刑法是为不处罚人而设立的规范。”《刑法》第 13 条中的“但书”规定：“情节显著轻微危害不大的，不认为是犯罪。”这里的“不认为犯罪”，是指对虽有违法性但缺乏可罚性的情形应排除在犯罪之外。鉴于此，在具体案件中，对如何判断是否属于“情节显著轻微危害不大的”情形，就显得十分必要。由于犯罪行为、情节的多样性，对于情节是否显著轻微的判断不可能确定一个统一的标准，但从方法论的层面上，也可归纳出一些基本思路。

1. 依照刑法条文的内容来判定。

对行为性质的评价，在入罪时，应以形式评价为主；在出罪时，则以实质评价为主。即在入罪的问题上，必须坚持形式理性，确保罪刑法定原则的司法化，不能超越“刑事违法性”这条入罪底线。但在出罪问题上，应考虑实质理性，适当关注个案公正，发挥“社会危害性”所具有的出罪功能，当行为在形式上触犯了刑法但“情节显著轻微危害不大”时，果断地予以出罪。[①] 所以，对于刑法条文中明确规定了定罪标准的，依定罪标准来判定，凡未达到法定立案标准的行为即为情节显著轻微危害不大。如《刑法》第390条规定：因行贿谋取不正当利益，情节严重的，或者使国家利益遭受重大损失的，处5年以上10年以下有期徒刑，并处罚金；情节特别严重的，或者使国家利益遭受特别重大损失的，处10年以上有期徒刑或者无期徒刑，并处罚金或者没收财产。行贿人在被追诉前主动交代行贿行为的，可以从轻或者减轻处罚。其中，犯罪较轻的，对侦破重大案件起关键作用的，或者有重大立功表现的，可以减轻或者免除处罚。从以上规定可以看出：（1）行贿罪的成立以“谋取不正当利益，情节严重的，或者使国家利益遭受重大损失的”为必要条件，如果行贿人为了“谋取正当利益”或者虽为了“谋取不正当利益”但不属于“情节严重的，或者使国家利益遭受重大损失的”情形，不能以犯罪论处。（2）行贿人的犯罪较轻且对侦破重大案件起关键作用，或者有重大立功表现的，可以不以犯罪论处。

2. 结合犯罪的未完成形态来判定。

任何犯罪都有其完成形态，但并不是任何犯罪都有未完成形态。为此，应当构建刑法以处罚犯罪的完成形态为原则，以处罚犯罪的未完成形态为例外的基本理念，树立只有相对严重的犯罪未完成形态才有动用刑法处罚必要性的执法取向。对于一些相对轻微的未完成形态的犯罪，可以将其视为“情节显著轻微”，不以犯罪论处的情形。如根据相关司法解释的规定，盗窃未遂情节严重的，才应当定罪处罚。换言之，盗窃未遂，情节不严重的，可以不定罪处罚。基于该条文体现的价值意向，对于盗窃预备、中止，只要情节不严重的，都可以认为“情节显著轻微危害不大”，不予定罪处罚。从总体上讲，这既符合刑法的谦抑性原理，又符合刑罚的目的。

3. 根据司法解释的内容来判定。

对于刑法条文中没有明确规定追诉标准的，应根据相关司法解释来判定是否属于情节显著轻微的情形。如《最高人民法院关于审理未成年人刑事案

---

① 邓楚开：“刑事司法中的形式理性与实质理性”，载《检察日报》2009年1月13日。

件具体应用法律的若干问题的解释》（法释〔2006〕1号）第6条规定："已满十四周岁不满十六周岁的人，偶尔与幼女发生性行为，情节轻微、未造成严重后果的，不认为是犯罪。"第7条规定："已满十四周岁不满十六周岁的人使用轻微暴力或者威胁，强行索要其他未成年人随身携带的生活、学习用品或者钱财数量不大，且未造成被害人轻微伤以上或者不敢正常到校学习、生活等危害后果的，不认为是犯罪。已满十六周岁不满十八周岁的人具有前款规定情形的，一般也不认为是犯罪。"再如《最高人民法院关于审理黑社会性质组织犯罪的案件具体应用法律若干问题的解释》（法释〔2000〕42号）第3条第2款规定："对于参加黑社会性质的组织，没有实施其他违法犯罪活动的，或者受蒙蔽、胁迫参加黑社会性质的组织，情节轻微的，可以不作为犯罪处理。"这些解释中"不认为是犯罪""可不作为犯罪处理"都为司法实务认定"情节显著轻微危害不大"提供了具体标准。

4. 结合人身危险性来判定。

"应惩罚的是行为，而惩罚的是行为人。"人身危险性和社会危害性都是犯罪的重要属性，在认定犯罪时应当予以必要的重视。一般来说，犯罪人的人身危险性不能成为确认犯罪的根据，但是犯罪的认定中，确认有罪或是无罪是一个相反相成的过程，当面对某一行为能否作为犯罪处理时，既应当考虑刑法的社会保护机能，又应当考虑刑法的人权保障机能，既要考察行为的社会危害程度，又要考察行为人的人身危险性大小。如针对一般性犯罪而教唆未遂的，因明显不可能对法益造成侵害，对其教唆行为就可以认为属于"情节显著轻微危害不大"的情形。申而言之，对于入罪与非罪界线上的行为，行为人的人身危险性的大小应当是确认罪与非罪的重要根据，或者说行为人的人身危险性的大小可以成为认定无罪的理由，对于行为人的人身危险性不大的，可视为刑法中"情节显著轻微危害不大"的情形，作非犯罪化处理。

5. 参照非刑事法律、法规来判断。

一般地，非刑事法律、法规对刑事执法活动不具有拘束力，但是当刑法的规定与非刑事法律、法规的规定出现竞合时，在确认行为人的行为性质是违法行为还是犯罪行为，则不能不考虑非刑事法律、法规的内容。如《刑法》第353条第1款规定：引诱、教唆、欺骗他人吸食、注射毒品的，处3年以下有期徒刑、拘役或者管制，并处罚金；情节严重的，处3年以上7年以下有期徒刑，并处罚金。《治安管理处罚法》第73条规定：教唆、引诱、欺骗他人吸食、注射毒品的，处10日以上15日以下拘留，并处500元以上2000元以下罚款。从中可以看出对于同一种行为，刑法和行政法作出了相同或者基本相同的规定，在此情形之下，对于行为性质的认定，如果没有明确的追诉标准，只要不是情节严重的，结合具体案情，可以视为刑法中“情节显著轻微危害不大的”情形，依照治安处罚法处理。

当然，“法有限而情无穷”。在司法实践中，对“情节显著轻微危害不大”的判断，除了参照上述标准外，也可根据具体的案情来判定。但适用时应当严肃谨慎，既要遵从法的正义精神，又要符合社会普遍认可的价值观念。

【法规链接】

《中华人民共和国刑法》

第十三条 一切危害国家主权、领土完整和安全，分裂国家、颠覆人民民主专政的政权和推翻社会主义制度，破坏社会秩序和经济秩序，侵犯国有财产或者劳动群众集体所有的财产，侵犯公民私人所有的财产，侵犯公民的人身权利、民主权利和其他权利，以及其他危害社会的行为，依照法律应当受刑罚处罚的，都是犯罪。但是情节显著轻微危害不大的，不认为是犯罪。

第三百四十五条 盗伐森林或者其他林木，数量较大的，处三年以下有期徒刑、拘役或者管制，并处或者单处罚金；数量巨大的，处三年以上七年以下有期徒刑，并处罚金；数量特别巨大的，处七年以上有期徒刑，并处罚金。

违反森林法的规定，滥伐森林或者其他林木，数量较大的，处三年以下有期徒刑、拘役或者管制，并处或者单处罚金；数量巨大的，处三年以上七年以下有期徒刑，并处罚金。

非法收购、运输明知是盗伐、滥伐的林木，情节严重的，处三年以下有期徒刑、拘役或者管制，并处或者单处罚金；情节特别严重的，处三年以上七年以下有期徒刑，并处罚金。

盗伐、滥伐国家级自然保护区内的森林或者其他林木的，从重处罚。

《中华人民共和国刑事诉讼法》

第一百七十三条 犯罪嫌疑人没有犯罪事实，或者有本法第十五条规定的情形之一的，人民检察院应当作出不起诉决定。

对于犯罪情节轻微，依照刑法规定不需要判处刑罚或者免除刑罚的，人民检察院可以作出不起诉决定。

人民检察院决定不起诉的案件，应当同时对侦查中查封、扣押、冻结的财物解除查封、扣押、冻结。对被不起诉人需要给予行政处罚、行政处分或者需要没收其违法所得的，人民检察院应当提出检察意见，移送有关主管机关处理。有关主管机关应当将处理结果及时通知人民检察院。

9. 如何确定罪名

——肖某某过失损坏交通设施案

【案情摘要】

被告人肖某某，男，1975年1月21日出生，农民。

2004年6月19日，被告人肖某某驾驶其自营农用车为公路旁建房施工的工程队拉伸圆盘钢筋。当其拖拉钢筋横穿金民公路时，拖拉于路面的钢筋与赵某某驾驶的微型客货车后钢板相刮，致车倾覆，造成乘车人何某某受伤经抢救无效死亡的重大事故。交警部门认定，肖某某驾驶机动车辆未经许可，占用道路从事非交通活动，在拉钢筋的路段和时间内未采取必要的防护措施，预防交通事故，确保交通安全，负本次事故的全部责任。

【诉讼意见与处理结果】

公诉机关指控，被告人肖某某的行为触犯了《刑法》第133条，应当以交通肇事罪追究其刑事责任。辩护意见认为，被告人肖某某的行为并非发生在交通运输活动中，而是发生在生产作业过程中，不构成交通肇事罪，应当以重大责任事故罪论处。诉讼代理意见认为，被告人肖某某实施了危害公共安全的行为，造成了他人死亡的严重后果，应当以过失以其他方法危害公共安全罪论处。

一审法院认为，被告人肖某某违章作业，损害了公路的正常使用功能，危害了交通运输安全，造成在公路上行使的车辆倾覆，并致人死亡，其行为构成过失损坏交通设施罪。依照《刑法》规定，判决如下：

被告人肖某某犯过失损坏交通设施罪，判处有期徒刑2年。

宣判后，被告人肖某某提出上诉，认为其是受雇在公路上作业，且为过失犯罪，已赔偿了主要损失，请求改判为缓刑。

二审法院裁定，驳回上诉，维持原判。

【法律适用问题】

从诉讼过程可以看出，本案争议的焦点问题是如何确定被告人肖某某行为所触犯的罪名？

认定犯罪及其罪名离不开法律论证，法律论证就是从案件事实出发，寻找法律规范，确定裁判结论的逻辑推理过程。在这个三段论的逻辑推理中，法律规范是大前提，案件事实为小前提。其中“确定大前提的过程，就是要将这些与案件有关联的法条都毫无遗漏地检索出来。在此之后，通过连接，尤其是通过案件事实与法律规范之间的‘往返对照’，确定具有最密切联系的规则”。① 所以，“法律的适用是一种发现法律的动态过程，其非仅系逻辑推演，而是必须往返于法律规范与案件事实的活动”。②

从被告人肖某某的行为事实（小前提）出发，可以检索出其可能涉嫌的罪名（大前提）包括交通肇事罪、重大责任事故罪、过失致人死亡罪、过失以其他方法危害公共安全罪和过失损坏交通设施罪。但鉴于被告人肖某某只实施了一个危害行为，应当择一适用（连接）。

首先，被告人肖某某的行为发生在作业过程中，属于业务性过失犯罪，而不是普通过失犯罪，二者相比，前者是特别法后者是普通法，按照特别法优于普通法的原则，不应当以过失致人死亡罪、过失以其他方法危害公共安全罪来对待。况且，按“同类解释”规则的要求，过失以其他方法危害公共安全罪中的“其他方法”是指与决水、爆炸、投放危险物质的危险性相当的危险方法。被告人肖某某的行为显然与决水、爆炸、投放危险物质的危险性不具有相当性。

其次，重大责任事故罪，是指在生产、作业中违反有关安全管理的规定，

① 王利明：《法学方法论》，中国人民大学出版社 2012 年版，第 73 页。
② 黄建辉：《法律阐释论》，学林文化事业有限公司 2000 年版，第 15 页。

因而发生重大伤亡事故或者造成其他严重后果的行为。本案既发生在生产作业过程中，同时又发生在交通运输的过程中，但从事故发生的地点看，在生产作业的场所之外，而不是生产作业的场所之内；从行为的过程看，事故发生在交通运输线上，而不是直接的生产作业线上。“发生在特定的生产线上的，应定重大责任事故罪，不是发生在特定的生产线上而是发生在交通线上的，则应定交通肇事罪。”① 所以，对被告人肖某某的行为不应认定为重大责任事故罪。

综合以上分析，被告人肖某某的行为事实既符合交通肇事罪又符合过失损坏交通设施罪的构成特点，且两罪的法定最高刑相同，但因其行为直接作用于交通设施而非交通工具，致使交通设施失去了正常的功能，与过失损坏交通设施罪的犯罪构成结构特点更相符合，按照“最密切联系规则”② 审判机关以过失损坏交通设施罪判处应该说更为妥当。

【办案札记】

确定罪名的过程，实际上就是在对案件具体事实感性认识的基础上，以法定犯罪构成为标本进行对照、比较、权衡并依据刑法规范推导出裁判结论的过程，是一个从不法确认到责任判断的过程，也是一个从排除非罪到确认有罪的思辨过程。

1. 坚守程序。

总体而言，认定犯罪的基本程序，就是“以事实为根据，以法律为准绳”。“以事实为根据”就是要概括、确定案件中的事实要件，“以法律为准

---

① 侯国云：《过失犯罪论》，人民出版社 1992 年版，第 342 页。

② 最密切联系规则，即与事实要件联系最紧密的规范。在有数个裁判规则均存在与案件事实相联系的可能性时，对最密切联系的法律规则的认定，可以采用以下标准：（1）要件分析。即判别裁判规则所包含的要件是否与案件事实最相符合，或者说，特定的事实要件是否可以涵盖在法律规范所包含的要件之中。（2）定性分析。从案件事实所涉及的法律关系的性质出发，找出最密切联系的法律规范。（3）目的分析。在难以根据法律规范的文义确定最密切联系性时，通过考察立法目的来进行规则选择。（4）价值判断。与事实要件的适应程度最高的法律规范，也应当是得出最妥当价值判断结论的规范。适应程度的密切性，既包括形式合理性的要求，也包括实质合理性的要求。参见王利明：《法学方法论》，中国人民大学出版社 2012 年版，第235～239 页。

绳”就是要寻找、选择与案件相关的法律规范。但“以事实为根据，以法律为准绳”是一个动态整体，是一个充满规范判断和价值判断的逻辑推理过程。刑事司法的任务就是确定案件事实，寻找法律规范，并使二者有效、紧密地连接在一起，最终形成自由或者刑罚的结论。由此说明，三段论的逻辑推理方式是认定犯罪的基本思维方法。定罪的基本操作程序，就是从特定的事实要件（小前提）出发寻找特定的法律规范（大前提），并在案件事实与法律规范之间选择、验证规范与事实的最密切联系规则，从而作出是否构成特定犯罪的结论。但是，法律适用中的三段论与逻辑学上的三段论并不等同，前者是一种包含价值导向的思考程序，后者是价值中立的思考程序。因为在法律适用过程中，对证据的取舍、对法条本身含义的阐释、对适用特定法律规范理由的分析都离不开价值判断。同样，案件事实的识别也非单纯“是与非”的事实判断，而是要考虑法的规范性并予以类型化的过程。或者说，“小前提的确定并不是一个单纯的事实认定，而是一个根据相关法律规范确定事实要件的问题。而大前提的确定不是简单地找法，而是根据相应的事实确定相应的法律规范，连接的过程是遵循最密切联系原则，依据事实寻找法律规范的过程”。① 可以说，司法结论的形成，需要在案件事实与法律规范之间相互对照，循环往复考察、解释和论证，是以事实判断、价值判断、法益衡量为内容，以三段论的逻辑推理为手段的检测、验证过程。为此，“在整个裁判活动中，法官应当始终围绕着三段论的运用而进行裁判。不论是事实的认定，法律依据的寻找，还是价值判断、法律论证，都应当在三段论的框架中进行”。② 离开三段论的基本思维方法，就难以得出准确的裁判结论。

2. 排除非罪。

排除非罪是无罪推定的必然逻辑。对非罪的排除，首先是排除不法，其次才是排除责任，即先要看它是不是符合实体性的刑事法律的构成要件。如是否有危害行为的存在，“无行为则无犯罪”；是否存在“情节显著轻微危害不大的，不认为是犯罪”的情形等。接下来是对违法性的问题判断，即考察

① 王利明：《法学方法论》，中国人民大学出版社2012年版，第73页。

② 同上，第83页。

是否存在正当防卫、紧急避险、自救行为、正当业务行为等阻却犯罪的事由，如果存在这类情况，犯罪就不能成立；最后进行责任判断。“法律不强人所难”，精神病人在不能辨认或者不能控制自己行为的时候造成危害结果的，不负刑事责任。“年幼无知者无异于精神错乱者。”不满 14 周岁的人不负刑事责任；已满 14 周岁不满 16 周岁的人实施了法定犯罪以外的其他犯罪行为的，不负刑事责任。“无犯意则无犯人”，不可抗力、意外事件等主观上无罪过的行为不构成犯罪。如在重大安全事故中，对有关人员能否追究刑事责任，首要的问题考察是具体行为是什么？是否违反注意义务？行为的实施者为何人？行为与危害结果是否存在因果关系？其次需要考察是否存在紧急避险、法令行为、正当业务行为等阻却犯罪的事由？如果通过先前考察不能排除犯罪的可能性，还需要进一步考察行为人对结果的态度如何？有无注意能力？有无期待可能性？等等。不能因为损害结果的存在，就径行推定行为人主观上有过失。

3. 确认有罪。

在排除非罪的基础上，对有罪的确认可按照以下思路来进行。一要根据案件事实初步确定行为特征可能涉及的罪名群，对罪名群的划定不当，就有可能导致认定的犯罪错误。如对于制造、销售假冒伪劣商品的行为，其可能涉及《刑法》第 140 条～第 148 条生产、销售伪劣商品罪中的罪名，也可能涉及《刑法》第 213 条～第 218 条侵犯知识产权罪中的罪名以及非法经营罪、诈骗罪等。在划定罪名群的范围后，应当判明是否存在真实的生产、销售行为，以确认是否构成诈骗类犯罪。就诈骗类犯罪而言，既包括侵犯财产罪中的诈骗罪，也包括扰乱公共秩序罪中的招摇撞骗罪和金融诈骗罪中的具体犯罪，只有在这个范围内找法，才有可能不出偏差。二要确定案件事实与哪一个法定犯罪构成要件要素相符合。案件事实既要与犯罪构成具体要件的内涵与外延相符合，又要与犯罪构成的整体结构特点相符合，只有这样才能认为案件事实与法定犯罪构成相一致，具有同一性、等值性。如强迫交易中，如果行为人以过于明显低价强迫交易或者给予象征性的价格强迫交易的，只有认定为抢劫罪而不是强迫交易罪，才能使案件事实与犯罪构成的整体结构特点相同一。在这个过程中，需要按照构成要件的“符合性→违法性→有责性”的结构序列进行“程序性过滤”，在判明行为、结果、因果关系、行为主体、故意、过失等本体事实的前提下，考察法益遭受的具体侵害、是否存在违法阻却事由和行为人的责任能力、违法性认识、期待可能性等，从而作出罪与非罪、此罪还是彼罪的结论。

另外，如果经过判断行为事实符合具体犯罪构成要件，还要根据总则性规定和分则性规定，确定犯罪构成的具体形态以及根据罪数形态理论判断罪名、罪数问题。

【法规链接】

《中华人民共和国刑法》

第一百一十五条 放火、决水、爆炸以及投放毒害性、放射性、传染病病原体等物质或者以其他危险方法致人重伤、死亡或者使公私财产遭受重大损失的，处十年以上有期徒刑、无期徒刑或者死刑。

过失犯前款罪的，处三年以上七年以下有期徒刑；情节较轻的，处三年以下有期徒刑或者拘役。

第一百一十九条 破坏交通工具、交通设施、电力设备、燃气设备、易燃易爆设备，造成严重后果的，处十年以上有期徒刑、无期徒刑或者死刑。

过失犯前款罪的，处三年以上七年以下有期徒刑；情节较轻的，处三年以下有期徒刑或者拘役。

第一百三十三条 违反交通运输管理法规，因而发生重大事故，致人重伤、死亡或者使公私财产遭受重大损失的，处三年以下有期徒刑或者拘役；交通运输肇事后逃逸或者有其他特别恶劣情节的，处三年以上七年以下有期徒刑；因逃逸致人死亡的，处七年以上有期徒刑。

第一百三十四条 在生产、作业中违反有关安全管理的规定，因而发生重大伤亡事故或者造成其他严重后果的，处三年以下有期徒刑或者拘役；情节特别恶劣的，处三年以上七年以下有期徒刑。

强令他人违章冒险作业，因而发生重大伤亡事故或者造成其他严重后果的，处五年以下有期徒刑或者拘役；情节特别恶劣的，处五年以上有期徒刑。”

第二百三十三条 过失致人死亡的，处三年以上七年以下有期徒刑；情节较轻的，处三年以下有期徒刑。本法另有规定的，依照规定。

10. 怎样把握犯罪构成的特征

——柴某某伪造金融票证案

【案情摘要】

被告人柴某某，女，1967 年 12 月 10 日出生，农业银行储蓄所原主任。

1996 年 9 月 7 日，被告人柴某某在没有质押的情况下，虚构质押担保借款合同 1 份，从所在储蓄所借得银行资金110 000元，将其中100 000元交给他人进行经营活动，10 000元借给朋友使用。1997 年 7 月，为应付检查，柴某某伪造金额100 000元的银行存单 1 张，后归还了110 000元本息。

1996 年 9 月 19 日，被告人柴某某以虚拟的“聂振才”的名义，虚构了 1 份质押担保借款合同，从其所在储蓄所借得银行资金200 000元交给他人进行经营活动。同年 10 月，柴某某又伪造了 1 张金额为60 000元的银行存单，与他人金额为20 000元的银行存单一起作质押，从农行另一储蓄所贷款75 000元，归还了“聂振才”名下的贷款。1997 年 7 月，事发后，柴某某归还了全部贷款本息。

【诉讼意见与处理结果】

侦查机关以柴某某涉嫌挪用公款罪移送审查起诉。公诉机关指控，被告人柴某某的行为触犯了《刑法》第 177 条第 1 款，应当以伪造金融票证罪追究其刑事责任。辩护意见认为，柴某某伪造质押合同、银行存单的目的是为了逃避银行监管帮助亲友发放贷款，属违法发放贷款的行为，同时也属于违规出具金融票证的行为，但因未造成实际损失，不构成犯罪。

一审法院认为，被告人柴某某利用储蓄所主任的便利，伪造银行存单从其他储蓄所贷款，其行为已构成伪造金融票证罪。鉴于违法伪造票证所贷的款项全部归还了银行贷款，可从轻处罚并适用缓刑。依照《刑法》规定，判决如下：

被告人柴某某犯伪造金融票证罪，判处有期徒刑 1 年，宣告缓刑 1 年，并处罚金20 000元。

宣判后，被告人柴某某提出上诉，认为自己的行为不构成伪造金融票证罪，且没有造成实际后果，应宣告无罪。

二审法院认为，上诉人柴某某的行为已经构成伪造金融票证罪。鉴于违法伪造票证所贷的款项全部归还了银行贷款，未造成损失，可酌情从轻处罚。依照《刑事诉讼法》《刑法》规定，判决如下：

1. 撤销原审判决对上诉人柴某某的量刑部分；
2. 上诉人柴某某犯伪造金融票证罪，免予刑事处罚。

【法律适用问题】

正如“一千个读者眼中就有一千个哈姆雷特”一样，观察事物的角度、方法不同，得出的结论就往往不同。那么，在刑事诉讼中，认定案件事实的方法和标准是什么？对柴某某的行为事实到底该如何评价呢？

对行为性质的判断，从方法论的角度来看，要注意把握两个基本要领，一要根据刑法规范识别、归类案件事实，确定行为事实可能存在的法的空间范围。如果法未找全，就有可能得出错误的结论。二要根据紧密相关的罪状表述或者罪名规定，考察行为人的行为事实符合哪一个罪名的构成要件及其要素，即确认法律规范与行为事实是否具有逻辑上的同一性，或者说确定行为事实的具体规格、符合性问题。[①]

---

① 这里的符合性特指犯罪构成整体的符合性，即构成要件及其要素齐备，与大陆法系的三要件理论体系中的符合性有所不同。大陆法系的三要件理论体系，由该当性（符合性）、违法性和有责性构成，由于这三个要件之间具有层次性，因而称为阶层的犯罪构成体系。该理论的实质在于先有事实判断，再到价值判断、实质判断。具体内容包括：(1) 符合性，又称该当性。是指行为具有与刑法分则所规定的具体特征相符合的性质。由行为、结果、因果关系、犯罪的主体、故意、过失、目的犯的目的等组成。(2) 违法性，是指行为对刑法所保护的合法权益的实质侵害性。从实质违法性看，由法益和法益受侵害性构成；从形式违法性看，其违法阻却事由组成。(3) 有责性，即责任，是指能够对行为人的犯罪行为进行谴责。由责任能力、违法性认识和违法可能性意识、期待可能性组成。这与我国刑法中的犯罪四要件构成理论体系不同，其显著优势在于：三要件理论体系是分层、递进、开放的结构，其中符合性侧重于解决事实上是否具备构成要件行为和故意或者过失的问题；违法性用来判断是否具有违法性阻却事由，如果有违法性阻却事由，行为就被排除在犯罪之外，如果没有违法性阻却事由，才需要确定行为人的责任问题，如果没有责任，犯罪仍然不能成立。由此，按照三要件理论体系，定罪的基本思维模式为客观判断先于主观判断，形式判断先于实质判断，类型判断先于个别判断，事实判断先于价值判断。参见陈兴良：“定罪的四个基本规则”，载《检察日报》2010 年 9 月 14 日。

从刑法分则罪刑式条文对具体犯罪的规定可以看出，任何一种犯罪都应同时具备行为主体、行为事实、行为责任这三个犯罪构成要件。缺少其中任何一个构成要件，就不构成犯罪。行为主体、行为事实、行为责任三要件之间是一个有机的整体。

就柴某某的行为事实而言，首先，被告人柴某某的行为事实与挪用公款罪的构成要件及其要素内容不符。刑法上规定的挪用型犯罪，不管是挪用公款罪还是挪用资金罪，在构成要件上均要求行为人必须利用职务之便。一般认为，利用职务之便，是指行为人利用本人职务范围内的权利和地位所形成的主管、支配、使用和具体负责经营、管理公共财物的便利条件，并不包括与职权行为无关以及仅因工作关系形成的方便条件。柴某某作为国家出资银行管理人员，虽然具有国家工作人员的主体资格，客观上也利用了在银行工作的便利条件，实施了伪造存单质押贷款挪作他用的行为，似有利用职务便利之嫌。但鉴于其伪造质押合同、银行存单的行为，非其职权范围，在实质上与职务活动没有关联性，其所利用的仅是在银行工作的方便条件而已。即在实质上并没有利用职务上的便利，不符合挪用犯罪的行为特征，当然不构成挪用公款罪。其次，被告人柴某某的行为与违法发放贷款罪的构成要件及其要素内容不符。违法发放贷款罪，是指银行或者其他金融机构的工作人员违反国家规定发放贷款，数额巨大或者造成重大损失的行为。对犯罪结果而言，银行或者金融机构工作人员在主观上一般是出于过失。柴某某虽为银行工作人员，客观上也违反规定向关系人发放了贷款，但伪造存单进行质押贷款的事实表明，其在主观上出于直接故意，这说明柴某某的行为不符合刑法上违法发放贷款的主观特征。同时，违法发放贷款的数额尚未达到巨大，亦未造成重大损失，其行为不符合违法发放贷款罪的构成要件及其要素的要求。最后，被告人柴某某的行为与违规出具金融票证罪的构成要件及其要素内容不符。违规出具金融票证罪，是指银行或者其他金融机构的工作人员违反规定，为他人出具信用证或者其他保函、票据、存单、资信证明，情节严重的行为。违规出具金融票证罪与伪造金融票证罪不同：违规出具金融票证罪的主体是银行和其他金融机构的工作人员；伪造金融票证罪的主体是一般主体。违规出具金融票证罪是过失犯罪，行为人对出具金融票证所造成的损害是出于过失；而伪造金融票证罪是明知故犯，行为人对于自己的伪造行为是明知却仍然追求。违规出具金融票证罪是违反规定的职务行为，制作权人与当事人之间存在票证所记载的权利、义务关系；伪造金融票证罪中制作者与金融机构不可能存在权利、义务关系。从柴某某的身份来看，作为银行工作人员有权制作、出具金融票证，但其并不能因此而形成盗用他人名义，无中生有制作、出具金融票证的资格。事实上，柴某某并非是虚假票证的有权制作者，而是典型的造假者，与因过失而出具金融票证的行为在性质上完全不同。

综合以上分析，依照相关刑法规范，本案的事实可归纳概括为：银行工作人员伪造金融票证，帮助他人骗用银行贷款。而在众多刑法规范中，与该事实最联系紧密的罪名即为伪造金融票证罪。公诉机关和审判机关对被告人柴某某以伪造金融票证罪定性做到了事实与规范的统一。

在犯罪构成中，具体犯罪的构成要件及其要素不同，犯罪性质就自然不同。所以，对行为性质的评价，司法人员当以刑法规范为指导善于从不同侧面归纳、识别案件事实，在事实要件与规范要件之间反复“涵摄”，寻找法律规范与法律事实的连接的桥梁和纽带，使事实与规范在逻辑上保持统一，具有符合性。

【办案札记】

在刑法适用中，规范是大前提，事实是小前提，对小前提的确定必须以大前提为指导，对大前提的选择也必须以小前提为基础。由此，对案件事实的类型化、格式化，离不开对犯罪构成规范特征的判断把握，那么，犯罪构成有哪些特征呢?

1. 犯罪构成具有系统性。

犯罪构成是由不同要件组成的一个系统整体。在对案件事实进行评价时，应当从刑法规范的完整性出发，以法定的犯罪构成及其构成要素为标准，考量行为事实是否符合刑法规定的具体犯罪的构成要件及其要素和相互关系。如对拐骗儿童的行为事实，在刑法中，可能符合的罪名为拐卖儿童罪和拐骗儿童罪，这是从刑法规范的完整性出发得出的结论。但具体构成的是拐卖儿童罪还是拐骗儿童罪，还需要从具体规范的结构系统来归纳概括案件事实，在规范的构成要件要素与事实的组成内容之间进行比对。拐卖儿童以出卖为目的，而拐骗儿童是为了收养、奴役等其他原因，二者的构成系统要件及其要素不同，这就需要对案件事实进行具体化分析，行为人拐骗儿童的目的、原因是什么，进而补充、确定案件事实。由此，对行为性质的认定，要有系统性观念，既要在刑法规范的体系中全面寻找可能适用的规范，又要考察各个具体规范的系统要素及其关系，进而以此为指导概括、归纳和补充案件事实，以使事实与规范相符合，具有等值性或者等价性。

2. 犯罪构成具有结构性。

结构决定性质。正如同国有公司在改制中引入民间资本，将会引起公司资本结构的变化，从而影响公司的性质一样。“犯罪构成的整体性能主要取决于其组成要素和结构。”① 不同的犯罪构成有其独立的内容和结构，即要素及其连接方式。即便是相同的主体、相同的主观内容、相同的客观行为，其行为先后次序、连接方式不同，有时也会影响犯罪的性质。在以刑法规范为指导认定案件事实的过程中，要做到事实与规范相对应、相符合，就必须把握犯罪构成的结构特点，考察案件事实本身的“个性”，在事实与规范之间不断地诠释循环。如在绑架罪中，绑架行为与勒索行为之间具有时间顺序性，绑架行为必须在前，勒索行为必须在后且针对的是第三人；但在抢劫罪中，手段行为与劫取财物的目的行为之间就没有时间顺序性的要求，只要行为人在实施暴力的当场获取了财物、公然劫取财物的当场实施了暴力或者以暴力相威胁，都构成抢劫罪。所以，在对案件事实的认定过程中，就必须把握好以下关键点：行为人将他人拘禁后，是如何索取财物的；是直接向被绑架者索取的还是向被绑架者以外的人员索取的；索取的财物是否属于债务等。

3. 犯罪构成具有关联性。

不同犯罪构成相互关联，是刑法规范的常态。即不同的犯罪构成往往存在一定程度的包容或者交叉关系，如法条竞合。即便是相互排斥的犯罪构成，也可能会因为某一行为的介入而发生关联，如想象竞合。同时，案件事实本身也往往不具有典型性。所以，在探究案件事实可能涉嫌的刑法规范时，要

① 何秉松：《犯罪构成系统论》，中国法制出版社 1995 年版，第 314 页。

注意从基本事实的不同侧面寻找关联性规范。如凡是符合抢劫罪构成要件的事实，一般也符合敲诈勒索罪的构成要件，因为行为人实施了尚未足以压制被害人反抗程度的暴力、胁迫行为可以成立敲诈勒索罪，那么实施了足以压制被害人反抗程度的暴力、胁迫行为的，无疑也符合敲诈勒索罪的构成要件，二者存在低度行为与高度行为的关系。同样，贪污罪与挪用公款罪之间也存在竞合关系，并不是非此即彼的对立关系。因为“占”以“挪”为前提，当“占”的事实成立时“挪”的事实也必然存在，或者说，侵害使用权的尚且能够构成挪用公款罪，侵害所有权的行为当然也符合挪用公款罪，贪污就包含着挪用。所以，对大前提的寻找和确定，不能只盯着个别规范，而要有开放、关联的意识。①

【法规链接】

《中华人民共和国刑法》

第一百七十七条 有下列情形之一，伪造、变造金融票证的，处五年以下有期徒刑或者拘役，并处或者单处二万元以上二十万元以下罚金；情节严重的，处五年以上十年以下有期徒刑，并处五万元以上五十万元以下罚金；情节特别严重的，处十年以上有期徒刑或者无期徒刑，并处五万元以上五十万元以下罚金或者没收财产：

（一）伪造、变造汇票、本票、支票的；

（二）伪造、变造委托收款凭证、汇款凭证、银行存单等其他银行结算凭证的；

（三）伪造、变造信用证或者附随的单据、文件的；

（四）伪造信用卡的。

单位犯前款罪的，对单位判处罚金，并对其直接负责的主管人员和其他

---

① 在进行符合性判断时应注意：（1）在性质相同时，高度行为可以评价为低度行为。（2）不要将典型事实作为大前提。（3）不要颠倒大小前提进行判断。（4）不能只考虑一个大前提，要考虑适用多个大前提的可能性。（5）在只能适用一个大前提时，需要事实与规范的不断往返。（6）不要以抽象的理由肯定或者否定犯罪的成立。摘自2010年8月18日张明楷在全国检察公诉培训上的讲话——《认定犯罪的方法》。

直接责任人员，依照前款的规定处罚。

第一百八十五条 商业银行、证券交易所、期货交易所、证券公司、期货经纪公司、保险公司或者其他金融机构的工作人员利用职务上的便利，挪用本单位或者客户资金的，依照本法第二百七十二条的规定定罪处罚。

国有商业银行、证券交易所、期货交易所、证券公司、期货经纪公司、保险公司或者其他国有金融机构的工作人员和国有商业银行、证券交易所、期货交易所、证券公司、期货经纪公司、保险公司或者其他国有金融机构委派到前款规定中的非国有机构从事公务的人员有前款行为的，依照本法第三百八十四条的规定定罪处罚。

第一百八十六条 银行或者其他金融机构的工作人员违反国家规定发放贷款，数额巨大或者造成重大损失的，处五年以下有期徒刑或者拘役，并处一万元以上十万元以下罚金；数额特别巨大或者造成特别重大损失的，处五年以上有期徒刑，并处二万元以上二十万元以下罚金。

银行或者其他金融机构的工作人员违反国家规定，向关系人发放贷款的，依照前款的规定从重处罚。

单位犯前两款罪的，对单位判处罚金，并对其直接负责的主管人员和其他直接责任人员，依照前两款的规定处罚。

关系人的范围，依照《中华人民共和国商业银行法》和有关金融法规确定。

第一百八十八条 银行或者其他金融机构的工作人员违反规定，为他人出具信用证或者其他保函、票据、存单、资信证明，情节严重的，处五年以下有期徒刑或者拘役；情节特别严重的，处五年以上有期徒刑。

单位犯前款罪的，对单位判处罚金，并对其直接负责的主管人员和其他直接责任人员，依照前款的规定处罚。

第二百七十二条 公司、企业或者其他单位的工作人员，利用职务上的便利，挪用本单位资金归个人使用或者借贷给他人，数额较大、超过三个月未还的，或者虽未超过三个月，但数额较大、进行营利活动的，或者进行非法活动的，处三年以下有期徒刑或者拘役；挪用本单位资金数额巨大的，或者数额较大不退还的，处三年以上十年以下有期徒刑。

国有公司、企业或者其他国有单位中从事公务的人员和国有公司、企业或者其他国有单位委派到非国有公司、企业以及其他单位从事公务的人员有前款行为的，依照本法第三百八十四条的规定定罪处罚。

第三百八十四条 国家工作人员利用职务上的便利，挪用公款归个人使用，进行非法活动的，或者挪用公款数额较大、进行营利活动的，或者挪用公款数额较大、超过三个月未还的，是挪用公款罪，处五年以下有期徒刑或者拘役；情节严重的，处五年以上有期徒刑。挪用公款数额巨大不退还的，处十年以上有期徒刑或者无期徒刑。

挪用用于救灾、抢险、防汛、优抚、扶贫、移民、救济款物归个人使用的，从重处罚。

犯罪主体

11. 如何确认刑事责任能力

——杨某某贩卖毒品案

【案情摘要】

杨某某，男，1997 年 4 月 17 日出生，无业。

2012 年 7 月 2 日，贩毒人员张某某通过马某某介绍，约定以每克 400 元的价格向王某（吊线人员）贩卖毒品海洛因 400 克。7 月 4 日 15 时，杨某某在张掖市甘州区天宇网吧上网时认识了一个自称叫“马高”的人，商定由杨某某帮马高送摇头丸，费用为 200 元。当日 18 时许，张某某、马高与杨某某到青松园宾馆查看王某所携带现金情况之后，将用手机盒盛装的毒品可疑物交给杨某某送至青松园宾馆 8210 房间的王成。杨某某将该手机盒交给王某并取得毒资一塑料包，准备离开时被抓获。当场从杨某某处扣押毒资160 000 元，从王某处缴获毒品可疑物两塑料包。经鉴定，所缴获的毒品可疑物净重分别是 208. 86 克、177. 61 克，海洛因含量分别为 4. 05%、4. 13%。

【诉讼意见与处理结果】

侦查机关以杨某某涉嫌贩卖毒品罪移送审查起诉。杨某某辩称，自己认为当时送的是摇头丸不是海洛因，只知道摇头丸是跳舞时服用的药品，不知道是一种毒品。

公诉机关认为，杨某某的行为不具有贩卖毒品罪的主客观要件，仅属运输毒品的行为。且经鉴定查获毒品含量极低，因其作案时年龄不满 16 周岁，不应当负刑事责任。经建议，侦查机关撤回了对杨某某的起诉意见。

【法律适用问题】

有人说“不知法不免责”，反驳者却说“不知者不为罪”。它们二者之间有什么不同？与犯罪主体的责任能力、犯罪故意中的“明知”有无关联？明确这些问题对本案的评价至关重要。

“不知法不免责”与“不知者不为罪”截然不同。“不知法不免责”是指不知道法律规范的具体规定但对自己行为的违法犯罪性具有概念性认知的，不得免责；“不知者不为罪”是指对自己行为的违法犯罪性缺乏概念性认知的，不为犯罪。

犯罪故意中明知的内容包括两个方面：一是行为人对犯罪构成要件事实本身的自然认识；二是行为人对犯罪构成要件事实的评价性认识。具体到毒品犯罪中，对构成要件事实本身的认识，即行为人对自己行为对象属于毒品有所认识；对构成要件事实的评价性认识，即行为人对自己行为的违法性认识。如果行为人不知道其行为对象是毒品，或者虽然认识到是毒品，但不知其行为属于违法犯罪行为，都不构成毒品犯罪。基于以上理由，对杨某某行为性质的评价，关键在于要搞清以下两个问题：一是杨某某对自己行为的对象属于毒品是否有认识？二是杨某某对自己行为的违法性是否有认识？对于认识的程度，就行为对象而言，只要求达到概括性认知即可，不要求认识到具体毒品种类的程度；就违法性认识而言，要求总体上明知自己的行为被国家法律所禁止即可，并不要求认知到具体的法律规定。

一般来说，只要行为人认识到自己的行为对象属于毒品，也就可以推定其认识到自己行为的违法性，不再需要证明行为人具有违法性认识。但是，刑法视为毒品的物质种类很多，有时与毒品有关的专业人员也未必能准确识别和认识哪些种类为法律所禁止。所以，哪些物质属于法律所禁止的毒品可能会超出个人的认识能力，从而缺乏犯意基础。这说明不能把刑事责任年龄等同于刑事责任能力，认为达到刑事责任年龄的未成年人，就具有刑事责任能力，这只是立法上以平均能力进行的一般性推定。同时，贩卖、运输毒品犯罪是一种法定犯（或者行政犯），倘若行为人缺乏对于贩卖、运输行为的违法性认识，也就阻却了故意犯罪的成立。在本案中，由于杨某某属于已满14岁不满16岁的未成年人，而“摇头丸”又是一种新型毒品，在其辩解不知道“摇头丸”是毒品的情况下，基于已满14岁不满16岁未成年人的认知能力，就需要证实其明知“摇头丸”就是毒品，即排除其辩解的成立。但在案件中却缺少这样的排除性证据，不能证明杨某某知道自己的行为是违法犯罪行为。

执法的要领在于认真思考，而不是照搬法条。由于杨某某对自己的行为缺乏违法性认识，加之在整个贩卖毒品的犯罪过程中，杨某某被当作犯罪工具使用，本身属于受害者，不应成为刑法惩治的主要对象，对其行为不应以贩卖毒品犯罪论处。同时，公诉机关将其行为性质界定为“运输毒品”亦不符合案件事实情况，且与对案件事实进行规范化评价的要求相悖。

【办案札记】

刑事责任能力，即行为人辨认控制自己行为的能力。没有刑事责任能力的人，无论其实施了何种危害社会的行为，都与犯罪无关。刑事责任能力是对犯罪主体质的要求。在司法实务中，对刑事责任能力的认定，应当着重明确以下几个问题。

1. 刑事责任能力以达到刑事责任年龄为前提。

刑事责任年龄的计算以实足年龄为基准。按照最高人民法院《关于审理未成年人刑事案件具体应用法律的若干问题的解释》（法释〔2005〕1号）的规定，《刑法》第17条规定的“周岁”，应当按照公历的年、月、日计算，从周岁生日的第二天起算。即刑事法定年龄从实施犯罪行为之日起以实足年龄计算。所谓犯罪时已满或者不满周岁，实际上是指实施行为时已满或者不满周岁，而不是结果发生或者危险状态出现时已满或者不满周岁。[①] 当行为人实施的危害行为从一个法定年龄段延续到另一个法定年龄段，或者行为人在几个法定年龄段都实施了危害行为时，应当分别加以认定和处理：行为人

---

① 张明楷：《刑法格言的展开》，法律出版社1997年版，第181页。

对其不满14周岁以前实施的任何危害行为，均不负刑事责任；对于其已满14周岁不满16周岁期间所实施的危害行为，依法不承担刑事责任的，一律不负刑事责任；已满16周岁以后实施的危害行为，应当负刑事责任。如行为人未满14周岁时抢劫他人财物500元，已满14周岁不满16周岁期间，又抢劫他人财物300元。对其未满14周岁的抢劫行为不应以犯罪论，只能对其已满14周岁后抢劫他人财物300元的事实以抢劫罪认定处罚。

2. 刑事责任能力与行为能力具有同时性。

刑事责任能力中的辨认控制能力不仅是指行为人对自己行为的辨认控制能力，而且特指“行为时”的辨认和控制能力。[①] 所以，精神病人在不能辨认或者控制自己行为的时候造成危害结果的，不负刑事责任。但如果行为人实施犯罪行为时精神正常，在犯罪后患有精神病而丧失辨认或者控制能力的，则应当负刑事责任。所谓辨认控制能力，不是抽象意义上的对一般行为的辨认控制能力，而是指行为人对自己所实施的刑法禁止的特定行为的辨认控制能力，[②] 即认识自己行为的社会意义并按照一定意志选择行为并控制行为方向的能力。其与故意、过失的认识因素、意志因素相对应，即“辨认控制能力是故意、过失成立的前提，没有辨认能力就不可能有故意或过失的认识因素，没有控制能力就不可能有故意或过失的意志因素”。[③] 如年幼时期，由于生理和心理发育尚不成熟，一般对自己的社会危害性和法律后果认识不清，往往难以辨别和控制自己的行为。所以，刑法规定完全不负刑事责任。

3. 刑事责任年龄不同于刑事责任能力。

一般地，对于自然犯，凡是达到刑事法定年龄的人，只要精神状态正常，就认为具有刑法上的辨认控制能力；没有达到刑事法定年龄的人，不管实际能力如何，都认为没有刑法上的辨认控制能力。但在行政犯中，刑事责任能力的有无，不仅要达到刑事责任年龄，精神状态正常，还应当对自己的行为有以社会危害性为基础的违法性认识。所以，刑事责任年龄与刑事责任能力

---

① 张明楷：《刑法学》（上），法律出版社1997年版，第170页。

② 张明楷：《刑法格言的展开》，法律出版社1997年版，第183页。

③ 张明楷：《刑法学》（上），法律出版社1997年版，第172页。

的内涵完全不同。在未成年人犯罪主体的认定上，应当特别注意对未成年人的犯罪能力结构和人身危险性的分析。[①] 因为犯罪是主体实施的危害社会的活动，具有鲜明的主体性特征。未成年人心理尚不成熟，思维能力欠缺，辨别是非的能力和控制自己行为的能力相对较弱。达到刑事责任年龄的未成年人，在智力正常的情况下就具有刑事责任能力，实际上只是立法上以平均能力进行的推定，并不完全意味着未成年人的智力发展状况和认知水平。因此，不能把未成年人身份的成立等同于刑事责任能力的有无，认为只要达到刑事责任年龄的未成年人就一定具有刑事责任能力。对犯罪能力结构的分析应当从犯罪时的年龄状况、受教育程度、心神发育状态、行为环境以及生活阅历等成长经历，综合分析判断其对自己行为的社会危害性认识和违法性认识程度。

【法规链接】

《中华人民共和国刑法》

第十七条 已满十六周岁的人犯罪，应当负刑事责任。

已满十四周岁不满十六周岁的人，犯故意杀人、故意伤害致人重伤或者死亡、强奸、抢劫、贩卖毒品、放火、爆炸、投毒罪的，应当负刑事责任。

已满十四周岁不满十八周岁的人犯罪，应当从轻或者减轻处罚。

因不满十六周岁不予刑事处罚的，责令他的家长或者监护人加以管教；在必要的时候，也可以由政府收容教养。

第十七条之一 已满七十五周岁的人故意犯罪的，可以从轻或者减轻处罚；过失犯罪的，应当从轻或者减轻处罚。

第三百四十七条 走私、贩卖、运输、制造毒品，无论数量多少，都应当追究刑事责任，予以刑事处罚。

走私、贩卖、运输、制造毒品，有下列情形之一的，处十五年有期徒刑、无期徒刑或者死刑，并处没收财产：

（一）走私、贩卖、运输、制造鸦片一千克以上、海洛因或者甲基苯丙

① 何秉松：《犯罪构成系统论》，中国法制出版社1995年版，第160页。

胺五十克以上或者其他毒品数量大的；

（二）走私、贩卖、运输、制造毒品集团的首要分子；

（三）武装掩护走私、贩卖、运输、制造毒品的；

（四）以暴力抗拒检查、拘留、逮捕，情节严重的；

（五）参与有组织的国际贩毒活动的。

走私、贩卖、运输、制造鸦片二百克以上不满一千克、海洛因或者甲基苯丙胺十克以上不满五十克或者其他毒品数量较大的，处七年以上有期徒刑，并处罚金。

走私、贩卖、运输、制造鸦片不满二百克、海洛因或者甲基苯丙胺不满十克或者其他少量毒品的，处三年以下有期徒刑、拘役或者管制，并处罚金；情节严重的，处三年以上七年以下有期徒刑，并处罚金。

单位犯第二款、第三款、第四款罪的，对单位判处罚金，并对其直接负责的主管人员和其他直接责任人员，依照各该款的规定处罚。

利用、教唆未成年人走私、贩卖、运输、制造毒品，或者向未成年人出售毒品的，从重处罚。

对多次走私、贩卖、运输、制造毒品，未经处理的，毒品数量累计计算。

12. 犯罪特殊主体如何确定

——赵某某等人盗窃案

【案情摘要】

被告人赵某某，男，1987年7月25日出生，打工人员。

被告人赵某，男，1989年10月13日出生，无业。

2007年4月30日至6月2日期间，被告人赵某某伙同被告人赵某经事先预谋后，利用被告人赵某某在豹豪量贩KTV工作之便，先后在该歌厅地下室盗窃康佳彩电5台、同创电脑4台、音箱6对、功放4台。其中，被告人赵某某参与盗窃作案5起，盗窃价值18 360元；被告人赵某参与盗窃作案4起，盗窃价值17 260元。后将部分赃物销售他人。

【诉讼意见与处理结果】

公诉机关指控，被告人赵某某、赵某的行为触犯了《刑法》第264条，应当以盗窃罪追究其刑事责任。辩护意见认为，赵某某系豹豪量贩KTV的服务生，“掌管各包厢钥匙，负责看店值班”，对歌厅内的财产承担着管理职责，当属于职务侵占行为而非盗窃。

一审法院认为，被告人赵某某利用职务上的便利，与赵某共同窃取财物，其行为已构成职务侵占罪，依照《刑法》规定，判决如下：

1. 被告人赵某某犯职务侵占罪，判处有期徒刑1年；

2. 被告人赵某犯职务侵占罪，判处有期徒刑6个月。

宣判后，公诉机关提出抗诉，认为被告人赵某某对歌厅内的财产无主管、管理、经手等职责，侵吞财物是利用其熟悉工作现场环境的便利条件，行为性质当为盗窃而非职务侵占。原审判决适用法律错误，导致量刑不当，应予改判。

二审法院认为，原审被告人赵某某利用工作上的便利，伙同赵某共同窃取财物的行为构成盗窃罪，原审判决适用法律错误。依照《刑事诉讼法》《刑法》规定，判决如下：

1. 撤销原审判决；

2. 被告人赵某某犯盗窃罪判处有期徒刑 3 年 6 个月，并处罚金20 000元；

3. 被告人赵某犯盗窃罪有期徒刑 2 年 6 个月，并处罚金20 000元。

【法律适用问题】

有时，“身份决定命运”。身份不同，在法律上的待遇往往就有所不同。被告人赵某某、赵某的行为构成盗窃罪还是职务侵占罪，关键在于对犯罪特殊主体符合性的判断。

盗窃罪是指以非法占有为目的，秘密窃取数额较大的公私财物的行为；职务侵占罪是指公司、企业或者其他单位的人员，利用职务上的便利，将本单位数额较大的财物非法占有的行为。从以上内容可以看出，就犯罪主体来看，盗窃罪是一般主体，而职务侵占罪是公司、企业或者其他单位的人员，属于特殊主体。就客观方面来讲，侵犯的对象不同。盗窃罪非法占有的对象是处于他人控制之中财物，该财物既可以是个人财物也可以是单位财物。职务侵占罪占有的对象是本身处于自己保管、控制的财物，不属于自己保管、控制的财物不能成为其犯罪对象。且职务侵占罪的对象还只能是行为人所在单位的财物。同时，行为方式也所不同。职务侵占罪的实行行为是在职务便利的条件下，对本单位的财物进行了侵吞、窃取或者骗取。是否利用职务上的便利是盗窃罪与职务侵占罪的核心区别所在。

身份特征是以一定的行为特征为基础的，对特殊主体身份的认定应当与客观活动结合起来。被告人赵某作为服务生，其工作职责是负责接待客人，没有主管、管理或者经手本单位财物的权力，即无职务之便可言。职务上的便利与工作上的便利不同，职务上的便利，其本质上是行为人基于职务的原因而实际控制着本单位财物；工作上的便利是指行为人虽无管理财物的职务，但可利用从事的某种工作所具有的资格，具有容易接近单位财物的方便条件，不会产生由于职务上的原因而实际控制着本单位财物的问题。同时，歌厅属于雇主的控制范围，所有放置于经营场所的物品都受控于雇主，尽管被告人赵某某掌管各包厢钥匙并且住在歌厅中，但没有赋予其经管财物的权力，至多也就是辅助占有而已，如同车间流水线上作业的工人、单位的保安一样，只是作为雇主控制财物的手段而存在。即赵某某伙同赵某窃取的是他人管理的财物，而不是自己所掌控的财物，不存在职务侵占中“利用职务上便利”的问题。同时，被告人赵某某、赵某侵吞的财物也并非属于单位的财物。根据民法通则的规定，个体工商户的财产，属于公民个人的财产，侵占个体工商户的财产不属于职务侵占罪中“本单位的财物”。因此，被告人赵某某的身份特征、客观行为事实与职务侵占罪的主体、客观表现均不相符合，不构成职务侵占罪。

本案的诉讼过程说明，法律工作者应当学会像医生一样思维，先要观察病人外在的症状，然后从症状中查找分析原因、判明病灶，最后对症下药。同样，当对同一事实存在多个可以适用的法律规范的情形时，“只有从案件的特殊事实要件中才能够寻找到最为恰当的法律规范”。①

【办案札记】

犯罪特殊主体身份，是指对定罪量刑具有影响的身份。对定罪量刑不产生影响的身份事实，即不特殊。在实务工作中，对犯罪特殊主体身份的判断与认定，要把握好以下几点。

1. 犯罪特殊主体的身份具有既成性。

作为犯罪主体的特殊身份，必须是在行为人开始实施犯罪行为时就已经具有的特殊资格，或者已经形成的特殊地位或者状态。如贪污罪，主体在犯罪时就必须具有国家工作人员的身份，只有这种特殊身份和一定的犯罪行为相联系才在刑法上具有了意义。与犯罪行为没有联系的资格、地位等状况，不是特殊身份。如职务侵占罪的主体要求必须是在本单位具有一定的职务

---

① 王利明：《法学方法论》，中国人民大学出版社2012年版，第257页。

（职责）的人。一般地，公司、企业或者其他单位的人员都有条件因工作上的便利而去接近侵害对象，却只有少数人能有资格利用职务上的便利来侵吞本单位的财物，因为只有少数人才因职务上的原因实际控制着本单位的财物。所以，他们的身份相比较而言有一定的特殊性，这才符合职务侵占罪的主体要求。

2. 犯罪特殊主体身份与职责相关联。

“主体要件的核心在于实质上的职责而非形式上的资格。”身份特征是以一定的行为特征为基础的，对特殊主体身份的认定，应当与客观活动结合起来。如私企中的人大代表，当在履行代表的职责时，即依法从事公务，就具有国家工作人员身份，否则就不属于国家工作人员。同是国有企业中的工作人员，如果从事的是管理活动，就属于国家工作人员；如果从事的是与管理活动无关的劳务活动，就属于非国家工作人员。即便是国家机关中的公务员，如果不从事公共事务管理，如从事汽车驾驶工作，其就不能独自成为国家工作人员职务犯罪的主体。所以，履行的职责不同，其刑法意义上的身份就不同，行为的性质也可能不同。

在共同犯罪中，作为犯罪主体要件的特殊身份，只是针对犯罪的实行犯而言的，至于教唆犯与帮助犯，则不受特殊身份的限制。如强奸罪的实行行为，一般认为只能是男性，但女性可以成为该罪的教唆犯和帮助犯。

3. 提示性规定与特别性规定不同。

在犯罪主体特殊身份的认定上，还应注意提示性规定与特别性规定的区别。提示性规定可以推而广之，而特别性规定不得推而广之。如根据《刑法》第382条第2款的规定，受国家机关、国有公司、企业、事业单位、人民团体委托管理、经营国有财产的人员，可以构成贪污罪的主体。但不得由此认为，该类人员也可以成为受贿罪、挪用公款罪的主体。因为受贿、挪用公款的犯罪主体必须是国家工作人员，上列人员并不属于国家工作人员，即《刑法》第382条第2款的规定属于特别性规定，不得推而广之。也正因为如此，最高人民法院《关于对受委托管理、经营国有财产人员挪用国有资金行为如何定罪问题的批复》（法释〔2000〕5号）规定：对受委托管理、经营国有财产的非国家工作人员挪用国有资金归个人使用构成犯罪的，以挪用资金罪认定。事实上，提示性规定可以推而广之，特别性规定不得推而广之，这是刑法的一个基本原理。如《刑法》第399条第4款规定："司法工作人员收受贿赂，有前三款行为的，同时又构成本法第三百八十五条规定之罪的，依照处罚较重的规定定罪处罚。"又如最高人民法院、最高人民检察院、海关总署关于《办理走私刑事案件适用法律若干问题的意见》（法释〔2002〕139号）第16条第2款规定："海关工作人员收受贿赂又放纵走私的，应以受贿罪和放纵走私罪数罪并罚。"这些都是特别性规定，不得以此为依据对所有的收受贿赂的渎职类犯罪都"依照处罚较重的规定定罪处罚"或者进行"数罪并罚"，应当依照具体的规定来处理。

【法规链接】

《中华人民共和国刑法》

第二百六十四条 盗窃公私财物，数额较大的，或者多次盗窃、入户盗窃、携带凶器盗窃、扒窃的，处三年以下有期徒刑、拘役或者管制，并处或者单处罚金；数额巨大或者有其他严重情节的，处三年以上十年以下有期徒刑，并处罚金；数额特别巨大或者有其他特别严重情节的，处十年以上有期徒刑或者无期徒刑，并处罚金或者没收财产。

第二百七十条 将代为保管的他人财物非法占为己有，数额较大，拒不退还的，处二年以下有期徒刑、拘役或者罚金；数额巨大或者有其他严重情节的，处二年以上五年以下有期徒刑，并处罚金。

将他人的遗忘物或者埋藏物非法占为己有，数额较大，拒不交出的，依照前款的规定处罚。

本条罪，告诉的才处理。

第二百七十一条 公司、企业或者其他单位的人员，利用职务上的便利，将本单位财物非法占为己有，数额较大的，处五年以下有期徒刑或者拘役；数额巨大的，处五年以上有期徒刑，可以并处没收财产。

国有公司、企业或者其他国有单位中从事公务的人员和国有公司、企业或者其他国有单位委派到非国有公司、企业以及其他单位从事公务的人员有前款行为的，依照本法第三百八十二条、第三百八十三条的规定定罪处罚。

13. 如何认定国家工作人员

——孙某某等人职务侵占案

【案情摘要】

被告人孙某某，男，1971 年 1 月 5 日出生，铜管厂保安。

被告人刘某某，男，1970 年 4 月 1 日出生，铜管厂保安。

被告人柳某某，男，1974 年 8 月 23 日出生，铜管厂保安。

被告人宋某某，女，1971 年 12 月 15 日出生，铜管厂保安。

2004 年 12 月至 2005 年 10 月 28 日，被告人孙某某、刘某某、柳某某、宋某某在铜管厂（国有企业）值班期间，利用巡逻护厂的便利，偷配该厂内露天料场大门钥匙，与社会人员高某某（另案处理）勾结，乘夜晚护厂之机，雇用车辆拉走运料场内铜材料 7860 公斤，以每公斤 25 元、26 元、27 元不同的价格卖给高某某。其中被告人孙某某盗窃作案 16 起，窃取铜材料 7400 公斤，价值251 520元；被告人刘某某参与作案 14 起，窃取铜材料 7860 公斤，价值236 800元；被告人柳某某参与作案 13 起，窃取铜材料 7180 公斤，价值229 760元；被告人宋某某参与作案 6 起，窃取铜材料 3500 公斤，价值112 000元。破案后，所得赃款被扣押。

【诉讼意见与处理结果】

侦查机关以孙某某、刘某某、柳某某、宋某某涉嫌贪污罪移送审查起诉。公诉机关指控，被告人孙某某、刘某某、柳某某、宋某某身为负责厂区安全的保安，利用职务便利，将看护的财物非法占有，数额巨大，其行为触犯了《刑法》第 271 条第 1 款，应当以职务侵占罪追究其刑事责任。辩护意见认为，刘某某、柳某某、宋某某在犯罪中参与程度有限，所起作用较小，属于从犯，应依法减轻处罚。

一审法院认为，被告人孙某某、刘某某、柳某某、宋某某的行为已构成职务侵占罪。结合各被告人的参与程度和犯罪数额。依照《刑法》规定，判决如下：

1. 被告人孙某某犯职务侵占罪，判处有期徒刑 6 年，并处没收个人财产 50 000元；

2. 被告人刘某某犯职务侵占罪，判处有期徒刑 5 年 6 个月，并处没收个人财产50 000元；

3. 被告人柳某某犯职务侵占罪，判处有期徒刑 5 年，并处没收个人财产 50 000元；

4. 被告人宋某某犯职务侵占罪，判处有期徒刑 2 年 6 个月，宣告缓刑 3 年。

宣判后，被告人孙某某、刘某某、柳某某提出上诉，认为原审判决量刑过重，请求改判。

二审法院裁定，驳回上诉，维持原判。

【法律适用问题】

本案侦查机关以贪污罪立案侦查并移送审查起诉，而公诉机关、审判机关以职务侵占罪定性。被告人孙某某等人的行为到底构成何种犯罪，重点应当明确以下两个紧密关联的问题：一是被告人孙某某等人是否属于国有企业中从事公务的人员，具有国家工作人员的身份？二是被告人孙某某等人在窃取财物过程中是否利用了职务上的便利？

对于第一个问题，关键在于判明被告人孙某某等人是否在国有企业中从事公务。按照《刑法》的规定，在国有公司、企业中履行组织、领导、监督、管理等职责的人员属于从事公务的人员，直接从事生产劳动或服务性的劳动人员，因对国有财物不具有管理支配权，应属于从事劳务的人员。本案中，被告人孙某某等人所在单位虽然为国有企业性质，但从其实际所做的保安工作看，仅仅是负责巡逻护厂、门岗值班等劳务活动，不具有管理国有资产的职责和对财物的管理支配权，即无职权可言，当不属于在国有企业中从事公务的人员，因而不具备贪污罪的主体资格。

关于第二个问题，关键在于明确职务上便利与工作上便利的区别。职务上的便利，即主管、管理或者经手本单位财物的便利，其本质上是行为人基于职务（或者职权）的原因而实际控制着本单位财物；工作上的便利不存在实际控制本单位财物的问题，只是因为工作的关系而形成了方便条件，如熟悉作案环境，或者凭其身份便于进出单位，或者容易接近单位财物等。在本案中，被告人孙某某等人作为铜管厂保安，虽有保护铜管厂内财物的职责，但其并没有主管、管理或者经手本单位财物的权力，即无职务之便可言，其利用护厂之机偷配该厂露天料场大门钥匙的行为，正是利用了保安工作上便利的集中反映。有人认为被告人孙某某等人偷配该厂露天料场大门钥匙窃取财物的行为虽未利用其职务上的便利，但拉运财物的行为发生在值班护厂期间，行为人正是利用了该职务之便，才使其行为得以完成。事实上，被告人孙某某等人既然没有管理、经手该财物的职务，就根本不存在职务之便的问题，其利用护厂的方便条件运走被窃取物品的事实，恰恰说明了被告人孙某某等人只具有工作上的便利。因此，无论是偷配大门钥匙的行为，还是运走被窃取物品的行为，都不属于“利用职务上的便利”而是利用对本单位工作环境等情况熟悉的工作上的便利。

从以上分析可知，被告人孙某某、刘某某、柳某某、宋某某的行为应当构成的是盗窃罪而不是职务侵占罪，侦查机关以贪污罪认定、公诉机关和审判机关以职务侵占罪定性均不妥当。同时也说明，在以案件事实为出发点寻求相应的法律规范的过程中，需要在事实与规范之间“目光往返流转”才能实现有效连接,[①] 才能保证结论的妥当、稳定。

---

① “目光往返流转”，是指目光在案件事实（小前提）与法律规范（大前提）之间反复来回穿梭，寻找、选择并验证规范与事实的最密切联系规则，以保证结论的可靠性和妥当性。目光往返流转的方式包括：(1) 在循环往复考察中确定大小前提。无论是从案件事实出发寻找可以适用的法律规范，还是根据法律规范进行事实整理，都需要相互对照、循环往复考察，才能实现有效连接。(2) 通过法律关系的识别和界定进行循环往复的考察。法律关系是大小前提之间相互连接的切入点和桥梁，只有准确识别法律关系，大小前提之间的互动才能够有效地展开。(3) 在体系考察中反复寻找妥当的大前提。对裁判规则的寻找，不能仅仅局限在某一个制度、甚至某一个条文之下，还必须将相关的制度、法条等搜寻出来，通过循环往复的考察，将特定的规范与事实进行对比，寻找最妥当的规则。(4) 在循环往复考察中进行反复论证。即在法律规范与案件事实不断反复对应的过程中，整理案件事实，选择确定法律规范，论证最密切联系规则的适当性。参见王利明：《法学方法论》，中国人民大学出版社 2012 年版，第 257 ~ 263 页。

【办案札记】

准确把握国家工作人员的内涵与外延，对于确定罪与非罪、此罪与彼罪、从重还是不从重处罚，都具有重要意义。

1. 国家工作人员的外延。

根据相关法律的规定，国家工作人员除国家机关工作人员外，还包括准国家机关工作人员、准国家工作人员。

（1）国家机关工作人员的范围。根据《宪法》规定，国家机关包括国家权力机关、行政机关、司法机关和军事机关。所以，国家机关工作人员是指在各级国家权力机关、行政机关、司法机关、军事机关中从事公务的人员。依据《宪法》和有关《组织法》的规定，地方国家机关的最低一级为乡、民族乡、镇或者市辖区的人民政府所设立的街道办事处。城市设立的居民委员会或者农村设立的村民委员会是基层群众性自治组织，不属于国家机关，其工作人员当然不属于国家机关工作人员的范围。

（2）准国家机关工作人员的范围。准国家机关工作人员，即并非国家机关工作人员，但按照国家机关工作人员对待的人员。2002 年 12 月 28 日全国人大常委会《关于〈刑法〉第九章渎职罪主体适用问题的解释》规定，下列人员可以视为国家机关工作人员：在依照法律、法规规定行使国家行政管理职权的组织中从事公务的人员，或者在受国家机关委托代表国家机关行使职权的组织中从事公务的人员，或者虽未列入国家机关人员编制但在国家机关中从事公务的人员。

依照法律、法规规定行使国家行政管理职权的组织中从事公务的人员。这种情形应当是指其所在单位本身不属于国家机关，但根据法律、法规的授权却行使着行政管理职权，在该类组织中从事公务的人员。主要包括在乡（镇）以上中国共产党机关、各级人民政协机关中从事公务的人员；在具有行政职能的公司、事业单位、人民团体中从事公务的人员。

受国家机关委托代表国家行使职权的组织中从事公务的人员。在这里，对委托的主体应作广义的理解，不仅包括“国家机关”，也包括“依照法律、法规规定行使国家行政管理职权的组织”。因为“依照法律、法规规定行使国家行政管理职权的组织”实质上在履行国家管理职能，符合国家机关的实质要件。同时，委托行为本身应当合法。否则，被委托组织中工作的人员就没有从事公务的法律依据。如按照《行政处罚法》的规定，国家机关不能将其管理职权委托给社会团体。

未列入国家机关人员编制但在国家机关中从事公务的人员。这主要指虽不属于国家机关的正式在编人员，但因被聘用等在国家机关中行使行政管理职权的人员。如工人编制的乡镇财政所长，依法从事公务的合同制民警、协警人员，工商部门聘用的市场稽查人员等。

（3）准国家工作人员的范围。准国家工作人员，即并非国家机关工作人员，但按照国家工作人员对待的人员。具体包括：①在国有独资公司、企业、事业单位、人民团体中从事公务的人员。②经国家机关、国有公司、企业、事业单位提名、推荐、任命、批准等，在国有控股、参股公司及其分支机构中从事公务的人员。③经国家出资企业中负有管理、监督国有资产职责的组织批准或者研究决定，代表其在国有控股、参股公司及其分支机构中从事组织、领导、监督、经营、管理工作的人员。对国家出资企业中国家工作人员的认定，应当遵从《刑法》及其相关司法解释的特别规定，而不能以其他法律法规的规定为依据。如《企业国有资产法》规定，国家工作人员是指履行出资人职责的机构依照法律、行政法规以及企业章程的规定，任免或者建议任免国家出资企业的有关人员。在实务工作中，不能以此为据，认为只有受国资委等国家机关委派的人员才属于国家工作人员。同时，也不能因为公司法赋予了公司独立的法律人格，企业的董事会成员和总经理由股东会选举或者董事会决定（国有独资公司的董事会成员由相关部门直接委派者除外）产生，从而否认国家机关、国有公司、企业、事业单位委派到国有控股、参股公司及其分支机构中从事公务人员的国家工作人员的身份。④其他依照法律从事公务的人员。“其他依照法律从事公务的人员”应具备以下两个基本条件：一是从事公务是依照法律规定进行的。“依照法律从事公务”不仅指依法律、法规从事公务，还包括通过选举、任命、聘请等方式从事公务。如各级人大代表、政协委员中原不属于国家工作人员的代表，人民法院的陪审员，人民检察院的特邀检察员等，在依法履行职责期间，属于国家工作人员。二是从事的公务必须是具有国家性质的公务。如村民委员会或者居民委员会成员，在管理村或者社会居民的集体财产时，其从事的是集体事务不是公务，不能以国家工作人员论。但是，如果受行政机关委托从事一定的行政管理事务时，实际上是依法受委托在从事公务，应以国家工作人员论。

2. 国家工作人员的内涵。

从事公务是国家工作人员的本质特征。公务有广义和狭义之分，广义的公务是指一切公共事务，它包括国家性质的公务和集体性质的公务。狭义的公务，仅指国家性质的公务。2003 年《全国法院审理经济犯罪案件工作座谈会纪要》第 1 条第 4 项指出："从事公务，是指代表国家机关、国有公司、企业、事业单位、人民团体等履行组织、领导、监督、管理等职责。"从这一规定来看，国家工作人员中所从事的公务是指狭义的公务，即具有国家性质的公务，不包括集体单位、群众性组织中的公务。

从事公务即代表国家依法行使管理职权。从事公务具有以下两个显著特征：第一，法律性。从事公务是依照法律规定进行的职权活动，这种职权是有关国家机关通过任命、委任、委派、委托、派遣、聘用等方式授予的，具有法律性。第二，管理性。从事公务必须是履行组织、领导、监督、管理等职责。非依法进行或者从事没有公权性的活动，就不存在履行组织、领导、监督、管理职责的问题，不能认定为"从事公务"。

概而言之，国家工作人员，就是指代表国家机关、国有公司、企业、事业单位、人民团体等依照法律履行组织、领导、监督、管理等职责的人员。

【法规链接】

《中华人民共和国刑法》

第九十三条 本法所称国家工作人员，是指国家机关中从事公务的人员。

国有公司、企业、事业单位、人民团体中从事公务的人员和国家机关、国有公司、企业、事业单位委派到非国有公司、企业、事业单位、社会团体从事公务的人员，以及其他依照法律从事公务的人员，以国家工作人员论。

第二百六十四条 盗窃公私财物，数额较大的，或者多次盗窃、入户盗窃、携带凶器盗窃、扒窃的，处三年以下有期徒刑、拘役或者管制，并处或者单处罚金；数额巨大或者有其他严重情节的，处三年以上十年以下有期徒刑，并处罚金；数额特别巨大或者有其他特别严重情节的，处十年以上有期徒刑或者无期徒刑，并处罚金或者没收财产。

第二百七十一条 公司、企业或者其他单位的人员，利用职务上的便利，将本单位财物非法占为己有，数额较大的，处五年以下有期徒刑或者拘役；数额巨大的，处五年以上有期徒刑，可以并处没收财产。

国有公司、企业或者其他国有单位中从事公务的人员和国有公司、企业或者其他国有单位委派到非国有公司、企业以及其他单位从事公务的人员有前款行为的，依照本法第三百八十二条、第三百八十三条的规定定罪处罚。

第三百八十二条 国家工作人员利用职务上的便利，侵吞、窃取、骗取或者以其他手段非法占有公共财物的，是贪污罪。

受国家机关、国有公司、企业、事业单位、人民团体委托管理、经营国有财产的人员，利用职务上的便利，侵吞、窃取、骗取或者以其他手段非法占有国有财物的，以贪污论。

与前两款所列人员勾结，伙同贪污的，以共犯论处。

全国人大常委会《关于〈刑法〉第九章渎职罪主体适用问题的解释》(2002 年 12 月 28 日第九届全国人民代表大会常务委员会第三十一次会议通过)

在依照法律、法规规定行使国家行政管理职权的组织中从事公务的人员，或者在受国家机关委托代表国家机关行使职权的组织中从事公务的人员，或者虽未列入国家机关人员编制但在国家机关中从事公务的人员，在代表国家机关行使职权时，有渎职行为，构成犯罪的，依照刑法关于渎职罪的规定追究刑事责任。

犯罪客观方面

14. 怎样把握犯罪的实行行为

——贾某某诈骗案

【案情摘要】

被告人贾某某，男，1964 年 10 月 14 日出生，个体汽车司机。

1998 年 11 月，被告人贾某某与白山子煤矿签定运输协议，双方约定，贾某某承担煤矿原煤运输任务，根据运输量的多少结算运费。在运输过程中，被告人贾某某采取伪造运单的方式，将从煤矿拉出的 139.44 吨价值10 092.34元原煤倒卖给他人。

1999 年 3 月 10 日至 5 月 28 日期间，被告人贾某某利用白山子煤矿与动力厂有业务往来关系的条件，先后两次用白山子煤矿加盖公章的空白矿运单，采取在运单上伪造签名、车号及货物数量的手段，以煤矿的名义，从动力厂骗取 425 号水泥 66 吨后销售他人，价值17 340元。

【诉讼意见与处理结果】

侦查机关以贾某某涉嫌诈骗罪移送审查起诉。公诉机关指控，被告人贾某某伪造票据骗取水泥的行为，触犯了《刑法》第 266 条，其侵吞原煤的行为触犯了《刑法》第 271 条第 1 款，应当以诈骗罪、职务侵占罪追究其刑事责任。辩护意见认为，贾某某伪造票据骗取水泥的行为，构成了诈骗罪，但贾某某在承运原煤期间具有代为保管的义务，其将运输中代为保管的他人财物侵吞后，拒不退还的，属于侵占罪不构成职务侵占罪。

一审法院认为，被告人贾某某伪造票据骗取水泥和侵吞原煤的行为均构成诈骗罪。依照《刑法》规定，判决如下：

被告人贾某某犯诈骗罪，判处有期徒刑3年，并处罚金20 000元。

宣判后，被告人贾某某提出上诉，认为判决适用法律错误，量刑过重，请求改判。

二审法院裁定，驳回上诉，维持原判。

【法律适用问题】

对被告人贾某某非法占有原煤事实的性质如何认识，关键在于确定其实施了何种犯罪的实行行为。实行行为是危害行为的核心要素，实行行为不同，犯罪性质就有所不同。

首先，被告人贾某某的行为不构成侵占罪。侵占罪是指将代为保管的他人财物或者将他人的遗忘物、埋藏物非法占有，数额较大并拒不归还的行为，其实行行为是将自己占有的他人财物拒不归还。在本案中，被告人贾某某虽然对运输过程中的原煤有保管的职责，但其在保管过程中采取了在运单上伪造签名的手段进行了侵吞，该欺诈、侵吞行为并不能被侵占罪的实行行为所包容。其次，被告人贾某某的行为不构成职务侵占罪。职务侵占罪是指公司、企业或者其他单位的人员，利用职务上的便利，将本单位数额较大的财物非法占有的行为，其实行行为是在职务便利的条件下，对本单位的财物进行了侵吞、窃取或者骗取。被告人贾某某实施的诈骗行为虽然可以为职务侵占罪的实行行为所包容，但其与煤矿仅存在运输合同关系，贾某某为煤矿运输原煤赚取运费，二者是平等的民事主体关系，并不存在隶属关系，即被告人贾某某不具有煤矿工作人员的身份资格，其侵犯的对象亦非本单位的财物，不构成职务侵占罪。最后，被告人贾某某的行为应当构成合同诈骗罪。贾某某采取虚构事实，隐瞒真相的手段，侵占原煤的行为完全符合诈骗罪的实行行为。但鉴于该诈骗行为发生在签订、履行合同的过程中，这样，被告人贾某某实施的一个诈骗行为，同时触犯了诈骗罪和合同诈骗罪两个法条。由于诈骗罪是普通法，合同诈骗罪是特别法，按照法条竞合中特别法优于普通法的原则，应当对其侵吞原煤的事实认定为合同诈骗罪。

综上所述，被告人贾某某侵吞原煤的行为构成合同诈骗罪，侵吞水泥的行为构成诈骗罪，应当以诈骗罪和合同诈骗罪数罪并罚。公诉机关将其指控为诈骗罪、职务侵占罪，审判机关以诈骗罪一罪判处刑罚均有欠妥之处。

“徒法不足以自行。”作为法律制度的主要实施者，在执法活动中，如何发现个案自身的独特之处，提升自身的执法智慧，把公平正义体现在所处理的每一个案件之中，是司法工作人员时时刻刻需要认真对待和思考的一个重要问题。

【办案札记】

对危害行为性质的确定，关键在于如何认定具体犯罪的实行行为。实行行为是刑法分则明文规定的侵害或者威胁法益并为成立某一犯罪所必需的行为。它既是构成犯罪的事实基础，也是法定的犯罪行为类型。在司法实务活动中，对犯罪实行行为的认定，需要明确其自身的特点。

1. 类型性。

现实危害行为的多样性、变化性和具体性，决定了立法方式上的概括性和抽象性。在立法上，将某一类危害行为的共同本质特征进行抽象概括后规定在分则性条文中，从而使该行为成为一种具有独立品格的类型化的行为模式，即实行行为。刑法分则罪刑式条文规定的不同犯罪行为，实际上就是对不同实行行为类型的规定，或者说，罪刑式规范中的实行行为就是对多样性事实危害行为的抽象类型化。在司法活动中，判断某一具体的危害行为是否属于某一犯罪的实行行为，关键就是判明行为事实与被模式化、类型化的实行行为在质上是否具有同一性，如果具体行为事实符合罪刑式规范中规定的行为模式，则为该种犯罪的实行行为。否则，一般不能成为该种犯罪的实行行为，除非不同罪名的实行行为本身存在包容或者相容关系。当然，类型化行为包括典型形态和不典型形态（不超出公众认同的可能形态），其核心要素对典型形态和可能形态应当相同；超出可能形态即为不可能形态，则不属于该类型化行为。①

---

① 储槐植：“真善美：司法官刑法适用解释的标准”，载《检察日报》2008年6月30日。

在共同犯罪中，实行行为具有整体性，只要数个行为结合在一起符合罪刑式规范中规定的行为内容，即存在类型化的实行行为，而不能分割开来对待。可以说，类型化的实行行为，实际上就是一个独立的行为框架单元，一个行为公式。

2. 实行行为性。

实行行为不仅是形式上符合构成要件的行为，而且在实质上应当具有违法性、侵害性。如果某种行为不会对法益造成现实的侵害或者威胁，那么也就没有运用刑法规制的必要。换言之，刑法分则之所以将某种类型的行为规定为犯罪构成的实行行为，关键就在于只要实施这类行为就必然会造成对某种法益的侵害或者危险。对法益的侵害或者危险是实行行为的本质内涵。当符合构成要件的危害行为具有了对某种法益的侵害性或者现实危险性时，就应当认为这种行为具有了实行行为性。如爆炸行为并不一定构成爆炸罪，只有危害公共安全的爆炸行为才是爆炸罪的实行行为，才能构成爆炸罪。对于以特殊主体为构成要件的犯罪来说，其危害行为必须与主体的特殊身份相符合，才具有实行行为性。如贪污罪必须是国家工作人员利用职务上的便利，侵吞、窃取、骗取公共财物的行为，这里的“侵吞、窃取、骗取”要成为贪污罪的实行行为，就必须以国家工作人员利用职务上的便利为前提，否则，其实施的“侵吞、窃取、骗取”行为也就不是贪污罪的实行行为，当然也不构成贪污罪。所以，对纯正的身份犯而言，实行行为具有身份性。

3. 法定性。

作为犯罪的核心行为，实行行为的法定性是犯罪构成法定的必然结论。一种具有社会危害性的身体动静，其本质内容只有被刑法所规定，才具有了刑事违法性，才能成为犯罪中的实行行为。实行行为的法定化是进行规范性评价的事实基础和客观标准，某一危害行为是否属于犯罪中的实行行为，取决于刑法分则罪刑式条文对此有无明文规定。在司法活动中，某一危害行为是否属于实行行为，属于哪种犯罪的实行行为，必须根据分则条文罪状的内容来判断。[①] 如策划犯罪的行为，一般情况下为预备行为，但是在分裂国家罪中则为实行行为；组织、教唆和帮助行为，一般情况下属于共犯中的非实行行为，但是，在组织卖淫罪、教唆他人吸食毒品罪等犯罪中，却分别是它们各自的实行行为。另外，在刑法中，一般情况下，将一个行为规定为一罪，但在有的法条中将数行为规定为一罪，如抢劫罪，拐卖妇女、儿童罪等，此时就不能割裂开来看作是数个行为，正如聚众斗殴罪中“聚众”与“斗殴”不得分开对待，必须视为一个法定的行为整体一样。

【法规链接】

《中华人民共和国刑法》

第二百二十四条 有下列情形之一，以非法占有为目的，在签订、履行合同过程中，骗取对方当事人财物，数额较大的，处三年以下有期徒刑或者拘役，并处或者单处罚金；数额巨大或者有其他严重情节的，处三年以上十年以下有期徒刑，并处罚金；数额特别巨大或者有其他特别严重情节的，处十年以上有期徒刑或者无期徒刑，并处罚金或者没收财产：

（一）以虚构的单位或者冒用他人名义签订合同的；

（二）以伪造、变造、作废的票据或者其他虚假的产权证明作担保的；

（三）没有实际履行能力，以先履行小额合同或者部分履行合同的方法，诱骗对方当事人继续签订和履行合同的；

（四）收受对方当事人给付的货物、货款、预付款或者担保财产后逃匿的；

（五）以其他方法骗取对方当事人财物的。

第二百六十六条 诈骗公私财物，数额较大的，处三年以下有期徒刑、

① 据此，有观点认为，强奸罪的实行行为之一为暴力、胁迫手段，如果妇女为男子实行强奸而实施暴力、胁迫等行为时，妇女也可以成为强奸罪的间接正犯和共同正犯。参见张明楷：《刑法学》，法律出版社 2011 年版，第 371 页。也有观点认为，身份决定着犯罪主体的性质，没有特定身份的人不可能实施法律要求犯罪主体具有特定身份的犯罪的共同实行犯。妇女为男子实行强奸而实施暴力、胁迫行为属于帮助行为而非实行行为。参见陈兴良：《共同犯罪论》，中国人民大学出版社 2006 年版，第 318 ~ 319 页。

拘役或者管制，并处或者单处罚金；数额巨大或者有其他严重情节的，处三年以上十年以下有期徒刑，并处罚金；数额特别巨大或者有其他特别严重情节的，处十年以上有期徒刑或者无期徒刑，并处罚金或者没收财产。本法另有规定的，依照规定。

第二百七十条 将代为保管的他人财物非法占为己有，数额较大，拒不退还的，处二年以下有期徒刑、拘役或者罚金；数额巨大或者有其他严重情节的，处二年以上五年以下有期徒刑，并处罚金。

将他人的遗忘物或者埋藏物非法占为己有，数额较大，拒不交出的，依照前款的规定处罚。

本条罪，告诉的才处理。

第二百七十一条 公司、企业或者其他单位的人员，利用职务上的便利，将本单位财物非法占为己有，数额较大的，处五年以下有期徒刑或者拘役；数额巨大的，处五年以上有期徒刑，可以并处没收财产。

国有公司、企业或者其他国有单位中从事公务的人员和国有公司、企业或者其他国有单位委派到非国有公司、企业以及其他单位从事公务的人员有前款行为的，依照本法第三百八十二条、第三百八十三条的规定定罪处罚。

15. 如何评判行为方式

——张某某盗窃案

【案情摘要】

被告人张某某，男，1986年3月4日出生，农民。

被告人张某某系国家工作人员丁某某（另案处理）所在单位雇用的临时工作人员。2008年6月，被告人张某某应丁某某之托，以张某某的身份证办理了一张银行龙卡，并设置了密码，后将该卡及本人身份证一起交给丁某某使用。2008年10月，被告人张某某得知丁某某在卡之中存入大额现金，便借故要回其身份证将卡挂失，后又将卡内现金260 181.39元转入其另行办理的龙卡之中，支取现金26万元，遂即逃匿。

归案后，被告人张某某检举揭发了丁某某伙同他人贪污公款的犯罪事实，经查证属实。

【诉讼意见与处理结果】

侦查机关以张某某涉嫌诈骗移送审查起诉。公诉机关指控，被告人张某某的行为触犯了《刑法》第264条，应当以盗窃罪追究其刑事责任。辩护意见认为，张某某向银行挂失并提取自己名下卡中的存款，其行为本身是合法行为，既没有虚构事实，又没有秘密窃取，不符合诈骗罪和盗窃罪的客观特征。张某某是银行卡的所有人，并不因为事实上卡中的钱是丁某某的而改变，该款处于张某某的管理控制之下，任何人不能盗窃自己占有的财物，对于利用自己的保管权而将财物占为己有，拒不退还的情形，应以侵占罪定罪处罚。

一审法院认为，被告人张某某的行为已构成盗窃罪。但其在归案后有重大立功表现，可减轻处罚。依照《刑法》规定，判决如下：

被告人张某某犯盗窃罪，判处有期徒刑7年2个月，并处罚金40 000元。

宣判后，被告人张某某提出上诉，认为其行为属于债权债务纠纷，不构成盗窃罪请求改判。

二审法院裁定，驳回上诉，维持原判。

【法律适用问题】

从诉讼意见来看，本案涉及的主要问题是对盗窃、诈骗、侵占罪该如何进行区分?

利益的性质往往取决于获取利益的手段、方法。对于盗窃、诈骗、侵占的认定，关键在于对行为方式的区分。通常认为，盗窃的行为方式是秘密窃取；诈骗的行为方式是虚构事实和隐瞒真相。所以，盗窃罪与诈骗罪的本质区别在于行为人取得财物是否违背财物占有人的意志，有无财物占有人自愿交付财物的真实意思表示。而侵占罪的行为方式是对业已占有的他人财物拒不退还。

按照以上区分，被告人张某某的行为，并不构成侵占罪。侵占罪的犯罪对象是“代为保管的他人财物”。丁某某设置密码并持有银行卡，并没有把银行卡交给张某某保管，说明丁某某实际控制该卡内的存款，其并没有让张某某代为保管存款的意思，只是借用了张某某的银行账户而已。丁某某通过持有信用卡并掌握密码，保证了对存款的控制。同时，被告人张某某的行为也不构成诈骗罪。尽管被告人张某某向银行虚构原卡已丢失的事实，并隐瞒卡内资金的实际所有人，实施了欺骗行为，但该欺骗行为与将丁所持银行卡内资金转到其新办理银行卡里的结果没有刑法上的因果关系。因为银行没有处分该存款的权利，只有进行形式审查的义务，并无实质审查的资格，银行只对实名登记人负责，没有审查持卡人卡内资金是否系其本人财物的安全注意义务，即挂失旧卡办理新卡是依照程序规定的行为，而非基于欺诈而产生的错误交付行为，或者说，营业员在从事该工作时，不是具有意思表示的行为。况且，在此情形下，银行没有遭受任何损失，其权益没有受损，只是充当了被告人张某某侵占财物的工具。

从整个行为过程来看，对被告人张某某的行为事实当以盗窃罪论处。盗窃行为的显著特征是秘密窃取。所谓秘密窃取，即行为人采取自认为不会被财物的所有者、保管者发觉的方法窃取其财物。本案中，银行卡上的资金实质是丁某某的财物，并不因为该款在张某某的卡中而改变，且该款处于丁某某的控制之下。正因为如此，为达到非法占有的目的，张某某才利用其身份证对该卡挂失，将由他人控制的卡上存款转移到自己控制的账户上，而财物所有人丁某某对此却毫不知情。所以，被告人张某某的行为具有秘密窃取的特征，当属盗窃行为。

适用法律的智慧在于能够从规范和事实之间不断地成长。所以，当遇到一个具体的案件时，只有在刑法规范与案件事实之间反复的分析、比较、权衡中，才能找出其中最本质的联系，做到法律与事实、应然与实然彼此互相对应。

【办案札记】

行为方式，即行为的方法、手段及强度等。所谓行为的方法、手段及强度，是指具体犯罪所要求的，与危害后果具有因果关系的行为事实。在定罪量刑过程中，不可忽视行为方式的重要作用。

1. 行为方式是区分罪与非罪的重要标尺。

在刑法分则中，对有些犯罪的方法、手段进行了明文规定，在这种情况下，特定的方法、手段就成了该罪客观要件的构成要素，如果缺乏该要素，将直接影响行为的性质。如最高人民法院、最高人民检察院《关于办理利用信息网络实施诽谤等刑事案件适用法律若干问题的解释》（法释〔2013〕21号）规定，“捏造事实诽谤他人”的行为方式包括：捏造损害他人名誉的事实，在信息网络上散布，或者组织、指使人员在信息网络上散布的行为；将信息网络上涉及他人的原始信息内容篡改为损害他人名誉的事实，在信息网络上散布，或者组织、指使人员在信息网络上散布的行为；明知是捏造的损害他人名誉的事实，在信息网络上散布，情节恶劣的行为。对于利用信息网络实施的上述三种行为方式以外的其他情形，自然不属于“网络诽谤”，不构成诽谤罪。当然，这里的行为方式无疑是被刑法分则类型化的行为方式，正是由于被类型化的行为方式的差异才决定了行为性质的不同。

2. 行为方式是区分此罪与彼罪的重要标准。

有些情况下，行为方式不仅是构成犯罪的要素，而且还是不同犯罪之间相互区别的标志。如抢夺罪、诈骗罪、盗窃罪的关键区别，就在于非法占有财物的行为方式不同；诽谤罪与侮辱罪的重要区别也在于行为方式的不同，诽谤罪必须是捏造具体事实来损害他人的人格和名誉，而侮辱罪则可以不用具体事实来损害他人的人格和名誉。又如最高人民法院《关于审理抢劫、抢夺刑事案件适用法律若干问题的意见》（法发〔2005〕8 号）第 9 条规定："行为人冒充正在执行公务的人民警察'抓赌''抓嫖'，没收赌资或者罚款的行为，构成犯罪的，以招摇撞骗罪从重处罚；在实施上述行为中使用暴力或者以暴力威胁的，以抢劫罪定罪处罚。行为人冒充治安联防队员'抓赌'、'抓嫖'，没收赌资或者罚款的行为，构成犯罪的，以敲诈勒索罪定罪处罚；在实施上述行为中使用暴力或者以暴力威胁的，以抢劫罪定罪处罚。"即在实施了"抓赌""抓嫖"，并实施了没收赌资或者罚款行为的情况下，以抢劫罪认定还是以敲诈勒索罪认定，取决于行为人具体的行为方式。对于与危害后果不具有因果关系的行为事实，不能评价为该危害结果的行为方式。如行为人假借承包工程需要缴纳保证金骗取他人财物后，伪造工程承包合同与他人签订施工合同的行为，就不构成合同诈骗罪。因为在"签订施工合同"时，其诈骗行为已经完成，"签订施工合同"的行为只是掩盖诈骗事实的随附行为，而不是签订、履行合同的随附结果，不能作为手段行为来认定。

3. 行为方式是影响刑罚轻重的重要依据。

从刑法的规定来看，行为方式的功能不仅表现在定性方面，而且也体现在量刑方面。即某种行为方式是否存在以及恶劣程度，影响刑罚的轻重。如《刑法》第 333 条第 1 款规定的非法组织卖血罪，如果具有"以暴力、威胁方法强迫卖血"情节的，处 5 年以上 10 年以下有期徒刑，并处罚金；如果不具有"以暴力、威胁方法强迫卖血"情节的，则只能处 5 年以下有期徒刑，并处罚金。在有些情况下，若是方法、手段导致发生了加重结果，则有可能构成结果加重犯，还需要承担加重结果的责任。行为方式对量刑的影响程度不仅取决于刑法的规定，也取决于人们的普遍情感。如同是伤害行为，赤手空拳致人重伤的与持刀具致人重伤的在量刑上往往有所不同。

4. 行为方式认识错误可能影响犯罪的成立。

行为方式认识错误是指行为人在实施犯罪时，实际采用的方法、手段与其预想的方法、手段在性质或者作用上不相符，致使预想的危害结果没有发生。如迷信犯，由于根本就没有实施犯罪的预备和实行行为，对法益不可能造成现实侵害或者紧迫危险。没有不法就没有责任，所以不能令其承担刑事责任。但是，如果对于出现的预想以外的危害结果可以归责，如在主观上有过失的，也不能完全排除入罪的可能。因为在一般情况下，对事实无知可以免责，对法律无知不可免责。

【法规链接】

《中华人民共和国刑法》

第二百六十四条　盗窃公私财物，数额较大的，或者多次盗窃、入户盗窃、携带凶器盗窃、扒窃的，处三年以下有期徒刑、拘役或者管制，并处或者单处罚金；数额巨大或者有其他严重情节的，处三年以上十年以下有期徒刑，并处罚金；数额特别巨大或者有其他特别严重情节的，处十年以上有期徒刑或者无期徒刑，并处罚金或者没收财产。

第二百六十六条　诈骗公私财物，数额较大的，处三年以下有期徒刑、拘役或者管制，并处或者单处罚金；数额巨大或者有其他严重情节的，处三年以上十年以下有期徒刑，并处罚金；数额特别巨大或者有其他特别严重情节的，处十年以上有期徒刑或者无期徒刑，并处罚金或者没收财产。本法另有规定的，依照规定。

第二百七十条　将代为保管的他人财物非法占为己有，数额较大，拒不退还的，处二年以下有期徒刑、拘役或者罚金；数额巨大或者有其他严重情节的，处二年以上五年以下有期徒刑，并处罚金。

将他人的遗忘物或者埋藏物非法占为己有，数额较大，拒不交出的，依照前款的规定处罚。

本条罪，告诉的才处理。

16. 如何评判行为对象

——曹某某破坏交通设施案

【案情摘要】

被告人曹某某，男，1987 年 7 月 26 日出生，农民。

2006 年 4 月 16 日，被告人曹某某携带管钳子和编织袋来到铁路运输分公司正在使用中的白河货运铁路干线 10 公里 + 50 节钢轨处，用管钳子拆卸铁路钢轨固定接头夹板螺栓 18 套，藏匿在附近的山沟里。之后，被告人曹某某再次返回现场，拆卸铁路钢轨固定接头夹板螺栓 10 套，被巡查人员当场抓获，其行为造成货运机车停运 2 小时 20 分。

【诉讼意见与处理结果】

公诉机关指控，被告人曹某某采取盗窃方式对正在使用中的交通设施予以破坏，是以危害公共安全，其行为触犯了《刑法》第 117 条，应当以破坏交通设施罪追究刑事责任。辩护意见认为，曹某某只实施了偷盗行为，并没有实施破坏行为，更无破坏铁路的想法，其拆卸铁路钢轨固定接头夹板螺栓是为了卖钱，而且采取的方法也是秘密窃取而不是破坏。正在使用中的铁路干线上的螺栓无疑属于交通设施的组成部分，但被告人曹某某仅仅是当地的一个农民，对此缺乏必要的认识。对于对象性质认识错误的行为，直接影响行为性质的认定。如同拐卖“人妖”的行为不构成拐卖妇女罪一样。以破坏交通设施罪定性，属于客观归罪。

一审法院认为，被告人曹某某拆卸正在使用运行的铁路钢轨固定接头夹板螺栓，足以使火车发生倾覆、毁坏危险，危害公共安全，其行为已构成破坏交通设施罪。依照《刑法》规定，判决如下：

被告人曹某某犯破坏交通设施罪，判处有期徒刑5年。

宣判后，被告人曹某某未上诉。公诉机关未抗诉。

【法律适用问题】

的确，拐卖“人妖”的行为是不能构成拐卖妇女罪的。因为不论“人妖”多么娇气、艳丽，但他毕竟不是妇女，其属性不因外表、场合的不同而发生变化。除非行为人误以为“人妖”就是妇女，才有可能构成对象不能犯的拐卖未遂。[①] 这说明行为对象的属性不同或者行为人对行为对象的不同认识，可能影响对行为性质的认定。如根据《刑法》及相关司法解释的规定，受贿犯罪的本质是“权钱交易”，所以受贿的对象应当是可以用金钱衡量的财物或者财产性利益，请托人单纯提供性的服务不能成为接受贿赂的对象，不构成受贿罪。但明知是请托人用高价雇请的艺妓而予以嫖娼，则不影响对受贿罪的认定。就同一物品来说，在不同的场合往往属性不同，体现着不同的法益。如在本案中，铁路干线上的螺栓属于交通设施，窃取铁路干线上的螺栓就可能危害公共安全；而存放在仓库中的螺栓就属于财物，窃取仓库中的螺栓则不会危及公共安全。

那么，被告人曹某某是否对盗窃行为所作用的对象有所认识呢？从案情来看，被告人曹某某尽管是农民，但作为铁路通行区域的农民，对破坏铁路设施会影响交通运输安全缺乏认识，与常情、常理相悖，与社会平均价值观念不符。事实上，被告人曹某某明知盗窃行为所作用的对象是正在使用中的交通设施，却为了非法占有，而放任危害公共交通运输安全行为的发生。即

---

① 拐卖妇女罪的犯罪对象必须是妇女。对于行为人明知是年满14周岁的两性人而以出卖为目的实施拐骗、绑架、收买、贩卖、接送、中转行为的，根据罪刑法定原则，不能以拐卖妇女罪定罪处罚。但对于行为人因对犯罪对象的认识错误，误将两性人视为妇女而予以拐卖的，属于对象不能犯未遂。这种对象不能犯未遂，因行为人的行为已具备刑法规定的拐卖妇女罪的全部构成要件，只是因为行为人的疏忽或者是相关知识的欠缺，致使意欲实施的行为与其实际实施的行为形似而质异，才未能发生行为所希望的犯罪后果，不影响拐卖妇女罪的成立，只对犯罪形态产生影响，应以拐卖妇女（未遂）罪追究行为人的刑事责任。参见最高人民法院编：《刑事审判参考》（2000年第6辑　总第11辑），法律出版社，第10～15页。

曹某某在主观上对其行为对象及后果有认识，客观上也产生了破坏交通设施的后果，其行为同时构成了盗窃罪和破坏交通设施罪，但因只有一个行为，侵犯的法益有所不同，当属于想象竞合犯，应择一重罪以破坏交通设施罪认定处罚。当然，在本案中，对被盗设施的价值没有评估，可以说是一个缺陷，导致“择一重罪处罚”的事实根据有所不足。

从本案的控辩过程说明，在刑事诉讼中，对生活语言与法律语言如何进行沟通也是一个很重要的问题。如对曹某某的行为，从生活观念的角度来看，属于盗窃行为，但从规范评价的角度来看，属于破坏行为，曹某某观念中的“盗窃”就等于法律上的“破坏”，是一个行为事实的两个方面，这是对生活语言的法律化理解。在有些情况下，又需要对法律语言进行生活化理解。如组织淫秽表演罪中的“淫秽”，就可认为与生活语言中的“黄色”“低级下流”含义等同。

【办案札记】

行为对象是危害行为所侵犯或者直接指向的具体的人、物或者信息。[①]在通常情况下，对法益的侵害是危害行为作用于一定对象的结果，行为对象是危害行为与危害结果的物质中介。通过危害行为的作用，使对象的性质、数量、结构、状态等发生变化，从而形成对法益的侵犯或者破坏。为此，在定罪量刑过程中，不可忽视行为对象的重要作用。

1. 行为对象是确认行为性质的重要依据。

在刑法分则条文中，当对行为对象作出了明文规定时，该行为对象就成了具体犯罪客观要件的构成要素，不仅影响罪与非罪的成立，而且影响此罪与彼罪的区分。如受贿罪与贪污罪的主要区别之一在于，贪污的财产通常是

---

① 有些犯罪的行为对象属于犯罪构成的规范要素，其内容往往随着社会发展而变化。如盗窃罪中，其行为对象由最初的有形实物和货币发展到有价支付凭证、有价证券、有价票证、信用卡、电力、煤气、天然气、通信服务、电信号码等。在网络时代，QQ号码等网络虚拟财产是否能成为犯罪行为的对象，也成为了理论与实践的热点问题，尽管有肯定说与否定说两种不同的观点，但从实质意义上看，有的网络虚拟财产具有使用价值，当受到侵犯时会造成他人财产损失是无疑的，将其归入《刑法》第92条规定的“其他财产”之中，并无不妥。

自己主管、经管、经手的公共财物，而受贿的财产则不属于受贿者本人主管、经管、经手的财物；截留并非法占有本单位利润款的贪污行为与收受回扣的受贿行为的重要区别也在于行为对象及其属性不同；[①] 以放火方法破坏交通设施、交通工具的，如果足以影响到运输安全的，不以放火罪论，而以破坏交通设施、交通工具罪论，也是因为行为对象的特性不同。同时，对行为对象的认定，必须以刑法条文规定的客观方面的行为特点、行为方式以及对结果的要求等为依据。如股东相互直接侵占股权的行为，虽然侵犯了其他股东的财产权，但并没有侵占本单位的财产，被害人是被侵占股份的股东，而非本单位，不能构成职务侵占罪。

2. 行为对象是认定犯罪故意的重要内容。

通过分析行为人对犯罪对象属性的认识心理及意志因素，可以确定行为人是否具有某一犯罪的故意。如盗窃通信电缆是盗窃行为还是破坏通信设备行为，就要分清行为人除了盗窃的故意外，是否对行为对象的属性有所了解，是正在使用的电缆还是非正在使用的电缆，如果是正在使用的电缆，说明该电缆属于通信设备的组成部分，即行为对象为通信设备，如果行为人对此有所认识，就应当预见到自己的行为可能会影响通信安全。当然，对行为人难以预见到的对象，因超出了其认识的范围和能力，阻却犯罪故意的成立。因此，对象的性质、数量、结构、状态对认识的内容可能会产生影响。如在拒不支付劳动报酬罪中，一般认为，社会保险费用不属于本罪中的“劳动报酬”，行为人拒不为劳动者支付社会保险费用，数额较大，造成严重后果的，

---

① 一般而言，通过犯罪对象，可以对贪污与受贿作出清楚的界定。行为人所取得的财物系他人的财物，即为受贿；所取得的财物系本单位的公共财物，即为贪污。但是，在经济往来中，国家工作人员利用签订、履行合同的职务便利，经由交易对方以各种名义的回扣、手续费等形式给付其个人的财物，不能不加区别地一概认定为受贿行为，而应当结合交易的真实情况，具体分析行为人所获得的财物实际上是属于经济往来的对方单位，还是行为人单位，然后准确认定其行为的性质。在购销活动中，如果购入方行为人收受的各种名义的回扣、手续费等实际上来源于虚增标的金额，或者卖出方行为人收受的各种名义的回扣、手续费，实际上来源于降低标的金额者，因该回扣或者手续费实质上属于本单位的额外支出或者应得利益，实际上侵犯的是本单位的财产权利，依法认定为贪污罪，更准确地反映了犯罪行为的性质，符合刑法的规定。参见最高人民法院编：《刑事审判参考》（2004 年第 6 辑　总第 35 集），法律出版社，第 71 ~ 76 页。

也不能认定其有拒不支付劳动报酬的故意和行为。

3. 行为对象是认定犯罪数额的重要因素。

在数额犯中，对犯罪对象如何确定，直接涉及犯罪数额的认定。如车行的负责人将他人委托车行代售的车辆，违反约定的出售价格，将车辆按半价出售给不知情的第三方后，携款逃匿挥霍的，如果将车主作为犯罪对象，则诈骗数额为车辆的价格，如果将购车的第三方作为犯罪对象，则诈骗数额为车辆的交易价格。实际上，买车的第三人并非因车行负责人欺诈而交付了车款，车行负责人得到的车款并非是诈骗所得，买车的第三人不能成为刑法上的被害人，真正遭受损失的当是车主，车主才是被犯罪行为侵害的人。所以，对其犯罪数额应当认定为约定的车辆出售价格。这也说明，在侵财性犯罪中，被害人遭受的损失与行为人获得的利益应当具有“同一性”。实践中应注意，同一事实在不同罪名中其价值意义不同。在行为人取得财产性利益即可导致他人遭受财产损失的情况下，财产性利益也可成为盗窃犯罪的对象。即数额犯中的“数额”的来源既可以是财产，也可以是财产性利益。但是，同样是具有财产性利益的劳务就不能成为合同诈骗罪的对象，因骗取劳务的行为，并不影响市场经济秩序。

4. 行为对象认识错误可能影响犯罪成立。

对行为对象认识错误的，应当判明是否属于不同构成要件的对象错误。同一构成要件的对象错误，不影响犯罪行为性质的认定。如行为人意欲盗窃现金，将包窃取后却发现装的是黄金，不影响盗窃罪的成立。但不同构成要件的对象错误可能影响行为性质的认定。当意图侵害的行为对象与实际所侵害的对象在性质上不属于同一犯罪构成要件时，一般认为，“对实际侵害的对象所造成的危害结果，阻却故意的成立，在行为人主观上存在过失，而刑法又有处罚过失犯的规定的条件下，成立过失犯。对意欲侵害的对象来说，行为人主观上有犯罪故意，客观上实施了相应的危害行为，但因认识错误而使犯罪未得逞，属于未遂。如果行为人对实际侵害的对象与意欲侵害的对象来说，都构成了犯罪，那就是想象数罪，应从一重处断。如果只成立一罪，则按一罪定罪量刑”。[①]

---

① 刘明祥：《刑法中错误论》，中国检察出版社 1996 年版，第 87 页。

【法规链接】

《中华人民共和国刑法》

第一百一十七条 破坏轨道、桥梁、隧道、公路、机场、航道、灯塔、标志或者进行其他破坏活动，足以使火车、汽车、电车、船只、航空器发生倾覆、毁坏危险，尚未造成严重后果的，处三年以上十年以下有期徒刑。

第一百一十九条 破坏交通工具、交通设施、电力设备、燃气设备、易燃易爆设备，造成严重后果的，处十年以上有期徒刑、无期徒刑或者死刑。

过失犯前款罪的，处三年以上七年以下有期徒刑；情节较轻的，处三年以下有期徒刑或者拘役。

第二百六十四条 盗窃公私财物，数额较大的，或者多次盗窃、入户盗窃、携带凶器盗窃、扒窃的，处三年以下有期徒刑、拘役或者管制，并处或者单处罚金；数额巨大或者有其他严重情节的，处三年以上十年以下有期徒刑，并处罚金；数额特别巨大或者有其他特别严重情节的，处十年以上有期徒刑或者无期徒刑，并处罚金或者没收财产。

17. 如何识别犯罪结果

——陆某某等人滥用职权案

【案情摘要】

陆某某，男，1955 年 9 月 5 日出生，国土资源局原局长。

王某某，男，1954 年 12 月 21 日出生，国土资源局工作人员。

2006 年 4 月 29 日，经县政府招商引资，金达房地产开发公司（以下简称金达公司）与县国土局签订昌宁苑小区土地出让合同，合同约定由金达公司交纳土地出让金 373.324 万元从事房地产开发，出让金分三期交纳，第一期交纳 100 万元，第二期交纳 100 万元，第三期把剩余的 173.324 万元于 2008 年 10 月 30 日之前交清。2006 年 6 月 17 日，陆某某、王某某在明知金达公司只交纳了 40 万元的土地出让金的情况下，为该公司出具“土地出让金全部交纳证明”、发放《国有土地使用权证》等证件，致使金达公司以此取得银行贷款 2000 万元。后经县国土局催缴，金达公司又缴纳土地出让金 160 万元。立案后，侦查机关从金达公司扣回土地出让金 173.324 万元。经查证，金达公司房地产开发项目建设正常，2000 万元贷款已偿还 1600 万元，贷款形态正常。

【诉讼意见与处理结果】

侦查机关认为陆某某、王某某不正确行使职权，致使土地受让方在只交纳极少部分土地出让金的情况下违规取得 2000 万元银行贷款，造成国有资产 173.324 万元未能收缴的后果，以其行为涉嫌滥用职权罪移送审查起诉。辩护意见认为，陆某某的行为没有造成滥用职权罪的法定后果，尚未达到立案的标准，不构成犯罪。王某某出具相关手续属于执行领导命令的行为，其无职权可滥用，不构成犯罪。

公诉机关认为，陆某某、王某某的行为没有造成严重后果，犯罪构成要件尚不齐备，不构成滥用职权罪，建议侦查机关撤回了起诉意见。

【法律适用问题】

在渎职类犯罪中，对其行为后果如何评价、确定直接涉及罪与非罪问题，本案争议的焦点问题也正在于此。

滥用职权罪是指国家机关工作人员不正确履行职责，致使公共财产、国家和人民利益遭受重大损失的行为。按照《最高人民检察院关于渎职侵权犯罪案件立案标准的规定》（高检发释字〔2006〕2 号），“重大损失”包括重大经济损失和重大社会影响。由此，滥用职权罪违法性的根据在于行为对法益的侵害或者威胁的结果，没有“规范的违反”和“重大损失”的造成，就没有滥用职权犯罪。从刑法的规定来看，犯罪构成要素分为描述性因素和规范性因素，描述性因素是指那些简单地以人们的经验为基础来判断的因素，如妇女；规范性因素是指必须根据某个特定的标准进行价值判断的因素，如淫秽。[①] 滥用职权罪中的“滥用职权”“重大损失”属于规范性因素，对于规范性因素，不能只进行形式、客观判断，更要从社会生活、法律价值层面进行实质、个别判断。就“重大损失”而言，《全国法院审理经济犯罪案件工作座谈会纪要》（法〔2003〕167 号）指出：玩忽职守、滥用职权等渎职犯罪中公共财产的重大损失，通常是指渎职行为已经造成的重大经济损失。有以下情形之一的，虽然公共财产作为债权存在，但已无法实现债权的，可以认定为行为人的渎职行为造成了经济损失：（1）债务人已经法定程序被宣告破产；（2）债务人潜逃，去向不明；（3）因行为人责任，致使超过诉讼时效；（4）有证据证明债权无法实现的其他情况。

对于陆某某、王某某的行为，侦查部门认为本案构成滥用职权罪的理由

---

① ［意］杜里奥·帕多瓦尼：《意大利刑法学原理》，陈忠林译，法律出版社 1998 年版，第 102 页。

在于：陆某某、王某某不正确履行职责的行为不仅使金达公司违规取得2000万元银行贷款，而且也造成国有资产173.324万元未能收缴的后果。但实际上，就“贷款2000万元”的事实而言，虽然是滥用职权的结果，但不影响贷款合同的效力，且贷款形态正常，这种结果自然不属于滥用职权罪的后果。就“国有资产173.324万元未能收缴”的事实而言，尽管土地出让金未能依约定全部收缴，但也没有造成土地出让金无法追缴的后果，只是形成了债权债务关系而已。违法性的实体内容是行为对于法所保护的共同生活的实质侵害和威胁。① 只有行为在造成法益侵害或者引起危险时，才应当予以否定性评价。从案件情况可以看出，这种债权是可以实现的债权而非无法实现的债权，在事实上并没有终局性，没有造成土地出让金的减少，不能视为经济损失。同时，陆某某、王某某滥用职权帮助金达公司融资建设项目的过程中，并没有谋取私利，房产开发建设项目正常，没有出现严重损害国家声誉，造成恶劣社会影响或者其他致使公共财产、国家和人民利益遭受重大损失等符合立案标准的情形，即陆某某、王某某滥用职权的行为并没有造成实质性的危害结果，对其行为不应当以犯罪论处。

另外需要说明的是，王某某的辩解不能成立。在渎职犯罪中，行为人时常以执行决定、命令等为由，否定自己行为的责任。在此应当明确，行为人明知决定、命令等具有违法性，却不反对而加以执行的，属于盲从的犯罪，只能从宽处罚，不能阻却责任。除非存在难以期待行为人不执行的事由，才可以阻却责任。

对案件事实和性质的判断，司法人员应当在明确法律规范要点和案件事实节点的基础上，以行为及其结果为中心，按照客观先于主观的逻辑顺序，考察行为事实的违法性及与规范要件的符合性问题，而不能以主观判断代替客观判断，以经验判断取代事实判断，以模糊判断替代综合判断。

【办案札记】

什么是犯罪结果？危害结果是否就是犯罪结果？这是在定罪量刑中需要明确的基本问题之一。

---

① ［日］平野龙一：《刑法总论Ⅰ》，有斐阁1972年版，第51页。

一般认为，危害结果是危害行为所引起的危害社会的结果，犯罪结果是犯罪行为所引起的危害社会的结果，犯罪结果属于危害结果，但危害结果不一定属于犯罪结果。[①] 即危害结果是每个犯罪必备的条件，而犯罪结果则不是每个犯罪构成要件必备的要件。刑法规定的犯罪结果应当是由实行行为引起的结果，而不是一般意义上对法益的危害结果。

1. 犯罪结果是具有刑法意义的结果。

刑法意义上的结果，即能够对定罪量刑产生直接影响的结果。其显著特征在于法益侵犯性和客观现实性。在具体实务判断中应当明确：（1）犯罪的本质是对刑法所保护法益的侵害，只有刑法保护的法益遭受到直接的现实的侵害，从而形成的危害结果才是犯罪结果。如果危害行为引起的事实对刑法所保护的法益没有侵害，或者是没有客观现实性的主观推测的可能性损害，就不能将其作为犯罪结果来看待。（2）刑法意义上的结果包括实害结果和危险结果，实害结果是对法益造成的现实侵害事实，危险结果则是对法益造成的现实危险状态。同时，将发生实际法益侵害作为处罚根据的犯罪，称为实害犯；将发生法益侵害危险作为处罚根据的犯罪，称为危险犯。危险犯又分为具体危险犯和抽象危险犯。具体危险犯要求对法益的危险达到具体现实化的程度，抽象危险犯要求对法益的危险达到一定的可能性。一般地，法条中规定“造成严重后果”才能成立的犯罪，即为实害犯；法条中规定“足以造成严重后果的”才能成立的犯罪，即为具体危险犯；法条中只规定实施某类行为就可成立犯罪的，即为抽象危险犯。

2. 犯罪结果是具体犯罪构成要件所要求的结果。

犯罪结果具有法定性，必须是由刑法罪刑式条文所规定的内容才能成为具体犯罪的结果。在具体实务判断中应当明确：（1）刑法规定的具体犯罪结果，既包括显性规定也包括隐性规定。如《刑法》第 239 条规定：以勒索财物为目的绑架他人的，或者绑架他人作为人质的；以勒索财物为目的偷盗婴幼儿的，构成绑架罪。可以看出，绑架罪的犯罪结果是被害人被行为人“劫持”或者“偷盗”并实际控制的状态，而不是已经索取到财物。即是否索取

① 高铭暄：《刑法专论》，高等教育出版社 2006 年版，第 175 页。

到财物不是绑架罪的犯罪结果。对于业已将被绑架者控制而未索取到财物的行为，不能认为犯罪结果没有发生，只能看作危害后果相对较轻而已。又如在敲诈勒索罪中，从法条的逻辑结构关系可以看出，敲诈勒索罪的犯罪结果是非法占有了公私财物。如果只实施了敲诈勒索行为而未实际取得财物，就等于犯罪结果没有发生。（2）犯罪结果不同于犯罪目的。犯罪目的是行为人的主观追求，是实施犯罪时所持的心理状态。犯罪结果是刑法规定的具体犯罪所造成的后果，是犯罪行为导致的客观状态。对某种结果的追求与结果本身并不相同，不能把主观内容与客观后果相混淆。如在绑架罪中，索财或者获取其他利益是行为人的犯罪目的，而完成绑架行为则是犯罪结果。所以，在将绑架行为实施完毕而未索财时，应当视为犯罪既遂。如果将犯罪目的与犯罪结果混同，就会得出绑架犯罪的中止或者未遂的错误结论，这也说明犯罪的结果与目的受刑法规范的约束。

3. 犯罪结果是行为人实施的行为所导致的结果。

"结果跟随原因"，没有原因行为就没有危害结果。在具体案件中对犯罪结果进行识别时，特别需要注意以下几个问题：（1）行为人—行为—结果具有对应性、同一性。行为人是犯罪行为的发起者，犯罪行为是行为人主观内容的客观外化，是引起犯罪结果发生的必然原因，无行为即无结果。（2）意识责任是现代刑法归责的基本原则，对于不可以归责于行为人的结果，或者说与行为没有因果关系的后果，即便对刑法所保护的法益造成了损害或者危险，如由不可抗力或者意外事件造成的后果，因该后果与主观意识无关，自然不具有刑法意义，不能作为犯罪结果来认定。（3）犯罪结果只能是犯罪行为所引起的最后状态，无论是实害的、具体的还是抽象的，都是一种在规范意义上具有终局性的事实。对于根据因果法则与经验判断认为可能造成但还没有实际造成的"事实"，因为不是现实存在的事实，不能作为犯罪结果看待。

【法规链接】

《中华人民共和国刑法》

第三百九十七条 国家机关工作人员滥用职权或者玩忽职守，致使公共财产、国家和人民利益遭受重大损失的，处三年以下有期徒刑或者拘役；情节特别严重的，处三年以上七年以下有期徒刑。本法另有规定的，依照规定。

国家机关工作人员徇私舞弊，犯前款罪的，处五年以下有期徒刑或者拘役；情节特别严重的，处五年以上十年以下有期徒刑。本法另有规定的，依照规定。

《最高人民检察院关于渎职侵权犯罪案件立案标准的规定》（高检发释字〔2006〕2号）

第一条第（一）项 滥用职权罪是指国家机关工作人员超越职权，违法决定、处理其无权决定、处理的事项，或者违反规定处理公务，致使公共财产、国家和人民利益遭受重大损失的行为。

涉嫌下列情形之一的，应予立案：

1. 造成死亡1人以上，或者重伤2人以上，或者重伤1人、轻伤3人以上，或者轻伤5人以上的；

2. 导致10人以上严重中毒的；

3. 造成个人财产直接经济损失10万元以上，或者直接经济损失不满10万元，但间接经济损失50万元以上的；

4. 造成公共财产或者法人、其他组织财产直接经济损失20万元以上，或者直接经济损失不满20万元，但间接经济损失100万元以上的；

5. 虽未达到3、4两项数额标准，但3、4两项合计直接经济损失20万元以上，或者合计直接经济损失不满20万元，但合计间接经济损失100万元以上的；

6. 造成公司、企业等单位停业、停产6个月以上，或者破产的；

7. 弄虚作假，不报、缓报、谎报或者授意、指使、强令他人不报、缓报、谎报情况，导致重特大事故危害结果继续、扩大，或者致使抢救、调查、处理工作延误的；

8. 严重损害国家声誉，或者造成恶劣社会影响的；

9. 其他致使公共财产、国家和人民利益遭受重大损失的情形。

国家机关工作人员滥用职权，符合刑法第九章所规定的特殊渎职罪构成要件的，按照该特殊规定追究刑事责任；主体不符合刑法第九章所规定的特殊渎职罪的主体要件，但滥用职权涉嫌前款第 1 项至第 9 项规定情形之一的，按照刑法第 397 条的规定以滥用职权罪追究刑事责任。

18. 怎样认识刑法中“违反规定”的具体含义

——高某某等人重大责任事故案

【案情摘要】

被告人高某某，男，1952年11月28日出生，砂场现场监管人员。

被告人王某某，男，1956年11月30日出生，农民。

被告人高某，男，1965年6月7日出生，农民。

2012年7月28日鹏运砂业有限公司筛砂设备发生故障，公司管理人员高某某电话通知筛砂设备制造人员高某前来维修。7月29日，被告人高某带领王某某（无维修资质）到砂场维修采砂设备。被告人高某组织筛砂机焊接准备工作，被告人王某某在筛砂机配电箱上连接电焊线。被告人高某某安排民工张某某在筛砂机上更换滚筒筛子。后在未检查筛砂机工作状态的情况下，被告人王某某对高某某喊：“送电”。被告人高某某即盲目启动发电机，致使筛体滚筒突然转动，将正在滚筒上面维修作业的张某某卷入滚筒夹缝挤伤，经抢救无效死亡。案发后，鹏运砂场积极赔偿张某某近亲属各项损失。

【诉讼意见与处理结果】

侦查机关以高某某、王某某、高某涉嫌重大劳动安全事故罪移送审查起诉。公诉机关指控，被告人高某某、王某某、高某的行为触犯了《刑法》第134条第1款，应当以重大责任事故罪追究其刑事责任。辩护意见认为，高某是筛砂设备的制造人，砂场设备由高某带领王某某维修，事故的发生是筛砂设备不安全造成的，其对此不应负责。高某有维修作业资质，其本身也没有违章行为，应以重大劳动安全事故罪对其减轻处罚。

一审法院认为，被告人高某某、王某某、高某在维修作业过程中，违反生产安全管理规定，造成一人死亡的重大事故，其行为构成重大责任事故罪。依照《刑法》规定，判决如下：

1. 被告人高某某犯重大责任事故罪，判处有期徒刑 2 年，宣告缓刑 2 年；

2. 被告人王某某犯重大责任事故罪，判处有期徒刑 1 年 6 个月，宣告缓刑 2 年；

3. 被告人高某犯重大责任事故罪，判处有期徒刑 1 年，宣告缓刑 2 年。

宣判后，被告人高某某、王某某、高某均未上诉。公诉机关未抗诉。

【法律适用问题】

明确要领才能抓住本质。在本案中有两个问题需要重点关注：一是被告人高某某、王某某、高某在维修作业过程中，是否有违章行为？二是违章的依据是什么，如何确定？

重大责任事故罪，是指在生产、作业过程中，违反生产安全管理规定，造成重大事故的行为。对于“生产安全管理规定”的具体内容，没有明确的司法解释，一般认为既包括相关法律、行政法规，地方性法规、规章及国家标准、行业标准对生产安全的管理规定，也包括生产经营单位制定的安全生产规章制度、操作规程以及通行的行之有效的操作习惯与惯例。换言之，以上内容均可作为认定相关人员是否违反有关安全管理规定的依据。

具体到本案，被告人高某某在未确认安全的情况下供电，在维修作业过程中，现场缺乏统一的指挥监管；被告人王某某无证上岗，在明知有人维修筛砂滚筒却未确认安全的情况下，要求高某某送电，盲目蛮干，违反安全用电和设备安全管理制度；被告人高某雇佣没有技术资格的操作工参与修理，对于其违章作业行为视而不见、不闻不问，存在监管过失，该不作为本身就是一种“违反安全规定”的行为。即各被告人在生产作业中均有违章行为，其辩解不能成立。

另外，本案公诉机关以重大责任事故罪提起公诉，人民法院也以重大责任事故罪作出判决，这里显然涉及了诉讼的技术问题。重大劳动安全事故罪需要对相关设备的安全性能进行技术鉴定，在缺乏鉴定条件的情况下，以“价值相当”的重大责任事故罪来对待，也是一种合理的选择。

司法人员在对规范的识别过程中，一方面要善于梳理和认定具体个案中的证据和基本事实；另一方面还要权衡诉讼的便利与技巧，在此基础上，选择具体的法律条文加以适用。

【办案札记】

在行政犯中，一般将违反法律和行政法规或者违反规章制度作为罪状的内容，对于这些犯罪而言，即使其行为具有了危害社会的实质违法性，但如果不违反法律和行政法规或者违反规章制度，则不具有形式违法性，也是不能以犯罪论处的。因此，如何认识把握“违反规定”的含义，对正确定罪至关重要。

1. 违反国家规定的含义。

有些犯罪的成立，以行为人违反国家规定为前提。如非法侵入计算机信息系统罪，非法获取计算机信息系统数据、非法控制计算机信息系统罪等。对于违反国家规定的含义，《刑法》第96条规定，是指违反全国人民代表大会及其常务委员会制定的法律和决定，国务院制定的行政法规、规定的行政措施、发布的决定和命令。最高人民法院《关于准确理解和适用刑法中“国家规定”的有关问题的通知》（法发〔2011〕155号）指出：刑法中的“国家规定”，是指全国人民代表大会及其常务委员会制定的法律和决定，国务院制定的行政法规、规定的行政措施、发布的决定和命令。其中，“国务院规定的行政措施”应当由国务院决定，通常以行政法规或者国务院制发文件的形式加以规定。以国务院办公厅名义制发的文件，符合以下条件的，亦应视为刑法中的“国家规定”：（1）有明确的法律依据或者同相关行政法规不相抵触；（2）经国务院常务会议讨论通过或者经国务院批准；（3）在国务院公报上公开发布。由此说明，由地方国家权力机关制定的地方性法规、由国务院各部委和地方政府制定的行政规章、行业标准等，不属于“国家规定”的范围，不能作为认定该类犯罪的法律依据。

2. 违反法律、行政法规的含义。

有些犯罪的成立，以行为人违反法律、法规为前提。如徇私舞弊发售发票、抵扣税款、出口退税罪以“违反法律、行政法规”为形式要件；交通肇事罪以“违反交通运输管理法规”为形式要件。在这类行政犯中，所违反的法律、法规应当是指与具体犯罪行为相关联的一切有效法律、法规。以常见罪名交通肇事罪为例，交通肇事罪以“违反交通运输管理法规”为罪状内容，这里的交通运输管理法规，既包括国家法律，如道路交通安全法；也包括与交通运输安全相关的法规，如国务院和国务院各部、委制定颁布的有关道路交通方面的规范性文件，各省、自治区、直辖市人民政府、省、自治区、直辖市人民政府所在地的市和经国务院批准的较大的市人民政府及其所属有关厅局制定颁布的有关交通运输方面的规范性文件，还包括有立法权限的机关制定的部门规章、地方性法规和规章等。只要在道路交通运输过程中，有违反以上规定的行为，都应视为行为人违反了交通运输管理法规。

3. 违反规章制度的含义。

有些犯罪的成立，以行为人违反规章制度为前提。如重大飞行事故罪以航空人员违反规章制度为前提；铁路运营安全事故罪以铁路职工违反规章制度为前提。一般认为，这里的规章制度当然包括行为人所在单位的规章制度、操作规程。由此可以推定，全国人民代表大会及其常务委员会制定的法律和决定，国务院制定的行政法规、规定的行政措施、发布的决定和命令，地方国家权力机关制定的地方性法规，由国务院各部委和地方政府制定的行政规章，相关行业标准等都可以成为违反规章制度的依据。换言之，除非法律另有规定，与事故相关的所有规范性文件，只要其内容不与上位法规、制度、文件相冲突，一般情况下，都可以作为该类犯罪空白罪状的内容。如最高人民法院《关于进一步加强危害生产安全形势案件审判工作的意见》（法发〔2011〕20号）第7条规定：“认定相关人员是否违反有关安全管理规定，应当根据相关法律、行政法规，参照地方性法规、规章及国家标准、行业标准，必要时可参考公认的惯例和生产经营单位制定的安全生产规章制度、操作规程。”

4. 有关隐形规定的含义。

有些罪名在其罪状中并没有明文规定“违反法律、法规”或者“违反规章制度”等内容，但“违反法律、法规”或者“违反规章制度”是其成立犯罪的逻辑前提。对于这类犯罪，其罪状中所隐含的“法规”的范围和含义，要根据具体犯罪的特征来确定。如生产、销售伪劣商品罪，在其罪状并没有“违反国家规定”“违反法律、法规”或者“违反规章制度”等内容，但其成立必然以违反《产品质量法》《标准化法》《消费者权益保护法》等有关产品质量监督的规范性文件为基础。具体来说，生产、销售的商品只有存在下列情形之一的，才符合该罪的罪状要求：（1）生产、销售的商品严重不符合有关法律、法规对产品质量规定的强制性要求（默示担保条件）。（2）生产、销售的商品的主要指标达不到有关的质量标准或者合同标准（明示担保条件）。即在生产、销售伪劣商品罪中，其罪状中隐含的“法规”，在范围上属于与商品质量相关的“法规”，在内容上既包括国家强制性标准，也包括行业标准，还包括企业标准、地方标准及合同标准，上述任何标准都可以成为违反产品质量法规的依据。

【法规链接】

《中华人民共和国刑法》

第一百三十四条 在生产、作业中违反有关安全管理的规定，因而发生重大伤亡事故或者造成其他严重后果的，处三年以下有期徒刑或者拘役；情节特别恶劣的，处三年以上七年以下有期徒刑。

强令他人违章冒险作业，因而发生重大伤亡事故或者造成其他严重后果的，处五年以下有期徒刑或者拘役；情节特别恶劣的，处五年以上有期徒刑。

第一百三十五条 安全生产设施或者安全生产条件不符合国家规定，因而发生重大伤亡事故或者造成其他严重后果的，对直接负责的主管人员和其他直接责任人员，处三年以下有期徒刑或者拘役；情节特别恶劣的，处三年以上七年以下有期徒刑。

第一百三十七条 建设单位、设计单位、施工单位、工程监理单位违反国家规定，降低工程质量标准，造成重大安全事故的，对直接责任人员，处五年以下有期徒刑或者拘役，并处罚金；后果特别严重的，处五年以上十年以下有期徒刑，并处罚金。

19. 如何寻找、确定空白罪状中的补充规范

——马某某非法经营案

【案情摘要】

被告人马某某，男，1962 年 8 月 16 日出生，蔬菜专业合作社法定代表人。

2010 年 1 月 28 日，陈某某联系到无种子经营资质的被告人马某某，向其出具委托书 1 份，委托“马某某联系葵花种子……支付被委托方居间费用”。

2010 年 3 月，被告人马某某以每公斤 85 元的价格从王某某（另案处理）处拉回散装葵花种子后，以每公斤 150 元的价格卖给李某某 1.4 吨，李某某支付马某某种子款 21 万元，马某某扣除费用后以单价 85 元付给王某某。3 月 14 日，陈某某、沙某某与被告人马某某签订了以供货销售方为“王某某、马某某”，购买方为“陈某某”的供货协议书。马某某再次从王某某处以每公斤 115 元的价格拉回散装葵花种子，又以每公斤 160 元的价格卖给陈某某、沙某某等人共 1 吨，获种子款 16 万元。马某某扣除费用后以单价 115 元付给王某某。

2010 年 5 月，陈某某、沙某某将购买的葵花种子销售农户种植后，所种葵花出苗畸形、分叉，9 月收获时大面积减产。经鉴定，种子平均畸形株率为 32.14%，田间畸形、分叉多的主要原因是种子纯度达不到国家标准所致。

【诉讼意见与处理结果】

公诉机关指控，被告人马某某的行为已触犯《刑法》第 225 条第 1 项，

应当以非法经营罪追究其刑事责任。辩护意见认为，马某某虽销售了质量有问题的“种子”，应当承担的是产品质量责任而非经营责任，在本案中没有充分的证据证明销售的为假劣种子，其行为也与销售伪劣种子罪、销售伪劣产品罪无涉。

一审法院认为，被告人马某某虽然与种子购买人签订了带有居间性质的委托书，但在无证情形下仍自行参与散装种子的购进、售出，对其行为应以非法经营论处。依照《刑法》规定，判决如下：

被告人马某某犯非法经营罪，判处有期徒刑 2 年，宣告缓刑 3 年，并处罚金136 000元。

宣判后，被告人马某某未上诉。公诉机关未抗诉。

【法律适用问题】

法律的适用过程就是解释法律的过程，只有通过合理的解释，抽象的法律正义才能转变为个案中的具体正义，把法律的逻辑体现在现实的生活世界里。在这个过程中，违法事实的属性判定，对于罪名的确定意义重大。

在本案中，被告人马某某的违法事实牵涉两种责任，一是经营种子的行为责任；二是种子的产品质量责任。责任不同，行为的属性就有所不同。对于种子质量问题而言，《中华人民共和国种子法》（以下简称《种子法》）对检验程序、检验机构、检验人员和判定标准作出了特别规定，在种子已被全部种植失去鉴定条件的情况下，产品质量及其责任主体往往难以认定，只能选择经营行为责任来确定是否存在刑事违法性，有无刑罚惩罚的必要。

《刑法》第 225 条规定：“违反国家规定，有下列非法经营行为之一，扰乱市场秩序，情节严重的，处五年以下有期徒刑或者拘役，并处或者单处违法所得一倍以上五倍以下罚金；情节特别严重的，处五年以上有期徒刑，并处违法所得一倍以上五倍以下罚金或者没收财产：（一）未经许可经营法律、行政法规规定的专营、专卖物品或者其他限制买卖的物品；（二）买卖进出口许可证、进出口原产地证明以及其他法律、行政法规规定的经营许可证或者批准文件；（三）未经国家有关主管部门批准非法经营证券、期货、保险业务的，或者非法从事资金支付结算业务的；（四）其他严重扰乱市场秩序的非法经营行为。”从以上规定可以看出，非法经营罪的罪状需要通过其他法律、法规来补充说明，属于空白罪状。

“违反国家规定”说明在非法经营罪中，行政、经济违法性是刑事违法性的前提，没有行政、经济违法性就没有刑事违法性的可能。《种子法》第60条[①]规定：违反本法规定，有下列行为之一的，由县级以上人民政府农业、林业行政主管部门责令改正，没收种子和违法所得，并处以违法所得1倍以上3倍以下罚款；没有违法所得的，处以1000元以上30 000元以下罚款；可以吊销违法行为人的种子生产许可证或者种子经营许可证；构成犯罪的，依法追究刑事责任。其中第2项规定：“未取得种子经营许可证或者伪造、变造、买卖、租借种子经营许可证，或者未按照种子经营许可证的规定经营种子的。”这样，被告人马某某无证经营散装农作物种子的行为显然是违反了国家规定。但仅此还不能得出补充规范适格性的结论，因为对补充规范的选择，应当保持刑法规范和补充规范所保护法益的同一性，否则，就不能作为空白罪状的补充规范。如非法经营罪保护的是国家的专营、专卖制度，规范的是市场秩序，而不是工商登记许可制度，如果违反了许可制度但所从事的活动对市场秩序不产生影响，则不构成非法经营罪。所以，以《种子法》第60条第2项的规定作为补充规范的适格性在于“未取得种子经营许可证”经营种子的行为扰乱了国家专营、专卖产品的市场秩序，而不是“未取得种子经营许可证”本身。对于没有经过工商登记而从事经营活动，如果经营行为没有违反国家专营、专卖制度或者违反的不属于国家性质的专营、专卖制度，则不存在扰乱市场秩序的问题，不得认定为非法经营罪。由此说明，被告人马某某经营种子的行为，无疑属于“扰乱市场秩序”的行为。鉴于非法经营数额达370 000元，非法获利136 000元，当为“情节严重”的情形，以非法经营罪定性处罚符合本案的基本事实和法律规定。

刑法并非完全自给自足的界域。刑法中一些概念的理解往往离不开其他部门法的支持，特别是对空白刑法规范尤为如此，需要依照非刑事法律规范

---

① 该条文为2004年《种子法》的规定，即本案判决形成时的法条，2015年11月4日该法已修订。

的相关规定进行补充。司法人员在处理这类刑事案件时，应当注意将刑法文本与其他法律文本结合起来思考问题，使执法结果体现出法律之间的匹配性和协调性，而不是相反。

【办案札记】

罪状是法条的核心，但出于立法技术的原因，有的刑法条文采用了空白罪状的方式。为此，在刑法适用中，如何选择、确定空白罪状中的补充规范是认定犯罪是否成立的关键环节。

空白罪状，是指刑法就某一应受刑罚的行为类型，只规定了罪名与法定刑，而将其构成要件的一部分或者全部，以其他法律、法规等规范性文件予以补充的罪状。即其显著特征在于被其类型化的具体犯罪的行为要件必须参照其他有关规范或者制度。在对具体罪名的空白罪状进行补充时，可以作为补充规范的范围是特定的。但不同的罪名，其补充规范的范围也不同，需要按照以下规则来确定应当适用的规范。

1. 位阶相称规则。

位阶相称，即被适用的补充规范符合空白罪状的要求，没有达到刑法条文的效力等级要求的补充规范，不得补充刑法条文。如在非法经营罪中，刑法规定的是“违反国家规定”，所以对于违反法律、行政法规设定的专营、专卖制度的行为，自然构成非法经营罪，对于部门规章、地方法规等设立的专营、专卖行为，其效力等级上达不到刑法的要求，即法律的位阶不相称，不得以非法经营罪论处。但在重大责任事故罪中，因刑法规定的是“违反有关安全管理规定”，并没有明确的层级要求，所以这里的“安全管理规定”包括：（1）所有有效的有关安全生产作业的法律、法规；（2）企业、事业单位及其管理机关所制定的规程、规则、制度、章程等；（3）在安全生产中公认的符合客观规律的操作习惯及惯例。以上规定都可以作为补充规范。

2. 法益同一规则。

刑法是其他法律的保障法，在选择补充规范时，必须以具体犯罪所保护的法益为目标来确定选择范围。如果补充规范保护的法益和需要补充的刑法条文保护的法益相一致，则可采用该补充规范来补充刑法空白条文。否则，就不能选择适用，这样才能体现出刑法的最后手段性。所以，个罪法益制约着空白罪状所援引的补充规范的范围。同时还要注意，补充规范中的违法行为也应当与刑法规定的具体犯罪的危害行为相协调。如对交通肇事罪的认定，必须以“违反交通运输管理法规”为前提，但对于未带驾驶证、行驶证等违反交通运输法规的行为，就不属于交通肇事罪的危害行为，不能作为确认刑事责任的根据，因为这些违法行为对公共安全并不产生直接影响，与交通肇事罪所保护的法益不同，不应成为交通肇事罪中“违反交通运输管理法规”的行为。因此，对未带驾驶证、行驶证而违反交通运输法规的条文，就不能成为交通肇事罪的补充规范。

3. 直接补充规则。

直接补充，即适格的补充规范对刑法中空白罪状的直接援引、说明。直接补充的前提是刑法空白罪状已指引出应当援引补充规范的范围。如按照《刑法》第343条第2款的规定，违反矿产资源法的规定，采用破坏性的开采方法开采矿产资源，造成矿产资源严重破坏的，构成破坏性采矿罪。由于刑法条文中对空白罪状援引的补充规范作出明示，且《矿产资源法》对相关违法行为也有较为明确的规定，在实践中，对此种情形直接援引该补充规范即可。

4. 间接补充规则。

在对补充规范本身也设置了空白条款的情况下，对补充规范中的空白条款可以进行二次补充。但是“二次补充”应当是“一次补充”法规中授权补充的规范，“一次补充”的法规没有授权的，没有达到位阶效力的规范不得作为刑法空白罪状的补充规范。如违法发放贷款罪，《刑法修正案（六）》将其修改为：“银行或者其他金融机构的工作人员违反国家规定发放贷款，数额巨大或者造成重大损失的，处五年以下有期徒刑或者拘役，并处一万元以上十万元以下罚金；数额特别巨大或者造成特别重大损失的，处五年以上有期徒刑，并处二万元以上二十万元以下罚金。”由此，可以作为补充规范的应为《商业银行法》，但《商业银行法》对发放贷款的具体条件并没有作出规定，而是根据中国人民银行制定的《贷款通则》中有关贷款发放的条件来执行。此时，“二次补充”的《贷款通则》就属于“一次补充”的商业银行法授权补充的规范，可以作为判断行为是否“违反国家”的依据。

5. 内容对应规则。

在空白罪状中，对于违法行为追究刑事责任，当以适格的补充规范对该行为设置了刑事责任条款为必要条件。如果在补充规范中没有附设“构成犯罪的，依法追究刑事责任”的条款，不得追究行为人的刑事责任，否则有违刑法的明确性和罪刑法定原则，为肆意动用刑法提供了更加不确定的依据。但应注意以下两种特殊情况：（1）补充规范与刑法规范对构成要素规定不一致的，在入罪时应以刑法规范为标准。如对非法转让、倒卖土地使用权罪，《刑法》规定以牟利为目的，而《土地管理法》中却没有规定，如果行为人没有牟利的目的，就不能认定为非法转让、倒卖土地使用权罪。（2）补充规范未设刑事责任条款，而刑事法律明确规定应当入罪的，以刑事法律的规定为准。如2000年9月25日国务院发布的《电信条例》对其中第59条第1项行为没有设置刑事责任条款，但2000年4月28日最高人民法院《关于审理扰乱电信市场管理秩序案件具体应用法律若干问题的解释》第1条规定：实施《电信条例》第59条第1项行为，情节严重的，依照《刑法》第225条第4项的规定定罪处罚。即通过司法解释的形式对空白罪状及兜底条款的内容作出了补充，《电信条例》第59条第1项的规定已不具有补充意义。

空白罪状中，作为补充规范的经济法规、行政法规等具有明显的易变性，援引的补充规范发生变化，可能会影响犯罪成立的条件和范围。所以，当空白罪状中补充规范发生变动时，应当注意溯及力的问题，同样也适用从旧兼从轻原则。

【法规链接】

《中华人民共和国刑法》

第九十六条 本法所称违反国家规定，是指违反全国人民代表大会及其常务委员会制定的法律和决定，国务院制定的行政法规、规定的行政措施、发布的决定和命令。

第一百四十七条 生产假农药、假兽药、假化肥，销售明知是假的或者失去使用效能的农药、兽药、化肥、种子，或者生产者、销售者以不合格的农药、兽药、化肥、种子冒充合格的农药、兽药、化肥、种子，使生产遭受较大损失的，处三年以下有期徒刑或者拘役，并处或者单处销售金额百分之五十以上二倍以下罚金；使生产遭受重大损失的，处三年以上七年以下有期徒刑，并处销售金额百分之五十以上二倍以下罚金；使生产遭受特别重大损失的，处七年以上有期徒刑或者无期徒刑，并处销售金额百分之五十以上二倍以下罚金或者没收财产。

第二百二十五条 违反国家规定，有下列非法经营行为之一，扰乱市场秩序，情节严重的，处五年以下有期徒刑或者拘役，并处或者单处违法所得一倍以上五倍以下罚金；情节特别严重的，处五年以上有期徒刑，并处违法所得一倍以上五倍以下罚金或者没收财产：

（一）未经许可经营法律、行政法规规定的专营、专卖物品或者其他限制买卖的物品的；

（二）买卖进出口许可证、进出口原产地证明以及其他法律、行政法规规定的经营许可证或者批准文件的；

（三）未经国家有关主管部门批准非法经营证券、期货、保险业务的，或者非法从事资金支付结算业务的；

（四）其他严重扰乱市场秩序的非法经营行为。

20. 如何判断是否利用了职务上的便利

——王某某等人职务侵占案

【案情摘要】

被告人王某某，男，1979 年 6 月 21 日出生，车辆驾驶人员。

石油分公司与热电公司签有工业品买卖合同，约定“交提货方式为卖方负责运输”“交货地点为买方指定的地点”“结算方式为货物到达经检验合格后付款”“卖方不能足额按约定数量交货致使买方受损，卖方承担赔偿责任”。车辆卸油规程为“在车辆到达后首先前往客户指定的磅秤房进行重车过磅计量，出具磅单无异议后方可前往卸油地点，到达卸油地点后，客户确认磅单、车辆装卸油铅封号和提油票据一致，司机协助买方人员进行卸油。客户在上罐检查罐内油品卸完后，在提货单上签字、盖章，驾驶员方可离开卸油地到客户指定的磅秤房进行回空过磅”。

2010 年，被告人王某某与石油分公司签订劳动合同，从事汽车驾驶运送油品工作。同年 5 月 14 日，王某某给其从事油品经营的朋友韩某某打电话，称次日可能有柴油出手。5 月 15 日，被告人王某某受其公司指派，驾驶油罐车给热电公司配送柴油。在卸油过程中，油泵房接受人员韩某为王某某办理了登记、检查铅封、在检斤单（毛重）上签章等接受手续后，被告人王某某乘韩某因故离开现场未对油罐内柴油卸载情况例行检查之机，将油罐内未卸完的柴油拉出热电公司，出售给韩某某。被告人王某某又驾车欲返回热电公司进行回空过磅时被抓获，从韩某某处扣押装有柴油的油桶 51 桶，净重 9.42 吨，价值82 848.9元。

【诉讼意见与处理结果】

公诉机关指控，被告人王某某的行为触犯了《刑法》第 264 条，应当以盗窃罪追究其刑事责任。辩护意见认为，石油分公司虽对油罐车进行封缄并采用 GPS 导航定位、监控录像等措施，但其实质是强化对员工履行职务的监督，不是对受委托方的监督、监控，王某某与石油分公司对油品在占有、所有上是同一体。在货物未完成交付时其归属于石油分公司，王某某处于实际控制、支配地位，应定性为职务侵占罪。

一审法院认为，被告人王某某身为石油公司工作人员，在受委派从事油品运输且未完成交付过程中，秘密窃取本单位财物非法占为己有，其行为已构成职务侵占罪。依照《刑法》规定，判决如下：

被告人王某某犯职务侵占罪，判处有期徒刑 3 年；

宣判后，公诉机关认为一审判决对原审被告人王某某的定性错误，导致量刑畸轻，提出抗诉。上级检察机关认为本案不符合抗诉条件，决定撤回抗诉。

【法律适用问题】

对于司机窃取封缄油罐内油品行为的性质认定，关键在于如何认定行为人是否利用职务上的便利以及油品的占有、归属问题。

就占有关系而言，一种观点认为，对于被加了封印或者被锁住的包装物，虽然已交给受托者保管、搬运，但受托者并不能拆封或开锁，更不能对内部所装的财物加以处分，对财物没有支配权。受托者无论是取得被包装物的整体还是抽取其内容物，都构成盗窃罪。另一种观点认为，委托者既然将财物交给受托者保管、搬运，财物的整体已与委托者相分离，转由受托者掌握控制。受托者无论是取得被包装物的整体还是抽取其中的内容物，都构成侵占罪。第三种观点认为，由于被包装物的整体已交给受托者，受托者在现实地支配着，当然由受托者占有。对于其中的内容物，由于委托者加了封印、上了锁，受托者不能拆封也不能打开，委托者保留占有。如果受托者取得了被包装物的整体构成侵占罪；如果只是抽取其中的内容物则构成盗窃罪。比较而言，对具体情形区别对待的第三种观点较为合理，即封缄物内的财物由委托人占有，承运人并不占有封缄物的内容物。因为委托者对财物进行封缄的目的和事实本身就说明排除受托者对内容物的任意支配，由委托人直接控制支配，承运人至多也就是辅助占有而已。如同家庭保姆在雇主外出旅游期间侵吞雇主家中财物的，其行为性质为盗窃罪而非侵占罪一样。

“利用职务便利”以具有职权为前提，没有职权就谈不上“利用职务便利”。对于行为人非法占有“经手”财物的行为，是否利用了职务上的便利，关键在于行为人对该财物是否具有独立的管理支配权。如果所经手的财物处于被他人监管的状态，说明行为人没有独立控制支配该财物的权限，也就不存在利用职务上便利的问题。相反，如果对所经手的财物具有独立的监管职责，则说明其侵占行为利用了职务上的便利。如《刑法》第 253 条第 2 款规定，邮政工作人员私自开拆、隐匿或者毁弃邮件而窃取财物的，以盗窃罪定罪处罚。原因就在于，信件、包裹尽管处于邮政工作人员的控制之下，但信件、包裹内的物品处于封存状态，邮政人员对于信件包裹内的财物并非是一种直接、独立的控制和支配。

在本案中，被告人王某某系石油分公司车辆驾驶人员，在油品运输过程中石油分公司对油罐车进行封缄并采用 GPS 导航定位、监控录像等措施对所运油品加以控制，这说明被告人运送油品的行为处于石油分公司的监管之下，油品由石油分公司占有。车辆卸油规程规定：车辆到达后首先前往客户指定的磅秤房进行重车过磅计量，出具磅单无异议后方可前往卸油地点，到达卸油地点后，客户要确认磅单、车辆装、卸油铅封号和提油票据一致后司机协助甲方人员进行卸油。即在重车过磅后，油品由热电公司占有。由此，在整个送交油品过程中，被告人王某某的行为始终处于管理方的监控当中，其并不独立管理、经手、占有油品。基于职务便利对财物的控制与支配，应当是一种直接的控制支配，间接控制支配财物的行为，一般不属于侵财犯罪中的职务之便。因被告人王某某对所驾驶的油罐车及其油品没有职权可言，应认定为是利用工作（或者劳务）上形成的便利条件，而非职务上的便利。在此应当注意的是，即便单位存在管理疏漏或者管理人员失于监管的情形，也不能改变行为人非法占有财物行为的性质，因为监管不力并不等于无监管。

对犯罪的认定是从经验到规范再到价值的判断。即首先从日常生活经验出发，对事实进行考察并加以判断；其次才是对事实的规范化和价值评判。从以上分析来看，一审法院对被告人王某某的行为以职务侵占罪定性，上级检察机关决定撤回抗诉的意见还有商榷之处。

【办案札记】

在一些与工作职责相关联的犯罪中，如何确定行为人是否利用了职务上的便利，对于准确适用法律意义重大。在具体实务工作中，应着重注意把握以下几点。

1. 存在管理职责是利用职务便利的前提。

职务便利即管理活动中的便利，没有管理职责就不存在利用职务便利的问题。最高人民检察院《关于人民检察院直接受理立案侦查案件立案标准的规定（试行）》（高检发释字〔1999〕2 号）指出：贪污罪中的“利用职务上的便利”是指利用职务上主管、管理、经手公共财物的权力及方便条件。受贿罪中的“利用职务上的便利”，是指利用本人职务范围内的权力，即自己职务上主管、负责或者承办某项公共事务的职权及其所形成的便利条件。由此，“利用职务上的便利”与具体的“公共事务”相联系，其核心是具有职务范围内对财物或者事项的管理权力。缺乏管理内容的行为，当然与职务便利无关。如在国家出资单位中仅仅从事生产性、经营性、服务性活动的收款员、售票员、营业员、推销员等，尽管也经手财物，但在未赋予其管理职责的情况下，对该财物就不具有管理支配权，对其侵占财物的行为不能视为职务便利。

职务便利中的管理活动与行为人的工作身份没有必然的联系，不论行为人的工作身份如何，只要在公共事务中从事组织、领导、监督、管理工作，即具有职务的性质。所以，在法定职务与实际职务不同的情况下，利用职务便利既包括利用本人的法定职务，同时也应包括利用本人的实际职务。

2. 管理职责与非法获利之间有因果性。

没有职务上的便利就不能获得该非法利益，是侵财性职务犯罪的显著特点。即职务便利是获取非法利益的直接手段，这也正是职务便利与工作（或者劳务）便利的重要区别所在。利用工作或者劳务上的便利，是指行为人与非法占有的财物之间并无职责上管理与支配的权限，只是因为工作关系而形成了接触被他人管理、经手财物的机会，或者因工作关系熟悉周围环境便于接近财物的条件等。如生产线上作业的工人利用经手产品的机会窃取产品的，就不构成贪污或者职务侵占罪。因为作业线上的工人其职责仅仅是生产产品，不享有直接控制与独立支配产品的职责与权利，要想非法占有财物必须排除监管障碍，所以不存在利用职务上便利的问题。

一般地，这里的因果性仅表现为直接的因果关系。如单位的财务人员携款潜逃的，因财务人员对公款具有直接的管理职责，所以属于利用职务便利侵吞公款。但是，如果财务人员委托非财物人员代为保管公款而被委托人携款潜逃的，因非财物人员本身对公款不具有直接的管理职责，则不存在利用职务便利的问题。

3. 不同犯罪中利用职务便利的含义不尽相同。

“利用职务便利”在不同的罪名中，含义特定具体，不尽相同。如在贪污罪与职务侵占罪中，利用职务便利与非法获取财物之间必然存在时间顺序，职务便利在前，获取非法财物在后。但行为人的职责来源却不同，贪污罪中职责只能来源于国家公权力，从事的是国家公务；职务侵占罪中职责则只能来源于国家公权力以外的集体权力或者私权力。与贪污罪相比，受贿罪中“利用职务便利”的含义则较为宽泛，既包括利用本人职务上主管、负责、承办某项公共事务的职权，也包括利用职务上有隶属、制约关系的其他国家工作人员的职权。因为受贿罪的本质是权与利的不法交易性，只要是可以制约行贿人利益的职务行为，都属于受贿人的职务便利。如滥用本人主管、经办和参与某种具体公共事务的职权，利用自己居于上级领导机关的地位而形成的对下级部门的制约力等，都属于利用职务便利。同时，在受贿犯罪中，利用职务便利与非法收受财物之间也不要求有时间序列性。如行为人在任职前收受贿赂后对请托人有许诺，在任职后为请托人谋取利益的，或者在职时为请托人谋利，离职后接受财物的，都应以受贿罪论处。

【法规链接】

《中华人民共和国刑法》

第二百六十四条 盗窃公私财物，数额较大的，或者多次盗窃、入户盗窃、携带凶器盗窃、扒窃的，处三年以下有期徒刑、拘役或者管制，并处或者单处罚金；数额巨大或者有其他严重情节的，处三年以上十年以下有期徒刑，并处罚金；数额特别巨大或者有其他特别严重情节的，处十年以上有期徒刑或者无期徒刑，并处罚金或者没收财产。

第二百七十一条 公司、企业或者其他单位的人员，利用职务上的便利，将本单位财物非法占为己有，数额较大的，处五年以下有期徒刑或者拘役；数额巨大的，处五年以上有期徒刑，可以并处没收财产。

国有公司、企业或者其他国有单位中从事公务的人员和国有公司、企业或者其他国有单位委派到非国有公司、企业以及其他单位从事公务的人员有前款行为的，依照本法第三百八十二条、第三百八十三条的规定定罪处罚。

第三百一十二条 明知是犯罪所得及其产生的收益而予以窝藏、转移、收购、代为销售或者以其他方法掩饰、隐瞒的，处三年以下有期徒刑、拘役或者管制，并处或者单处罚金；情节严重的，处三年以上七年以下有期徒刑，并处罚金。

单位犯前款罪的，对单位判处罚金，并对其直接负责的主管人员和其他直接责任人员，依照前款的规定处罚。

21. 如何判定不可罚行为

——张某某盗窃案

【案情摘要】

被告人张某某，男，1972 年 10 月 8 日出生，无业。

2010 年 9 月 11 日，被告人张某某的妹夫赵某某购得价值107 800元的“黄海新旗胜”小轿车一辆，由张某某将车开送至家中。9 月 13 日，被告人张某某偷配了一把车钥匙，偷开该车并藏匿他处。后又冒充赵某某同事的身份，发短信要求以40 000元现金赎车，并雇用不知情的张某帮其与赵某某交易。在交易过程中被抓获，车辆被追回。

【诉讼意见与处理结果】

公诉机关指控，被告人张某某的行为触犯了《刑法》第 264 条，应当以盗窃罪追究其刑事责任。辩护意见认为，车辆价值（107 800元）远远大于敲诈勒索的数额（40 000元），该事实说明张某某没有非法占有车辆的目的，其偷开、藏匿车辆是为了敲诈，属于盗用行为而非盗窃行为，对于引发案件的原因事实应属于事前不可罚的行为，对敲诈勒索事实不产生影响，不应作为评价的对象，张某某的行为性质属于敲诈勒索（未遂）。

一审法院认为，被告人张某某以非法占有为目的，勒索他人财物，数额巨大，其行为已构成敲诈勒索罪。但因意志以外的原因而未得逞，属未遂，可从轻处罚。依照《刑法》规定，判决如下：

被告人张某某犯敲诈勒索罪（未遂），判处有期徒刑 3 年，宣告缓刑 4 年。

宣判后，公诉机关提出抗诉，认为被告人张某某手段行为触犯了盗窃罪，目的行为触犯了敲诈勒索罪，按照牵连犯择一重罪处罚的原则，应以盗窃罪论处。

二审法院认为，对原审被告人张某某的行为应以盗窃罪论处，原审判决适用法律错误。依照《刑事诉讼法》《刑法》规定，判决如下：

1. 撤销原审判决；

2. 被告人张某某犯盗窃罪判处有期徒刑 3 年，宣告缓刑 5 年，并处罚金 10 000元。

【法律适用问题】

有时，提出问题比解决问题要显得更为重要。辩护人的重要作用正在于能够从不同的角度发现问题、对待问题。至于问题本身价值的大小以及对案件的影响程度，则是另外一回事。

控辩双方从不同的角度出发，提出了截然相反的认识意见，主要涉及的问题，一是张某某盗取车辆藏匿的行为，是否属于事前不可罚的行为。二是盗车行为与敲诈行为是否存在牵连关系。

首先，被告人张某某盗取车辆的行为不属于事前不可罚行为。不可罚的事前行为，一般是指主行为及其前行为均独立构成犯罪，但仅处罚主行为，对前行为不再处罚的情形。不可罚的前行为的基本法律特征为：（1）主行为的不法内涵足以涵盖前行为的不法内涵，并且主行为所侵害的法益较前行为更高。（2）整个行为过程必须统一于一个犯罪故意之中。[①] 在本案中，如果认为被告人张某某盗取车辆的行为属于前行为，那么敲诈勒索行为则为主行为，但是敲诈勒索犯罪的不法内涵根本不足以涵盖盗窃犯罪的不法内涵，而且在本案中盗窃行为重于敲诈勒索行为。显然，被告人张某某盗取车辆的行为不符合事前不可罚行为的基本特征，不属于事前不可罚的行为。

其次，被告人张某某实施的盗车行为与敲诈行为不存在牵连关系，不属于牵连犯。牵连犯，是指出于一个犯罪目的，实施数个犯罪行为，数个行为

① 游伟、谢锡美：“论不可罚的前后行为”，载《华东政法学院学报》2002 年第 2 期（总第 21 期）。

之间存在手段与目的或者原因与结果的牵连关系，分别触犯不同罪名的犯罪形态。被告人张某某为了达到敲诈勒索车主的犯罪目的，实施了盗窃车辆的行为，虽然实施两个行为，即一个盗窃车辆的行为，一个以车辆为筹码进行敲诈钱财的行为，且两个行为的性质不同。但因盗车行为与敲诈行为缺乏常态联系，敲诈行为并不是盗车行为的自然延续，或者说，行为之间不具有方法与目的或者原因与结果的密切联系，将二者评价为牵连关系的妥当性值得商榷。同时，由于吸收犯的数行为触犯的是相同的罪名，是罪质相同的犯罪，所以盗车行为与敲诈行为之间也不存在吸收关系。

最后，被告人张某某实施的敲诈行为属于事后不可罚行为。事后不可罚行为，是指在统一的犯意支配下，实施一个行为后，在原法益范围内又实施了另一个对主行为所造成的不法状态加以利用与保持，并且其不法内涵亦被包括在主行为的处罚范围之内的行为。不可罚的后行为的基本法律特征为：(1) 该后行为是对主行为所造成的不法状态的利用或者保持，并且没有侵害新的法益。(2) 主行为的不法内涵足以涵盖后行为的不法内涵，并且主行为对于法益的侵害要大于后行为。[①] 被告人张某某将车辆盗出后藏匿，车辆所有人显然是被排除在支配车辆的权限之外，其将车辆盗窃藏匿正是一种阻碍财物所有者行使财物权利、为自己非法获取利益创造条件的行为。后又将被盗车辆作为向失主敲诈财物的筹码，从而获取利益。这说明被告人张某某在占有车辆之后又实施了利用行为，具有非法占有的目的，其盗取车辆的行为已构成盗窃犯罪。敲诈勒索实际上是被告人张某某对车辆“利用意思”的表示，可以被盗窃行为所包容，且侵害的法益均为财产权，受害对象同一，无需单独评价，就如同实施盗窃行为后又将被盗财物进行毁损的行为一样，属于事后不可罚行为。但是，如果被告人张某某将该被盗车辆用于实施侵犯财产犯罪以外的其他犯罪活动的，或者用来敲诈失主以外的其他人时，因该行为已与不可罚后行为的基本法律特征不符，应当数罪并罚。

执法者的智慧在于从人们司空见惯的事实中能够发现问题、发现法律，

---

① 游伟、谢锡美：“论不可罚的前后行为”，载《华东政法学院学报》2002 年第 2 期（总第 21 期）。

并找到解决问题、适用法律的途径。即便是盗用财物的行为也并非都不构成盗窃犯罪，是否构成犯罪取决于其主观故意的具体内容和对法益侵犯的程度，只有那些对法益不产生损害的“盗用”行为才不构成盗窃犯罪。

【办案札记】

在一个行为整体中，对其中不同的行为方式及其内容当如何进行评价，属于可罚行为还是不可罚行为，对于正确定罪量刑至关重要。

刑法上的不可罚行为包括不可罚的事前行为和不可罚的事后行为。“不可罚”，是因为行为人实施的数个行为基于一个犯罪的故意，对主行为的处罚已经足以涵摄前后行为不法的内涵。在数个行为中，是否存在不可罚的行为，应当从以下几个方面来把握。

1. 前后行为是否有主次。

如果前后行为是在同一过程中对同一法益的侵犯，且触犯的罪名轻重不同，有主次之分，则其中可能存在不可罚行为。如前行为是后行为的准备行为，则后行为是可罚之主行为，但如果后行为是前行为违法状态的继续行为，则后行为是不可罚之次行为。不可罚行为只在形式上符合某一犯罪构成，并没有侵害新的法益，以主要犯罪行为定罪处罚即可包含对次要犯罪行为的评价，在法律评价上与主行为被视为一个整体。正如预备行为、未遂行为之于既遂行为，与主行为有紧密关联的行为之于具体危险行为与实害行为。

2. 故意内容是否相统一。

如果对主要行为的处罚，已足以涵盖前（后）的次要行为，才可能对次要的前（后）行为不罚。但整个行为过程必须统一于一个犯罪故意之中，如果出于不同的故意，则对前后两个行为应当实行并罚。如对于盗窃信用卡后假冒卡主使用的情况，刑法规定以盗窃罪论处，就是对该使用行为作为不可罚的事后行为来对待的。因为整个行为过程统一于非法占有他人财物的故意之中，可以把后行为（诈骗罪）视为是前行为（盗窃罪）的兑现行为，而不再单独处罚。

3. 行为对象是否有区别。

只有前行为与后行为针对的犯罪对象相同，前后行为才可能构成一个行为整体。如制造毒品后的非法持有毒品行为因未侵犯新的法益，且后持有行为依附于前制造行为，属于事后不可罚行为。但是，如果前后行为的对象不同，则不能将其中的某一行为视为不可罚行为。如针对不同宗毒品先后实施的制造行为和持有行为，因行为对象不同导致前后行为缺乏逻辑关联，持有毒品的行为自然不属于不可罚的行为。

4. 侵害法益是否不相同。

如果对主行为的处罚，已足以涵盖前（后）的次行为，才可以对次要的前（后）行为不罚。前后行为是否能够足以涵盖，一般认为应当以是否侵害了新的法益为依据。如针对同一对象在实施强奸行为中的猥亵行为，强奸主行为就足以涵盖猥亵次行为，猥亵行为即为不可罚的事前行为。如果后行为与前行为侵害的法益完全不同，应独立评价分别定罪，除非对其中的次要行为本身无期待可能性。如盗窃后的销赃行为，尽管销赃行为侵犯了新的法益，但因对该事后行为，法律对其没有期待可能性，无处罚的必要，仍然属于不可罚的事后行为。

5. 侵害状态是否在持续。

一般认为，事后不可罚行为以状态犯的既遂为前提，只有在状态犯中，才存在事后不可罚的行为。在前行为造成法益侵害状态的持续过程中，后行为又对不法状态加以利用，这样，后行为实际上已被前行为所包容。如诈骗、抢劫既遂后的销售赃物行为。如果前行为侵害的法益不具有持续性，则后行为也不属于不可罚的行为。如对杀人后的奸尸行为，因故意杀人并非状态犯，对奸尸行为也不能认定为事后不可罚行为，而应以故意杀人罪与侮辱尸体罪两罪并罚。

【法规链接】

《中华人民共和国刑法》

第二百六十四条 盗窃公私财物，数额较大的，或者多次盗窃、入户盗窃、携带凶器盗窃、扒窃的，处三年以下有期徒刑、拘役或者管制，并处或者单处罚金；数额巨大或者有其他严重情节的，处三年以上十年以下有期徒刑，并处罚金；数额特别巨大或者有其他特别严重情节的，处十年以上有期徒刑或者无期徒刑，并处罚金或者没收财产。

第二百七十四条 敲诈勒索公私财物，数额较大或者多次敲诈勒索的，处三年以下有期徒刑、拘役或者管制，并处或者单处罚金；数额巨大或者有其他严重情节的，处三年以上十年以下有期徒刑，并处罚金；数额特别巨大或者有其他特别严重情节的，处十年以上有期徒刑，并处罚金。

22. 怎样确定刑法中的因果关系

——鲁某某过失致人死亡案

【案情摘要】

被告人鲁某某，男，1971 年 2 月 13 日出生，农民。

2013 年 8 月 2 日，在建筑工地打工的被告人鲁某某醉酒后因吃饭之事谩骂李某某，李某某起身与其理论时，被告人鲁某某与李某某撕扯在一起，在撕扯过程中，李某某被帐篷中的架杆绊倒，起身后和鲁某某相互谩骂争执，被告人鲁某某即在李某某脸上打了一巴掌，致李某某倒地后死亡。经鉴定，李某某系受外力诱发心脏疾病（冠心病）突发引起急性心衰，进而导致循环呼吸急剧衰竭死亡。

【诉讼意见与处理结果】

侦查机关以鲁某某涉嫌故意伤害罪移送审查起诉。公诉机关指控，被告人鲁某某的行为已触犯《刑法》第 234 条第 2 款，应当以故意伤害罪（致人死亡）追究刑事责任。辩护意见认为，鲁某某的伤害行为极其轻微，对被害人具有特异体质并不了解，其行为只是导致被害人死亡的一个诱因，与被害人死亡结果之间只有偶然因果关系，不具有必然因果关系，应当减轻处罚。

一审法院认为，被告人鲁某某应当预见到其殴打行为可能对被害人造成损害后果，因疏忽大意而没有预见，以致发生死亡的后果，其行为构成过失致人死亡罪。鉴于其打击行为仅是造成被害人死亡的诱因，且能悔罪并积极赔偿损失，可从轻处罚并适用缓刑。依照《刑法》规定，判决如下：

被告人鲁某某犯过失致人死亡罪，判处有期徒刑3年，缓刑5年。

宣判后，被告人鲁某某未上诉，公诉机关未抗诉。

【法律适用问题】

对于轻微伤害行为导致特异体质人死亡的案件，是以故意伤害罪、过失致人死亡罪还是以意外事件认定？是本案争议的焦点问题所在。

认为构成故意伤害（致人死亡）罪的理由是：轻微暴力行为属于伤害行为，被害人尽管属于特异体质者，但没有此行为就不会发生被害人的死亡结果，二者之间存在因果关系，行为人应对死亡结果承担刑事责任。认为不构成犯罪的理由是：一方面行为人的伤害行为与被害人死亡结果之间只有偶然因果关系，不具有必然因果关系；另一方面行为人对被害人具有特异体质并不了解，无法预见到死亡结果的发生，主观上不存在罪过，应认定为意外事件。认为构成过失致人死亡罪的理由在于：行为人对被害人死亡的结果主观上缺乏故意，但存在过失，应当承担过失责任。

前两种不同的观点尽管存在分歧，但都把事实因果关系等同于法律因果关系。实际上，没有前者就没有后者的条件关系仅仅说明行为与结果具有事实上的因果关系，当行为与结果之间仅有事实上的因果关系而没有法律上的因果关系时，不能令行为人承担法律上的责任。同时，不论行为与结果之间是必然因果关系还是偶然因果关系、是直接因果关系还是间接因果关系，都是事实上的因果关系。以被告人的伤害行为与被害人死亡结果之间只有偶然因果关系不具有必然因果关系，来否定被告人的刑事责任，或者认为行为与结果存在条件关系就应承担刑事责任，都是把事实上的因果关系混同于刑法上的因果关系，从而导致的错误认识结论。

在轻微暴力行为致人死亡的案件中，行为人是否应当对死亡结果承担刑事责任，需要判明以下两个主要问题：一是轻微暴力行为与死亡结果是否存在事实意义上的因果关系？二是轻微暴力行为与死亡结果是否存在刑法意义上的因果关系?[①]

在本案中，被害人死亡的主要原因是其生前患有冠心病，在受到外界刺激后急性心肌缺血引发急性心力衰竭而死亡。尽管被告人鲁某某的伤害行为只是被害人死亡的诱因，但如果被告人没有对被害人实施谩骂、撕扯、拍击等行为，则被害人死亡的结果就不会发生，即二者之间形成了“没有前者，就没有后者”的条件关系，这说明被告人鲁某某的行为与被害人的死亡存在事实上的因果关系。

那么，该行为与死亡后果之间是否存在刑法上的因果关系呢？根据相当性理论,[②] 行为与死亡后果之间是否存在刑法上的因果关系，应当从以下两个方面来判断：一是按照一般人的认识能力进行判断，如果普通人能认识并预见到结果的发生，即便行为人没有认识，一般也应认为具有法律上的因果关系，可推定为疏忽大意的过失。反之，为意外事件。二是从行为人自身的情况来判断，如果一般人不能认识，但根据行为人自身的年龄、智力状况、文化知识水平、业务技术水平和工作生活经验等因素其能够认识的，则行为与结果之间具有刑法上的因果关系。从案件事实来看，被告人鲁某某实施的侵害行为仅为推搡、撕扯、拍击等，属于一种轻微暴力，这种行为通常不会造成伤亡结果的发生，且被告人鲁某某并没有认识到被害人患有冠心病，也并不希望或放任被害人死亡结果发生，不应认定为故意伤害（致人死亡）罪。但是，被告人鲁某某的行为毕竟是导致被害人死亡的原因之一，从公共生活准则的角度出发，被告人在实施不法行为时，就有预见并避免某种危害结果发生的义务，被告人基于疏忽大意而没有预见到的，应当承担过失责任。“结果跟随原因”。从推搡、撕扯、拍击的过程及部位来看，死亡结果的发生也不是根本不能预见或者不能抗拒的，因而审判机关将其行为评价为过失致

---

① 事实上的因果关系只针对客观事实问题，从客观事实的联系上分析归纳出导致损害结果的原因范围。法律上的因果关系，是指存在事实上的因果关系的前提下，确定行为人是否应当承担刑事责任的问题。事实上的原因只是反映了行为与结果之间在事实上的联系，并不直接指向责任问题。为了正确地确定法律责任是否成立的问题，必须从法律上对行为与损害结果的联系作出评价。所以，法律上的原因是规范意义上的原因。

② 相当因果关系说的重点在于，注重行为人不法行为介入社会之既存状态，并对现实之危险程度有所增加或改变。亦即行为人增加受害人既存状态之危险，或行为人使受害人暴露于与原本危险不相同之危险状态，行为人之行为即构成结果发生之相当性原因。

人死亡罪较为恰当。

在方法论意义上，对犯罪成立与否的判断，首先是从生活经验和证据出发，对事实的判断。其次才是实质的违法性判断，即该事实是合法的还是违法的。最后判断的是责任归属问题，当然，在认定和归结责任时，必须考察行为与结果之间是否存在因果关系。

【办案札记】

刑法意义上的因果关系与事实意义上的因果关系有无区别？在司法实践中具体该如何把握？

对于刑法中的因果关系，如果在刑法分则性条文中已有规定的情况下，应依照法律的规定。如《刑法》第167条规定，国有公司、企业、事业单位直接负责的主管人员，在签订、履行合同过程中，因严重不负责被诈骗，致使国家利益遭受重大损失的，构成签订、履行合同失职被骗罪。尽管“严重不负责任”与“遭受重大损失”之间并非存在必然性、确定性的因果关系。但因刑法已有明文规定，当然就应当追究刑事责任。[①] 在刑法分则性条文对因果关系没有规定的情况下，可按照以下思路来认定。

1. 考察事实意义上是否存在因果关系。

“存在决定意识。”事实意义上的因果关系是具有刑法意义上的因果关系的前提，行为与结果之间在事实上的因果关系可以表述为“没有前者，就没有后者”，即存在引起与被引起的条件关系。当行为与结果之间没有这种条件关系，就说明二者之间缺乏内在关联性，不存在事实上的因果关系，当然也就不存在刑法上的因果关系，对行为人就没有归责的基础。事实上的因果关系，除了一个行为合乎规律地引起一个结果发生这种最简单、直接的表现形式外，还包括以下情形：（1）行为与特定条件相结合，共同导致结果发生的，如轻微暴力行为作用于特异体质的人，导致后果发生的。（2）行为造成特定的危险状态，该危险状态导致结果发生的，如私设电网危害公共安全的。（3）行为引起另外其他的行为，从而共同导致结果发生的，如多因一果的情

① 张明楷：《刑法格言的展开》，法律出版社1999年版，第163页。

形。(4) 行为造成某种危险状态，因其他行为介入，导致结果发生的，如连环交通肇事的情形。(5) 行为造成某种危险状态，加上自然因素，导致结果发生的，如伤害行为发生后因被感染导致严重后果发生的。[①]

2. 考察刑法意义上是否存在因果关系。

对刑法意义上因果关系的考察，应当判明事实因果关系中的原因事实是否包含危害行为，或者说是否存在实行行为，倘若存在危害行为，就可以确定因果关系的法律基础。因此，行为与结果之间是否存在刑法意义上因果关系，需要考察行为人对自己行为与结果之间的“条件关系”是否有所认识。因为“事实上，能够作为定罪根据的也只能是那些行为人已经预见或者可能预见到的因果关系，如果根本不能预见，那就不能作为刑法中的因果关系加以认定”。[②] 换言之，“如果具有预见或者预见可能性，则应认为具有犯罪的因果关系，从而产生刑事责任。反之，如果没有这种预见或者预见可能性，则虽然有作为行为事实的因果关系，但不能认为具有犯罪因果关系”。[③] 而行为人对自己行为与结果发生的关系是否有认识，既要考察行为人的认识能力，也要考察一般人的认识能力。通常认为，凡是一般人对行为与结果的条件关系有所认识的，不论行为人是否有认识，都视为存在刑法上的因果关系；一般人不能认识且行为人也难以认识的，则缺乏刑法上的因果关系；一般人不能认识但行为人能够认识的，同样存在刑法上的因果关系。但是，当因介入因素的存在，致使对某一行为是否属于刑法中的危害行为或者实行行为难以判断时，就应以相当性作为判断刑法因果关系的标准。[④] 如在结果加重犯中，

---

① 陈兴良、周光权：《刑法总论精释》，人民法院出版社 2011 年版，第 205 页。

② 陈兴良：《刑法哲学》，中国政法大学出版社，1997 年版，第 94 页。

③ 同上，第 97 页。

④ 介入因素对因果进程的影响程度，即是否具有相当性，应从以下几个方面来综合判断：(1) 考查先前实行行为导致最后结果发生的概率高低。概率高的，先前实行行为与最后结果的因果关系存在；概率低的，先前实行行为与最后结果的因果关系不存在。(2) 考查介入因素是否具有异常性及异常性的程度。如果介入因素过于异常，则先前危害行为与危害结果之间的因果关系已被其切断，导致因果关系消灭；如果是非异常的，则先前危害行为与危害结果之间仍存在因果关系。(3) 考查介入因素对危害结果发生的作用力大小。作用力大的，则先前危害行为与危害结果之间存在因果关系；作用力小的，则先前危害行为与危害结果之间不存在因果关系。参见周光权：“因果关系的判断”，载《人民法院报》2003 年 2 月 21 日。

如果中途介入的因素对最后结果的发生没有起到改变作用的，则基本犯罪行为与加重结果之间就具有了相当性，不影响结果加重犯的成立。

【法规链接】

《中华人民共和国刑法》

第十六条 行为在客观上虽然造成了损害结果，但是不是出于故意或者过失，而是由于不能抗拒或者不能预见的原因所引起的，不是犯罪。

第二百三十三条 过失致人死亡的，处三年以上七年以下有期徒刑；情节较轻的，处三年以下有期徒刑。本法另有规定的，依照规定。

第二百三十四条 故意伤害他人身体的，处三年以下有期徒刑、拘役或者管制。

犯前款罪，致人重伤的，处三年以上十年以下有期徒刑；致人死亡或者以特别残忍手段致人重伤造成严重残疾的，处十年以上有期徒刑、无期徒刑或者死刑。本法另有规定的，依照规定。

23. 认定犯罪数额应注意的问题

——石某某诈骗案

【案情摘要】

被告人石某某，男，1965 年 3 月 1 日出生，企业员工。

2007 年以来，被告人石某某以帮助他人办理当兵入伍手续为名，先后 10 次骗得他人现金681 719元后潜逃。其中，2007 年 7 月，被告人石某某骗取李某某现金45 000元。经催要，石某某退还15 000元，出具30 000元欠条一张。经李某某起诉，法院民事调解书确定石某某应于同年 12 月 1 日前偿还李某某30 000元，尚未执行。2007 年 10 月至 12 月，被告人石某某通过史某某、刘某某联系，先后收取王某某现金60 000元、唐某某现金85 000元。2008 年 3 月，刘某某、王某某以民间借贷纠纷起诉史某某、石某某归还欠款，因石某某未到庭，法院民事调解书确定由史某某归还刘某某、王某某欠款。

【诉讼意见与处理结果】

公诉机关指控，被告人石某某的行为触犯了《刑法》第 266 条，应当以诈骗罪追究其刑事责任。辩护意见认为，起诉书中部分事实因被害人已于案前通过民事诉讼获得救济，对其同样的事实已认定为民事纠纷而不是刑事犯罪，法院的判决具有法律效力，并正在执行。刑法的最后手段性要求，对经济类案件应当“先民后刑”，对于法院已认定为民事纠纷的事实，不应再作为诈骗的犯罪事实和数额。否则，从程序上违背了“一事不再理”的原则。

一审法院认为，被告人石某某诈骗他人现金681 719元后潜逃，数额特别巨大，其行为构成诈骗犯罪。被害人通过民事诉讼获得救济的行为不能抵消对其刑事责任的追究。依照《刑法》规定，判决如下：

被告人石某某犯诈骗罪，判处有期徒刑 11 年，并处罚金40 000元。

宣判后，被告人石某某提出上诉，认为其行为不构成诈骗罪，请求改判无罪。

二审法院裁定，驳回上诉，维持原判。

【法律适用问题】

对已经民事判决、调解且被执行的同一事实能否再追究刑事责任？在审查起诉和审判中认识不一、分歧较大。

一种意见认为，对该类情形不应再追究刑事责任，否则与“一事不再理”原则相违背，也不符合刑法的谦抑性特征。“可救济无刑法”，刑法与其他法律的基本关系是刑法的最后性，只要被害人遭受的财产损失可以通过诉讼方式或者其他方式得到有效救济，就无动用刑法的必要，对该部分数额应予扣除。另一种意见则认为，刑事责任与民事责任属于不同的范畴，生效的民事判决、调解书不能阻却对行为人刑事责任的追究，只要未超过刑法规定的追诉时效期限，都可以追究刑事责任，对生效民事判决、调解书中已涉及的数额应予扣除。

“横看成岭侧成峰。”对同一案件事实，用不同的法律规范进行评价，得出的结论就可能不同。如故意致人重伤的行为，从民法角度可以评价为民事侵权行为，而从刑法上讲，又符合故意伤害罪的构成要件，显然不能以民法评价结论替代刑法评价结论，认为故意致人重伤的行为不构成犯罪，这说明民法规范与刑法规范并不冲突，行为事实是否构成犯罪，应当以刑法规范为指导，而不能以民法规范取代刑法规范，刑事责任与民事责任并不相互排斥，这是应当明确的一个基本观念。同样的道理，诈骗等侵犯财产类犯罪行为本身也是民事侵权行为，对民事责任的承担并不影响刑事责任的追究，不存在责任重复的问题。禁止重复评价强调的是不要评价过度，与此相对就是评价不充分。充分评价要求对行为人的行为在适当评价的前提下力求做到完整性评价。如果对行为人既违反民法又违反刑法的行为，仅给予一个方面的评价，都达不到充分评价的要求。刑事附带民事诉讼即为如此。况且，民事判决只是针对债权债务关系作出的评价，对案件中的“虚构事实、隐瞒真相”之事实没有发现义务和裁判责任，民事判决与刑事追诉所依据的事实内容并不完全相同，进行刑事追诉才能达到充分评价的目的。所以，对民事判决已经生效的同一事实启动刑事追诉程序，并不违背“一事不再理”原则。

也有观点认为，在现代社会中，对于当事人因民事纠纷引起的危害社会的行为致使刑民之间发生冲突时，应优先由民法来调整，“可救济无刑法”，只要具有其他法律的救济可能性，被害人遭受的财产损失可以得到有效救济，就无须刑法的介入。当然，“无救济可刑法”，若行为人虚构身份或者获得财物后潜逃，由于缺乏救济可能性，可认定为诈骗犯罪，以体现出刑法的“最后手段性”和保障法的特点，避免公权力对私权力的过度干预。但是，刑法与民法的目的、性质和功能并不相同，民事赔偿责任的实现并不意味着刑罚目的的实现，刑事责任中的惩罚与民事责任中的赔偿损失完全不同。如在伤害案件中，积极对被害人赔偿只是主动承担了民事责任，却不能代替刑事责任。同时，谦抑属于刑法的范畴，不能把刑法调整的行为让与民法或者商法，谦抑的最大频率也只能是可以用行政法调整的行为就无须动用刑法。最后，在行为业已构成犯罪的情况下，当事人选择民事诉讼程序解决犯罪行为问题，并不能成为排除追究刑事责任的理由，否则就意味着程序可以决定行为的性质，民事判决、调解书可以为刑事违法行为“背书”。这样，民事审判的结论就成了帮助犯罪分子逃避刑事责任的法定事由，刑事立法和司法活动就没有存在的必要和空间。

刑事违法性的判断有其相对独立的规范判断体系，民事不法行为是否同时构成犯罪，应以刑法规范为判断依据。所以，对同一行为事实，生效的民事判决、调解书不能成为阻却追究刑事责任的事由，不影响犯罪数额的认定，除非案件本身具有自诉的性质。

【办案札记】

在一些犯罪中，对犯罪数额如何认定直接关系到定罪量刑问题，需要认真加以对待。鉴于此，现就认定犯罪数额应当注意的事项梳理如下。

1. 犯罪数额认定要以主观故意为内容。

“无罪过即无责任。”根据主客观相统一原则，行为人只对自己主观故意范围内的行为承担责任，对缺乏故意的事实，行为人不承担责任。如“天价葡萄案”等，[①] 由于行为人不可能预见到这种特殊葡萄的价值所在，自然就不能令其对“天价”承担刑事责任。

在犯罪数额的认定上，应当注意概括的故意与事实认识错误的区分。概括故意与事实认识错误的不同在于对行为对象是否存在认识。在对行为事实存在概括故意的情形下，对犯罪数额无疑应当全部认定。但在事实认识错误的情况下，行为人仅在其认识的范围以内承担刑事责任，即对犯罪数额的认定不能超出行为人的认识范围。如当挪用人与使用人不一致时，挪用人对公款用途发生认识错误时，应判断实际用途是否超出了挪用人的主观预见，未超出预见范围的，自然以实际用途认定挪用数额，超出预见范围的，以挪用人主观认识的用途认定挪用数额。

2. 犯罪数额认定受追诉时效期限制约。

未经处理的违法犯罪行为，数额累计计算受追诉时效期限的限制。如多次盗窃行为中，每一次盗窃行为均达到“数额较大”的标准，均在追诉时效期间内，盗窃数额即可累计计算。对于不构成犯罪的数额能否累计相加作为犯罪来处理，应当根据追诉时效来确定。在每一次盗窃行为均未达到数额较大的标准或者部分盗窃行为达到了“数额较大”的标准的情形下，应根据《刑法》和《治安管理处罚法》规定的追诉时效期限来决定是否应予累积，凡是在追诉时效期限内的行为均可累计计算。按照《治安管理处罚法》的规定：违反治安管理行为在6个月内没有被公安机关发现的，不再处罚。如行

---

① 2003年8月7日凌晨3时，北京海淀区香山派出所的民警巡逻至香山门头村幼儿园门前时，见4名男子抬着一只编织袋往村里走。警惕的民警立即停车上前盘查。见到警察盘问，4名男子神色惊慌地解释着编织袋内装的是葡萄，是从朋友地里摘来准备带回工地吃的。4名男子全是在香山某建筑工地打工的民工。盘查后，警方发现，该4名男子编织袋中为其偷来的47斤科研用葡萄。这是北京农林科学院林业果树研究所葡萄研究院投资40万元、历经10年培育研制的科研新品种，损失无法估量。后北京市物价局价格认证中心对被偷的葡萄进行评估，涉案的23.5公斤葡萄直接经济损失为11 220元，号称“天价葡萄”。2004年1月5日，经有关部门重新评估，得出涉案标的价格仅为376元，4名民工被人民检察院决定不起诉。

为人2011年3月1日盗窃300元（按1000元为盗窃入罪标准计），追究时效是6个月，2011年10月1日再次盗窃700元，因前次盗窃超过6个月的追究时效，数额不能累计计算，应以700元追究其行政违法责任。如果2011年3月1日盗窃300元，追究时效6个月内（未被发现未作处罚）于2011年5月1日又盗窃700元，则以累积数额1000元追究其盗窃犯罪的刑事责任，此时追诉时效期限应为5年；如果行为人于2011年3月1日盗窃300元（未被发现未作处罚），追究时效是6个月，2011年5月1日又盗窃2000元，后次盗窃犯罪行为发生在治安管理法规定的6个月追究时效期限以内，应以累积数额2300元追究其刑事责任，追诉时效期限为5年。同样，如果行为人2011年1月1日盗窃2000元，追诉时效期限为5年，2011年5月1日又盗窃300元，后次盗窃行为发生在刑事责任5年追诉时效期限以内，应以累积数额2300元追究其刑事责任。所以，《刑法》第383条第2款规定“对多次贪污未经处理的，按照累计贪污数额处罚”。《刑法》第201条第3款规定“对多次实施前两款行为的，按照累计数额计算”。上述规定，累计的对象都应当是没有超过追诉时效期限的事实，除非法律或者司法解释另有规定的，依照规定。①

3. 犯罪数额认定要以犯罪构成为依据。

犯罪构成是犯罪构成要件及其要素的统一整体。对于不负刑事责任期间实施的行为，因行为人尚不构成犯罪的主体，自然不存在犯罪数额的计算问题，如行为人在16周岁以前的盗窃行为不能计入盗窃犯罪数额来追究。同样，行为人在精神病期间实施的盗窃事实，因无刑事责任能力不应计入犯罪数额。又如行为人为谋取不正当利益向国家工作人员行贿10万元后，侵吞公共财产50万元的，则构成行贿罪与贪污罪的想象竞合犯，因贪污较重，对其

① 如最高人民法院、最高人民检察院《关于办理盗窃刑事案件适用法律若干问题的解释》（法释〔2013〕8号）第3条第1款规定：二年内盗窃三次以上的，应当认定为“多次盗窃”。在此情形下，前后盗窃行为不受6个月追诉期限的限制，只受2年时间的限制。同时，“三次盗窃行为并不要求均为‘未经处理的’，如三次中有受过刑事处罚或者行政处罚的，也应计算在‘三次’内”。参见彭东主编：《刑事司法指南》（2013年第3集　总第55集），法律出版社，第140页。

应以贪污罪而不能以行贿罪定罪量刑，即以贪污罪的构成要件为依据来犯罪数额为 50 万元而不是 10 万元。

犯罪既遂后的退赔、退赃、挽救等行为，不影响犯罪数额的认定。一般来说，对于犯罪既遂后的补救行为既不影响犯罪的性质，也不能作为犯罪数额认定的根据。如受贿罪中行为人收取财物后，受贿过程已经完成，受贿犯罪就已经成立，贪污罪的既遂标志是非法占有的财物脱离单位管理而由行为人实际控制。事后将受贿、贪污款用于何处是其对赃款的处分，赃款的流向并不影响罪名的成立。所以，即使确实将部分用于公务或者社会公益事业，仅能说明行为人有悔罪的表现，不能将该部分数额从受贿、贪污数额中扣除。

4. 犯罪数额认定受行为类型影响。

如果行为人实施了一个罪名中的不同行为类型，对犯罪数额的计算应当结合具体行为类型的构成条件分情况对待。

（1）如果行为人实施了一个罪名中的不同行为类型，不同行为类型的入罪条件相同，则可以对不同行为类型涉及的数额累计计算。如《刑法》第 193 条规定，以非法占有为目的，骗取银行或者金融机构贷款，数额较大，具有下列情形之一的，构成贷款诈骗罪：①编造引进资金、项目等虚假理由的；②使用虚假的经济合同的；③使用虚假的证明文件的；④使用虚假的产权证明作担保或者超出抵押物价值重复担保的；⑤以其他方法诈骗贷款的。2010 年 5 月 7 日最高人民检察院、公安部《关于公安机关管辖的刑事案件立案追诉标准的规定（二）》第 50 条规定：贷款诈骗数额在 20 000 元以上的应当立案追诉。根据以上规定可以看出，不论哪种行为类型实施的贷款诈骗，入罪标准都是相同的，这说明不同的行为类型具有同一性、等值性，对犯罪数额可以直接累积计算。

（2）如果行为人实施了一个罪名中的不同行为类型，不同行为类型的入罪条件有所不同，则不能对不同行为类型涉及的数额简单累计。如最高人民法院《关于审理挪用公款案件具体应用法律若干问题的解释》（法释〔1998〕39 号）规定，挪用公款进行非法活动立案追诉的数额起点是 5000 元至10 000 元，进行营利活动或其他活动的“数额较大”的起点是10 000元至30 000元。在此情形下，只有行为符合其中一种或者数种行为类型时才能认定为犯罪。

否则，不能认定为犯罪。如行为人挪用公款15 000元后，将其中4000元用于非法活动，5000元用于营利活动，6000元用于家庭开支，尚未超过3个月即将公款全部归还。由于每一种行为类型都未达到挪用公款罪构成要件的具体标准，不能认定为挪用公款犯罪。如果只有其中一种行为类型符合犯罪构成，则对挪用数额的计算应根据法益保护目的、法定构成要件以及举轻以明重的解释方法来认定。在上例中，如果三种挪用行为的时间均超过3个月，由于进行非法活动的法益侵害性重于营利活动，进行营利活动的法益侵害性重于进行其他活动，可以从有利于被告人的角度出发，将重行为的数额计入轻行为的数额中，认定为挪用公款超过3个月未还，挪用数额为15 000元。但是，假如用于非法活动的4000元公款归还时间尚未超过3个月，则不能将此数额计入挪用数额，只能认定挪用公款超过3个月未还的数额为11 000元，将用于非法活动的4000元公款作为量刑情节考虑。同样，也不能把轻行为的数额计入重行为的数额中，认定为挪用公款15 000元进行非法活动。[①]

5. 犯罪数额认定受犯罪形态限制。

犯罪处于何种形态是针对犯罪行为的整体特征而言的，在案件事实本身呈现既遂与未遂并存的状态下，对犯罪数额的认定应注意以下问题。

（1）在行为指向的犯罪数额与实际侵害的数额不一致的情况下，应以实际侵害的数额作为认定犯罪的数额。如2001年《全国法院审理金融犯罪案件工作座谈会纪要》指出："在具体认定金融诈骗犯罪数额时，应当以行为人实际骗取的数额计算。……假币犯罪的认定中，尚未制造出成品，无法计算伪造、销售假币面额的，或者制造、销售用于伪造货币的版样的，不认定犯罪数额，依据犯罪情节决定刑罚。"即在实际侵害的数额未达到入罪起点额的情形下，不能将实际侵害的数额与指向的犯罪数额累加之和作为入罪的根据。

（2）对犯罪数额的计算不能将既遂数额与未遂数额简单累加计算，而应区分具体情况分别对待。如最高人民法院、最高人民检察院《关于办理非法生产、销售烟草专卖品等刑事案件具体应用法律若干问题的解释》(法释

① 张明楷：《刑法分则的解释原理》，中国人民大学出版社2004年版，第312~313页。

〔2010〕7号）第2条规定："销售金额和未销售货值金额分别达到不同的法定刑幅度或者均达到同一法定刑幅度的，在处罚较重的法定刑幅度内酌情从重处罚。"最高人民法院、最高人民检察院《关于办理诈骗刑事案件具体应用法律若干问题的解释》（法释〔2011〕7号）第6条规定："诈骗既有既遂，又有未遂，分别达到不同量刑幅度的，依照处罚较重的规定处罚；达到同一量刑幅度的，以诈骗罪既遂处罚。"

【法规链接】

《中华人民共和国刑法》

第二百六十六条 诈骗公私财物，数额较大的，处三年以下有期徒刑、拘役或者管制，并处或者单处罚金；数额巨大或者有其他严重情节的，处三年以上十年以下有期徒刑，并处罚金；数额特别巨大或者有其他特别严重情节的，处十年以上有期徒刑或者无期徒刑，并处罚金或者没收财产。本法另有规定的，依照规定。

24. 如何判断犯罪情节是否严重

——杜某某等人引诱卖淫案

【案情摘要】

被告人杜某某，男，1987 年 2 月 2 日出生，无业。

被告人杨某某，男，1990 年 7 月 20 日出生，无业。

被告人樊某某，男，1987 年 8 月 17 日出生，无业。

被告人吴某某，男，1989 年 11 月 28 日出生，无业。

被告人梁某某，男，1989 年 3 月 20 日出生，无业。

2007 年 1 月，被告人杜某某以谈对象为名骗取赖某某的信任，将赖某某带至永昌县，引诱其卖淫挣钱并将所得钱财挥霍。被告人杨某某将张某某骗至永昌县，引诱其卖淫挣钱并将所得钱财挥霍。

2007 年 7 月，被告人杜某某、杨某某、樊某某、吴某某共同商议骗女青年到外地卖淫挣钱。被告人杨某某、樊某某将“芳芳”和张某某先后骗至永昌县、武威市卖淫，卖淫所得被杜某某等人共同挥霍。2007 年 9 月，被告人杜某某、杨某某、吴某某、梁某某以游玩为名又将新认识的张某和赵某某骗至武威卖淫挣钱，共同挥霍。10 月 8 日经共同预谋，由被告人杜某某、梁某某到金昌骗取女青年带到武威卖淫挣钱。其间，被告人杨某某、樊某某、吴某某从武威将张某某、赵某某、张某带到张掖市、嘉峪关市从事卖淫活动。

【诉讼意见与处理结果】

公诉机关指控，被告人杜某某、杨某某、樊某某、吴某某、梁某某的行为触犯了《刑法》第359 条第1 款，应以引诱卖淫罪追究其刑事责任。其中，被告人杜某某、杨某某、樊某某、吴某某多次引诱多人从事卖淫活动，属情节严重的情形。辩护意见认为，被告人在实施引诱行为时，均是针对被其诱骗的对象分别进行的，对其“对象”之外的卖淫者并未实施引诱卖淫的行为，不属于共同犯罪。按照个人责任原则，不属于引诱多人卖淫，不应当视为情节严重的情形。

一审法院认为，被告人杜某某、杨某某、樊某某、吴某某、梁某某的行为已构成引诱卖淫罪。其中被告人杜某某、杨某某、樊某某、吴某某多次引诱多人从事卖淫活动，属于情节严重。各被告人共同预谋、共同挥霍，属于共同犯罪。依照《刑法》规定，判决如下：

1. 被告人杜某某犯引诱卖淫罪，判处有期徒刑5年，并处罚金7000元。

2. 被告人杨某某犯引诱卖淫罪，判处有期徒刑5年，并处罚金7000元。

3. 被告人樊某某犯引诱卖淫罪，判处有期徒刑5年6个月，并处罚金7000元。

4. 被告人吴某某犯引诱卖淫罪，判处有期徒刑5年，并处罚金7000元。

5. 被告人梁某某犯引诱卖淫罪，判处有期徒刑1年，并处罚金5000元。

宣判后，被告人杜某某、杨某某、樊某某、吴某某提出上诉，认为每次卖淫并不都是引诱的结果，不能全部认定为引诱卖淫，其行为不属于情节严重的情形，应予改判。

二审法院裁定，驳回上诉，维持原判。

【法律适用问题】

本案中各被告人的行为是否属于共同犯罪，不应当成为问题的焦点，问题的焦点在于，对被告人引诱多人多次卖淫的行为是否构成引诱卖淫罪的“情节严重”？

对于引诱、容留、介绍他人卖淫罪“情节严重”的情形，1992年最高人民法院、最高人民检察院《关于执行〈全国人民代表大会常务委员会关于严禁卖淫嫖娼的决定〉的若干问题的解答》第7条规定：“引诱、容留、介绍他人卖淫，情节严重的，一般有以下几种情形：（一）多次引诱、容留、介绍他人卖淫的；（二）引诱、容留、介绍多人卖淫的……”但是，1997年

《刑法》附件二已对《全国人民代表大会常务委员会关于严禁卖淫嫖娼的决定》中的刑事责任部分予以废止，针对《决定》的《解答》随之不再具有法律效力。同时，2006年颁布的《治安管理处罚法》第67条规定："引诱、容留、介绍他人卖淫的，处十日以上十五日以下拘留，可以并处五千元以下罚款；情节较轻的，处五日以下拘留或者五百元以下罚款。"从该规定可以看出，对"一般情节"与"较轻情节"的引诱、容留、介绍他人卖淫行为应予以治安处罚。最高人民检察院、公安部《关于公安机关管辖的刑事案件立案追诉标准的规定（一）》（公通字〔2008〕36号）第78条规定："引诱、容留、介绍他人卖淫，涉嫌下列情形之一的，应予立案追诉：（一）引诱、容留、介绍二人次以上卖淫的；（二）引诱、容留、介绍已满十四周岁未满十八周岁的未成年人卖淫的……"即就引诱、容留、介绍的人次情况来看，二人次以上方才达到入罪的标准。从以上规定可以看出，将引诱、容留、介绍多人多次卖淫的行为作为"情节严重"，不仅缺乏法律依据，而且会导致法律体系的冲突。公诉、审判机关仅以被告人杜某某、杨某某等人多次引诱多人从事卖淫为据，就将被告人杜某某、杨某某、樊某某、吴某某的行为认定为"情节严重"理由并不充分。

对引诱、容留、介绍卖淫行为"情节严重"的认定，应根据相关法律、法规在确认其行为业已构成犯罪的前提下，结合引诱、容留、介绍的人数和次数、作案手段、犯罪后果和社会影响等情节综合评价。在本案中，被告人杜某某、杨某某、樊某某、吴某某以引诱他人卖淫为业，从业时间较长，引诱人数、卖淫次数较多，且流窜作案。只有以上述事实为据，才可将其行为视为"情节严重"的情形。

"司法的技艺在于论证。"在刑事司法活动中，对案件的评价要在明确法律规范的基础上，把握具体案件的特点，根据法律的要点和案件事实的节点，论证证据体系及其结构特点，使目光在证据、事实和规范之间既"左顾右盼"又"瞻前顾后"。在证成的同时注意证伪，才可以保证结论正确可靠。

【办案札记】

有些犯罪以“情节严重”“情节恶劣”作为罪与非罪或者罪轻与罪重的界限，在法律、司法解释对“情节严重”“情节恶劣”没有明确规定的情况下，如何认定往往是司法实践中的难点。但并不等于对“情节严重”“情节恶劣”的边界不可把握。一般地，可以按照以下思路来判别。

1. 按照法条的逻辑结构特点来判断。

“情节严重”“情节恶劣”虽然使条文内容缺乏具体性，但并不等于不能确定，其具体内容往往隐含在法条的逻辑结构之中。为此，对于“情节严重”“情节恶劣”的判断，首先，应按照法条的结构和法定刑的设置特点，考虑将该行为认定为“情节严重”“情节恶劣”是否能够达到罪责刑相适应的目的，适用刑罚的结果能否体现出必要的层次区分，从宏观层面上作出评估。其次，“存疑，有利于被告”“刑罚与其严厉不如缓和”，宽容是刑法谦抑的属性。当对具体案件情节是否严重、是否恶劣存在较大争议时，应当尽可能作出有利于被告人的选择，即作出情节不严重、不恶劣的结论，使刑事司法活动保持理性、宽容、平和，力戒重刑主义、极端主义。

2. 根据社会平均价值观念来判断。

在没有具体标准可供参考的情况下，判断行为事实是否属于“情节严重”“情节恶劣”，就要根据社会的平均价值观念，从实质的角度进行相反相成的考察，既要考察认定为“情节较轻”是否符合情理、常理，又要考察认定为“情节严重”得出的结论是否违反法理、不合事理，通过对比分析，如果能够作出合理的选择，则说明选择的结果符合社会平均价值观念。如果不能或者难以作出合理的选择，应当作出有利于犯罪嫌疑人、被告人的选择。如在强迫交易罪中，多次强迫交易的、造成被强迫者人身伤害的、造成恶劣社会影响或者重大经济损失的，毫无疑问属于“情节严重”“情节恶劣”的情形。同时，也可以参照判例来认定。源自司法实践的指导性判例往往具有针对性、普遍性，其中的裁判理由、裁判规则和思维逻辑，可以为“情节严重”“情节恶劣”边界的把握起到指导或者参考作用。

3. 参照相近罪名的司法解释来判断。

相近的罪名侵犯的法益往往具有一定程度的相同性，决定了对“情节严重”“情节恶劣”程度的可参照性。如果有关司法解释将相近罪名中危害更重的行为不作为“情节严重”“情节恶劣”的情形，则不应对被比较罪名中危害较轻的行为认定为“情节严重”“情节恶劣”；如果有关司法解释将相近罪名中危害更轻的行为解释为“情节严重”“情节恶劣”，则对被比较罪名中危害较重的行为可以考虑评价为“情节严重”“情节恶劣”。但不同的罪名所保护的法益不同，即便相近的罪名其保护法益的侧重点也有所不同，导致对不同罪名中的“情节严重”“情节恶劣”不尽相同，相互之间是否具有可比性，是实务工作中需要特别注意的问题。

【法规链接】

《中华人民共和国刑法》

第二十五条 共同犯罪是指二人以上共同故意犯罪。

二人以上共同过失犯罪，不以共同犯罪论处；应当负刑事责任的，按照他们所犯的罪分别处罚。

第二十六条 组织、领导犯罪集团进行犯罪活动的或者在共同犯罪中起主要作用的，是主犯。

三人以上为共同实施犯罪而组成的较为固定的犯罪组织，是犯罪集团。

对组织、领导犯罪集团的首要分子，按照集团所犯的全部罪行处罚。

对于第三款规定以外的主犯，应当按照其所参与的或者组织、指挥的全部犯罪处罚。

第二十七条 在共同犯罪中起次要或者辅助作用的，是从犯。

对于从犯，应当从轻、减轻处罚或者免除处罚。

第三百五十九条 引诱、容留、介绍他人卖淫的，处五年以下有期徒刑、拘役或者管制，并处罚金；情节严重的，处五年以上有期徒刑，并处罚金。

引诱不满十四周岁的幼女卖淫的，处五年以上有期徒刑，并处罚金。

25. 怎样确定刑事案件中的被害人

——焦某某合同诈骗案

【案情摘要】

被告人焦某某，男，1983 年 10 月 12 日出生，农民。

2014 年 5 月 2 日，被告人焦某某与鹏飞汽车服务公司签订合同，租赁海马牌 HMC6440A4TO 型越野车一辆，交付租金 2000 元。当日其根据车辆行驶证的信息伪造车主身份证复印件后，将该车质押给胡某某借款42 500元，后失去联系。经鉴定，该车辆价值58 057元。案发后，车辆被公安机关追回发还汽车服务公司。

【诉讼意见与处理结果】

侦查机关以焦某某涉嫌合同诈骗罪，数额达100 557元移送审查起诉。公诉机关指控，被告人焦某某以签订合同的方式骗取他人财物，价值达58 057元，其行为已触犯《刑法》第 224 条，应当以合同诈骗罪追究其刑事责任。

一审法院认为，被告人焦某某以签订合同的方式骗取他人车辆，其行为已构成合同诈骗罪。依照《刑法》规定，判决如下：

被告人焦某某犯合同诈骗罪，判处有期徒刑 9 个月，并处罚金 6000 元。

宣判后，被告人焦某某未上诉，公诉机关未抗诉。

【法律适用问题】

本案中，被告人焦某某先后实施了两个欺诈行为，一是签订租赁合同骗租汽车的行为，欺诈的对象为租赁公司；二是将骗租的汽车质押套取现金的行为，欺诈的对象为胡某某。对于通过签订租赁合同的方式骗租车辆的行为以合同诈骗罪论处，并无争议。分歧主要在于对质押车辆借款行为的性质该如何评价？一种观点认为，被告人焦某某以租赁形式骗取车辆的行为侵犯了租赁公司的财产权，后将车辆质押给胡某某以获取现金的行为又侵犯了他人的财产权，二者均为案件中的被害人，其财产权应当受到法律同样的保护，前后两次行为均构成合同诈骗罪。这种基于一个概括的犯罪故意，连续实施两个独立的犯罪行为，触犯同种罪名的犯罪，属于连续犯，对合同诈骗数额应累积计算，为车辆价值和套现数额之和，共计100 557元。另一种观点认为，被告人焦某某在签订、履行合同过程中，骗取他人车辆，价值达58 057元，其行为构成合同诈骗罪。但质押车辆套现的行为是对合同诈骗所得赃物的非法处置，属于事后不可罚行为。质押权人胡某某不是本案的被害人，合同诈骗的数额应为被骗车辆的价值，即58 057元。

那么，骗取车辆的事实完成后又将车辆质押借款的行为是否构成合同诈骗罪呢？首先，被告人焦某某通过第一个欺诈行为，已非法占有了车辆，其诈骗行为已经得逞，后将车辆用于质押套取现金的行为当属于销赃行为。即用来质押的车辆属于赃物，质押套现是对赃物的处置。其次，对财产类犯罪的本犯而言，销赃行为因并不侵害新的法益，属于一种不可罚的事后行为。最后，尽管被告人焦某某伪造了相关证件以欺骗方法得到了借款，但这种欺骗并不是无对价地取得他人财物，与诈骗类犯罪中无对价地非法占有财物有本质差异，且双方借贷关系真实存在。基于以上分析，被告人焦某某质押车辆套取现金的事实当为民事欺诈而非刑事诈骗，不能另行构成合同诈骗罪。当然，质押权人也不具备刑事被害人的地位。

在这里，还有两个问题需要关注：一是被告人焦某某向租赁公司支付的车辆租金应否从诈骗数额中扣除？二是质押车辆被侦查机关从质押权人处追回发还鹏飞汽车服务公司的做法是否妥当？对于前者，一般应区别不同情况来对待，如果被告人焦某某非法占有的目的，在租车之前即已形成，此时，支付租金是为实施诈骗所付出的“成本”，不应从诈骗数额中扣除。如果被告人焦某某的非法占有目的，是在租车后使用期间形成的，则对支付的租金不应视为诈骗犯罪的“成本”，合同诈骗的犯罪数额可以按照车价与租金的差价计算。对于后者，因质押权人在设置质押权时不存在损害他人利益的故意，有对价支出，且出借款项与质押物价值相当，可认为质押权人是善意的。最高人民法院、最高人民检察院《关于办理诈骗刑事案件具体应用法律若干问题的解释》（法释〔2011〕7号）第10条第2款规定：“他人善意取得诈骗财物的，不予追缴。”因此，该质押权应当受到法律保护，侦查机关的追缴行为欠妥。

从本案的法律分析，可以发现法律的适用方法，在于“目光不断往返于规范与事实之间”，在规范与事实间成长。正如德国法学家亚图·考夫曼所言：“法律人的才能主要不在认识制定法，而是在于有能力在法律的规范观点下分析生活事实。”①

【办案札记】

在刑事案件中，如何认定被害人及其身份，具有重要的程序法和实体法价值。在侵犯人身权利、民主权利犯罪中，由于权利的专属性、对象的特定性，决定了被害人地位的明确性。但在有些犯罪中，对被害人身份的判定，则需要具体问题具体分析。

1. 根据案件事实的法律性质来确定。

刑事案件中的被害人是指其人身、财产及其他权益遭受犯罪行为侵害的人。② 由此，刑事案件的被害人以犯罪事实的存在为前提。如果案件事实不涉嫌刑事犯罪，当然也就不存在刑事被害人。在案件事实已经涉嫌刑事犯罪时，对被害人的判定关键在于考察：（1）法益是否处于被害状态。（2）犯罪行为与被害状态之间是否存在直接因果关系。若他人法益处于被害状态是犯罪事实直接造成的，或者说，被害人是该犯罪行为的直接侵害对象，则法益归属者属于被害人；若法益没有处于被害状态或者虽处于被害状态，但为犯罪行为间接和附带造成的，则法益的归属者不能成为刑事案件中的被害人。

---

① ［德］亚图·考夫曼：《类推与“事物本质”——兼论类型理论》，吴从周译，台湾学林文化事业有限公司1999年版，第89页。

② 樊崇义：《刑事诉讼法学》，中国政法大学出版社1996版，第86页。

2. 依照法律及司法解释的规定来确定。

对刑事被害人的确定，在法律或者司法解释已作出明确规定的，就应当依照规定。如最高人民法院《关于审理诈骗案件具体应用法律的若干问题的解释》（法发〔1996〕32 号）规定：对于多次进行诈骗，并以后次诈骗财物归还前次诈骗财物，在计算诈骗数额时，应当将案发前已经归还的数额扣除，按实际未归还的数额认定，量刑时可将多次行骗的数额作为从重情节予以考虑。由此，在"拆东墙补西墙"的连环诈骗案件中，对诈骗的数额，以数次诈骗尚未实际偿还的数额计算认定。只有被骗财产尚未被偿还的人，才有刑事被害人的法律地位，立案前曾遭受财产损失但已经被偿还的，因侵害的法益得以恢复，不再属于被害人。

3. 根据行为本身的性质来判断。

任何人不得从其违法行为中获取利益。即便行为人所遭受的财产损失是犯罪行为直接造成的，但如果行为人本身是犯罪活动的参与者，则因其参与行为的违法性，对其所遭受的财产损失亦不应受到保护。如在传销犯罪活动中，对加入传销组织进行收益提成的非组织者、领导者，因此导致其财产被骗的，也不能认定为刑事案件的被害人。只有本身没有参与传销活动的人员，遭受财产损失的，才享有被害人的权利。又如在赌博类刑事案件中，凡是遭受了财产损失的参与者，无论其行为是否构成赌博性犯罪，都不能成为被害人，这是由其行为本身的性质所决定的。

4. 结合民事法律规范来判定。

在经济类犯罪中往往涉及民事法律规范。此时，如何确定被害人，就需要借助于其中的民事法律关系和民事法律规范。如公司雇佣员工持公司合法有效的收款票据向客户收取数量较大的现金后携款逃离的，其中涉及的民事法律关系有：行为人和公司之间的雇佣关系、客户与公司之间的合同关系和行为人与公司之间的代为收款的委托关系。当客户完全有理由相信行为人是代表公司履行职责收取费用时，就形成了表见代理关系，法律后果应当由公司承担。这样，实际遭受财产损失的被害人是其所在的公司而不是客户，其行为当构成职务侵占罪而非诈骗罪。

【法规链接】

《中华人民共和国刑法》

第二百二十四条 有下列情形之一，以非法占有为目的，在签订、履行合同过程中，骗取对方当事人财物，数额较大的，处三年以下有期徒刑或者拘役，并处或者单处罚金；数额巨大或者有其他严重情节的，处三年以上十年以下有期徒刑，并处罚金；数额特别巨大或者有其他特别严重情节的，处十年以上有期徒刑或者无期徒刑，并处罚金或者没收财产：

（一）以虚构的单位或者冒用他人名义签订合同的；

（二）以伪造、变造、作废的票据或者其他虚假的产权证明作担保的；

（三）没有实际履行能力，以先履行小额合同或者部分履行合同的方法，诱骗对方当事人继续签订和履行合同的；

（四）收受对方当事人给付的货物、货款、预付款或者担保财产后逃匿的；

（五）以其他方法骗取对方当事人财物的。

26. 如何把握案件中的时空因素

——裴某某受贿案

【案情摘要】

被告人裴某某，男，1971 年 11 月 13 日出生，文化艺术中心原主任。2014 年 6 月 10 日因涉嫌受贿罪被取保候审。

2013 年初，文化艺术中心（事业单位）在招录演员过程中，被告人裴某某利用文化艺术中心主任的职务便利，以帮助被招录人员进入文化艺术中心为由，先后收受他人现金共计 5.5 万元，其中包括伏某某所送现金 2 万元。2014 年 2 月，被告人裴某某在工作中与伏某某发生争执，伏某某说进艺术中心是花过钱的。被告人裴某某听后担心被检举，次日将 2 万元现金退还给了伏某某。案发后，裴某某将剩余 3.5 万元赃款退回办案单位。

【诉讼意见与处理结果】

公诉机关指控，被告人裴某某身为事业单位中从事公务的人员，利用职务之便，收受他人贿赂 5.5 万元，为他人谋取利益，其行为已触犯《刑法》第 163 条第 3 款、第 385 条，应当以受贿罪追究其刑事责任。辩护意见认为，对案发前裴某某已退还的 2 万元不宜认定为受贿数额。

一审法院认为，被告人裴某某受贿犯罪的事实清楚，证据确实、充分，其行为已构成受贿罪。依照《刑法》规定，判决如下：

1. 被告人裴某某犯受贿罪，判处有期徒刑 3 年，缓期 4 年；

2. 受贿所得赃款予以没收，上缴国库。

宣判后，被告人裴某某未上诉，公诉机关未抗诉。

【法律适用问题】

对被告人裴某某收受2万元好处费后在立案前又退还的，是否应计算为受贿数额？

一种观点认为，该2万元不应计入受贿犯罪数额。理由是：最高人民法院、最高人民检察院《关于办理受贿刑事案件适用法律若干问题的意见》（法发〔2007〕22号，以下简称《意见》）第9条第1、2款规定："国家工作人员收受请托人财物后及时退还或者上交的，不是受贿。""国家工作人员受贿后，因自身或者与其受贿有关联的人、事被查处，为掩饰犯罪而退还或者上交的，不影响认定受贿罪。"被告人裴某某的行为，显然并不属于第2款规定的情形。相反，其在案发前退钱的行为是主动、积极的，不应被排除在《意见》第9条第1款的规定之外。只要收受财物后及时退还的，对退还部分都不应计入受贿数额，这是宽严相济刑事政策在受贿犯罪中的体现。相关司法解释亦有类似的规定。如在诈骗类犯罪中，对案发前已归还的数额就要从诈骗犯罪数额中扣除。同时，"退还或者上交"是否"及时"，不能简单、机械、片面地只看退还或者上交财物的时间节点，只要"退还或者上交"的事实发生在立案前，且不存在《意见》第9条第2款规定的排除情形，都可视为"及时退还或者上交"。

另一种观点认为，该2万元应计入受贿犯罪的数额。理由是：退还或者上交是否属于《意见》中的"及时"，应从主、客观两方面来评判。即行为人主观上没有受贿的故意，客观上有积极、主动的表现。从《意见》第9条第1款"不是受贿"的表述来看，因无受贿故意而"及时退还或者上交"的，才能适用《意见》第9条第1款。否则，退还或者上交财物的行为，属于受贿行为完成后的赃款赃物处置问题，不管其出于何种原因退换或者上交，均不影响受贿罪的成立。可见裴某某的行为不符合《意见》）第9条关于及时退还规定的情形，不应从受贿犯罪数额中扣除。

本案受贿数额认定上的分歧，源于对《意见》第9条的规定如何认识。

首先，对《意见》第9条第1款规定的认识不能离开刑法规定的受贿犯罪的构成特征。受贿罪，是指国家工作人员利用职务上的便利，为他人谋取利益，并索取或者收受他人财物的行为。对于符合受贿犯罪构成的行为，不能因为及时退还或者上交所收受的财物而转化为“不是受贿”。一般地，国家工作人员利用职务上的便利收受请托人财物，为请托人谋取利益的，就构成受贿罪的既遂。“犯罪既遂的不可逆转性”决定了对收受他人财物后退还的行为，无论其动机如何，都属于对赃物的处置行为，对认定构成犯罪没有影响。

其次，对于行为人收受了行贿人的财物后又退还给行贿人或者上交给有关部门的时间是否“及时”，既要考察时间的长短，更要考察其主观意识和行为表现。受贿罪的本质是权钱交易。对收受他人财物后退还的，其关键在于收受财物与其职务行为之间是否已经形成交易关系，只要交易关系业已形成，受贿就已既遂，无“及时”可言；如果行为人主观上有退还的意思，但因客观原因未能退还，在障碍消除后立即退还的，无论时间间隔长短亦可视为“及时”。即“及时”并不是一个单纯的时间概念，还是判断是否具有受贿故意的客观指标。

在本案中，被告人裴某某在收受钱财时无拒绝的意思表示，收受钱财后亦无阻却退还的客观事由，并为请托人谋取了利益，受贿犯罪已然既遂。在此情形下，在长达一年多时间后因担心被检举才退还了赃款，其退还行为完全不符合《意见》第 9 条规定的“及时退还”的主客观要件，对案发前退还的 2 万元赃款应当计入受贿犯罪的数额。另外，行贿属于违法行为，受贿罪保护的法益不是行贿人的财产，而是国家工作人员职务行为与财物的不可交换性，且行贿人并不是被害人。诈骗类犯罪保护的法益是公私财产权，在案发前归还的，其行为可以使被侵犯的法益得以恢复，无动用刑罚的必要，属于“情节显著轻微危害不大”的情形。显然，以诈骗罪的司法解释来衡量受贿罪中的相关问题，无论在法理上还是逻辑上都是错误的。

“法律是应适用于个别事件的一种普遍规定”，其具体生命的获得需要通过司法活动来赋予，法律人应当用智慧和良心耕耘每一个案件，尽最大可能把“法律的皱褶熨平”，而不是让其更加凹凸不平。

【办案札记】

任何犯罪都是在一定的时间和地点中实施的。通常情况下，除刑法明文规定时空因素属于犯罪构成要件的内容外，如非法狩猎罪，时间、地点并不影响犯罪的成立与否。但是，在特定条件下，时间和地点也会对案件的定性产生一定的影响，需要在司法实践中加以关注。

1. 时间因素在案件定性中的作用。

时间因素对案件定性的影响，主要表现在以下几个方面。

（1）对确定行为性质的影响。时间因素有时影响犯罪客观行为的认定。如对非法拘禁行为，《刑法》第 238 条规定：非法拘禁他人或者以其他方法非法剥夺他人人身自由的，处 3 年以下有期徒刑、拘役、管制或者剥夺政治权利。具有殴打、侮辱情节的，从重处罚。《治安管理处罚法》第 40 条规定，非法限制他人人身自由的，视情节分别处以拘留和罚款。在无加重情节的情形下，拘禁时间的长短便成为决定行为性质的关键因素。即追究刑事责任还是行政责任，取决于拘禁时间的长短。又如在持有型犯罪中，一般认为持有时间的长短对行为的性质不产生影响。但对时间极短的“持有”行为，如临时的转手、欣赏、传递等，只要对行为的性质不产生其他影响的，应当视为“情节显著轻微危害不大”的情形，予以出罪。

（2）对确定犯罪故意的影响。时间因素有时对犯罪主观内容的评定也有影响。如行为人利用合同实施诈骗行为的，如果在签订合同之前就已产生了诈骗的故意，则合同只是行为人实施诈骗的手段，应以诈骗罪论处；如果非法占有的目的形成于合同履行过程中，利用合同骗取财物的，则应以合同诈骗罪论处。又如 2010 年 5 月 7 日最高人民检察院、公安部《关于公安机关管辖的刑事案件立案追诉标准的规定（二）》规定，信用卡诈骗罪中的“恶意透支”，是指持卡人以非法占有为目的，超过规定限额或者规定期限透支，并且经发卡银行两次催收后超过 3 个月仍不归还的。如果催收后没有超过 3 个月就归还的，则视为没有信用卡诈骗犯罪的故意。

（3）对确定犯罪结果的影响。有时，行为的时间节点可能会影响犯罪的成立。如最高人民法院《关于审理诈骗案件具体应用法律的若干问题的解释》(法发〔1996〕32 号)第 9 条规定:对于多次进行诈骗,并以后次诈骗财物归还前次诈骗财物,在计算诈骗数额时,应当将案发前已经归还的数额扣除,按实际未归还的数额认定,量刑时可将多次行骗的数额作为从重情节予以考虑。2001 年《全国法院审理金融犯罪案件工作座谈会纪要》指出,在具体认定金融诈骗犯罪的数额时,应当将案发前已归还的数额扣除,以行为人实际骗取的数额计算。最高人民法院《关于审理非法集资刑事案件具体应用法律若干问题的解释》(法释〔2010〕18 号)第 5 条规定:集资诈骗的数额以行为人实际骗取的数额计算,案发前已归还的数额应予扣除。可见,在诈骗类犯罪中,将案发前已归还的数额从诈骗犯罪数额中扣除,是一个普适性的规定。如果行为人在案发前全部归还的,则不能以犯罪论处。

2. 空间因素在案件定性中的作用。

空间因素对案件定性的影响,主要表现在以下几个方面。

(1)对行为内容及范围的限制。有的行为的刑法含义与特定的空间范围紧密关联。如对“入户抢劫”,最高人民法院《关于审理抢劫案件具体应用法律若干问题的解释》(法释〔2000〕35 号)规定,抢劫罪中的“入户抢劫”,是指为实施抢劫行为而进入他人生活的与外界相对隔离的住所,包括封闭的院落、牧民的帐篷、渔民作为家庭生活场所的渔船、为生活租用的房屋等进行抢劫的行为。即“入户抢劫”有其特定的空间含义。又如盗窃犯罪中的“扒窃”,按照最高人民法院、最高人民检察院《关于办理盗窃刑事案件适用法律若干问题的解释》(法释〔2013〕8 号)第 3 条的规定,只有在公共场所或者公共交通工具上盗窃他人携带的财物的,才应当认定为“扒窃”。即行为发生的空间特征决定行为的刑法含义。

(2)对行为性质的影响。财物处于公共空间还是处于排他性的私密空间,因其被占有的关系不同,侵占该财物的行为性质也就不同。如第三人将他人遗忘在公共场所的财物占有的,如果场所的管理人对该财物没有明确的控制意思,则不能认为该财物处于其控制之下,即第三人侵占的是遗忘物,不构成盗窃罪。如果场所的管理人明知为他人遗忘物并实施了必要控制行为的,第三人又将其侵占的,则构成盗窃罪。但是,如果第三人将他人遗忘在别人家中的财物占有的,无论别人是否知情,第三人都构成盗窃罪,而不是侵占罪。因为家庭是一个非公共空间，其主人对于处于自己家中的物品，具有概括的控制意思。此时，第三人非法占有的是在其他人控制下的财物。

时空因素有时也会影响人的认识能力和行为能力，进而可能阻却责任，或者对犯罪故意、犯罪过失的认定产生影响。

【法规链接】

《中华人民共和国刑法》

第三百八十五条 国家工作人员利用职务上的便利，索取他人财物的，或者非法收受他人财物，为他人谋取利益的，是受贿罪。国家工作人员在经济往来中，违反国家规定，收受各种名义的回扣、手续费，归个人所有的，以受贿论处。

第三百八十八条 国家工作人员利用本人职权或者地位形成的便利条件，通过其他国家工作人员职务上的行为，为请托人谋取不正当利益，索取请托人财物或者收受请托人财物的，以受贿论处。

犯罪主观方面

27. 如何认定以非法占有为目的

——靳某某贪污案

【案情摘要】

被告人靳某某，男，1970 年 11 月 29 日出生，银行职员。

2002 年 4 月，被告人靳某某被中国银行市分行任命为该行信用卡储蓄专柜主任。其间，被告人靳某某发现储户孙某某开户的定期存款20 000元和活期存款10 000元长期没有发生转存和支取业务，误以为孙某某发生意外，遂采取虚报挂失、冒领的手段支取后借给他人使用。

2005 年 4 月，国贸公司给中国银行市分行转入巨某某长城国际信用卡保证金1 000 000元，并告知巨某某在南非国际卡中的开销从保证金中支取。被告人靳某某得知该款用途后，以巨某某名义将该款存为活期储蓄，非法获利549. 54 元，并持巨某某存折支取其中的278 100元挪用给他人注册公司验资。

案发后，被告人靳某某将以上款项及利息全部归还。

【诉讼意见与处理结果】

侦查机关以靳某某涉嫌贪污罪移送审查起诉。公诉机关指控，被告人靳某某的行为触犯了《刑法》第 384 条第 1 款，应当以挪用公款罪追究其刑事责任。辩护意见认为，靳某某持巨某某的活期存折将存款出借给他人，此行为只是超越代理权的民事行为，并非挪用，不构成犯罪。

一审法院认为，被告人靳某某伪造相关凭证侵吞客户资金32 462.64元的行为，已构成贪污罪；其又挪用278 100元借给他人进行非法活动的行为另构成挪用公款罪。依照《刑法》规定，判决如下：

被告人靳某某犯贪污罪，判处有期徒刑3年；犯挪用公款罪，判处有期徒刑4年；决定执行有期徒刑6年6个月。

宣判后，被告人靳某某提出上诉，认为其借用的是巨某某个人存款，不构成挪用公款罪，数罪并罚不当。

二审法院裁定，驳回上诉，维持原判。

【法律适用问题】

对案件事实的确定是依照法律进行的规范性评价，而不是对自然事实的概括说明。所以，要透过现象看本质，明确行为事实触犯的具体规范是什么？案件事实的要件是什么？规范与事实的联系在哪里？在这个过程中，特别是要善于识别、整理案件事实，以使案件的自然事实、证据事实转化成为具有法律意义的要件事实。①

贪污罪与挪用公款罪的关键区别在于行为人主观上是否具有非法占有公款的故意。占有，即对财物的控制支配，刑法上的占有包括法律上的占有和事实上的占有。法律上的占有，是指行为人对财物在法律意义上具有支配力。事实上的占有，即事实上的支配力，包括物理上的支配和观念上的支配。刑法上的占有也不同于民法上的占有，刑法上的占有，是根据社会的一般观念作出判断的，只要存在可以推知由他人事实上支配的状态，就应认定为他人占有。例如，他人门前停放的自行车，即使没有上锁，也应认为由他人占有。又如，挂在他人门上、窗户上的任何财物，都由他人占有。在特定场所，所

① 要件事实，是指与法律规范的构成要件相对应的案件中的事实。对要件事实的整理，就是以具体的法律规范中的构成要件为依据，将案件中所有相应的规范事实加以提炼、概括、归纳，以实现从证据事实向法律事实的转化。在要件事实整理过程中，通常要采取以下步骤：(1) 依据规范要件确定事实要件。(2) 全面寻找大前提的规范要件。(3) 删除与规范要件无关的事实。(4) 提炼案件中作为小前提的要件事实。(5) 事实要件与规范要件的互动。参见王利明：《法学方法论》，中国人民大学出版社2012年版，第199~210页。

有人、占有人在场的，原则上应认定为所有人、占有人占有财物。①

贪污犯罪的目的是非法占有公共财物，挪用公款犯罪的目的是非法占用公款。由于主观内容不同，行为表现方式也有所不同。贪污犯罪多采取侵吞、窃取、骗取等方法侵吞公共财物，挪用公款犯罪多表现为采取一些欺骗手段将本单位公款挪作他用。《全国法院审理经济犯罪案件工作座谈会纪要》（法〔2003〕167号）指出：挪用公款罪与贪污罪的主要区别在于行为人主观上是否具有非法占有公款的目的。挪用公款是否转化为贪污，应当按照主客观相一致的原则，具体判断和认定行为人主观上是否具有非法占有公款的目的。在司法实践中，具有以下情形之一的，可以认定行为人具有非法占有公款的目的：（1）行为人“携带挪用的公款潜逃的”，对其携带挪用的公款部分，以贪污罪定罪处罚。（2）行为人挪用公款后采取虚假发票平账、销毁有关账目等手段，使所挪用的公款已难以在单位财务账目上反映出来，且没有归还行为的，应当以贪污罪定罪处罚。（3）行为人截取单位收入不入账，非法占有，使所占有的公款难以在单位财务账目上反映出来，且没有归还行为的，应当以贪污罪定罪处罚。（4）有证据证明行为人有能力归还所挪用的公款而拒不归还，并隐瞒挪用的公款去向的，应当以贪污罪定罪处罚。

在本案中，证据所证实的事实为：被告人靳某某发现储户孙某某存款长期没有发生转存和支取业务，误认为孙某某发生意外，先将孙某某存款30 000元及利息2462.64元采取虚报挂失、冒领的手段支取后另立户转存，后又支取该款借给他人使用。以上证据事实的法律要件为：（1）被告人靳某某误认为储户孙某某发生意外，致使存款长期没有发生转存和支取业务；（2）被告人靳某某将孙某某存款30 000元及利息2462.64元采取虚报挂失、冒领的手段进行了支取；（3）被告人靳某某以自己的名义后另立户转存；（4）被告人靳某某后将该款借给他人使用。其中前三个事实体现的是对他人存在占有的过程，最后一个事实体现的是占有后的处置状态。以上事实过程清楚地表明，被告人靳某某主观上具有非法占有该存款的积极意愿，并通过采取虚报挂失、冒领的手段等非法手段直接从财务资料中消除了公共财产的

① 张明楷：“不当得利与财产犯罪的关系”，载《人民检察》2008年第7期。

会计指标，该行为在客观上已达到了公款被其非法占有的实际效果。至于支取该款后借给他人使用的行为，只是非法占有财物后的处分行为，属于案件的“边缘事实”而非“核心事实”，对行为性质的评价意义不大，属于事后不可罚之行为。同时，刑法上的占有不等同于民法上的所有，不能将民事法律对行为形式要件的要求与刑事法律对行为实质要件的要求混为一谈，从而将刑法上的非法占有的认定标准等同于民法上的合法所有的认定标准，这也正是辩护观点的错误之一。

如果将贪污的公款进行使用的行为，认定为挪用公款行为，那么盗窃财物后予以处置的行为，就可以认定为掩饰、隐瞒犯罪所得而不是盗窃；杀人后毁灭尸体的行为，也就可以认定为侮辱尸体而不是故意杀人等。这不仅是对刑法规范的违反，也背离了人们基本的常识性观念。在此意义上，生活常情、常理也是检验案件定性是否正确的标尺之一。由此可见，“每当我们把特定的具体情况涵摄于抽象的规则时，总是会同时出现具确定性的核心以及值得怀疑的边缘”。[①] 司法人员应当寻找“确定的核心”而不是“怀疑的边缘”。

如何处理刑法条文的抽象性和案件事实的具体性之间的矛盾，使事实与规范有效准确地连接，是刑事司法活动永恒的主题。司法人员应注重修炼化解“矛盾”的能力，既要按照法律规范过滤、裁剪案件事实，使具体的事实抽象化，也要根据案件事实善意地解释法律使抽象的规范具体化，在这种动态往返中寻找平衡点，实现事实与规范相对应的目的。

【办案札记】

非法占有为目的是侵犯财产类犯罪主观故意的基本内容，准确界定行为人是否具有非法占有的目的，对于区分罪与非罪、此罪与彼罪意义重大。

刑法上的非法占有，是指行为人对财物在事实上的非法控制，不等同于民法上的所有。所以，刑法上非法占有目的的实现并不以得到法律上的确认为条件，正如赃款赃物、违禁品也可以成为盗窃等财产犯罪的对象一样。但

---

① ［英］H. L. A. 哈特：《法律的概念》，法律出版社 2006 年版，第 117 页。

也并不意味着行为人实际占有了财物，就具有了刑法上非法占有的目的，是否具有刑法上非法占有财物的目的，一般情况下，应从以下几方面来综合判断。

1. 辨别财物的占有关系。

非法占有以非法改变财物的占有关系为基本标志，财物的占有关系问题是认定非法占有的首要问题。占有关系一般表现为：（1）事实占有，如处于本人身体、器械控制或者监视之下的财物以及置于本人能够支配场所的财物，本人占有。（2）观念占有，如停放在门前的自行车或停放在路边的汽车，由主人占有；主人饲养的宠物，不管宠物处于何处，只要能回到原处的，为饲主占有；本人短暂离开或者短暂遗忘的财物，但明显属于有人支配的场合，本人占有；自然灾害中占有人逃离灾难现场的，其对财物的占有关系不变。（3）遗忘物占有，遗忘在他人排他性实力支配场所的财物，转归场所的管理者占有。（4）上下、主从关系占有，对存在上下、主从关系的数人共同管理的财物，财物通常属于上位者占有，经特别授权，下位者也可以成为占有者。（5）对等关系占有，对具有对等关系的数人共同管理的财物，其中一方的占有属于委托占有。（6）封缄物占有，受委托保管、搬运封缄物时，受托者占有封缄物的整体，委托者占有内容物。①

2. 判明行为人占有财物的原因。

占有财物的原因对于判明是否有犯罪的动机十分重要。如属于民间借贷还是诈骗犯罪，就要考察借款人与贷借人在借贷时的相互关系，发生借贷关系的原因，有无借贷的必要等因素。同时，行为动机对行为目的的确定具有重要意义，对行为动机的判断，要注意分析行为人占有财物的客观情势，排除非法占用的可能。如有的个体工商户因为流动资金困难，以欺骗手段获取贷款用于生产和经营活动，即使未按期归还但确有归还能力的，或者因其他客观原因不能归还的，就不存在“非法占有”的问题。

3. 明确行为人占有财物的方法。

非法占有的前提是占有行为的非法性，即取得财物的行为为法律所禁止，

---

① 沈志民：“论刑法上的占有及其认定”，载《当代法学》2010 年第 3 期。

占有财物的行为没有合法的依据。占有行为是否具有非法性，一要判明行为手段在取得、占有财物中所起到了什么样的作用，是否破坏了他人对财物的占有关系，建立了自己新的占有关系。二要根据刑法分则、司法解释的规定来判断，行为方式在形式上是否符合刑法分则规范、司法解释明确规定的犯罪方法。特别要注意规范化、类型化考量。三要判明是否存在违法阻却事由。如为了自救而夺取占有他人财物的，就可以排除占有行为的非法性。

4. 分析行为人占有财物的过程。

行为人占有公私财产的具体过程、情节，对于正确判断和认定是否以非法占有为目的，关系重大。如挪用公款的人也有可能害怕被发现而改动财务账目，贪污的人也可以在不改动财务账目的情况下将公款侵吞，这说明不能单纯考察犯罪行为的某一个侧面来确定是否属于“非法占有”。非法占有目的由“排除意思”和“利用意思”构成，是否具有排除意思，应以行为人是否实际占有财物标准，只要行为人实际占有了财物，便可以认定具有排除的意思。对于是否具有利用的意思，需要根据具体的案情来考察行为人对占有财物的利用、处分以及对财物持有者的影响情况等综合分析判断。

5. 考察行为人对财物的处置情况。

无论是贪污还是挪用、金融诈骗还是普通诈骗，有时在行为之初，行为人的主观目的往往并不明确，这时就需要根据行为人实际还款能力和资金的流向等事后表现来判定其是否具有非法占有的目的。所以，行为人对公私财产的处置情况是判断行为人是否有非法占有目的的重要标准。如行为人没有实际履行合同的能力或者资金，采取提供虚假证明材料的手段，骗取验资和工商注册登记，实施“借鸡生蛋”的经营活动，导致无法归还他人财物的，不能一概认定为“非法占有”。如果将大部分资金用于生产经营，由于经营不善、市场风险等原因而不能归还资金的，不宜以诈骗犯罪论处。如果骗取资金后任意挥霍、处置，则可以认为具有非法占有的目的。

6. 排除行为人的辩解。

在许多情况下，是否具有非法占有目的，需要靠事实推定来完成。事实推定允许行为人反驳，而反驳的成立与否是事实推定是否成立的基础条件。如果反驳成立或者处于无法确定的状态，则事实推定不成立。如对借款后携款逃跑的行为，根据 2001 年《全国法院审理金融犯罪案件工作座谈会纪要》中确定的内容，可以推定行为人具有非法占有目的。但是，如果行为人携款逃跑并非是为了逃避债务，而是为了继续生产经营，即使行为人无力偿还借款，也不能推定为行为人具有非法占有目的。所以，只有在排除行为人反驳理由的基础上，才可以认定行为人具有非法占有的目的。

【法规链接】

《中华人民共和国刑法》

第三百八十二条 国家工作人员利用职务上的便利，侵吞、窃取、骗取或者以其他手段非法占有公共财物的，是贪污罪。

受国家机关、国有公司、企业、事业单位、人民团体委托管理、经营国有财产的人员，利用职务上的便利，侵吞、窃取、骗取或者以其他手段非法占有国有财物的，以贪污论。

与前两款所列人员勾结，伙同贪污的，以共犯论处。

第三百八十三条 对犯贪污罪的，根据情节轻重，分别依照下列规定处罚：

（一）贪污数额较大或者有其他较重情节的，处三年以下有期徒刑或者拘役，并处罚金；

（二）贪污数额巨大或者有其他严重情节的，处三年以上十年以下有期徒刑，并处罚金或者没收财产；

（三）贪污数额特别巨大或者有其他特别严重情节的，处十年以上有期徒刑或者无期徒刑，并处罚金或者没收财产；数额特别巨大，并使国家和人民利益遭受特别重大损失的，处无期徒刑或者死刑，并处没收财产。

对多次贪污未经处理的，按照累计贪污数额处罚。

犯第一款罪，在提起公诉前如实供述自己罪行、真诚悔罪、积极退赃，避免、减少损害结果的发生，有第一项规定情形的，可以从轻、减轻或者免除处罚；有第二项、第三项规定情形的，可以从轻处罚。

犯第一款罪，有第三项规定情形被判处死刑缓期执行的，人民法院根据犯罪情节等情况可以同时决定在其死刑缓期执行二年期满依法减为无期徒刑后，终身监禁，不得减刑、假释。

第三百八十四条 国家工作人员利用职务上的便利，挪用公款归个人使用，进行非法活动的，或者挪用公款数额较大、进行营利活动的，或者挪用公款数额较大、超过三个月未还的，是挪用公款罪，处五年以下有期徒刑或者拘役；情节严重的，处五年以上有期徒刑。挪用公款数额巨大不退还的，处十年以上有期徒刑或者无期徒刑。

挪用用于救灾、抢险、防汛、优抚、扶贫、移民、救济款物归个人使用的，从重处罚。

28. 如何推定明知

——张某某掩饰、隐瞒犯罪所得案

【案情摘要】

张某某，男，1974 年 5 月 10 日出生，个体业主。

2012 年 12 月 7 日下午，无业人员陆某某（另案处理）携带盗窃的黑色组装台式电脑来到其同学张某某经营的“恒峰科技”电脑店，谎称该电脑是其打工后顶下的工钱，要低价出售，张某某遂以 900 元的价格予以收购。经鉴定，电脑价值 2240 元。

2013 年 1 月 27 日下午，陆某某携带盗窃的“联想”牌笔记本电脑再次来到“恒峰科技”电脑店欲低价出售，张某某询问该电脑的来历时，陆某某谎称电脑是自己的，因急需用钱拿来出售。张某某遂以 1600 元的价格予以收购。经鉴定，电脑价值 3332 元。

【诉讼意见与处理结果】

侦查机关以张某某涉嫌掩饰、隐瞒犯罪所得罪移送审查起诉。公诉机关认为，掩饰、隐瞒犯罪所得罪以行为人对财物性质的明知为必要前提，现有证据无法证明张某某明知其收购的电脑属于赃物，张某某的行为不构成掩饰、隐瞒犯罪所得罪，建议侦查机关撤回了起诉意见。

【法律适用问题】

对张某某行为事实的性质，一种意见认为，张某某与陆某某系同学关系，在其明知陆某某是无业人员，且出卖的电脑没有合法有效凭证的情况下，以明显低于市场价格两次收购，应推定其明知所收购的电脑属于赃物，其行为构成掩饰、隐瞒犯罪所得罪。另一种意见认为，对张某某辩解其不明知所收购的电脑是赃物的观点，现有证据无法排除。因其收购电脑时陆某某称系为自己所有，且收购行为本身并无异常，收购对象电脑属于日常生活用品而非贵重物品，没有合法有效凭证是生活中的常态现象，难以推定其是应当明知的，张某某的行为不构成掩饰、隐瞒犯罪所得罪。

判断行为人对赃物不法来源“明知”的认识程度，不能仅凭其是否承认，而应当全面考查案件中的各种客观实际情况，结合行为人的认识能力，进行综合分析判断。

具体到本案而言，可以证明“明知”的基础事实有：在没有合法有效凭证的情况下，以明显低于市场价格收购了电脑；张某某与陆某某系同学关系，明知陆某某是无业人员，出售电脑与其身份不太匹配。可以反驳“明知”的基础事实有：收购电脑的时间、地点并无异常；陆某某在出售电脑时有“正当理由”，这些理由并不违背生活常情、常理。由此，张某某在收购电脑时不明知的可能性是存在的，即可能有收购赃物的故意，也可能没有收购赃物的故意。在无证据排除其可能不明知的情况下，就推定主观方面有收购赃物的故意过于牵强。就如同对没有直接掌控毒品的毒贩情人，不能直接推定与毒贩为共同犯罪一样，在基础事实存在或然性的情况下，仅凭其与行为人有特定生活、身份关系，就推定明知而构成共犯显然站不住脚。

“法施于人，虽小必慎。”作为公诉人，在案件审查起诉中不仅要扮演好公诉人角色，承担公诉的职责，更要扮演好辩护人角色，承担辩护人的职责。就二者的序列关系而言，首先要履行辩护职责，排除非罪，其次才是履行公诉职责，确认有罪。唯有如此，才能达到客观公正、不枉不纵的执法效果。

【办案札记】

什么是刑法中的明知？在具体实务工作中该如何判断？司法人员对此应当具有清晰而具体的认知。

刑法中的“明知”包括“确实知道”和“应当知道”。其中“确实知道”是指根据一定的客观事实直接可以确定的知道。如销售者明知是患病而死的动物却对其肉品仍然予以销售，说明其对销售的有害食品为“确实知道”。“应当知道”是指以特定的客观事实为基础，经过合理推定的知道。对于“应当知道”的判断，要在一定证据证实的基础上，遵循基本经验法则的同时，注意排除合理怀疑和特殊情形。

1. 推定明知的基本经验法则。

（1）行为环境是否反常。特定的环境对行为人的判断能力会产生一定影响。如果行为发生的环境较为反常，则行为人明知的可能性较大。如从事废旧物品收购的人员在深更半夜收购来历不明物品的，就可推断收购者明知收购的是赃物；从事产品销售的人员从地下加工厂进货予以销售的，一般就可推断销售者明知销售的是伪劣产品。

（2）行为方式是否反常。反常的行为方式往往是内心秘密的写照，可以作为判断明知的主要内容。如对于涉及毒品的行为，根据相关司法解释的规定，在下列情形下，除确属被蒙骗的，或者行为人能够做出合理解释的以外，可以认定其“应当知道”：以伪报、藏匿、伪装等蒙蔽手段逃避海关、边防等检查，在其携带、运输、邮寄的物品中查获毒品的；采用高度隐蔽的方式携带、运输、交接毒品的，明显违背合法物品惯常交接方式的；以虚假身份或者地址办理托运手续，在其托运的物品中查获毒品的等。

（3）交易价格是否反常。“无利不起早”，在涉及交易价格问题的违法犯罪活动中，价格上越是显失公平，明知的可能性就越大。如在销售伪劣产品的行为中，如果没有正当的理由却以明显低于市场价格进货的，或者以明显低于市场价格销售的，就可推断销售者知道产品是伪劣产品。没有正当理由将高档物品低价收购的，或者以明显低于正常价格收购来路不明的物品的，就可以推测行为人明知收购的是赃物。

（4）物品本身的特征是否反常。物品本身不会说话但可以提供信息。如对机动车辆发动机号、车辆识别代号有明显更改痕迹，或者车辆有明显撬痕，且无车辆正常手续而低价出售的，如果行为人明知以上“缺陷”而予以收购的，就可推定收购者可能明知该车辆为赃物。销售者认识到自己销售的是无质量合格标记、产品说明书，或者变质、过期产品仍然予以销售的，则可以推定销售者可能明知该产品是伪劣产品。

（5）事后表现是否反常。行为人事后的反常表现是掩饰其内心恐惧状态的具体反映。如行为人有秘密转移赃物、积极销毁书证、物证等行为，或者在执法人员检查时，行为人有逃跑、丢弃携带物品或者逃避、抗拒检查等行为，或者被发现后有弄虚作假等反常表现的，就可以说明行为人对与自己有关的违法性事实有所认识。

2. 推定明知应当注意的问题。

（1）注意审查基础事实的可靠程度。在进行推定时，作为推定前提的基础事实必须具有确定性。如果推定所建立的基础本身存在其他可能性，则推定所得出的结论就有了或然性。所以，作为推定前提的基础事实，首先必须是有确实充分证据证实的法律事实。其次必须是包含犯罪客观行为的法律事实。如对于传播淫秽物品的事实，如果不能证明有传播行为，推定其对淫秽物品是否明知就没有法律意义。

（2）注意全面审查综合判断。判断行为人在主观上对特定事实及其对象是否明知，既不能仅凭行为人的口供，也不能单纯依靠客观表现的某一个方面来确定，而应当做到全面审查、主客观相统一。在依据实施犯罪行为的过程、行为方式、行为环境以及事后表现等情况进行客观判断的基础上，结合行为人的年龄、阅历、社会经验以及智力等自身认识能力进行综合分析判断。所以，对明知的推定，既要考察客观条件、行为特点，又不能忽视行为人自身的认识、判断能力。

（3）注意审查行为人的辩解。行为人的辩解是否合理，直接影响推定结论是否成立的问题。只有在行为人不能做出合理解释或者其辩解经查证被否定后，才能推定明知。所谓合理解释，就是行为人对其所从事的行为能够作出符合生活常情、常理的说明。合理解释同时意味着排除了合理怀疑。如在行为人居所、包裹、交通工具等可以控制的场所查获毒品的，就不能直接推定其对毒品的明知，因为不能排除其他可能性。只有经查证排除是他人所为等情形，意味着排除了合理怀疑，才有推定行为人明知是毒品的基础。

（4）注意对特殊情况的排除。在司法实务中应当明确，相关司法解释、文件和基本经验法则只是对认定主观明知提供了一般性思路和方法，而非必然的认知结论。如在遇执法人员检查时，扔弃携带包裹逃跑的，若在其扔弃的包裹中查获毒品，又不能做出合理解释的，按照司法解释或者经验法则，就可以认定其“应当知道”自己有涉毒行为。但是，如果行为人因犯有其他罪行害怕被抓获而逃跑、扔弃携带包裹的，即便在扔弃的包裹中查货了毒品，也不能以此为据来推定其对自己涉毒行为“应当知道”，因为扔弃包裹逃跑的行为与“涉毒”事实缺乏必然的关联性。

【法规链接】

《中华人民共和国刑法》

第三百一十二条 明知是犯罪所得及其产生的收益而予以窝藏、转移、收购、代为销售或者以其他方法掩饰、隐瞒的，处三年以下有期徒刑、拘役或者管制，并处或者单处罚金；情节严重的，处三年以上七年以下有期徒刑，并处罚金。

单位犯前款罪的，对单位判处罚金，并对其直接负责的主管人员和其他直接责任人员，依照前款的规定处罚。

29. 如何把握犯罪故意中的认识内容

——孙某某故意伤害案

【案情摘要】

被告人孙某某，男，1989年3月23日出生，学生。

被告人孙某某及陈某、杨某、申某某系同学兼结拜兄弟关系。2011年7月11日，在酒后回家途中因言语谈及单亲家庭申某某隐私，申某某说了对其生父不满的话，被告人孙某某及陈某、杨某因劝阻无果，先后用手对申某某面部进行了击打，直到申某某认错求饶。事后，被告人孙某某又质问申某某："你给我耍啥呢？"并一拳打在申某某的左眼部。孙某某、陈某、杨某发现申某某眼部流血，遂送往医院救治。经鉴定，申某某右眼钝挫伤属轻微伤，左眼钝挫伤致眼球破裂导致左眼盲目属重伤。

【诉讼意见与处理结果】

公诉机关指控，被告人孙某某的行为触犯了《刑法》第234条第2款，应以故意伤害罪追究其刑事责任。辩护意见认为，孙某某基于同学等亲近关系，为劝阻被害人正确处理家庭问题采取了不当手段，缺乏伤害申某某的动机，亦无伤害的故意，即便眼部的伤为孙某所致，也是在劝解过程中失手致人重伤，而不是故意伤害。

一审法院认为，被告人孙某某采取不当手段伤害他人并造成重伤，其行为已构成过失致人重伤罪。考虑其出于善良动机在劝解过程中失手致人重伤的特定情况及积极赔偿被害人经济损失并取得谅解之情节，可免于刑事处罚。依照《刑法》规定，判决如下：

被告人孙某某犯过失致人重伤罪，免予刑事处罚。

宣判后，公诉机关认为一审判决定性错误，导致量刑畸轻，提出抗诉。

二审法院认为，原审被告人孙某某具有加害被害人的故意，其行为构成故意伤害罪，原审判决适用法律错误。依照《刑事诉讼法》《刑法》规定，判决如下：

1. 撤销原审判决；

2. 被告人孙某某犯故意伤害罪判处有期徒刑 3 年，宣告缓刑 3 年。

【法律适用问题】

从诉讼过程可以看出，本案的分歧在于如何界别故意犯罪与过失犯罪。

《刑法》第 14 条规定："明知自己的行为会发生危害社会的结果，并且希望或者放任这种结果发生，因而构成犯罪的，是故意犯罪。"《刑法》第 15 条规定："应当预见自己的行为可能发生危害社会的结果，因为疏忽大意而没有预见，或者已经预见而轻信能够避免，以致发生这种结果的，是过失犯罪。"

从以上规定可以看出，故意犯罪与过失犯罪的核心的区别在于：故意犯罪的行为人对危害结果的发生持肯定或者虽不肯定但也不否定的态度，危害结果的发生至少不违背其意愿；过失犯罪的行为人对危害结果的发生持否定态度，危害结果的发生与其意愿相矛盾。同时也说明，主观恶性的内在结构是心理事实和规范评价的统一，刑法上的故意与生活中的故意，其含义并不等同。

本案中，行为事实的发生包括两个阶段：第一阶段是被告人孙某某基于同学等亲近关系，出于善良动机采取不当手段劝解被害人申某某的过程。第二阶段是被害人被劝解后，被告人孙某某质问说："你给我耍啥呢?"并突然一拳打在被害人申某某的左眼部，致眼球破裂导致左眼盲目之重伤结果。从第二阶段被告人孙某某的语言内容，击打的部位及强度，足见被告人对其行为及其结果事实的认识是明显的，其对伤害结果的发生是持希望的态度，具有加害被害人的犯罪故意。行为手段服务于主观内容，行为结果是主观内容转化为现实的表现。被告人孙某某在"你给我耍啥呢?"的主观内容支配下，通过暴力手段使主观追求的内容转变伤害结果，伤害结果的发生并不违背其意愿，按照主客观相统一的原则，被告人孙某某的行为应当构成故意伤害罪而非过失致人重伤罪。这说明，对犯罪的认定顺序与犯罪的发生顺序不同，犯罪的发生顺序是从主观到客观，如在故意犯罪中，通常是行为人先产生犯罪的故意，后实施犯罪的行为。而认定犯罪的顺序则是从客观到主观，先确认能否将结果归责于特定行为，如果能够得出肯定的结论，再考察能否将行为及其结果归责于具体的行为人。

“法的获取属于方法问题”，正确的方法是成功的一半。裁判结果的妥当与否，往往取决于思维方法的正确与否，如果法律思维方法错误，思维的主观性就不可能与法律的规范性相统一。所以，“即使法官是自由的时候，他也仍然不是完全自由。他不得随意创新。他不是一位随意漫游，追逐他自己的美善理想的游侠。他应从一些经过考验并受到尊重的原则中汲取他的启示。他不得屈从于容易激动的情感，屈从于含混不清且未加规制的仁爱之心……他应当服从社会生活中对秩序的基本需要”。（［美］本杰明·卡多佐）

【办案札记】

把抽象的概念转化为具体的认知标准，是刑事司法活动的重要方法论。对犯罪故意中认识内容的认知亦不例外。

犯罪故意的认识内容包括对行为及其结果事实的认识和对行为及其结果性质的认识两个方面。一般来说，对事实的认识，只要求行为人达到经验性认识即可；但对性质的认识，要求行为人达到概括性规范评价的程度。

1. 对行为及其结果事实是否有认识的判断。

犯罪故意认识内容的核心是“明知自己的行为会发生危害社会的结果”。一般认为，行为人对危害结果的认识应基于对以下事实的认识：对危害行为特征的认识；对危害结果及对象的认识；对危害行为与危害结果之间因果关系的认识。

（1）对说明危害行为特征的事实是否有认识。应着重从以下几个方面来判断：第一，对行为的性质是否明知。行为人只有认识到自己行为的性质，才能认识到该行为所产生的危害结果。如在假想防卫和假想避险中，由于行为人对自己行为的非法性缺乏正确的认识，对其行为会发生危害社会的后果没有预见，自然不成立犯罪的故意。第二，对行为的方式是否明知。在大多数故意犯罪中，对行为方式的认识是“明知”的必要内容，进而影响主观内容，在进行罪与非罪、此罪与彼罪的认定时应当予以考察。如果对行为方式没有认识或者缺乏正确的认识，可能影响犯罪故意的成立。第三，对行为环境条件是否明知。不同的环境、条件对行为人的心理作用各不相同，进而对行为人的认识能力和意志决定产生影响。如非法狩猎罪，要求必须“在禁猎区、禁猎期或者使用禁用的工具、方法进行狩猎”，如果行为人对以上内容缺乏必要的了解，则不成立犯罪故意。

（2）对说明危害结果及对象的事实是否明知。应从以下三方面着重判明：第一，具体犯罪构成所要求的行为性质所决定的危害结果是什么。犯罪故意所认识的结果，是指犯罪构成所要求的行为性质所决定的危害结果。如在使用暴力致人死亡的情况下，如果行为人对死亡结果有认识则为故意杀人罪；如果仅对伤害的结果有认识，则为故意伤害罪。第二，行为人对犯罪对象的法律属性是否明知。行为人只有对行为对象有所认识，才能清楚行为对象的法律属性。如传播淫秽物品罪中要求行为人明知“淫秽物品”，便是对行为对象法律属性的认识。如果行为人没有认识到其行为对象的法律属性，就不存在播淫秽物品的故意。第三，行为人对可能造成的社会影响有无预见。当犯罪侵害的法益为对社会心理的影响、对社会正常秩序的破坏时，应当判明行为人对这种后果是否有所预见，如果没有预见，表明行为人不明知其行为会危害社会的结果。

（3）对说明行为与结果之间因果关系特征的事实是否明知。要求行为人对自己所造成的危害结果负责，以行为人认识到危害结果是由自己的行为所引起的为前提。对说明行为与结果之间因果关系特征的事实是否明知应着重考察：行为人对危害行为与危害结果之间的关系是否存在认识，是否有阻碍认识的因素存在及对认识能力的影响程度。如果行为人没有认识到自己的行为与危害结果之间存在因果关系，说明其没有认识到自己行为性质所决定的危害结果，即对危害结果缺乏预见，不能成立犯罪故意。

2. 对行为及其结果性质是否有认识的判断。

“以社会危害性为内容的违法性认识，是构成故意犯罪所必要的。”[①] 对行为及其结果性质的认识就是对行为及其结果的规范评价，即对行为及其结果有无违法性认识。当然，违法性认识只要求对违反法律规范或法律秩序有一种抽象的、概括的认识，并不要求明确、具体的刑事违法性认识。对自己行为及其结果的性质是否有认识，应从以下两个层面来判断。

（1）对自己行为的危害性有无认识。危害性认识是违法性认识的基础，如果行为人没有认识到自己行为的危害性，那么也就不能认识到这种行为具有违法性。行为人对自己的行为是否具有危害性认识，至少应当判明其是否认识到了自己行为具有反伦理性、反社会性，为社会一般伦理规范或者文化规范所否定。对于明知不具有道德上“正当性”的行为，就有属于危害社会行为的可能性。

（2）对自己行为的违法性有无认识。违法性认识包括以社会危害性为内容的实质违法行为认识和以法律、法规为内容形式违法行为认识。一般情况下，无论是自然犯还是行政犯，行为人只要认识到其行为的危害性，自然也明白其行为对法律秩序的违反性，即危害性与违法性相统一，所以“不知法律不免责”。但对于行政犯而言也不能排除例外，在有些情况下，行为人认识到其行为的危害性，并不必然认识到其行为的违法性。如果行为人对相关的法规或者规章制度缺乏认识，不具备犯罪的形式违法性，即使行为的社会危害性程度达到了犯罪的程度，也不能以犯罪论处，此时“不知法律可免责”。行为人到底是知法还是不知法，要根据行为人的生活环境、年龄、知识、阅历以及侵害的法益等主客观条件来综合判断。如在出现认识错误时，处理的一般原则是“依其所识，不依所实”。即判断罪过及其内容的依据，不是客观事实本身的“是”与“非”而在于行为人自身对事实的认识。如在传播性病罪中，只有行为人对自己患有性病的事实有所认识才能认为具有犯罪的故意。即便客观上传播了性病，但如果行为主体对自身缺乏认识，则不存在罪过。

---

① 何秉松：《刑法教科书》，中国法制出版社 1993 年版，第 230 页。

【法规链接】

《中华人民共和国刑法》

第二百三十四条　故意伤害他人身体的，处三年以下有期徒刑、拘役或者管制。

犯前款罪，致人重伤的，处三年以上十年以下有期徒刑；致人死亡或者以特别残忍手段致人重伤造成严重残疾的，处十年以上有期徒刑、无期徒刑或者死刑。本法另有规定的，依照规定。

第二百三十五条　过失伤害他人致人重伤的，处三年以下有期徒刑或者拘役。本法另有规定的，依照规定。

30. 如何区分犯意转化与另起犯意

——王某某等人非法拘禁、强制猥亵、强奸、抢劫案

【案情摘要】

被告人王某某，男，1987年6月18日出生，无业。2004年1月5日因犯强奸罪，被判处有期徒刑2年，宣告缓刑3年。

被告人汪某某，男，1989年8月28日出生，无业。

被告人白某，男，1989年3月4日出生，无业。

2005年11月7日晚，被告人王某某、汪某某、白某等人以白某家的钱被盗为由，强行将窦某、姜某拘禁在白某家的租住房中，多次殴打，逼二人承认偷钱之事，并强迫被害人喝厨房消毒液。11月9日晚，被告人王某某、汪某某、白某在该租住房内，用皮带、蘸水毛巾殴打并逼迫窦某、姜某脱光衣服，三被告人先后将手指、牙刷手柄插入窦某、姜某的阴道中猥亵后，被告人王某某、汪某某又多次对窦某实施奸淫，均未成。11月10日上午，被害人窦某、姜某被公安人员解救。

2005年11月10日下午，被告人王某某为准备逃离，在北京路大市场附近，伙同被告人汪某某、白某抢劫王某现金35元。

【诉讼意见与处理结果】

公诉机关指控，被告人王某某、汪某某、白某以非法占有为目的，使用暴力手段劫取他人财物，其行为触犯了《刑法》第263条；非法限制他人人身自由，情节恶劣，其行为触犯了《刑法》第238条第1款。在非法拘禁期间，被告人王某某、汪某某、白某聚众暴力猥亵窦某、姜某，其行为触犯了

《刑法》第237条第2款；猥亵后，被告人王某某、汪某某另对被害人窦某实施轮奸（未得逞），其行为又触犯了《刑法》第236条第3款第4项，应当以抢劫罪、强奸罪（未遂）、强制猥亵妇女罪[①]、非法拘禁罪追究被告人王某某、汪某某的刑事责任，以抢劫罪、强制猥亵妇女罪、非法拘禁罪追究被告人白某的刑事责任。辩护意见认为，王某某、汪某某强制猥亵、奸淫妇女的行为，发生在同一行为事实过程中，强制猥亵属于强奸的必然组成部分，另行评价以强制猥亵妇女罪和强奸罪两罪认定明显不当，应以强奸罪（未遂）一罪定罪处罚。

一审法院认为，公诉机关指控的事实清楚，证据确实充分，定性准确。依照《刑法》规定，判决如下：

1. 被告人王某某犯强奸罪（未遂），判处有期徒刑8年；犯抢劫罪，判处有期徒刑4年，并处罚金1000元；犯强制猥亵妇女罪，判处有期徒刑5年；犯非法拘禁罪，判处有期徒刑3年。撤销原判缓刑，与原判强奸罪有期徒刑2年数罪并罚，决定执行有期徒刑20年，并处罚金1000元。

2. 被告人汪某某犯强奸罪（未遂），判处有期徒刑6年；犯抢劫罪，判处有期徒刑3年，并处罚金500元；犯强制猥亵妇女罪，判处有期徒刑5年；犯非法拘禁罪，判处有期徒刑2年。数罪并罚，决定执行有期徒刑15年，并处罚金500元。

3. 被告人白某犯抢劫罪，判处有期徒刑3年，并处罚金500元；犯强制猥亵妇女罪，判处有期徒刑5年；犯非法拘禁罪，判处有期徒刑2年。数罪并罚，决定执行有期徒刑9年，并处罚金500元。

宣判后，被告人王某某、汪某某、白某提出上诉。

二审法院认为，上诉人王某某、汪某某、白某为追求性刺激，将手指、牙刷手柄插入窦某、姜某生殖器中猥亵，后王某某、汪某某又对被害人窦某实施奸淫（未遂）。对王某某、汪某某强制猥亵、奸淫妇女的行为应以强奸

---

① 根据《刑法修正案（九）》和最高人民法院、最高人民检察院《关于执行〈中华人民共和国刑法〉确定罪名的补充规定》（法释〔2015〕20号）的规定，原强制猥亵、侮辱妇女罪已改为强制猥亵、侮辱罪。

罪定罪处罚。依照《刑事诉讼法》《刑法》规定，判决如下：

1. 维持原审法院对被告人王某某、汪某某强奸、抢劫、非法拘禁犯罪的定罪处刑部分、对被告人白某抢劫、非法拘禁犯罪的定罪处刑部分及其强制猥亵妇女犯罪的定罪部分。

2. 撤销原审法院对被告人王某某、汪某某强制猥亵妇女犯罪的定罪处刑部分及对被告人白某强制猥亵妇女犯罪的处刑部分。

3. 上诉人王某某犯强奸罪（未遂），判处有期徒刑 8 年；犯抢劫罪，判处有期徒刑 4 年，并处罚金 1000 元；犯非法拘禁罪，判处有期徒刑犯 3 年；撤销原判缓刑，与原判强奸罪有期徒刑 2 年数罪并罚，决定执行有期徒刑 17 年，并处罚金 1000 元。

4. 上诉人汪某某犯强奸罪（未遂），判处有期徒刑 6 年；犯抢劫罪，判处有期徒刑 3 年，并处罚金 500 元；犯非法拘禁罪，判处有期徒刑 2 年。数罪并罚，决定执行有期徒刑 10 年，并处罚金 500 元。

5. 上诉人白某犯强制猥亵妇女罪，判处有期徒刑 3 年；犯抢劫罪，判处有期徒刑 3 年，并处罚金 500 元；犯非法拘禁罪，判处有期徒刑 2 年。数罪并罚，决定执行有期徒刑 7 年，并处罚金 500 元。

【法律适用问题】

在本案中，对非法拘禁期间，被告人王某某、汪某某又强制猥亵、奸淫妇女的行为属于另起犯意并无异议，分歧的焦点在于对被告人王某某、汪某某强制猥亵、奸淫妇女的行为应以强奸罪定罪处罚还是以强制猥亵妇女罪、强奸罪数罪并罚，难点在于如何区分犯意转化与另起犯意。

对被告人王某某、汪某某强制猥亵被害人窦某、姜某后，又对其中的被害人窦某实施轮奸的行为事实，公诉机关和一审法院认为强制猥亵窦某、姜某的事实构成强制猥亵妇女罪，二人轮奸窦某的事实又构成强奸罪，应以强制猥亵妇女罪和强奸罪数罪并罚，二审法院则认为以上事实只构成强奸罪一罪。即二审法院认为运用的刑法理论是犯意转化，公诉机关和一审法院运用的刑法理论是另起犯意。

犯意转化是指行为人在实施犯罪行为过程中，改变原来的犯罪故意，在新的犯罪故意的支配下实施了新的犯罪行为，导致由此罪转化为彼罪。其特点是：(1) 前一行为尚在继续过程中，没有处于停止状态。(2) 侵犯法益多为同一法益或者同一类法益。犯意转化的处罚原则是高度行为吸收低度行为，按一罪处理。

另起犯意是指在实施犯罪行为过程中，因某种原因的出现，停止原犯罪行为而另起新的犯意，实施新的犯罪行为，导致由一罪转化为数罪。其特点是：(1) 前一行为呈现停止状态（状态犯除外）后，又另起犯意开始实施另一行为。(2) 侵犯的法益多为不同种法益。另起犯意的处罚原则是数罪并罚。

从本案事实来看，强制猥亵行为与强奸行为似乎是一个连贯的过程，强制猥亵行为并没有停止，至少对被害人窦某是如此。在此意义上，对被告人王某某、汪某某强制猥亵后又奸淫窦某的行为应属于犯意转化而非另起犯意，当按照重罪吸收轻罪的原则，以强奸罪一罪定罪处罚，而不能以强制猥亵妇女罪和强奸罪数罪并罚。但是，本案事实的另一个特点是，被告人王某某、汪某某强制猥亵的是窦某、姜某两人，奸淫的只是其中的窦某一人。基于人身权的专属性，显然并不能整体转化。即对其中另一名被害人姜某被强制猥亵但未被奸淫的事实并不能被强奸窦某的事实所吸收。由此，在本案中，被告人王某某、汪某某犯意转化的范围应只限于针对被害人窦某所实施的猥亵、奸淫事实，而不能将姜某被强制猥亵的事实也纳入其中进行评价。

综合以上分析，公诉机关和一审法院将被告人王某某、汪某某强制猥亵窦某、姜某的行为认定为强制猥亵妇女罪，又将其轮奸窦某的事实认定为强奸罪，进行数罪并罚；二审法院对以上事实仅评价为强奸罪一罪，均有所不妥。恰当的评价方法应当是，被告人王某某、汪某某强制猥亵窦某、姜某的行为构成强制猥亵妇女罪，其中强制猥亵窦某后又轮奸窦某的事实属于犯意转化。评价结论为：被告人王某某、汪某某强制猥亵姜某的行为构成强制猥亵妇女罪，强制猥亵窦某后又轮奸窦某的事实转化为强奸罪，然后以强制猥亵妇女罪和强奸罪，对被告人王某某、汪某某进行数罪并罚。

尽管对法律的适用虽与对数学定律的推算方式不同，但也不能缺少精益求精的工匠精神和严谨理性的法律论证能力。无论是大案还是小案，每一个案件都值得认真对待。

【办案札记】

对犯意转化和另起犯意的辨别和认定，直接涉及行为的定性和一罪还是数罪的问题。那么，在刑事司法实务中，如何界别犯意转化与另起犯意呢?根据犯意转化与另起犯意的特点，对犯意转化与另起犯意的界别，应从以下三个方面着手。

1. 行为对象是否为同一对象。

犯意转化是针对同一被害对象而存在的；而另起犯意既可以针对同一犯罪对象也可以针对另一不同对象。如果犯罪行为针对的是不同的对象，无论侵犯的法益是否相同，都是另起犯意。如果针对同一对象，实施了不同性质的行为，属于犯意转化还是另起犯意，则需要根据行为的状态、侵犯的法益，结合罪数理论具体问题具体分析。如首要分子或者积极参加者在聚众斗殴过程中致人重伤、死亡的，属于犯意转化，应以故意伤害罪、故意杀人罪定罪处罚。如果在聚众斗殴结束后，又因报复对方致人重伤、死亡的，因时空已经中断，当为另起犯意，应以聚众斗殴罪与故意伤害罪或者故意杀人罪数罪并罚。

2. 前行为是否已经处于停止状态。

犯意转化是前一犯罪行为正在继续进行过程中的犯意变更。一般地，行为人以此犯意实施此犯罪的预备行为，却以彼犯意实施彼犯罪的实行行为的，或者在实施犯罪行为的过程中改变了原来的犯罪故意继续实施新犯罪行为的，都属于犯意转化。如在盗窃过程中为排除获取财物的障碍，当场使用暴力致人伤残的，其犯意由原盗窃犯意转化为新抢劫犯意，属于犯意转化而非另起犯意。行为在继续过程中，才有犯意转化问题，如果犯罪行为已经终了，则只能是另起犯意。另起犯意是前犯罪已经停止后（状态犯除外）又在新的犯罪故意的支配下实施了新的犯罪行为。如在入室盗窃后，发现女主人便停止盗窃实施强奸行为的，成立盗窃罪与强奸罪。这也说明犯意转化的行为具有过程性特征，而另起犯意的行为具有阶段性特征。

3. 侵害的法益是否为同一或者是同类法益。

一般地，犯意转化的情形下，前后犯意所侵害的法益是同一或是同类的。如由强制猥亵后实施的强奸，或者预谋强奸却仅实施了猥亵行为的。而另起犯意的情形下，前后法益所侵害的法益往往是不同的。如行为人收受贿赂后又帮助他人挪用公款的，行为人前后犯意所侵害的法益不同，应当以受贿罪和挪用公款罪并罚。

在具体司法实践中还应当注意，犯意转化与不确定故意的区别，不确定故意中的“不确定”是指行为人尽管明知自己的行为会发生危害社会的结果，但对危害结果发生的具体内容及发展趋向的认识并不明确。即行为人对自己行为可能造成的实际损害处于不确定状态。而在犯意转化中，转化的前后犯意都必须是具体而确定的。在不确定故意犯罪中，行为人应对其认识范围以内的实际结果负刑事责任。

【法规链接】

《中华人民共和国刑法》

第二百三十六条 以暴力、胁迫或者其他手段强奸妇女的，处三年以上十年以下有期徒刑。

奸淫不满十四周岁的幼女的，以强奸论，从重处罚。

强奸妇女、奸淫幼女，有下列情形之一的，处十年以上有期徒刑、无期徒刑或者死刑：

（一）强奸妇女、奸淫幼女情节恶劣的；

（二）强奸妇女、奸淫幼女多人的；

（三）在公共场所当众强奸妇女的；

（四）二人以上轮奸的；

（五）致使被害人重伤、死亡或者造成其他严重后果的。

第二百三十七条 以暴力、胁迫或者其他方法强制猥亵他人或者侮辱妇女的，处五年以下有期徒刑或者拘役。

聚众或者在公共场所当众犯前款罪的，或者有其他恶劣情节的，处五年以上有期徒刑。

猥亵儿童的，依照前两款的规定从重处罚。

第二百三十八条 非法拘禁他人或者以其他方法非法剥夺他人人身自由的，处三年以下有期徒刑、拘役、管制或者剥夺政治权利。具有殴打、侮辱情节的，从重处罚。

犯前款罪，致人重伤的，处三年以上十年以下有期徒刑；致人死亡的，处十年以上有期徒刑。使用暴力致人伤残、死亡的，依照本法第二百三十四条、第二百三十二条的规定定罪处罚。

为索取债务非法扣押、拘禁他人的，依照前两款的规定处罚。

国家机关工作人员利用职权犯前三款罪的，依照前三款的规定从重处罚。

第二百六十三条 以暴力、胁迫或者其他方法抢劫公私财物的，处三年以上十年以下有期徒刑，并处罚金；有下列情形之一的，处十年以上有期徒刑、无期徒刑或者死刑，并处罚金或者没收财产：

（一）入户抢劫的；

（二）在公共交通工具上抢劫的；

（三）抢劫银行或者其他金融机构的；

（四）多次抢劫或者抢劫数额巨大的；

（五）抢劫致人重伤、死亡的；

（六）冒充军警人员抢劫的；

（七）持枪抢劫的；

（八）抢劫军用物资或者抢险、救灾、救济物资的。

31. 认定犯罪故意应注意的问题

——李某故意杀人案

【案情摘要】

被告人李某，男，1970年3月1日出生，公司职员。

被告人李某与邻居国某素有积怨。2009年6月26日凌晨，李某、国某酒后在居室楼下不期而遇，在双方争执、厮打的过程中，国某在李某的头面部击打致李某鼻部流血。被告人李某拿起啤酒瓶击打国某时，被在场的王某拦劝开。后李某在辱骂国某时又被国某击打两拳，李某遂返回地下室拿一把尖刀出来，王某见状，上前抓住李某，李某挣脱开王某，持刀朝国某连捅3刀将国某捅倒在地又继续捅刺后，返回地下室放下刀，见国某躺在地上血流不止，遂抱起国某并协助医护人员送至医院，当晚国某经抢救无效死亡。经鉴定，国某左肩部被刺1刀，头面部被刺2刀，左胸部及胸壁被刺2刀，腋部被刺3刀，左腰部被刺1刀。因锐器贯通左胸部，致心脏破裂，合并失血性休克死亡；李某鼻骨骨折、左眼挫伤，为轻微伤。案发后，被告人李某向被害人家属赔偿各项损失46 000元。

【诉讼意见与处理结果】

侦查机关以李某涉嫌故意伤害罪（致人死亡）移送审查起诉。公诉机关指控，被告人李某的行为触犯了《刑法》第232条，应以故意杀人罪追究其刑事责任。辩护意见认为，李某在事后有积极的救助行为，其积极救助行为的存在，说明在主观上不具有致人死亡的故意。对行为性质的评价应当具有整体性。被告人李某实施伤害行为与返回地下室放下作案工具后的救助行为在时间、地点上紧密相关，具有连续性，不应当将伤害行为与救助行为分开评价，应以故意伤害罪处罚。

一审法院认为，被告人李某对邻里纠纷处置不当，持刀非法剥夺他人生命，致人死亡，其行为构成故意杀人罪。考虑其有救助被害人的行为，可酌情从轻处罚。依照《刑法》规定，判决如下：

被告人李某犯故意杀人罪，判处死刑，缓期2年执行，剥夺政治权利终身。

宣判后，被告人李某提出上诉，认为其行为构成故意伤害罪而非故意杀人罪，请求改判并从轻处罚。被害人的近亲属认为李某在有条件赔偿的情况下，不予积极赔偿，缺乏悔罪表现，当判处死刑立即执行，对其判处死刑缓期2年执行是对犯罪分子的放纵，请求公诉机关抗诉。公诉机关未予支持。

二审法院裁定，驳回上诉，维持原判。

【法律适用问题】

被告人李某的行为属于故意杀人罪还是故意伤害（致人死亡）罪，关键在于对犯罪故意的内容如何认定。

故意伤害是仅有伤害他人身体健康的行为和意思，而没有剥夺他人生命的意思，故意杀人则具有剥夺他人生命的行为和内容。在出现死亡结果的情况下，故意伤害致人死亡属于结果加重犯，死亡结果的出现，对行为人来说在主观上出于过失；而在故意杀人罪中，对行为人对死亡结果的发生持希望或者放任的态度。

在本案中，首先，从案件事实可以看出：（1）被告人李某所捅刺的9刀中，除第1刀在左肩部外，其余8刀均在被害人的头面、左胸部、左侧胸壁、左腰部等致命部位；（2）被告人李某在对被害人国某捅刺3刀倒地后，又在其致命部位捅刺6刀；（3）刀具致国某心包及左心房破裂。外在的行为揭示内在的秘密，主观故意见之于客观行为。从被告人李某所使用的工具，捅刺的频率，打击、致死的部位和被害人被捅刺3刀倒地后继续在致命部位捅刺6刀的过程，足以说明李某在用刀具捅刺被害人之时，对死亡结果的发生不仅有所认识，而且希望这种结果的发生，明显具有致人死亡的故意而非过失，否则就不会出现这种不择手段和不计后果的行为事实。辩护观点的错误之一，就在于不是从客观到主观而是从主观到客观来对犯罪的故意内容进行评价，以主观认识取代了客观事实，而没有根据客观事实去分析判断主观内容。其次，“罪过与行为同时存在”。主体的心理态度是主体实施犯罪行为时的心理态度，不能以行为前或者行为后的心理态度为标准来判断。尽管事后被告人李某有积极的救助行为，但该行为当属于事后的悔罪表现，与前行为分属于不同的阶段，即在行为之时和行为之后其主观故意的内容有所不同。对于不同故意支配下实施的不同行为，应当分别评价。如果将被告人李某事中实施的伤害行为与事后救助行为进行整体评价，认定为故意伤害罪，必然会自相矛盾。既然李某不具有致人死亡的故意，为何要在被害人的致命部位捅刺 8 刀？捅刺 3 刀被害人倒地后，为何又在其致命部位捅刺 6 刀，且导致心包及左心房破裂？由此可见，对犯罪性质的认定，只有坚持从客观到主观的认知规律，才能做到主客观相统一，客观事实与法律规范相一致。

案件的诉讼过程中反映出的另一个问题是对于死刑案件，在“钱”与“刑”之间该如何平衡？最高人民法院《关于刑事附带民事诉讼范围问题的规定》和《关于为构建社会主义和谐社会提供司法保障的若干意见》规定：被告人赔偿可以作为量刑的情节，案发后真诚悔罪并积极赔偿被害人损失的案件，应慎用死刑立即执行。基于以上规定，在具体司法操作中应当明确，罪刑相适用原则是适用刑罚的基本原则，所谓“慎用”，即在一般情况下，可以将被告人真诚悔罪并积极赔偿被害人损失作为调解死刑案件执行方式的情节予以考虑。但“慎用”不等于不用，对于犯罪情节严重，手段恶劣，行为的社会危害性极大或者被告人人身危险性极大的案件，即便案发后真诚悔罪并积极赔偿被害人损失，一般不应当把该情节作为调节死刑执行方式的因素。如对恐怖活动、黑社会性质案件中的主犯，不能因为被告人真诚悔罪并积极赔偿了被害人损失，将应当判处死刑立即执行的判为缓期两年执行。否则，就会违背社会大众朴素的正义观，造成“以钱卖命”的负面影响。同时，在可以适用死刑的案件中，被告人积极赔偿被害人损失并有悔罪表现的，应当作为从宽处罚的情节之一，以体现“慎用”二字。但这并不意味着被告人不积极赔偿被害人损失且缺乏悔罪表现的，就应当从重处罚，将本当判处死刑缓期 2 年执行或者无期徒刑的判为死刑立即执行，这显然违背刑法对死刑适用的基本观念，也与限制死刑的基本刑事政策背道而驰。

“人最宝贵的是生命，生命对每个人只有一次。”无论生命的载体是谁，法律都应给予尊重，因为“死者不可再生，用法务在宽简”。“社会不能为了惩罚犯罪人而像犯罪人曾经作过的那样再损害一个生命。”①

【办案札记】

准确认识和判断犯罪故意是确认犯罪的核心内容之一。为此，现将认定犯罪故意需要注意的问题简要归纳总结如下。

1. 罪过心理确定的标准应以刑法总则的规定为依据。

刑法关于犯罪故意和过失的规定表明，“明知”“预见”是指对危害社会结果的认识；“希望”“放任”“轻信能够避免”是对危害社会结果的态度。由此，在司法实务中应当明确，“罪过的核心应是危害社会的结果，并不是危害社会的行为。尽管危害社会的结果是由危害社会的行为造成的，但唯有危害的结果才能最终决定行为的危害社会的性质”。② 所以，犯罪主体在实施犯罪行为时，对造成危害社会的结果的心理态度是刑法评价的基点和核心。界定是故意犯罪还是过失犯罪，必须把行为人对违法行为的认识态度与因违法行为可能引起的危害结果的认识态度区别开来。如在工程重大安全事故罪中，行为人对于违反国家规定，降低工程质量标准来说往往是故意的，但对因此而发生的重大安全事故这一结果来讲，则是过失的。

犯罪故意中，危害社会的结果包含侵犯法益的特定内容，与一般生活意义上的“故意”明显不同。如假想防卫是自以为在对不法侵害实行防卫，其故意是建立在对客观事实错误认识基础之上的，即自认为在保护合法权益，根本不存在明知其行为会造成危害社会结果的问题。正因为如此，假想防卫的故意只有心理学意义，不具有刑法学意义。同时，这里的“危害社会的结果”与作为犯罪构成要件内容上的犯罪结果并不同一。不能因为某些犯罪不

① 苏惠渔：《犯罪与刑罚理论专题研究》，法律出版社2000年版，第348页。

② 高明暄：《刑法学原理》（第二卷），中国人民大学出版社1993年版，第4页。

以犯罪结果为构成要件内容，就认为行为人主观上对一定的危害社会的结果不必有所认识。例如诬告陷害罪，只要行为人出于陷害他人的目的，实施了诬陷行为，就构成犯罪既遂，至于被害人是否因诬告而受到刑事追究或者刑事处分，对定罪没有影响。但这并不意味诬告陷害罪的成立不要求行为人主观上对危害社会的结果即被害人受到刑事处分有所认识。如果行为人对此没有认识，就不存在诬告陷害的故意，而可能是错告或者检举失实。①

2. 主体的心理态度当是实施犯罪行为时的心理态度。

罪过的有无以及罪过的形式与内容，都应以行为时的心理态度为标准加以判断，而不能以行为前或者行为后的心理态度为标准来判断。② 如行为人以盗窃为目的，将一皮包盗走，打开后发现内有军用手枪 1 支，现金 5000 元，行为人将现金部分挥霍，枪支藏匿于家中。前行为是盗包的行为，后行为是藏匿枪支的行为，与前行为相应的前故意是非法占有财物的故意，与后行为相对应的后故意是明知枪支而占有的故意。根据刑法主客观相一致的原则，确定某一行为是否构成犯罪及构成何罪，要把主客观要件放在同一时刻点上考察、分析行为人是在什么主观故意的驱使下或者支配下实施危害行为的，而不能把事中行为与事后故意，事中故意与事后行为拼凑在一起进行认定。行为人前行为是在前故意的驱使下进行的，所以前行为符合盗窃罪的特征，应认定为盗窃罪；后行为是在明知是枪支而欲占有的主观故意下实施的，而不是在盗窃故意的支配下实施的，所以符合非法持有枪支罪的特征而不符合盗窃枪支罪的特征，应认定为非法持有枪支罪。

3. 判断主观故意内容应以客观行为事实特征为基础。

“外在的行为揭示内在的秘密”，犯罪故意是为了满足行为人自身的需要而产生的，必然要向客观方面转化进而表现在行为上。犯罪故意与危害行为及结果的不可分离性，决定了必须通过行为事实特征来认定犯罪的故意及其内容。首先，要注重对行为方式和行为对象的判断，行为方式集中体现着故意的明知内容和意志态度，是认定犯罪故意的重要依据。行为对象往往体现

---

① 陈兴良：《刑法哲学》，中国政法大学出版社 1997 年版，第 164 页。

② 张明楷：《刑法学》（上），法律出版社 1997 年版，第 189 页。

法益保护的目的，通过分析行为人对犯罪对象属性的认识心理及意志因素，可以确定行为人是否具有某罪的故意。如盗窃通信电缆是盗窃行为还是破坏通信设备行为，就要分清行为人除了盗窃的故意外，是否认识到自己的行为可能会影响通信安全。对行为人难以预见到的对象阻却犯罪故意的成立。其次，要注重对行为过程的分析，行为过程是认定犯罪故意的基础。行为的过程包括事情起因、行为准备、行为特点、行为结果以及行为人对结果的事后态度等。如国家工作人员在公益工程的建设中，故意提高工程造价与特定工程承包商签订合同，从中套取书面合同标的数额与实际价款之间的差价。从实施的行为过程可以看出，该国家工作人员提高工程造价的目的不是为工程承包商及其单位谋取利益，而是假借他人之手骗取公款，该款项的性质并非是工程承包商从应得的工程利润中以“回扣”或者“感谢费”的形式送给国家工作人员的贿赂款，应当构成贪污罪而不是受贿罪。

4. 具体犯罪主观内容的认定不能脱离刑法分则条文的规定。

故意犯罪中“明知自己的行为会造成危害社会的结果”，这种危害结果，应当是法律评价意义上的危害结果，而非事实意义上的危害结果。[①] 所以，对故意内容的确定，必须以具体犯罪主观要件的内涵为依据，而不是以事实或者观念为依据。如破坏通信设备罪，这里“破坏”是就行为人所实施的具体行为作用于具体对象所产生的客观后果而言的，并不是指行为人主观上就有破坏通信设备的目的。在许多情况下，行为人是以盗窃的手段破坏的，只有非法占有的目的，而没有破坏通信设备的目的。不能因此把破坏上述对象的故意等同于对上述对象的目的，“不论行为人主观上是否具有破坏通信设备的目的，只要他对破坏通信设备的行为本身是故意的，就具备了本罪的主观特征”。[②] 另外，有些刑法条文中还规定了具体犯罪特定的主观要件，在认定这些犯罪的主观内容时，必须以刑法的具体规定为依据。如对于没有规定特定犯罪目的的，就不应当把犯罪目的作为主观要件内容予以考察，更不得

---

① 曲新久：《刑法的精神与范畴》，中国政法大学出版社 2003 年版，第 194 页。

② 陈兴良、曲新久：《刑法案例教程》（下卷），中国政法大学出版社 1994 年版，第 63 页。

任意扩大或者缩小主观故意内容和范围，把此种故意认定为彼种故意，把非目的犯认定为目的犯，或者相反。

【法规链接】

《中华人民共和国刑法》

第二百三十二条 故意杀人的，处死刑、无期徒刑或者十年以上有期徒刑；情节较轻的，处三年以上十年以下有期徒刑。

第二百三十四条 故意伤害他人身体的，处三年以下有期徒刑、拘役或者管制。

犯前款罪，致人重伤的，处三年以上十年以下有期徒刑；致人死亡或者以特别残忍手段致人重伤造成严重残疾的，处十年以上有期徒刑、无期徒刑或者死刑。本法另有规定的，依照规定。

32. 如何判断过失犯罪中的注意义务

——岳某某失职致使在押人员脱逃案

【案情摘要】

被告人岳某某，男，1968 年 11 月 27 日出生，监狱六分监区长。

2003 年 3 月，被告人岳某某在担任该监狱六分监区长期间，负责该外役劳务监管区的全面工作。在工作中虽对干警夜间值班做了安排，但未认真予以落实，并将监室门和监区大门的钥匙在夜间交罪犯监督岗保管使用，致使该分监区监督岗的罪犯于某等 6 人乘掌管钥匙之机，合谋后，在夜间私自外出盗窃作案 5 次，窃得废铁 5599 公斤，价值10 376.90元。

【诉讼意见与处理结果】

公诉机关指控，被告人岳某某的行为触犯了《刑法》第 397 条第 1 款，应当以玩忽职守罪追究其刑事责任。辩护意见认为，罪犯脱管后继续犯罪系监区客观状况本身存在安全隐患所致，与岳某某不正确履行职责无直接因果关系，属意外事件，被告人岳某某不构成犯罪，应当宣告无罪。

一审法院认为，被告人岳某某身为司法工作人员，不认真履行职责，对工作严重不负责任，致使在押的罪犯脱逃后多次盗窃犯罪，社会影响恶劣，其行为已构成失职致使在押人员脱逃罪。鉴于监区客观状况本身存在安全隐患也是发生事故的原因之一，被告人岳某某的犯罪情节较轻，可免予刑事处罚。依照《刑法》规定。判决如下：

被告人岳某某犯失职致使在押人员脱逃罪，免予刑事处罚。

宣判后，被告人岳某某未上诉。公诉机关未抗诉。

【法律适用问题】

“无罪过即无责任。”被告人岳某某的行为是否构成过失犯罪，应当判明对危害结果的发生是否存在注意义务和注意能力。

注意义务包括对危害结果发生的预见义务和对危害结果的避免义务，只有二者同时具备，才能构成过失犯罪。如果行为人在客观上没有注意义务，或者在客观上虽有注意义务，但并未实施违反注意义务的行为，则与过失犯罪无关。

在本案中，司法部《监管安全须知》规定：不准将监区、分监区大门等要害部位的钥匙交罪犯保管使用。甘肃省监狱管理局〔2002〕9号、10号文件规定：不得将管理教育罪犯的职权交予他人行使，不得使用罪犯管理罪犯，对罪犯的日常管理“必须做到亲自吹哨起床，开启监室门……”由此可见，无论是规范性文件还是规章制度，均赋予了被告人岳某某作为监区长的客观注意义务，但被告人岳某某却未尽该注意义务，相反却实施了违反该注意义务将监室门和监区大门的钥匙在夜间交罪犯监督岗保管使用的行为，该行为明显具有过错性、危害性。从注意能力的角度来看，被告人岳某某在主观上完全具有避免该结果发生的可能，却没有采取必要的适当的措施予以避免。正是由于违反了这些注意义务，且能够履行而未履行注意义务，才导致发生了部分罪犯乘掌管钥匙之机，私自外出进行犯罪的结果。这说明，被告人岳某某的渎职行为与所发生的危害结果具有刑法上的因果关系，正是由于被告人岳某某对法定岗位义务的不履行这种渎职行为的存在，才使客观上潜在的危险状态变成了现实的危害后果，加之其主观上对危害结果具有预见能力和避免能力，不属于意外事件。

玩忽职守罪与失职致使在押人员脱逃罪，属于普通法条与特别法条的关系，按照特别法条优于普通法条的规定，一审法院对被告人岳某某的行为以失职致使在押人员脱逃罪定性更为合理。但判决将监区客观状况存在的安全隐患作为减轻被告人罪责的事由未免过于牵强，该客观因素与不正确履行职责在事实上并无关系。难道客观条件好的监区，管理人员把监区大门等要害部位的钥匙交罪犯保管使用，就可以避免事故的发生吗？在刑罚的裁量中，非相关性因素不应当成为关注的对象。

法律的适用，既是一种技巧也是一种艺术，是一种在尊重社会伦理和文化价值基础上的“理性的技艺”。所以，对法律的适用，不能简单地等同于对法条的适用，司法人员不仅要有解释法律的基本技术，也要有如何取舍事实的智慧，进而在论理、衡平的基础上，作出规范性的选择。

【办案札记】

是否存在注意义务是认定过失犯罪的核心内容之一。在出现特定结果的情况下，如何来判断行为人对特定结果的发生有无刑法上的注意义务呢？

注意义务，是预见危害结果并采取适当措施，以避免结果发生的义务。如果行为人对应当履行的预见义务没有预见，导致危害结果发生的，即违反了注意义务中的预见义务；如果行为人已经预见到了危害结果发生的可能性，即尽到了注意义务中的预见义务，但却没有采取避免危害结果发生的适当行为，导致危害结果发生，即违反了注意义务中的结果避免义务。无论是对哪种义务的违反，都是对注意义务的违反。对行为人是否违反了注意义务的判断，应当明确以下几点。

1. 行为本身是否具有错误的性质。

“判定行为人是否注意，应把行为人的行为与注意义务所提出的要求进行比较，检验行为人的行为是否符合特定的注意义务的要求，不能简单地从已经发生的损害结果中来判定行为人是否违反了注意义务。”① 即判断的重点是行为人的行为是否是违反了注意义务且具有错误性质的行为。如果行为本身就没有违反注意义务且不具有错误的性质，即使由于其他因素的介入造成了危害社会的结果，也不能转化为犯罪行为。② 行为本身是否具有错误的性质，应从以下方面来判断：（1）行为是否具有违法性。无论是刑法规范还是非刑法规范，其所规定的注意义务都是过失犯罪中的注意义务，如果行为人违反了法律、法规所要求的注意义务，就自然负有因此而可能导致危害结果

---

① 王利民：《侵权行为法归责原则研究》，中国政法大学出版社 1992 年版，第 247 页。

② 侯国云：《过失犯罪论》，人民出版社 1993 年版，第 111 页。

发生的预见义务。(2) 行为是否具有违规性。对于具有一定职务和从事一定职业的人员来说，既要遵守法律、法规要求的注意义务，又要遵守职业规章制度等所要求的注意义务。如从事矿山作业的人员，必须遵守矿山安全操作规程，如果违反与此相关的规章制度，就负有对危害结果可能发生的预见义务。(3) 行为是否具有违约性。如果行为人违背委托和期约所要求的注意义务，造成严重后果的，就有可能成立过失犯罪。如受邻居之托在照顾幼儿的过程中，不履行安全注意义务而导致幼儿跑到马路上发生事故的，就有可能涉嫌犯罪。(4) 行为是否有违常理性。在社会生活和工作中形成的共同规则、常理和习惯，同样期待着从事相关活动的人一体遵循。如果懈怠这些合理的注意义务，就应当预见自己的行为可能会造成危害社会的结果。如在街道上从行驶的交通工具中抛物，就有预见可能会伤害他人的义务。

2. 注意义务履行是否全面。

在许多情况下，行为人往往有多项注意义务需要履行，此时应当考察注意义务履行是否全面。如果全面地履行了注意义务，仍然发生了危害结果，就应当视为不能预见或者不能避免；如果没有全面地履行注意义务，发生了危害结果，就应当视为没有履行应当预见的义务或者避免的义务。所谓“全面履行”，即行为人对具有违法性、违规性和有违常理性的行为负有同样的预见义务，违反了其中任何一项，都应当视为对注意义务的违反。[①] 如在医疗活动中，医生就负有依行政法规、医疗规则和职业常识所要求的义务，违反了其中任何一项义务造成了危害后果，就应当认为没有履行应当预见的义务；在交通事故中，车辆减速慢行通过街道时没有警戒行人的动向，虽然“减速慢行”履行了法定的注意义务，但“没有警戒行人的动向”即没有履行社会生活和工作中共同规则和习惯要求的注意义务，只要发生了严重后果仍为没有履行应当预见的义务。

当然，在注意义务发生冲突的情况下，并不要求行为人履行所有的义务，只要优先履行了紧急的或者避免较大的危害结果的义务，即为履行了注意义务。

---

① 赵秉志：《中国刑法案例与学理研究·总则篇》(上)，法律出版社2001年版，第284~285页。

3. 注意义务是否能够履行。

不论是哪种注意义务，都只能是行为人应该履行且能够履行的注意义务。如医生在做手术时，对器械未消毒，此时就违反了结果预见义务，当发现伤口化脓时，医生应当立即采取防止伤口进一步恶化的有效措施，否则，导致危害结果发生的，即违反了结果避免义务。[①]“针对结果预见义务，行为人必须具备结果预见能力，才有履行注意义务的可能；针对结果避免义务，行为人必须具备结果避免能力，才有履行注意义务的可能。”[②]如司药员只有依照医师处方的内容履行配药的义务，没有审查医生处方是否正确的义务。如果因处方内容错误造成医疗事故的，不能令司药员对此也承担责任。[③]

行为人虽有预见结果发生的可能性，但没有预见义务，在出现异常情况时，允许通过信赖原则免除过失责任。但适用信赖原则当以行为人本身遵守公共生活习惯、规则和法则，没有不适当行为为前提。即在社会生活和工作中，行为人只要严格按照普通人或者同类职业一般人共同的规则和习惯做事，即为履行了预见义务，发生了严重后果也应当为法律所容忍，而不能期待具有超出常人预见能力。

【法规链接】

《中华人民共和国刑法》

第十六条 行为在客观上虽然造成了损害结果，但是不是出于故意或者过失，而是由于不能抗拒或者不能预见的原因所引起的，不是犯罪。

第三百九十七条 国家机关工作人员滥用职权或者玩忽职守，致使公共财产、国家和人民利益遭受重大损失的，处三年以下有期徒刑或者拘役；情节特别严重的，处三年以上七年以下有期徒刑。本法另有规定的，依照规定。

国家机关工作人员徇私舞弊，犯前款罪的，处五年以下有期徒刑或者拘役；情节特别严重的，处五年以上十年以下有期徒刑。本法另有规定的，依照规定。

---

① 周光权：《注意义务研究》，中国政法大学出版社1998年版，第87~88页。

② 同上。

③ 高明暄：《刑法学原理》（第二卷），中国人民大学出版社2005年版，第96页。

第四百条 司法工作人员私放在押的犯罪嫌疑人、被告人或者罪犯的，处五年以下有期徒刑或者拘役；情节严重的，处五年以上十年以下有期徒刑；情节特别严重的，处十年以上有期徒刑。

司法工作人员由于严重不负责任，致使在押的犯罪嫌疑人、被告人或者罪犯脱逃，造成严重后果的，处三年以下有期徒刑或者拘役；造成特别严重后果的，处三年以上十年以下有期徒刑。

33. 如何判断过失犯罪中的注意能力

——白某某医疗事故案

【案情摘要】

被告人白某某，女，1961 年 9 月 25 日出生，个体诊所中医医师。

被告人白某某 1993 年取得乡村医生执业证书后，在城郊白家嘴村开办中医诊所从事治疗活动。2007 年 6 月 3 日上午，孕妇王某某在其丈夫李某某等人陪同下到该诊所，请求白某某为王某某接生。被告人白某某答应为其接生，并谈好接生费 300 元。当天下午，白某某带相关医疗器具及药品到王某某临时住处为王某某接生，但未能使王某某顺利生产。当晚 7 时许，被告人白某某见王某某病症加重，遂拨打“120”求助。经中西医结合医院抢救，王某某及胎儿因抢救无效死亡。后被告人白某某向公安机关投案，并向被害人近亲属赔偿了相关损失。经司法医学鉴定，王某某死亡主要成因系子宫破裂，失血性休克；中西医结合医院救治行为与王某某死亡无因果关系。白某某在接生过程中的行为具有违规性，其行为与被害人王某某的死亡有因果关系。后经市医学会医疗事故技术鉴定，本病历属于一级甲等医疗事故，医方承担主要责任。

【诉讼意见与处理结果】

侦查机关以白某某涉嫌非法行医罪移送审查起诉。公诉机关指控，被告人白某某明知不具备接生执业资格、执业条件的情况下，擅自行医造成了他人死亡的后果，其行为触犯了《刑法》第 335 条，应当以医疗事故罪追究其刑事责任。辩护意见认为，白某某持有乡村医生执业证书，具有执业资格，在诊疗过程中又积极履行了救治义务，造成事故发生的根本原因在于其缺乏对妇科诊疗的经验，技术不高，没有注意的能力，应当属于医疗技术事故而非责任事故。

一审法院认为，被告人白某某虽具有乡村医生执业资格，但其严重不负责后，在明知无不具备执业条件的情况下仍然行医，造成了他人死亡的后果，其行为构成了医疗事故罪。考虑其能主动投案自首，且积极赔偿被害人近亲属经济损失，可适用缓刑。依照《刑法》的规定，判决如下：

被告人白某某犯医疗事故罪，判处有期徒刑 1 年，宣告缓刑 1 年。

宣判后，被告人白某某未上诉。公诉机关未抗诉。

【法律适用问题】

对任何执业者来说，执业的技巧固然重要，但“永远别让你的技巧胜过你的品德”。正如印度电影《流浪者》中的对话：如果法律不承认良心，那么良心也不承认法律。无论如何，良知是守好执业之门最好的钥匙。

被告人白某某的行为属于医疗技术事故还是责任事故呢？医疗责任事故与医疗技术事故相比，发生的直接原因不同：医疗责任事故，是医疗人员违反医疗规章制度的结果，医疗人员在主观上存在过失。技术事故是由于医疗技术、经验方面存在欠缺造成的事故，如错误判断导致误诊误治等，这类事故的发生与医疗人员违反医疗规章制度无关，医疗人员在主观上不存在过失。

具体到本案，被告人白某某作为中医医师，对妇科诊疗缺乏经验固然是事实，但在明知无母婴保健技术资格，超出其执业类别、执业范围的情况下，却仍然实施接生行为，其行为在客观上具有违规性，以致造成病人死亡。事故发生的根本原因在于其本就不该违规进行妇科诊疗。正因为超出了其执业类别、执业范围，在出现危及就诊人生命安全的情势症状之时，缺乏注意能力，未能及时识别转诊，导致了事故的发生。所以其经验不足、技术不高是违反医疗法规行医的必然逻辑，而不是造成了他人死亡后果的必然原因。医务人员从业应当遵守医疗法则，否则对于那些违反医疗基本规则，盲目逞能逞强，不负责任拿患者做实验造成死亡的行为，都可以以技术不熟练、经验不足为由来开脱罪责，这无疑等于赋予了医务人员草菅人命的权利。除非在情况十分紧急之时迫不得已实施的抢救行为，才有免责的必要。如在偏远的地方发生交通事故后，当地不具有手术资格为挽救伤员实施的简单手术行为，虽然违规但仍然可以免责。

本案涉及的另一个问题是，被告人白某某的行为以非法行医罪认定是否更为合适？有人认为执业医师法对医师执业类别、范围上有严格的限制，没有获得医疗机构执业许可或者没有医师执业证书的人，是一种“没有取得医生执业资格的人”，而取得了医疗机构执业许可或者有医师执业证书的人，如果超出了医疗机构登记核准的诊疗科目或者超出了注册的执业类别、执业范围从事医疗活动，也是一种“没有取得医生执业资格的人”。超科目、超范围实质上就是无证行医，从而给患者造成严重损害的，一方面侵害了国家的医疗管理秩序，另一方面也严重危及广大患者的生命与健康，应构成非法行医罪。但最高人民法院《关于审理非法行医刑事案件具体应用法律若干问题的解释》（法释〔2008〕5号）公布后，最高人民法院研究室《〈关于审理非法行医刑事案件具体应用法律若干问题的解释〉的理解与适用》一文中指出：“……既要严厉打击严重危害人民群众生命健康的非法行医行为，又要考虑到目前医疗网点不能满足人民群众需要的现实情况，尤其是广大农村和城乡结合部的医疗卫生状况。既不能打击面过宽，又不能轻纵罪犯；既不能仅限于无医疗教育背景的人，也不能对于执业医师超范围、类别、地点的诊疗活动，一律按照非法行医来定罪，要严格区分刑法意义上的非法行医犯罪和行政法规的非法行医行为……”“……乡村医生的学历和业务水平参差不齐，如果强制他们也要取得执业医师资格，恐怕不大现实，考虑到农村广大人民群众的医疗卫生状况，有必要把乡村医生的规定单独列出来，即虽未取得执业医师资格，但根据国务院《乡村医生从业管理条例》的规定，经县级卫生行政管理部门注册后，在乡村医疗机构从事一般医疗服务的，不能按照非法行医处理……”“……对于违反执业医师法的规定，超过注册的执业地点、执业类别、执业范围从事诊疗活动的，目前不宜作为刑事犯罪处理”。由此，公诉和审判机关对被告人白某某的行为以医疗事故罪定罪处罚是合适的。

“原因的原因是结果的原因。”无论是直接因果关系还是间接因果关系都是刑法上的因果关系，不影响刑事责任的承担。不能因为是间接因果关系而否定刑事责任的承担，有时作为间接原因的行为所起的作用还会大于直接原因行为所起的作用，切不可概而论之。

【办案札记】

行为人具有注意能力是履行注意义务的前提。注意义务是从客观意义上提供应当预见或者避免的法律标准；而注意能力则是从主观意义上提供应当预见或者避免的事实根据。[①] 那么，在出现特定结果的情况下，如何来判断行为人对特定结果的发生有无刑法上的注意能力呢？

一般认为，注意能力包括结果预见能力和结果避免能力。结果预见能力，要求行为人密切观察行为之所有客观情状及其进展，强调注意力的集中和意识紧张；结果避免能力，则要求行为人为避免危险结果发生采取一定的行动，即对负有注意义务人履行注意义务的行为要求。[②] 行为人对其行为所发生的危害结果是否具有注意能力，应当分情况判断。

1. 普通过失中注意能力的判断。

对行为时行为人是否具有预见能力的判断，首先，“应当以行为时一般人的预见能力为基础，对行为人在行为时认识能力做一个粗略的大致的判断，因为在判断行为人能否预见之前，先用一般人的认识水平加以衡量的话，就会有一个客观的可以衡量的尺度……客观标准，在一般情况下可以给我们提供一个参考，提供一个考虑问题的基本要求，但决定的因素，仍然是被告人的主观能力”。[③] 其次，要根据行为人本身的情况，如行为人的年龄、经历、文化知识、工作经验和专业技术等判断行为人的实际预见能力。再次，分析行为本身的危险程度，无论是合法行为还是违法行为，应当判明该行为是否具有一定的危险性，行为本身的危险程度越高，预见的可能性就越大；行为本身的危险程度越低，则预见的可能性就越小。最后，考察行为当时的环境

① 陈兴良：《刑法哲学》，法律出版社 1992 年版，第 186 ~ 187 页。
② 周光权：《注意义务研究》，中国政法大学出版社 1998 年版，第 101 页。
③ 王作富：《中国刑法研究》，中国人民大学出版社 1988 年版，第 171 ~ 173 页。

条件。从具体的环境中判断行为人当时是否具有预见能力，其实际预见能力如何。[①] 预见能力本身又存在于具体的环境条件之中，环境条件对预见能力的发挥具有重要影响。因为“行为人的认识能力总是具体的，脱离当时的客观条件的认识能力是不存在的。人的认识能力是对客观现实的认识，决定于当时的客观条件。行为人在此时此地可以认识的事物，在彼时彼地便可能无法认识，行为人借助于某种手段可以认识的事物，脱离了该种手段也会无法认识……任何认识能力都是行为主体的主观能力与客观现实的具体条件相互作用的产物。”[②]

2. 业务过失中注意能力的判断。

对于业务过失来说，从事业务活动的人，由于受过专门的知识训练，一般认为，其对所从事的业务活动具有相应的注意能力，即多数人具有的注意能力就是行为人的注意能力。但是由于个体差异，有的人其业务能力较强，相应的注意能力较高；有的人不学无术，对从事的业务活动的能力较低，在此情形下，当其在业务活动中造成危害结果时，应当推定行为人具有相应的注意能力。[③] 如在医疗事故中，判断医疗人员是否存在过失，关键依据就是医疗事故鉴定委员会作出的鉴定意见，而该鉴定意见的基础又是当时当地同级别同类医疗机构中医疗人员的平均水平，并非具体医疗人员自身所具有的个体医疗水平。

综上，对行为人的注意能力，一般应按照以下标准来判断：如果“行为人的预见能力超过普通人的，应以普通人的标准确定其注意程度；行为人的预见能力不及普通人的，应以行为人本人的预见能力确定其过失的有无，但是行为人在职业上有特别注意义务者，原则上应以同职业的普通人的标准确定其预见能力的有无”。[④]

---

① 张明楷：“论疏忽大意的过失”，载《法律学习与研究》1989 年第 1 期，第 47 页。

② 姜伟：《犯罪故意与过失》，群众出版社 1992 年版，第 277 ~ 278 页。

③ 周光权：《注意义务研究》，中国政法大学出版社 1998 年版，第 117 页。

④ 陈兴良、曲新久：《刑法案例教程》（上卷），中国政法大学出版社 1994 年版，第 146 页。

【法规链接】

《中华人民共和国刑法》

第十六条 行为在客观上虽然造成了损害结果，但是不是出于故意或者过失，而是由于不能抗拒或者不能预见的原因所引起的，不是犯罪。

第三百三十五条 医务人员由于严重不负责任，造成就诊人死亡或者严重损害就诊人身体健康的，处三年以下有期徒刑或者拘役。

第三百三十六条 未取得医生执业资格的人非法行医，情节严重的，处三年以下有期徒刑、拘役或者管制，并处或者单处罚金；严重损害就诊人身体健康的，处三年以上十年以下有期徒刑，并处罚金；造成就诊人死亡的，处十年以上有期徒刑，并处罚金。

未取得医生执业资格的人擅自为他人进行节育复通手术、假节育手术、终止妊娠手术或者摘取宫内节育器，情节严重的，处三年以下有期徒刑、拘役或者管制，并处或者单处罚金；严重损害就诊人身体健康的，处三年以上十年以下有期徒刑，并处罚金；造成就诊人死亡的，处十年以上有期徒刑，并处罚金。

34. 如何界定疏忽大意的过失与意外事件

——赵某某重大责任事故案

【案情摘要】

赵某某，男，1973 年 10 月 21 日出生，矿区卡车司机。

2000 年 7 月 9 日凌晨，赵某某到二矿井下上班，被告知其所驾驶的 9 号 MK-A 自卸卡车有故障需要修理。经井下调度员同意，赵某某代驾 12 号 MK-A 自卸卡车拉矿。其间，赵某某发现发动机温度超过安全标准，将车停在井下 1118 中段的岔口处熄火降温。后重新将车启动，发现发动机右后侧着火，赵某某从车上取下灭火器未能扑灭，遂让调度打电话报警，并与附近 5 号、13 号车司机用灭火器一同灭火仍未能扑灭，后在矿山调度统一协调组织下将火扑灭。因 12 号卡车全车着火释放大量 CO 气体，致使在井下作业的 17 名工人中毒身亡，12 号卡车报废。经联合技术分析调查组认定，失火原因是由于车辆在井下长期运转，发动机表面附着油渍，车辆在高温状态下长期作业，致使油渍气化，产生了可燃性油气，车辆在停止状态下，发动机周围可燃性气体浓度较高，再次启动发动机时，起动机搭铁线螺丝松动，产生弧光或者火花，引燃油蒸汽，导致了火灾的发生。

【诉讼意见与处理结果】

公诉机关指控，被告人赵某某的行为触犯了《刑法》第 134 条，应当以重大责任事故罪追究其刑事责任。辩护意见认为，赵某某无违章行为，事故发生与赵某某操作行为无因果关系。赵某某在发现车温过高后即采取了降温措施，已经履行了注意义务，至于是怠速降温还是熄火降温，只是降温技术问题而不是操作行为不当的问题。在降温后再次启动时发生事故已超出了赵某某的预见义务和预见能力，应当属于意外事故而非责任事故。

一审法院认为，被告人赵某某作为车辆驾驶人员，未认真履行检查义务，其在发现车辆温度过高的情况下，没有严格按规章制度的要求进行怠速降温，后又重新启动，导致重大事故发生，其行为已构成重大责任事故罪。但因事故损害的酿成有安全管理、消防措施不到位等诸因素，可对其减轻处罚并适用缓刑。依照《刑法》规定，判决如下：

被告人赵某某犯重大责任事故罪，判处有期徒刑3年，宣告缓刑4年。

宣判后，被告人赵某某提出上诉，认为自己没有过错，本案属意外事故，其行为不构成犯罪。。

二审法院认为，本案事实不清，证据不足，裁定撤销原审法院判决，发回重审。

在重审期间，公诉机关决定撤回起诉，并建议侦查机关撤回了移送审查起诉的意见。

【法律适用问题】

诉讼的过程和结果表明，本案的难点在于如何区分过失犯罪与意外事件。

过失犯罪实行结果责任原则，但并不是唯结果论，不能因为后果严重就误以为违反了注意义务和没有履行注意能力。在严重结果业已发生的情况下，是否构成过失犯罪，应当判明对结果的发生在客观上是否有避免的可能，以及采取何种措施才可以避免。如果属于不可避免的情形，则为意外事件；如果属于有可能避免的情形，则应进一步确认行为人有无注意义务和注意能力。对行为人而言，要把“定罪的灾祸加在自己的头上”，客观上必须具有注意的义务而未注意，主观上必须具有注意的能力而未履行。只有在行为人既有注意义务又有注意能力的情况下，却没有采取必要的避免结果发生的措施时，才能认定为过失犯罪。

在本案中，火灾的形成当属技术事故而非责任事故。理由在于：第一，作为井下作业的大型车辆，在运行过程中，要求从业者检查到某一个螺丝是否有松动，发动机上是否有油污，实为强人所难，不具有期待可能性。第二，赵某某借用的是正在运行作业中的车辆，完全有理由信赖原驾驶人员在运行作业车辆前对车辆已进行了必要的检查和清洁，这种信赖应当是合理的、适当的，正如药剂师可以对医生处方的正确性予以信赖一样。第三，赵某某在发现温度过高的情况下，采取了停车降温，说明其已采取了预防事故发生的措施，履行了注意义务。至于是熄火降温还是怠速降温，应该说只是一个降温的技术问题，相关技术性规范中亦没有不得熄火降温的禁止性规定。第四，在发现明火后，赵某某采取了在现实条件下一切所能采取的避免结果发生的积极措施，没有失当行为。

“个人正义形成国家正义，个人尊严组成国家尊严。”正如英国律师卡德里在《审判的历史：从苏格拉底到辛普森》中真诚地告诫：“无论被告是小偷还是时间的领主，无论法官是天使还是黑社会的渣滓，审判这个被人们所尊崇的仪式，供奉着一个崇高的理想：人们应该在实施惩罚之前暂停一下，让深思熟虑战胜直觉。”每一个司法工作者，都应该铭记这一职业经验的教诲。

【办案札记】

在实务工作中，对疏忽大意的过失犯罪与意外事件往往容易混淆，区别二者的关键点在于：一是行为本身是否有过错性；二是行为人对严重结果是否应当有所认识。

1. 注重分析严重结果出现的原因和过程。

要判明结果是在什么样的情况下出现的，行为人在当时的情形下实施的行为本身是否有过错。如果在当时的环境条件下，实施了具有错误性质的行为，说明行为人违反了注意义务，可能构成过失犯罪；如果在当时的条件下，实施的行为根本不具有错误的性质，说明行为人没有违反注意义务，可能构成意外事件。① 所以，应当从严重结果发生的原因、过程来考察，而不应当仅从严重结果发生后的角度来判断行为人的预见能力及其行为是否具有错误的性质。一般而言，行为的错误性、危险性越高，行为人对危害结果发生的预见可能性就越大，即行为的错误性、风险性与对危害结果发生的预见可能

---

① 侯国云：《过失犯罪论》，人民出版社 1992 年版，第 110 ~ 111 页。

性成正比。但这并非是一个定律，不能因为错误行为引起的结果严重就主观断定行为人应当预见、能够预见。如行为人在实施不道德、违法乃至犯罪行为时，有时也可能发生行为人所不能预见的其他结果，这时不能因为行为人实施的是不正当行为，就断定他应当预见、能够预见自己行为的一切结果，令其承担刑事责任，这就违背了主客观相统一的原理。

2. 注意分析特定条件下行为人的预见能力。

“法律不强人所难”“对于做不到的事就不可能承担义务”。或者说，人对不能预见的事项，不承担过错责任。如果根据当时的情况，不能期待行为人具有一定的注意预见义务，就不能认为主观上具有罪过。如果对严重后果的发生无法预见、难以防范的，主观上就缺乏过失。如在复杂疾病的医疗过程中，由于病情或者患者体质特殊而发生了与疾病有关的其他疾病，导致发生了严重后果的，只要医务人员未违反医疗规程，该并发症的出现就属于医疗意外而不是医疗事故。但是，如果行为人明知自己缺乏职业经验和技能却自以为是、刚愎自用、草率从事，造成严重后果的，自然不能免除其责。如不具有医疗知识的人通过不正当手段进入医院从事医疗活动、不具有职业经验或授权不当等，造成严重损害后果的，不能免除其预见义务。

需要注意的是，预见能力具有具体性、条件性，行为人的经历、经验、智力因素不同，预见能力也有差异。在具体办案中，特别是要注意考察客观环境对行为人预见能力发挥的影响程度，不能离开行为的客观环境条件判断行为人能否预见。有的行为人在一般条件下能够预见某种行为可能发生危害结果，但在特殊条件下，却不能预见某种行为可能发生危害结果。同样的环境条件对不同的人，对预见能力的影响也可能不同。“具体的环境条件”必须是对行为人的预见能力能够产生影响的条件，对那些与预见能力无关的因素，不能成为阻却预见能力的条件。如节假日期间，因值班医务人员较少，值班医生对急诊患者没有抽血化验，而是根据患者家属提供的血型为患者输血，致使患者因血型不符导致心力衰竭而死亡。在这里，节假日期间值班医务人员较少的情况，虽然是现实存在的，但该情况与医生的预见能力无关，不能以此为借口，将医疗事故罪认定为意外事件。①

① 王作富：《刑法分则实务研究》（下），中国方正出版社2007年版，第1540~1543页。

【法规链接】

《中华人民共和国刑法》

第十六条 行为在客观上虽然造成了损害结果，但是不是出于故意或者过失，而是由于不能抗拒或者不能预见的原因所引起的，不是犯罪。

第一百三十四条 在生产、作业中违反有关安全管理的规定，因而发生重大伤亡事故或者造成其他严重后果的，处三年以下有期徒刑或者拘役；情节特别恶劣的，处三年以上七年以下有期徒刑。

强令他人违章冒险作业，因而发生重大伤亡事故或者造成其他严重后果的，处五年以下有期徒刑或者拘役；情节特别恶劣的，处五年以上有期徒刑。

单位犯罪

35. 怎样认定单位犯罪

——刘某某合同诈骗案

【案情摘要】

被告人刘某某，男，1957 年 1 月 21 日出生，公司法定代表人。

2004 年 11 月，被告人刘某某与其女友吕某登记成立了科贸股份有限公司。2005 年 6 月，刘某某雇用人员将购买的品位较高的镍矿渣掺入少量煤渣后装入 814 个小袋，又将废弃的镍矿渣装入 814 个大袋中，采用大袋套小袋的包装方法，将装有品位较高的镍矿渣的小袋放置在便于检验人抽样取货的一面，摆放在所在公司的库房准备行骗。同年 7 月，被告人刘某某通过网络联系到环保科技有限公司法定代表人林某。在林某用取样器抽样验货后，双方签订了《镍矿渣供需协议》，约定由供方科贸有限公司向需方环保科技有限公司提供约 60 吨含量大于 10% 的镍矿渣（装货后经双方检斤实际重量为 57 吨），每吨单价58 000元，共计价款306 000元。同年 7 月林某将全部货款汇入刘某某个人账户，将镍矿渣拉运到环保科技有限公司。卸货后发现有套装情况，但刘某某从此去向不明而未能找到。经检测并估价：小袋内镍矿渣镍品位 15.22%，价值42 000元，大袋镍品位 0.24%，全部为废弃物。

【诉讼意见与处理结果】

公诉机关指控，被告人刘某某的行为触犯了《刑法》第 224 条，应当以合同诈骗罪追究其刑事责任。辩护意见认为，刘某某是公司法人代表，有权决定公司经营活动，刘某某以单位名义从林某处取得的货款，主要用于支付公司购货款，是为了谋取单位利益，该行为属于单位行为，刘某某个人并不具有非法占有的目的，其行为属合同欺诈，应当宣告无罪。

一审法院认为，被告人刘某某的行为已构成合同诈骗罪。在诈骗过程中，以法定代表人身份策划行骗并以单位名义订立合同，得逞后将赃款主要用于支付货款等，应当视为单位犯罪行为。依照《刑法》规定，判决如下：

被告人刘某某犯合同诈骗罪（单位犯罪），判处有期徒刑 7 年，并处罚金250 000元。

宣判后，被告人刘某某提出上诉，认为自己的行为属于民事纠纷，不应当以犯罪论处。。

二审法院认为，原审判决认定事实不清，证据不足，适用法律错误。裁定撤销原审法院判决，发回重审。

原审法院认为，被告人刘某某虽系公司法定代表人，但实施诈骗的行为系其个人行为，所得货款进入个人账户后也由自己支配，当为自然人犯罪。依照《刑法》规定，判决如下：

被告人刘某某犯合同诈骗罪，判处有期徒刑 10 年 6 个月，并处罚金264 000元；违法所得264 000元继续予以追缴。

宣判后，被告人刘某某提出上诉。

二审法院裁定，驳回上诉，维持原判。

【法律适用问题】

从诉讼过程反映的情况看，本案的争议问题是：对单位犯罪行为与个人犯罪行为该如何区分？具体而言，被告人刘某某所在单位科贸股份有限公司是否构成合同诈骗犯罪？或者说本案是单位犯罪还是个人犯罪？

《刑法》第 30 条规定："公司、企业、事业单位、机关、团体实施的危害社会的行为，法律规定为单位犯罪的，应当负刑事责任。"最高人民法院《关于审理单位犯罪案件具体应用法律有关问题的解释》（法释〔1999〕14号）第 1 条指出："公司、企业、事业单位"，既包括国有、集体所有的公司、企业、事业单位，也包括依法设立的合资经营、合作经营企业和具有法人资格的独资、私营等公司、企业、事业单位；同时第 2 条、第 3 条又做了排除性规定：个人为进行违法犯罪活动而设立的公司、企业、事业单位实施犯罪的，或者公司、企业、事业单位设立后，以实施犯罪为主要活动的，不以单位犯罪论处；盗用单位名义实施犯罪，违法所得由实施犯罪的个人私分的，依照刑法有关自然人犯罪的规定定罪处罚。《全国法院审理金融犯罪案件工作座谈会纪要》（法〔2010〕8 号）指出：以单位名义实施犯罪，违法所得归单位所有的，是单位犯罪。从以上规定可以看出，单位犯罪具有以下基本特征：（1）单位是依法成立并从事合法经营活动的组织。（2）单位具有独立的人格。集中表现为具有独立的财产和独立的意志，能够独立承担责任。（3）行为及其后果归属具有单位性。行为的实施以执行单位意志并为单位谋取非法利益为目的。

从案情来看，科贸股份有限公司系被告人刘某某与吕某共同依法注册登记成立，具有独立的人格和法人治理结构，无疑可以成为单位犯罪的主体。但是否构成单位犯罪还应重点考察，被告人刘某某所实施的行为是否体现的是公司的意志，犯罪的利益是否归属于公司。由于被告人刘某某为公司法定代表人，以单位名义签订、履行合同应属其职责权限内的行为，至少在形式上可以视为是公司意志的体现，至于实质上是否属于公司意志，还需考虑该行为是否符合公司章程的规定、是否在其职权范围之内等其他因素。从利益归属的情况看，辩护意见提出刘某某将赃款主要用于支付货款，即用于单位业务活动，但公诉机关和审判机关最终未予采纳。这首先应当是一个证据问题，需要根据证据规则及诉讼价值的选择来确定。但从被告人刘某某诈骗得逞后即携款逃匿的事实，可以说明其是将违法所得归于个人而非单位，即犯罪所得由个人支配而不是公司支配的。由此，从刑法的实质合理性标准来看，被告人刘某某所实施的行为并非单位意志的体现，而是假借单位合同之名行个人诈骗之实，按照权责利相统一的原理，不利的后果应当由被告人刘某某来承担而不应追及于单位，以个人犯罪而非单位犯罪判处应当是合适的。

在本案中，需要关注的另一个问题是，在商品交易过程中对合同诈骗罪与生产、销售伪劣产品犯罪该怎样界定？按照刑法的规定，合同诈骗罪是指以非法占有为目的，在签订、履行合同过程中，采取虚构事实或者隐瞒真相等欺骗手段，骗取对方当事人的财物，数额较大的行为。生产、销售伪劣产品犯罪，是指生产者、销售者违反国家产品质量管理法规，故意生产、销售各种伪劣产品，扰乱社会主义市场秩序，侵害广大消费者的合法权益，情节严重的行为。据此可以看出，二者界限的关键点在于：是否存在确实、充分的交易产品及是否具有基本真实内容的产品交易活动。只有判明该事实，才能确定行为人的欺骗行为是用来获取非法利润，还是以此为幌子来掩盖事实和无偿占有真相的。在生产、销售伪劣产品犯罪中，虽然也存在着一定的欺骗因素，但是，交易的产品毕竟确实存在，所从事的产品交易活动也是客观存在的，交易内容本身基本真实。而在产品交易活动中的诈骗犯罪，其基本的手段就是虚构本不存在的产品，即使有一些标的，也只是作为诱饵而已，以隐瞒交易活动的假象，用这种不具有确定内容的形式或者外壳，骗取他人信任，达到无偿非法占有公私财物的目的。① 根据以上比较分析，被告人刘某某在签订、履行合同过程中，以合格产品为诱饵骗取他人钱财的行为性质，当属于合同诈骗罪而不是生产、销售伪劣商品犯罪。

“诉讼活动尽管是一种在程序法严格限制下实现实体法的活动，但其中直接涉及一系列法律价值的选择和实现过程。”② 所以，“法律教育要告诉律师某些特别的事情，也就是说，他们所做的不是工匠之所为，而是‘法律推理’”。③ 检察官、法官亦不例外。

【办案札记】

单位犯罪有别于自然人犯罪。单位犯罪，一般表现为以单位名义，实施了将违法所得或者不当利益归单位所有的犯罪行为。对单位犯罪的判断与认定，需要注意把握好以下几个方面的问题。

1. 单位犯罪主体是形式与内容的统一体。

《刑法》第30条规定中的“公司、企业、事业单位、机关、团体”即是

---

① 姜伟主编：《刑事司法指南》（2000年第4辑　总第4辑），法律出版社，第118页。

② 陈瑞华：《刑事诉讼的前沿问题》，中国人民大学出版社2000年版，第201页。

③ ［美］博西格诺：《法律之门》（第8版），邓子滨译，华夏出版社2007年版，第503页。

对单位形式要件的规定。单位犯罪主体除了满足形式要件外，还应当具备实质的内涵。一般认为，单位犯罪主体的实质要件为具有独立的人格，具体要求包括：（1）合法性，单位必须是依法设立并取得法律主体资格的组织，即设立目的、程序合法，具有正当的经营活动。（2）组织性，必须有基本固定的人员组成，并存在组织章程和组织机构。（3）拥有必要的经费或者财产，这是单位具有具有独立的民事行为能力和财产责任能力的物质基础。[①]（4）独立性，在一定范围内，能够以单位的名义、单位的意志独立进行社会活动，独立享有权利和承担义务。其中，按照最高人民法院《关于审理单位犯罪案件具体应用法律有关问题的解释》（法释〔1999〕14 号）的规定，独资或者私营公司、企业、事业单位具有法人资格才属于“公司、企业”的范畴，对其他主体则不以具备法人资格为前提。[②]

2. 单位犯罪的本质在于行为体现的是单位意志。

区分单位犯罪与个人犯罪的关键在于行为是否体现着单位的意志。对于单位意志与个人意志的区分，一般应综合考虑以下因素：（1）是否处于为单位谋取非法利益的目的；（2）是否由单位的决策机构按照单位的决策程序作出决定；（3）是否是以单位的名义；（4）行为是否在单位成员的职务活动范围内，是否符合单位的宗旨、规定或者操作习惯；（5）违法所得的利益是否归属于单位。[③] 以上五个因素虽然是体现单位意志的重要方面，但就单个因素来看，都无法成为决定单位意志的核心因素。如以单位名义实施犯罪行为后，将违法所得归个人所有的，说明实施犯罪是为了个人利益，并不是单位意志的体现；单位的决策者为了个人目的，通过单位的决策机构按照单位的决策程序作出的与单位目标、政策不符的决定，自然也不能成为认定单位意

---

① 陈兴良、周光权：《刑法总论精释》，人民法院出版社 2011 年版，第 568～569 页。

② 规范性文件有特别规定的，应依照规定。如 2001 年 1 月 21 日《全国法院审理金融犯罪案件工作座谈会纪要》规定：“以单位的分支机构或者内设机构、部门的名义实施犯罪，违法所得亦归分支机构或者内设机构、部门所有的，应认定为单位犯罪；不能因为单位的分支机构或者内设机构、部门没有可供执行罚金的财产，就不将其认定为单位犯罪。”从该规定可以看出，独立的财产责任对单位犯罪主体的认定并不具有决定性意义，关键在于违法所得的归属问题。这应当是对单位的分支机构或者内设机构、部门构成单位犯罪主体的特别规定。

③ 陈兴良、周光权：《刑法总论精释》，人民法院出版社 2011 年版，第 578～579 页。

志的理由。但就各个因素之间的权重而言，违法所得的利益是否归属于单位与是否由单位的决策机构按单位的决策程序作出决定，是判断是否属于单位意志相对重要的两个因素。

3. 单位主体变更不影响对其刑事责任的追究。

“结果跟随原因。”单位犯罪后，在追诉过程中，如果出现犯罪单位分立、合并或者其他资产结构变化等致使原犯罪单位发生变更的情况，不影响其刑事责任的承担。因为这种变更并不是原犯罪单位的消灭，其权利义务当然也不会随之消失，而是由变更后的单位承接，这说明原单位仍然具有承担刑事责任的资格和能力。但是，如果原犯罪单位出现被依法撤销、注销或者宣告破产等情况时，根据最高人民检察院《关于涉嫌犯罪单位被撤销、注销、吊销营业执照或者宣告破产的应如何进行追诉的批复》（高检发释〔2002〕4号）的规定，对该单位不再追诉，只追究实施犯罪行为的该单位直接负责的主管人员和其他直接责任人员的刑事责任。因为在这种情况下，单位犯罪主体已经消灭，无法承担刑事责任。

4. 单位行为不妨碍对自然人刑事责任的追究。

法律评价的方法是从规范到事实，而不是从事实到规范。无论是单位犯罪还是自然人犯罪，行为主体与责任应当相对应。单位行为与单位成员的个人行为属于两个不同层面上的问题，单位责任与个体责任相对独立，不具有可替代性。所以，无论单位的行为是否构成犯罪，所在单位是否具有承担民事责任的能力，都不影响对主要行为实施者刑事责任的追究。不能认为某一行为具有单位性质而刑法对该行为没有规定为单位犯罪，就否定其中自然人犯罪主体的适格性。因为单位决定实施的犯罪行为，与自然人犯罪相比，其本质特征并没有发生实质变化，其行为的法益侵害性也不会改变。因此，无论单位的行为是否构成犯罪、是否被追究，都不影响对单位中危害行为的组织者、策划者、实施者刑事责任的追究。[①] 基于同样理由，犯罪单位被撤销、

① 如2014年4月24日全国人大常委会《关于〈中华人民共和国刑法〉第三十条的解释》规定：公司、企业、事业单位、机关、团体等单位实施刑法规定的危害社会的行为，刑法分则和其他法律未规定追究单位的刑事责任的，对组织、策划、实施该危害社会行为的人依法追究刑事责任。

注销、吊销营业执照或者宣告破产的，也不影响对其中自然人刑事责任的追究。如最高人民法院、最高人民检察院、海关总署《关于办理走私刑事案件适用法律若干问题的意见》（法释〔2002〕139 号）第 19 条规定，单位走私犯罪后，发生分立、合并或者其他资产重组情形，以及被依法注销、宣告破产等情况的，无论承受该单位权利义务的单位是否存在，均应当追究原单位直接负责的主管人员和其他直接责任人员的刑事责任。

5. 个人独资经济实体能否构成单位犯罪需要区别对待。

个人独资经济实体主要包括个人独资企业和个人独资公司。根据《个人独资企业法》的规定，个人独资企业不具有法人资格，业主对企业债务承担无限责任。这说明在个人独资企业中，个人行为与单位行为、个人意志与单位意志、个人利益与单位利益相等同，个人独资企业不能成为单位犯罪的主体。但对于个人独资公司能否成为单位犯罪的主体，则需要区别情况来对待。如果公司具有独立的人格，则可以成为单位犯罪的主体。如有独立的意志和独立的财产。如果公司不具有独立的人格，则不能成为单位犯罪的主体。例如，公司与股东个人的人格、意志、利益相混同，无法有效区分的。总之，独自公司能否成为单位犯罪的主体，关键在于该公司是否具有独立于股东的人格。[①] 另外，在个人承包经营公司、企业的情况下，因被承包经营的公司、企业属于发包方投资成立，承包方以被承包公司、企业的名义对外从事经营

---

① 判断一人公司是否具有独立人格，应当按照以下标准：第一，是否具有独立的财产利益。公司的财产和出资人的财产必须能够分离，公司的财产状况必须是独立的。如果股东的财产和公司的财产混合，公司就没有自己独立的人格，不能独立承担责任，不能成为单位犯罪的主体。第二，是否具有独立的意志。一人公司的意志是否独立是判断其是否具备单位犯罪主体适格性的实质要件。如果股东为了公司利益在法律及公司章程规定的职权范围内依照一定程序实施特定行为，则这种行为就应当视为公司的决策而不是股东的个人意志。如果滥用公司形式，违背公司的根本利益或者超出法定权限、程序，则股东的行为意志就与公司的意志相背离，公司就失去了独立的意志。第三，是否具有公司法所要求的法人治理结构。一人公司的经营行为应当以公司的名义进行。只有行为是以公司名义实施，且其目的是追求公司利益或者履行公司职责，才能视为单位行为。第四，是否依照章程规定的宗旨运转。当单一股东或者其他成员实施的行为与公司目标完全相反时，就超出了公司的意志范围。第五，是否依照法定的条件和程序成立。一人公司的设立以及存续均应当具有合法性。在实体或程序方面不合法的一人公司不具备法律承认的独立人格，不能成为单位行为的主体。参见最高人民法院编：《刑事审判参考》（2011 年第 5 辑　总第 82 辑），法律出版社，第 21～22 页。

活动，根据《全国法院审理金融犯罪案件工作座谈会纪要》（法〔2010〕8号的精神，承包行为只是对经营权的转移而不是所有权的转移，承包方的行为属于单位行为而不是自然人行为。如果其行为涉嫌犯罪的，应当以单位犯罪论处。当然，如果发包方没有资本投入，而是由承包方个人投入资产，独立经营，自负盈亏的，其行为涉嫌犯罪的，应当以自然人犯罪论处。

【法规链接】

《中华人民共和国刑法》

第三十条 公司、企业、事业单位、机关、团体实施的危害社会的行为，法律规定为单位犯罪的，应当负刑事责任。

第三十一条 单位犯罪的，对单位判处罚金，并对其直接负责的主管人员和其他直接责任人员判处刑罚。本法分则和其他法律另有规定的，依照规定。

第二百二十四条 有下列情形之一，以非法占有为目的，在签订、履行合同过程中，骗取对方当事人财物，数额较大的，处三年以下有期徒刑或者拘役，并处或者单处罚金；数额巨大或者有其他严重情节的，处三年以上十年以下有期徒刑，并处罚金；数额特别巨大或者有其他特别严重情节的，处十年以上有期徒刑或者无期徒刑，并处罚金或者没收财产：

（一）以虚构的单位或者冒用他人名义签订合同的；

（二）以伪造、变造、作废的票据或者其他虚假的产权证明作担保的；

（三）没有实际履行能力，以先履行小额合同或者部分履行合同的方法，诱骗对方当事人继续签订和履行合同的；

（四）收受对方当事人给付的货物、货款、预付款或者担保财产后逃匿的；

（五）以其他方法骗取对方当事人财物的。

共同犯罪

36. 是否具有共同犯罪故意的判断

——陈某等人绑架案

【案情摘要】

被告人陈某，男，1984年6月26日出生，无业。

被告人王某，男，1987年10月3日出生，无业。

被告人贺某某，男，1990年9月18日出生，无业。

2009年12月，在陈某的提议下被告人陈某、王某预谋绑架潘某某以勒索钱财。12月28日，陈某、王某将陈某拉货用的三轮摩托车停放在市供热处附近的楼群巷道里，陈某戴上口罩将放学回家的潘某某在王某的协助下强行拉到三轮摩托车上，在逃离过程中，因潘某某跳车脱身而未得逞。

2010年5月，被告人陈某、王某再次预谋绑架勒索财物之事，并商定由王某找人协助绑架。后陈某准备了面包车、绳索、铁链、铜锁、胶带等作案工具，王某以打工为名纠集到被告人贺某某。其间，王某告诉贺某某：陈某在以前饭店打工时受了老板的气，我们把老板的儿子绑了帮他出出气，贺某某表示同意。7月2日6时许，被告人陈某、王某、贺某某发现欲乘坐公交车上学的潘某某后，将潘某某强行塞到面包车上，陈某、贺某某将潘某某控制在车内由王某驾车拉至戈壁滩部队靶场的防弹坑道旁，用绳索将潘某某捆绑后，陈某、王某又将潘某某拖到防弹坑道内，用铁链、铜锁将其锁拷在沙袋上，并用胶带封住嘴后开车离开现场。回到市区后，贺某某问王某："这样的做法不像是出气，好像要出事。”随后，贺某某、王某因害怕逃回原籍。当日中午1时许，潘某某挣脱捆绑后报案。下午3时许，陈某到控制潘某某的现场探视情况时，被公安人员抓获。

【诉讼意见与处理结果】

侦查机关以陈某、王某、贺某某涉嫌绑架罪移送审查起诉。公诉机关指控，被告人陈某、王某的行为触犯了《刑法》第239条第1款，应当以绑架罪追究其刑事责任；被告人贺某某的行为触犯了《刑法》第238条第1款，应当以非法拘禁罪追究其刑事责任。辩护意见认为，在陈某、王某的两起绑架事实中，都因意志以外的原因，没有向被害人的近亲属提出过不法要求，更没有实施勒索财物的行为，应当以绑架未遂论处，并减轻处罚。贺某某的犯罪情节较轻，不应当判处刑罚。

一审法院认为，被告人陈某、王某以勒索财物为目的，绑架他人，其行为已构成绑架罪；被告人贺某某伙同陈某、王某非法扣押他人，并实施了殴打行为，已构成非法拘禁罪。依照《刑法》规定，判决如下：

1. 被告人陈某犯绑架罪，判处有期徒刑7年6个月，并处罚金10 000元；

2. 被告人王某犯绑架罪，判处有期徒刑7年6个月，并处罚金10 000元；

3. 被告人贺某某犯非法拘禁罪，判处有期徒刑1年。

宣判后，被告人陈某、王某、贺某某提出上诉。被告人陈某、王某认为，其行为当为非法拘禁而不构成绑架罪，应予改判。被告人贺某某认为，其为初犯，且情节较轻，应改判为缓刑。

二审法院裁定，驳回上诉，维持原判。

【法律适用问题】

在共同犯罪中共同故意的基础是什么？共同的故意是否等于相同的故意？对被告人贺某某行为的性质，无论是在审查起诉中还是在审判过程中，分歧的焦点正在于此。

一种意见认为，在帮助犯的情形中，即使正犯实施的犯罪超出了共同故意，但只要和帮助者所认识的犯罪具有构成要件上的重合性，也能成立帮助犯，贺某某当属于绑架行为的帮助犯。另一种意见认为，行为的共同性并不等于故意的共同性。贺某某与陈某、王某没有共同的绑架故意，但其参与实施了拘禁行为，应以非法拘禁罪论处。

《刑法》第25条规定："共同犯罪是指二人以上共同故意犯罪。二人以上共同过失犯罪，不以共同犯罪论处；应当负刑事责任的，按照他们所犯的罪分别处罚。"由此，刑法规定的共同犯罪，是指二人以上以共同的故意实施了共同的犯罪行为的犯罪，[①] 即各行为人在犯意上有沟通、联络，在行为上相互协同、配合一致。但共同包含相同并不等于相同，这里的共同首先是指行为违法的共同性，其次才是故意内容的共同性，而不是指故意内容与行为内容完全相同，才能成立共同犯罪。因为对共同犯罪而言，违法是整体的，而责任却是具体的。"在处理共同犯罪案件时，应当首先从客观违法层面'连带地'判断是否成立共同犯罪，然后从主观责任层面'个别地'判断各参与人是否有责任以及具有何种责任。"[②]

按照从客观到主观的认定犯罪方法，只有确定了不法之后，才能判断有无责任，而不能相反。在本案中，被告人贺某某与被告人陈某、王某的行为显然具有共同的违法性，但其故意内容是否共同呢？从事先、事中的表现看，被告人陈某、王某是以勒索财物为目的强行绑架他人，贺某某对陈某、王某绑架被害人勒索钱财的目的并不知情，特别是将拘禁潘某某的行为完成回到市区后，被告人贺某某问王某"这样的做法不像是出气，好像要出事"，并

---

① 一般认为共同过失不能成立共同犯罪，但《最高人民法院关于审理交通肇事刑事案件具体应用法律若干问题的解释》（法释〔2000〕33号）第5条第2款规定："交通肇事后，单位主管人员、机动车辆所有人、承包人或者乘车人指使肇事人逃逸，致使被害人因得不到救助而死亡的，以交通肇事罪共犯论处。"有人认为该规定是对传统共同犯罪理论的突破和对实践问题的必要回应，并认为共同过失只存在于正犯之间，其成立应符合三个要件：(1) 二人以上负有防止危害结果发生的共同注意义务。即存在全体共同行为人都必须相互遵守其义务的事态是共同注意义务成立的前提。(2) 二人以上的行为人都实施了违反共同注意义务的共同行为，导致危害结果的发生。即危害结果的发生是因为各个行为人之间存在违反共同注意义务的共同行为。(3) 二人以上的行为人在违反共同注意义务上都存在过失。即各行为人在心理上存在互助、互动关系的事实。参见林亚刚：《刑法学教义》，北京大学出版社2014年版，第505～506页。事实上，无论是从体系性思考的角度还是从问题性思考的角度出发，对共同过失犯罪都不应当排斥。

② 张明楷："共同犯罪是违法形态"，载《人民检察》2010年第13期。

乘车逃回原籍的事实，足以说明陈某、王某的行为超出贺某某的预见范围，其与被告人陈某、王某对于犯罪行为性质存在不同的认识，是基于对犯罪性质的错误认识参与实施了犯罪。勒索钱财的目的是构成绑架罪的基本条件之一。贺某某在意识到行为的严重性后，遂即脱离同伙，在犯罪过程中不存在心理上的趋同性和行为上的一致性，不应认定其与陈某，王某具有共同的犯罪故意。没有共同的绑架故意，就不能成为绑架罪的共犯，自然不应当承担绑架罪的责任，这是主客观相一致的基本要求。

"违法是连带的，责任是个别的。"① 在同一个案件中，应当注意对同案人犯意内容的考察，有时参与作案人的犯意是有区别的，即同案未必同罪，犯意不同，行为的性质就可能不同。即便是存在交叉或者重叠关系的罪名之间，也同样存在同案异罪的情形。如 A 教唆 B 挪用资金，B 挪用后故意不归还，A 与 B 在挪用资金罪范围内成立共犯，B 单独成立职务侵占罪。

【办案札记】

共同的犯罪故意是指各共同犯罪人通过意思联络，认识到他们的共同犯罪行为会发生危害社会的结果，并决意参加实施犯罪，希望或者放任危害结果发生的心理态度。在判断行为人是否存在共同的故意时，需要把握以下几个方面的内容。

1. 犯意有联络是共同故意的基础。

"有无主观联络是认定共同犯罪故意的前提。"② 如果虽有相同或者共同的故意，但彼此之间没有犯意上的沟通和联络，仍不构成共同故意，只能按照各自所实行的犯罪分别定罪量刑。如《刑法》第 198 条第 4 款规定："保险事故的鉴定人、证明人、财产评估人故意提供虚假的证明文件，为他人诈骗提供、创造条件的，以保险诈骗的共犯论处。" 此条中，鉴定人、证明人、财产评估人必须明知投保人、被保险人和受益人有诈骗保险金的故意而仍然提供虚假的证明文件，才构成共犯，如果鉴定人、证明人、财产评估人与投

---

① ［日］山口厚：《刑法总论》，有斐阁 2007 年版，第 300 页。

② 陈兴良：《共同犯罪论》，中国人民大学出版社 2006 年版，第 100 页。

保人、被保险人和受益人之间没有意思联络，只是因为其他原因，而提供了虚假证明文件为他人诈骗提供了条件，也不能以保险诈骗的共犯论处，如果情节严重的，可以中介组织人员提供虚假证明文件等罪论处。当然，这里的“犯意联络”应当发生在实行行为结束之前，实行行为结束后的“意思联络”不能成为“犯意联络”。

2. 犯意联络的内容具有共同性。

这里的共同性，不是相同性，而是指同一犯罪性质构成要件内的故意的共同性，不受故意形式的限制，包括共同的希望、共同的放任或者希望与放任的结合。[①] 所以，共同犯罪故意并不要求共同犯罪人对他人的行为有明确的认识，有时各共同犯罪人的地位不同，参与的程度不同，对其他共同犯罪人以什么方式、手段参与实施犯罪活动及其故意的确定程度不可能有清楚具体的认识。如在突发性的伤害犯罪中，共同犯罪人往往对其他人的行为没有明确的认识，并不知道其他人会实施什么行为，怎样实施行为，但都应当对造成的结果共同承担刑事责任，原因正在于具有共同的伤害故意和共同的伤害行为。因此，对共同犯罪中他人的行为方式、手段不属于共同故意的认识范围，不能因为没有清楚地认识到其他共同犯罪人的具体行为方式和所采取的具体作案手段，就否定共同故意的存在。[②]

3. 故意内容的共同性并不等于相同性。

身份、作用不同，信息也可能不同。就主观内容来说，一般地，除具有包容、交叉等相互关联的罪名外，共同犯罪人的犯罪目的是否相同并不影响共同故意的成立和对犯罪行为性质的认定。只要正犯的犯罪目的明确，即使其他共犯的犯罪目的不同也不影响犯罪行为性质的认定。因为实行犯的行为性质及主观方面决定了犯罪行为的类型，共犯只要明知实行犯的行为性质及主观意图并实施了帮助行为，就可以构成实行犯所犯之罪。如在共同贪污中，没有身份的帮助犯不可能直接实施利用职务之便，非法占有公共财物的行为，在有些情况下，只有帮助他人非法占有公共财物的故意，自己并不分取赃款

---

① 杨春洗、杨敦先：《中国刑法论》，北京大学出版社 2001 年版，第 98 ~ 99 页。
② 张智辉：“对共同犯罪中几个问题的探讨”，载《法学季刊》1985 年第 4 期。

赃物，但案件的整体行为及其主观故意均符合贪污罪的构成要件，因而不影响对贪污帮助犯行为性质的认定。这是因为目的的共同性与故意的共同性毕竟是两个不同的概念，需要区别对待。

【法规链接】

《中华人民共和国刑法》

第二十五条 共同犯罪是指二人以上共同故意犯罪。

二人以上共同过失犯罪，不以共同犯罪论处；应当负刑事责任的，按照他们所犯的罪分别处罚。

第二百三十八条 非法拘禁他人或者以其他方法非法剥夺他人人身自由的，处三年以下有期徒刑、拘役、管制或者剥夺政治权利。具有殴打、侮辱情节的，从重处罚。

犯前款罪，致人重伤的，处三年以上十年以下有期徒刑；致人死亡的，处十年以上有期徒刑。使用暴力致人伤残、死亡的，依照本法第二百三十四条、第二百三十二条的规定定罪处罚。

为索取债务非法扣押、拘禁他人的，依照前两款的规定处罚。

国家机关工作人员利用职权犯前三款罪的，依照前三款的规定从重处罚。

第二百三十九条 以勒索财物为目的绑架他人的，或者绑架他人作为人质的，处十年以上有期徒刑或者无期徒刑，并处罚金或者没收财产；情节较轻的，处五年以上十年以下有期徒刑，并处罚金。

犯前款罪，杀害被绑架人的，或者故意伤害被绑架人，致人重伤、死亡的，处无期徒刑或者死刑，并处没收财产。

以勒索财物为目的偷盗婴幼儿的，依照前两款的规定处罚。

37. 是否具有共同犯罪行为的判断

——张某某等人赌博案

【案情摘要】

被告人张某某，男，1974年4月18日出生，无业。

被告人李某某，男，1972年1月12日出生，农民。

被告人刘某某，男，1986年10月11日出生，农民。

程某某，男，1983年9月11日出生，无业。

王某某，男，1987年4月2日出生，服刑人员。

2011年4月18日、19日晚，被告人张某某、李某某经事先预谋，先后两次纠集40余人在羊肉馆以“推饼子”方式进行赌博。其中，被告人刘某某负责在赌场上抽头，抽头渔利钱款除支付刘某某固定报酬及赌场所需开支外，其余均归张某某、李某某所得。4月19日晚，程某某、王某某到赌场向参赌人员马某某发放高利贷40 000元。2011年4月20日凌晨，被公安机关抓获，当场从赌场收缴各类现金283 900元，麻将一副，从“水箱”中收缴抽头渔利款86 200元。2011年6月20日，被告人张某某到公安机关投案。

【诉讼意见与处理结果】

侦查机关以张某某、李某某、刘某某、程某某、王某某涉嫌赌博罪移送审查起诉。公诉机关认为程某某、王某某其到赌场发放高利贷的行为与张某某、李某某事先无通谋，不符合最高人民法院、最高人民检察院《关于办理赌博刑事案件具体应用法律若干问题的解释》（法释〔2005〕3号，以下简称《解释》）第4条规定，即“明知他人实施赌博犯罪活动，而为其提供资金、计算机网络、通信、费用结算等直接帮助的，以赌博罪的共犯论处”的情形，不属于共同犯罪行为，建议侦查机关撤回起诉，以赌博罪对张某某、李某某、刘某某提起公诉。被告人刘某某的辩护人认为，赌博罪是以营利的目的，聚众赌博，或者以赌博为业的行为。刘某某为受雇服务人员，作为一般工作人员，只是领取固定工资，既不参与赌场的组织经营管理，也不参与“分红”，不能成为赌博罪的共犯。

一审法院认为，被告人张某某、李某某、刘某某以营利为目的，聚众赌博，其行为已构成赌博罪。依照《刑法》规定，判决如下：

1. 被告人张某某犯赌博罪，判处有期徒刑 1 年，缓期执行 1 年，并处罚金 5000 元；

2. 被告人李某某犯赌博罪，判处有期徒刑 1 年 6 个月，缓期执行 2 年，并处罚金 5000 元；

3. 被告人刘某某犯赌博罪，判处有期徒刑 1 年 6 个月，缓期执行 2 年，并处罚金 5000 元。

宣判后，被告人张某某、李某某、刘某某未上诉。公诉机关未抗诉。

【法律适用问题】

从诉讼过程来看，对刘某某、程某某、王某某是否构成赌博罪的共犯存在不同认识。一种观点认为，在赌博场所为参赌人员提供高利贷，其主观上系以“营利为目的”的，且与组织者的赌博行为在客观上起到促进作用，其行为与参赌人员聚集赌博有刑法上的因果关系，应予以整体评价认定为共犯；被雇用的服务人员虽然名义上是以领取固定“工资”的形式出现，但其所获利益来源于组织赌博所抽取的费用，积极对赌博活动实施协助，按照共同犯罪理论，亦属于共同犯罪。另一种观点认为，在赌场内放高利贷的人和受雇服务人员不能成为赌博罪的共犯。赌博罪是以营利的目的，聚众赌博，或者以赌博为业的行为。放高利贷的人仅是在赌头提供的场所内发放高利贷，收取高额利息；受雇服务人员作为一般工作人员，只是领取固定工资，既不参与赌场的组织经营管理，也不参与“分红”，不能成为赌博罪的共犯。同时《解释》第 4 条规定：“明知他人实施赌博犯罪活动，而为其提供资金、计算机网络、通信、费用结算等直接帮助的，以赌博罪的共犯论处。”对于共同犯罪，在刑法分则有特别规定的情况下，应当按照分则的特别规定处理，而不能适用总则的规定。根据该《解释》的规定，放高利贷和提供服务的人员不符合赌博罪的犯罪主体，不能成为共犯。

刘某某、程某某、王某某是否能够成为赌博罪的共犯，应当明确以下问题：首先，作为共同犯罪成立前提的“同一犯罪构成”，仅仅要求各共犯之间具有相同的犯罪构成，而不要求各共犯人在符合犯罪构成上的要件要素完全一致。[①] 就主观内容来说，共同犯罪人的犯罪动机不同并不影响犯罪行为性质的认定。只要共犯明知正犯的行为性质及主观意图并实施了帮助行为，就可以构成正犯所犯之罪。就客观行为来说，犯罪的实行行为与帮助行为并不要求完全一致，因为正犯的行为由刑法分则规定，共犯的行为由总则规定，只要正犯的实行行为符合刑法分则条文规定的行为类型，即使共犯的具体行为与分则规定不同，只要是在共同故意支配下实施的，也不影响共同犯罪行为的认定。其次，司法解释属于应用性质的法律解释，只对具体应用法律问题进行解释，不能越权改变立法精神。该《解释》第 4 条只是对赌博共犯的具体化、提示性解释，而不是对赌博犯罪共犯主体的限制。如最高人民法院、最高人民检察院《关于办理生产、销售伪劣商品刑事案件具体应用法律若干问题的解释》（法释〔2001〕10 号）第 9 条规定：知道或者应当知道他人实施生产、销售伪劣商品犯罪，而为其提供贷款、资金、账号、发票、证明、许可证件，或者提供生产、经营场所或者运输、仓储、保管、邮寄等便利，或者提供制假生产技术的，以生产、销售伪劣商品犯罪的共犯论处。在此，如果认为只有符合该《解释》中的情形才能构成生产、销售伪劣商品罪的共犯，那么对于提供制假原料这种更为严重的行为及其行为人，就不能构成该罪的共犯，这是显而易见的悖论。对司法解释的态度，应当是在明确司法解释性质的基础上，作出符合刑法基础理论的解读，不能突破法律条文的框架，正如在强奸犯罪中不能否定妇女可以构成该罪的共犯一样。所以，《解释》

① 肖中华：“论共同犯罪成立是否以符合同一犯罪构成要件为前提”，载《中国刑事法杂志》1999 年第 6 期。

第4条规定，当属于注意性规定，不能成为否定赌博犯罪共犯主体的法律依据。

当然，在赌场上发放高利贷和受雇提供服务的行为，可以成为赌博犯罪的共犯，并不意味着所有对赌博犯罪起到作用的人都要追究刑事责任。在坚守法律之刚性时也不应缺少执法的柔情，对于聚众赌博犯罪参与程度有限，所起作用不大的，或者说帮助行为未超过一般社会观念允许的程度，不具有明显的法益侵害性，视为“情节显著轻微危害不大”的情形，不追究刑事责任。

罪刑法定并不等于“法有明文规定即为罪”。对行为性质的评价，是一个从不法到责任的过程，既要注重从形式层面上进行刑事违法性评价，也要注意从实质层面上进行法益侵犯性评价，最后才能确定责任及是否有适用刑罚的必要。

【办案札记】

共同的犯罪行为，是指各行为人在犯意联络的基础上共同实施相应的犯罪行为。共同行为离不开个体行为，在具体认定中，需要注意考察以下事项。

1. 个体行为之间是否有客观联结。

如果行为人的行为是在共同故意支配下实施的，并且彼此联系、互为条件、相互作用，具有内在的联系性，说明各行为人的行为之间具有客观的联结，应当认定为共同犯罪行为。

在复杂共同犯罪中，实行行为与非实行行为之间是否具有客观的联结，可以按照以下思路来判断：组织行为与实行行为之间是否具有支配性，若有支配性，则存在客观联结；帮助行为与实行行为之间是否具有协同性，若有协同性，则存在客观联结；教唆行为与实行行为之间是否具有诱发性，若有诱发性，则存在客观联结。只有实行行为与非实行行为之间具有客观上的联结，才能构成共同犯罪行为。[①] 当然，非实行行为与实行行为之间既有依存性又有相对独立性，如在组织犯、教唆犯实施了组织、教唆行为后，被组织者、被教唆者却没有实施被组织、被教唆之罪的情形下，并不影响组织者、

① 陈兴良：《共同犯罪论》，中国人民大学出版社2006年版，第75~77页。

教唆者的犯罪构成，只是被组织、被教唆之罪未遂而已。

2. 个体行为是否构成系统整体。

共同故意支配下的行为整体，一般是指实行行为的整体，只要实行犯的行为整体符合刑法条文规定的全部条件，就构成该条确定之罪。对于帮助犯、教唆犯而言，尽管其个体行为并不符合具体条文规定的要件，但因与实行行为具有关联性和因果性，从而与实行行为共同构成一个系统整体。所以，对共同实行犯而言，应当适用部分行为承担全部责任的原则，从实行行为的结构单元上来认定行为的性质，并不要求每一个实行者的行为都充分满足犯罪构成要件。如 A、B、C 共同预谋抢劫他人财物，A 提供了作案工具匕首后要求 B、C 去抢劫，后 B 手持匕首将被害人截住后，C 将被害人身上财物洗劫一空。如果分开来看，A、B、C 的行为都不符合抢劫罪的构成要件，A 只是提供了作案工具匕首，B 只实施了抢劫罪的手段行为，C 只实施了抢劫罪的目的行为。事实上，B、C 的行为虽只是抢劫分工的不同，应当视为一个实行行为整体，完全符合抢劫罪的构成要件。而 A 的行为引起和促进了 B、C 的行为，与结果发生有因果性，共同构成了一个系统整体。又如在犯罪数额认定上，应当以共同犯罪所得总数额为标准，而不能以每个犯罪人的分赃数额为标准。因为“共同犯罪的整体因果关系决定了共同犯罪的特殊刑事责任处理原则：各行为人的责任都要以整个共同犯罪行为为基准来分担，而不能将各人的行为分割开来一一计算”。[①]

3. 个体行为的性质是否相同。

共同的犯罪行为，并非意味着各行为人的行为完全相同。共同的犯罪行为，是指以实行犯的行为为中心的整体行为性质的相同性，而不要求行为表现形式的相同性，“他们之间可以有作为与不作为之分，也可以有实行行为、教唆行为与帮助行为的分工”。[②] 如在犯罪集团中，各共同犯罪人所处的地位不同，其行为的表现形式也不同，组织犯表现为组织行为，教唆犯表现为教唆行为，实行犯表现为实行行为，帮助犯表现为帮助行为，不论哪种表现形

① 黄伟明：《刑法总则案例教程》，北京大学出版社 2004 年版，第 156 页。

② 同上。

式，只要是围绕同一实行行为而进行，即为具有同一性质的行为，就属于共同犯罪行为。行为表现形式的相同与不同也可能影响责任的认定，但并不影响共同犯罪行为的认定。所以，共同犯罪行为的认定关键在于以实行行为为中心，判明具有客观联系的各行为的整体性质是否符合同一犯罪构成要件且违法。如果行为人的犯罪故意的内容及其行为的整体性质不属于同一犯罪构成，一般认为不构成共同犯罪。如 A、B 二人共雇一条船进行走私，A 走私的是毒品，B 走私的是普通货物，两人的犯罪故意及其行为性质并非同一犯罪构成，A 是走私毒品罪，B 是走私罪，不构成共同犯罪。①

【法规链接】

《中华人民共和国刑法》

第二十五条 共同犯罪是指二人以上共同故意犯罪。

二人以上共同过失犯罪，不以共同犯罪论处；应当负刑事责任的，按照他们所犯的罪分别处罚。

第二十六条 组织、领导犯罪集团进行犯罪活动的或者在共同犯罪中起主要作用的，是主犯。

三人以上为共同实施犯罪而组成的较为固定的犯罪组织，是犯罪集团。

对组织、领导犯罪集团的首要分子，按照集团所犯的全部罪行处罚。

对于第三款规定以外的主犯，应当按照其所参与的或者组织、指挥的全部犯罪处罚。

第二十七条 在共同犯罪中起次要或者辅助作用的，是从犯。

对于从犯，应当从轻、减轻处罚或者免除处罚。

第三百零三条 以营利为目的，聚众赌博或者以赌博为业的，处三年以下有期徒刑、拘役或者管制，并处罚金。

开设赌场的，处三年以下有期徒刑、拘役或者管制，并处罚金；情节严重的，处三年以上十年以下有期徒刑，并处罚金。

---

① 何秉松：《犯罪构成系统论》，中国法制出版社 1995 年版，第 353 ~ 354 页。

38. 认定共同犯罪应注意的问题

——李彩甲等人盗窃案

【案情摘要】

被不起诉人李彩甲，女，1962 年 5 月 20 日出生，务工人员。

被不起诉人李彩乙，女，1971 年 1 月 17 日出生，务工人员。

2004 年 11 月 11 日，被不起诉人李彩甲、李彩乙从选冶化厂区四号岗旁的围墙豁口处窜入化工厂废料场时，发现邻居杨某某等 3 人也在，便各自窃得一编织袋废铅，分开埋藏在废料场旁的同一大坑内，并约定次日凌晨来背。12 日凌晨，李彩甲伙同李彩乙来到埋藏地点时，杨某某等 3 人正背着编织袋往厂区外走，李彩甲和李彩乙遂将自己埋藏的 2 个编织袋从坑内挖出，与杨某某等人先后窜出厂区。当李彩甲、李彩乙携带赃物行走途中，被巡逻民警发现并抓获，先前出厂的杨某某等人发觉李彩甲、李彩乙被抓后弃赃而逃。现场查扣五编织袋废铅，共计价值 2250 元。案发后，扣押的赃物被失盗单位回收。

【诉讼意见与处理结果】

侦查机关以李彩甲、李彩乙涉嫌盗窃罪移送审查起诉。公诉机关认为，被不起诉人李彩甲与李彩乙虽是共同犯罪，但与在逃人员属同时犯，只能仅对其所盗窃的两编织袋财物负责，而不能令其对扣押的五编织袋财物负责。由于赃物已回收，导致对盗窃财物的价值是否达到了入罪标准处于不确定的状态，据此，依照《刑事诉讼法》第 171 条第 4 款规定，决定对李彩甲、李彩乙不起诉。

不起诉决定宣布后，侦查机关未提出复议。

【法律适用问题】

在同一时间、同一场所实施同一性质的犯罪，是否属于共同犯罪？这是本案的问题所在。

《刑法》第 25 条第 1 款规定：“共同犯罪，是指二人以上共同故意犯罪。”这就表明，共同犯罪要求各行为人在主观犯意上具有沟通联络性，在客观行为上具有协同一致性。对欠缺犯意联络和行为协同的同时盗窃犯罪，不能认定为共同犯罪。共同犯罪故意中的“犯意联络”是共同犯罪人以明示或暗示的方式表明在共同实施某种犯罪，正是通过犯意联络，共同犯罪人才认识到不是自己单独实施犯罪，而是与他人互相合作，从而形成统一的犯罪活动整体。区分是否构成共同犯罪，关键在于各行为人是否基于共同犯罪意思的联系，围绕同一个犯罪目标，彼此互相配合，互为条件地共同实施犯罪。如果行为过程中缺乏必要的意思联络，即便针对同一个犯罪目标，其行为也是孤立的，不构成共同犯罪。

具体到本案，被不起诉人李彩甲、李彩乙虽然与杨某某等人在同一时间、同一地点行窃，但从盗窃行为实施的过程来看，李彩甲、李彩乙与杨某某等人只是在盗窃地点偶然相逢，欠缺相互协同实施盗窃犯罪行为的意思沟通，尽管将赃物藏匿在同一地点并约定共同来背取，但事实上却是各背各的，相互之间没有协作、配合行为，没有形成一个盗窃犯罪的整体。从盗取到背取赃物的事实过程也表明，李彩甲、李彩乙与杨某某等人在主观上欠缺共同盗窃的犯意联络，在客观行为上不存在互相利用、补充、分工和配合等关系，不具有协同一致性，不符合共同犯罪的构成特征。被不起诉人李彩甲、李彩乙与杨某某等人当属于同时犯，对于同时犯，应当分别对自己的行为承担责任。[①] 换而言之，被不起诉人李彩甲、李彩乙只能对其所盗窃的两编织袋财物承担责任，而不能令其对扣押的五编织袋财物承担责任。以扣押的五编织

---

① 同时犯，是指偶然在同一场所、同一时间对同一目标实施同一犯罪，或者在同一场所实施同一性质的犯罪。因缺乏共同犯罪的故意，不属于共同犯罪。参见陈兴良、周光权：《刑法总论精释》，人民法院出版社 2011 年版，第 530 页。

袋财物的价值2250元作为李彩甲、李彩乙的盗窃犯罪数额（按照当时当地的规定盗窃数额达1000元为追诉标准），显然缺乏基本的事实基础和法理依据。

从事实认定的角度来看，在确定案件法律事实之前，首要的问题是应当明白案件的证据事实是什么，因为法律事实建立在证据事实之上，唯有被证据证实了的事实才有可能成为法律意义上的事实，即法律事实。[①] 在本案中，李彩甲、李彩乙盗窃财物的数额本身缺乏充分的证据予以证实，盗窃行为的关键性事实证据不足，致使盗窃罪所要求的盗窃数额较大的法律事实成为了空中楼阁。这说明，公诉机关作出存疑不起诉的决定是妥当的。

最后，让我们共同记住美国幽默大师马克·吐温对执法者的深切关怀：执法从来不能疏忽。

【办案札记】

共同犯罪与单独犯罪相比较为复杂，在刑事司法实务工作中，对共同犯罪的认定该注意些什么问题，现做简要的总结归纳。

1. 对共犯行为的判断应依赖于正犯行为。

在复杂共同犯罪中，共犯行为（教唆、帮助行为）是由刑法总则规定的，而正犯行为（实行行为）是由刑法分则规定的，二者本身并不相同。但“正犯是实现符合构成要件的实行行为这一过程中的中心人物或者核心人物”，是法益的直接侵害者。所以，正犯行为（实行行为）是共同犯罪中的中心行为或者核心行为，共犯行为的认定离不开正犯行为（实行行为），共犯（教唆犯、帮助犯）事实上从属于正犯（实行犯）。在具体案件的认定中，无论是对共同犯罪行为还是对共同犯罪中责任人的确定，都应当抓住实行行为或者实行犯这根主线，在判明正犯（实行犯）行为的刑事违法性之后，再考察有无引起正犯（实行犯）行为的原因行为和辅助行为，以此确定有无教唆者和帮助者。基本方法步骤是：“首先要判断正犯，在正犯实施了符合构成要件的违法行为的前提下，再判断教唆行为与帮助行为，然后判断教唆者

① 证据事实与法律事实是两个不同层面上的问题，证据事实是程序法意义上的事实，法律事实则是与法律规范具有密切关联性的事实，法律事实是对证据事实的概括、分类和整理。

与帮助者的责任内容，进而确定其触犯的罪名。”① 即对复杂共同犯罪行为及其犯罪人的确定，应当分层次、分步骤进行，这与共同犯罪中对实行行为整体认定并不相同，不应混淆。当然，在复杂共同犯罪中，对是否存在组织行为、有无组织者的判断，亦不例外。

2. 行为事实紧密关联不等于行为共同。

共同犯罪的成立，必须具备共同的犯罪故意和共同的犯罪行为两个必要条件。共同的犯罪故意是指各行为人相互之间存在共同实施特定犯罪的犯意联络，共同的犯罪行为是指各行为人在犯意联络的基础上共同实施相应的犯罪行为，二者缺一不可，否则就不成立共同犯罪。如 A 在生产伪劣饲料后，将自己违法制造的产品批发给 B，B 明知属于伪劣产品却以自己的名义进行销售。除非 A 与 B 事先约定由 A 实施生产加工行为，B 实施销售行为，否则 A 只有生产的故意，B 只有销售的故意，他们之间虽有联络，但二人之间欠缺协同的犯罪行为，生产与销售行为之间不存在相互联系和配合，只能对其行为分别定罪。同样，基于不同犯意而相互配合实施的不同犯罪行为，也不能构成共同犯罪。如 C 为了实施诈骗让不知情的 D 为其伪造了相关证件，二人的行为虽然紧密关联，但由于 D 对 C 的诈骗目的并不明知，也未参与，并未形成共同的诈骗故意，主观上并没有借助对方来共同实施诈骗的故意，对诈骗行为来说，二人的行为彼此独立，不存在互相利用、补充、分工和配合等关系，所以 D 与 C 不构成诈骗的共同犯罪，但可能涉嫌伪造证件的共同犯罪。

3. 同时实施犯罪不等于共同犯罪。

共同犯罪故意，是指各行为人通过意思联络，认识其共同犯罪行为会发生危害社会的结果，并决意参与共同犯罪，希望或者放任犯罪结果发生的心理态度。在共同故意的支配下，相互配合形成的犯罪行为整体，才属于共同犯罪行为。即便各行为人同时对同一对象实施同一犯罪，或在同一场所实施同一性质的犯罪行为，如果主观上相互没有意思沟通、联络，就不能使数个犯罪行为人的行为具备实质性联系，不能构成共同犯罪。由此，客观事实的

① 张明楷：《刑法学》，法律出版社 2011 年版，第 397 页。

相同并不必然就是共同犯罪，属于同时犯还是共同犯，一是要判明数行为人同时实施犯罪的行为关系，各行为之间是否具有紧密配合性。二是要判明数行为人同时实施犯罪的意思原因，相互之间有无犯意上的沟通、联络。如 A、B 受雇于同一个毒品贩子，各自同时携带毒品分别向不同的对象实施运送行为，即便 A、B 双方都明知在运送毒品，只要缺乏共同犯罪故意所要求的意思联络，相互之间并不认为是在与对方一起相互配合共同实施运输行为，其运输行为就缺乏内在的联系，双方的行为对危害社会的整体结果没有共同的原因力，不能认定为 A、B 共同运输毒品。[①] 三是要判明犯罪行为所指向的对象是否是相同的。如果行为所指向的犯罪对象不同，则可能不构成共同犯罪。

4. 居间行为是否属于共同行为应当区别对待。

居间行为是否构成犯罪以及构成何种犯罪，应当根据情形区别对待。对于刑法或者相关司法解释有明确规定的，依照规定。如对介绍卖淫、介绍贿赂的行为，刑法规定了介绍卖淫罪、介绍贿赂罪，即对该类居间行为单独定性，不存在与容留卖淫、受贿等紧密关联的行为构成共同犯罪的问题。但对于介绍买卖枪支、弹药、爆炸物的行为，按照最高人民法院《关于审理非法制造、买卖、运输枪支、弹药、爆炸物等刑事案件具体应用法律若干问题的解释》（法释〔2009〕18 号）的规定，以共犯论处。对于刑事法律没有作出规定的，可按照共同犯罪的基本理论来确定。例如，在贩卖假币与购买假币者之间居间介绍的，如果受贩卖者之托进行居间行为的，构成贩卖者的共犯，如果受购买者之托进行居间行为的，构成购买者的共犯。在销售者和购买者

---

① 对于两人以上同行运输毒品性质的认定，《全国法院毒品犯罪审判工作座谈会纪要（武汉会议纪要）》（法〔2015〕129 号）规定：“两人以上同行运输毒品的，应当从是否明知他人带有毒品，有无共同运输毒品的意思联络，有无实施配合、掩护他人运输毒品的行为等方面综合审查认定是否构成共同犯罪。受雇于同一雇主同行运输毒品，但受雇者之间没有共同犯罪故意，或者虽然明知他人受雇运输毒品，但各自的运输行为相对独立，既没有实施配合、掩护他人运输毒品的行为，又分别按照各自运输的毒品数量领取报酬的，不应认定为共同犯罪。受雇于同一雇主分段运输同一宗毒品，但受雇者之间没有犯罪共谋的，也不应认定为共同犯罪。雇用他人运输毒品的雇主，及其他对受雇者起到一定组织、指挥作用的人员，与各受雇者分别构成运输毒品罪的共同犯罪，对运输的全部毒品数量承担刑事责任。”

之间居间介绍毒品交易的，应分析其居间行为是受贩卖者之托寻找购买者，还是受购买者之托寻找毒品，分情况确定其行为的性质。如果是前种情形，居间人与贩毒者具有贩卖毒品的共同故意和行为，属于贩卖毒品的共犯；如果是后种情形，居间者不构成犯罪，除非其从中谋利具有了贩卖毒品的性质或者持有毒品的数量较大构成非法持有毒品罪，但不能与购毒者成为共犯。

【法规链接】

《中华人民共和国刑法》

第二百六十四条 盗窃公私财物，数额较大的，或者多次盗窃、入户盗窃、携带凶器盗窃、扒窃的，处三年以下有期徒刑、拘役或者管制，并处或者单处罚金；数额巨大或者有其他严重情节的，处三年以上十年以下有期徒刑，并处罚金；数额特别巨大或者有其他特别严重情节的，处十年以上有期徒刑或者无期徒刑，并处罚金或者没收财产。

《中华人民共和国刑事诉讼法》

第一百七十一条 人民检察院审查案件，可以要求公安机关提供法庭审判所必需的证据材料；认为可能存在本法第五十四条规定的以非法方法收集证据情形的，可以要求其对证据收集的合法性作出说明。

人民检察院审查案件，对于需要补充侦查的，可以退回公安机关补充侦查，也可以自行侦查。

对于补充侦查的案件，应当在一个月以内补充侦查完毕。补充侦查以二次为限。补充侦查完毕移送人民检察院后，人民检察院重新计算审查起诉期限。

对于二次补充侦查的案件，人民检察院仍然认为证据不足，不符合起诉条件的，应当作出不起诉的决定。

39. 怎样认定帮助犯

——赵某某等人组织卖淫、协助组织卖淫案

【案情摘要】

被告人赵某某，男，1986 年 3 月 27 日出生，打工人员。

被告人王某某，男，1970 年 2 月 6 日出生，个体人员。

被告人白某，男，1983 年 9 月 4 日出生，打工人员。

被告人张某某，男，1987 年 3 月 27 日出生，打工人员。

被告人党某某，男，1990 年 8 月 5 日出生，打工人员。

被告人康某某，男，1993 年 6 月 1 日出生，打工人员。

被告人石某某，女，1979 年 8 月 23 日出生，打工人员。

2011 年 8 月，被告人赵某某看到王某某招聘“大小项技师”的广告后，知道是招募卖淫人员，经与被告人王某某联系，从兰州组织 6 名卖淫人员在“金海湾”商务会馆与王某某签订了“技师聘用协议”。协议约定：由赵某某为商务会馆提供“按摩技师”不少于 8 人，经“金海湾”考核合格后上岗。同时约定了“玫瑰风情”“罗曼之夜”等性服务的收费标准及非法收入的分配等事项。后王某某、赵某某将卖淫人员安排在“金海湾”三楼，按照会馆制定的《技师管理制度》，持会馆配发的工号牌从事卖淫活动。2011 年 8 月中旬，被告人白某受王某某聘用担任大堂经理，负责二、三楼管理工作，落实公司各项规章制度，包括《技师管理制度》的落实，后又安排被告人党某某在三楼对卖淫人员点名和检查服务情况等工作，安排被告人康某某在三楼向客人介绍、推销性服务和销售饮料、酒水等。其间，被告人张某某受赵某某委派到会馆参与管理卖淫人员，结算非法所得。受聘担任财务工作的被告

人石某某对相关票据和现金核实后交给王某某，由王某某和赵某某按照约定提取分成后，再由赵某某为卖淫人员支付“工资”。

2011 年 12 月 8 日晚，公安机关在“金海湾”商务会馆当场抓获卖淫嫖娼人员 15 名（其中，卖淫人员 9 名）。2012 年 2 月 27 日，赵某某主动到公安机关投案，如实供述了上述事实。

【诉讼意见与处理结果】

侦查机关以王某某涉嫌容留卖淫罪，赵某某、白某、张某某、党某某、康某某涉嫌组织卖淫罪，石某某涉嫌协助组织卖淫罪移送审查起诉。公诉机关指控，被告人王某某、赵某某的行为触犯了《刑法》第 358 条第 1 款，应以组织卖淫罪追究其刑事责任；被告人康某某、石某某的行为触犯了《刑法》第 385 条第 3 款，应以协助组织卖淫罪追究其刑事责任。辩护意见认为，王某某与赵某某签订的协议具有租赁性质，对于卖淫活动王某某既无组织行为，又无管理行为，对其将经营场所交给他人用于卖淫活动的行为，应以容留卖淫罪处罚；赵某某有自首情节，可以从轻或者减轻处罚；白某、党某某受制于王某某指挥、管理，其行为具有从属性，当为协助组织卖淫罪而非组织卖淫罪；张某某属于组织卖淫的从犯，应当减轻处罚；石某某的行为与组织卖淫行为没有直接关系，情节轻微，应宣告无罪或者免除处罚。

一审法院认为，被告人王某某、赵某某采取招募、雇用手段，组织、容留多人从事卖淫活动，被告人白某、张某某、党某某在王某某、赵某某的安排下，积极参与组织管理卖淫活动，其行为构成组织卖淫罪；被告人康某某、石某某明知他人组织卖淫，仍为卖淫活动提供帮助，其行为构成协助组织卖淫罪。被告人王某某、赵某某系组织卖淫活动的主要组织者，应以主犯论处；被告人白某、张某某、党某某在组织卖淫犯罪活动过程中，起次要作用，属从犯，应当减轻处罚；被告人赵某某犯罪后自动投案并如实供述，有自首情节，可以从轻处罚。依照《刑法》规定，判决如下：

1. 被告人王某某犯组织卖淫罪，判处有期徒刑 6 年，并处罚金10 000元；

2. 被告人赵某某犯组织卖淫罪，判处有期徒刑 5 年 6 个月，并处罚金10 000元；

3. 被告人白某犯组织卖淫罪，判处有期徒刑 3 年 6 个月，并处罚金 5000 元；

4. 被告人张某某犯组织卖淫罪，判处有期徒刑 3 年，并处罚金 5000 元；

5. 被告人党某某犯组织卖淫罪，判处有期徒刑 2 年 6 个月，并处罚金 3000 元；

6. 被告人康某某犯协助组织卖淫罪，判处有期徒刑 1 年 6 个月，并处罚金 2000 元；

7. 被告人石某某犯协助组织卖淫罪，判处有期徒刑 1 年，宣告缓刑 1 年，并处罚金 1000 元；

宣判后，被告人王某某等人均未上诉。公诉机关未抗诉。

【法律适用问题】

"质疑制度是最高的忠诚。"① 只有在对法律的质疑中，才能保持对法条细节和差异的必要敏感性。

从本案诉讼过程可以看出。

主要分歧涉及三个问题，一是对组织卖淫与容留卖淫如何区分？二是组织卖淫罪中是否有主从犯之分？三是组织卖淫罪如果有从犯，那么组织卖淫罪的从犯与协助组织卖淫该如何区分？

关于第一个问题：组织卖淫，即控制多人从事卖淫，而容留卖淫则仅是为他人卖淫提供场所。二者的本质区别在于卖淫行为是否处于被管理、控制的状态。容留卖淫仅是单纯地提供了卖淫的场所，容留者与卖淫者之间事实上是一种环境租赁关系，卖淫者有自主决定是否卖淫、如何卖淫和收取嫖资的自由。在组织卖淫中，组织者对性交易进行统一指挥、调度、安排，卖淫女对是否卖淫、如何收费没有自主决定权，组织者与卖淫者是一种管理者与被管理者的劳动关系。因此，对于管理控制者，为卖淫者提供卖淫场所的行为，当属于组织卖淫行为，而非容留卖淫行为。

关于第二个问题：首先，帮助犯与从犯并非同一概念。刑法中的从犯分

① ［美］博西格诺：《法律之门》（第 8 版），邓子滨译，华夏出版社 2007 年版，第 457 页。

为两种，一种是在共同犯罪中起次要作用的犯罪分子，一种是在共同犯罪中起辅助作用的犯罪分子。协助组织卖淫，顾名思义，是指在组织卖淫的共同犯罪中起帮助作用的行为。作为“帮助犯”，协助组织卖淫行为显然只是组织卖淫共同犯罪中从犯的一部分而不是全部。组织卖淫罪作为组织卖淫共同犯罪中的实行犯，仍有区分主从犯的可能。由此，帮助犯与从犯并非同一概念，而是包含与被包含关系，从犯包括但并不局限于帮助犯。不能把从犯等同于帮助犯，认为组织卖淫罪的共同犯罪中不存在从犯，这与理论常识相悖。其次，评价主犯和从犯应当以具体的罪名为前提。根据《刑法》的规定，协助组织卖淫罪与组织卖淫罪属于不同的犯罪，协助组织卖淫罪只是将组织卖淫罪的帮助犯单独定罪，而对组织卖淫中实行犯的主次评价问题不在其中。因此，在组织卖淫罪中，对于帮助犯的行为，应当按照刑法的规定，认定为协助组织卖淫罪，但对次要的实行犯，应当认定为组织卖淫罪的从犯。

关于第三个问题：首先，刑法分则规定的组织犯与总则规定的共同犯罪中的组织犯不完全相同，总则规定的组织犯是指在共同犯罪中实施组织、策划、指挥行为的人，其行为属于组织行为。分则规定的组织犯是指实施了具体犯罪的构成要件行为的人，其行为属于实行行为。组织他人卖淫罪作为刑法分则规定的组织犯中的一种，在单独犯罪的情况下，其组织行为属于实行行为。在共同犯罪的情况下，组织卖淫罪中虽不排除共犯组织行为存在的可能性，但除此以外的犯罪行为，当属于实行行为，不能将实行行为与共犯中的组织行为混同，认为在共同组织卖淫的情况下，只有实施组织、策划、指挥行为的组织犯才能构成组织卖淫罪，这实际上是脱离实行行为来评价行为性质的错误做法。其次，按照刑法理论通说，实行犯和帮助犯的区别主要在于是否实施了犯罪实行行为。所以，区分组织卖淫罪从犯和协助组织卖淫罪的关键就在于确定行为人是否直接实施了“组织行为”，如果实施了组织行为则应在组织卖淫罪语境范围内考量。组织卖淫罪的本质特征在于“组织性”，而“组织性”的核心则是“管理”与“控制”，即以招募、雇用、强迫、引诱、容留等管理手段达到控制卖淫人员进行卖淫的目的。其行为直接作用于卖淫人员，卖淫行为服从于或者依赖于组织行为，而协助组织是针对组织行为而言的，其协助的对象是组织者而非卖淫人员，协助者不直接参与管理、控制卖淫活动，只是对卖淫活动的顺利进行提供支持和帮助。

本案中，王某某作为“金海湾”商务会馆总经理与赵某某共同招聘卖淫人员从事卖淫活动，并对性服务的内容、标准、套路进行统一规定，经营所得归其和赵某某所有；白某作为大堂经理负责日常经营管理事宜及规章制度的落实；张某某与党某某对卖淫女上下班进行点名、检查服务情况等；康某某向客人介绍、推销性服务；石某某负责收取卖淫嫖娼单据、费用结算等事务。这说明白某、党某某、张某某的行为直接作用于卖淫嫖娼行为，是卖淫活动具体的控制和管理者，只是受雇于他人从事卖淫管理活动，对卖淫女及卖淫活动控制力相对较小，而康某某、石某某并不直接参与管理、控制卖淫活动，仅为组织卖淫活动提供外围帮助。基于以上行为事实和法理分析，公诉机关和审判机关对被告人白某、张某某、康某某、党某某的行为认定组织卖淫罪，对被告人党某某、石某某的行为认定为协助组织卖淫罪应当是正确的。

一个法条的适用问题，实际上牵涉对整个刑法条文体系的适用问题。刑事司法工作者在执行刑法时，绝不能简单地从某一法条的字面含义去机械地理解和执行，而应当从整个法律体系中去领会立法意图、把握条款精神，使执法活动取得“情理之中，法律之内”的效果。

【办案札记】

在司法实践中，对于帮助犯的认定，关键是要注意对实行行为与事中帮助行为、帮助行为与教唆行为、帮助行为与连累行为的区分问题。

1. 注意对帮助行为与实行行为的区分。

共同实行行为与事中帮助行为的鉴别，关键在于确认行为是否属于具体犯罪的实行行为。对于刑法明文规定“帮助行为单独定罪”的情形，不能视为帮助行为。如资助危害国家安全活动罪、资助恐怖活动罪、协助组织卖淫罪、介绍贿赂罪、帮助毁灭、伪造证据罪等，因其中的“资助”“协助”“介绍”“帮助”行为被刑法分则的罪刑式条文所规定，当为以上犯罪的实行行为，不能按照帮助行为来对待处理。对于刑法没有明文规定的情形，在一般情况下，同样也应当考察行为人实施的行为是否属于刑法分则性条文规定的具体犯罪的实行行为，如果得出肯定的结论，则为实行行为；如果得出否定的结论，则为帮助行为。但是，对于现场提供帮助的行为，是共同实行行为还是事中帮助行为，应当以行为之间是否具有可替代性为标准来判断。如果犯罪行为相互之间具有可替代性，那么现场提供帮助的行为，应视为实行行为；如果犯罪行为相互之间不具有可替代性，那么现场提供帮助的行为，应为共犯中的帮助行为。[①] 所以，在一般情况下，如果行为参与、支配了犯罪发展进程的，当为实行行为，否则，为事中帮助行为。如在盗窃中对在室内实施盗窃的人进行守护的，一般属于帮助行为，但如果守护者在外对实行者遥控盗窃的，则守护行为同样属于实行行为。

2. 注意对帮助行为与教唆行为的区分。

帮助行为是在实行犯已经具有犯罪意图的情况下，以精神的或者物质的方法给实行犯提供帮助，其本身不是引起他人犯罪的原因。“帮助犯的实质是参与行为促进，是犯罪结果更容易发生。”[②] 因此，“是否使他人产生符合构成要件的违法行为的意思，是教唆犯与无形帮助犯的基本区别”。[③] 或者说，“教唆犯与帮助犯的根本区别就在于：教唆犯是要解决被教唆的人是否实施犯罪的问题；而帮助犯是要解决被帮助的人如何实施犯罪的问题”。[④] 为此，在司法实务工作中，判断某一行为属于教唆行为还是无形的精神帮助行为，首先，要考察行为发挥作用的阶段，是在正犯犯意形成之前还是之后，如果出谋划策、唆使等行为发生在正犯犯意形成之前，则为教唆行为。否则，为帮助行为。如为正犯计划犯罪时间、提供作案方案的行为，属于帮助行为而非教唆行为。其次，如果出谋划策、唆使等行为发生在正犯犯意形成之中，则要考察正犯犯意的形成过程及内容，确定犯意是自发的还是激发的，若犯意是自发的，则他人的行为至多为帮助行为，不可能是教唆行为。如 A 准备实施轻罪，B 唆使其实施重罪的，B 当为教唆犯；若 A 对是否实施犯罪犹豫不决之时，B 唆使 A 实施犯罪的，因 B 坚定了 A 犯罪的决心，当为帮助犯。

---

① 陈兴良：《共同犯罪论》，中国人民大学出版社 2006 年版，第 372 页。

② 陈兴良、周光权：《刑法总论精释》，人民法院出版社 2011 年版，第 525 页。

③ 张明楷：《刑法学》，法律出版社 2011 年版，第 386 页。

④ 陈兴良：《共同犯罪论》，中国人民大学出版社 2006 年版，第 203 ~ 204 页。

3. 注意对帮助行为与连累行为的区分。

帮助行为是指在犯罪前后或者犯罪过程中为实行犯罪提供或者创造条件的行为。帮助行为伴随预备或者实行行为。[①] 连累行为是指在与他人无事先通谋的情况下，明知他人犯罪以后，故意提供帮助的行为。连累行为独立于预备或者实行行为。对帮助行为和连累行为的判别应当从主客观两方面着手：从主观内容上考察，是否与实行行为具有共同的内在联络。从客观行为上考察，是否与实行行为具有完全独立性。如果在主观上没有与实行犯具有共同的犯意联络，实施的行为发生在他人犯罪行为完成之后，且是独立于他人犯罪行为之外的另一种性质的犯罪行为，则为连累行为。主客观方面的独立性，也决定了连累行为与实行行为本质上的差异性。如《刑法》第191条规定的洗钱罪，第312条规定的窝藏、转移、收购、销售赃物罪等，都是上游犯罪行为的连累行为。但如果在主观犯意上与实行犯具有共同的犯意联络，其客观行为又是共同犯罪的有机组成部分，则为帮助行为。同时，还要注意考察行为的时间节点。凡是“事先通谋的，以共同犯罪论处。”凡是“实行过程中参与的，以共同犯罪论处。”即行为的性质为“实行”或者“帮助”而非“连累”，只有在实行行为结束后的参与行为才是连累行为。如B明知A绑架了他人的情况下，为A实施犯罪提供隐匿的场所或者进行了包庇的，B与A共同构成了绑架罪，而不是窝藏、包庇罪，因为A的绑架行为尚在持续而未结束，B是A的行为参与者。

4. 注意对帮助行为与生活行为的区分。

一般认为，只有当帮助行为与正犯结果之间具有物理的或者心理的因果性时，才能令帮助犯与正犯共同承担责任。否则，帮助行为就无责任意义。所以，在实际工作中，要注意对生活行为与帮助犯罪行为的区分。如出租车司机明知乘客要抢劫银行仍将其载至现场，是否构成抢劫罪的帮助犯？房东怀疑他人开设招待所容留卖淫而将房屋出租给他人使用，是否构成容留卖淫

---

① 在理论上，帮助行为根据发生的时间段，可分为预备的帮助行为（在实行行为之前实施）、伴随的帮助行为（与实行行为同时实施）、承继的帮助行为（在实行行为开始之后结束之前实施）、事后的帮助行为（事前通谋并在实行行为结束后才实施）。

罪的帮助犯？对于这些外观上无害而客观上对正犯行为、结果起到一定作用的生活行为，是否可以从帮助犯的构成要件中排除以及如何排除，在理论上尚无定论。一种观点认为，外表无害的“中立”行为客观上帮助了正犯时，是否成立帮助犯，应当综合考虑正犯行为的紧迫性，行为人（帮助者）对法益的保护义务，行为对法益侵害所起作用的大小以及行为人对正犯行为的确实性认识等要素，得出妥当的结论。在出租车司机A明知甲要前往某地实施杀人行为仍然将其运往该地的场合，如果甲的杀人行为并不紧迫，或者A只是大体上估计对方将来可能实施犯罪行为，对于A的行为就不宜认定为帮助犯；相反地，向正在斗殴的人出售利刃的，成立帮助犯。[①] 另一种观点认为，日常生活行为能否成立帮助犯，首先要从客观上判断，行为是否具有明显的法益侵害性，即日常生活行为对于正犯行为的物理、心理因果性影响、行为本身给法益带来的危险是否达到了可以看作为“帮助”的程度；其次要从主观上考察，行为人是否对他人可能实行犯罪有明确认识，即是否存在片面的帮助故意。在帮助行为超过了一般社会观念允许的程度，制造了难以被法律所容允的风险时，必须以帮助犯论处。[②] 换而言之，对中立的帮助行为是否构成刑法上的帮助犯，应着重从两个方面把握：一是帮助行为对法益侵犯的程度，不具有重要影响的帮助行为，等于没有制造不被法律允许的危险，不宜作为帮助犯对待；二是帮助行为人的认识程度，对于正犯行为缺乏明确认识的中立帮助行为，不宜作为帮助犯对待。[③]

---

① 张明楷：《刑法学》，法律出版社2011年版，第385页。

② 周光权：《刑法总论》，中国人民大学出版社2007年版，第326页。

③ 陈洪兵：“中立的帮助行为论”，载《中外法学》2008年第6期。该文认为，只有具有侵害法益的现实的紧迫危险性的行为才具有实行行为性。处罚帮助犯也应考虑帮助行为本身是否具有通常的侵犯法益的危险；没有制造不被法律允许的危险的行为，应属于一般的生活危险；没有侵犯法益的通常的危险性的行为，不应认定行为本身具有帮助行为性，即对于某些外观上无害而客观上对正犯行为、结果起到促进作用的行为从可罚的帮助犯构成要件中排除。如出售商品、出租运输、金融服务、网络服务以及一般的日常生活行为都没有制造不被法律允许的危险，应否定具有作为帮助犯的侵害法益的危险性，否定帮助行为性，即行为本身不符合帮助犯的客观要件，故不应作为帮助犯处罚。

【法规链接】

《中华人民共和国刑法》

第三百五十八条 组织、强迫他人卖淫的，处五年以上十年以下有期徒刑，并处罚金；情节严重的，处十年以上有期徒刑或者无期徒刑，并处罚金或者没收财产。

组织、强迫未成年人卖淫的，依照前款的规定从重处罚。

犯前两款罪，并有杀害、伤害、强奸、绑架等犯罪行为的，依照数罪并罚的规定处罚。

为组织卖淫的人招募、运送人员或者有其他协助组织他人卖淫行为的，处五年以下有期徒刑，并处罚金；情节严重的，处五年以上十年以下有期徒刑，并处罚金。

第三百五十九条 引诱、容留、介绍他人卖淫的，处五年以下有期徒刑、拘役或者管制，并处罚金；情节严重的，处五年以上有期徒刑，并处罚金。

引诱不满十四周岁的幼女卖淫的，处五年以上有期徒刑，并处罚金。

40. 怎样认定教唆犯

——孔某某盗窃案

【案情摘要】

被告人孔某某，女，1966年4月6日出生，企业职工。

2009年2月17日，被告人孔某某带领其养女唐某某（12周岁）到市公园路逛街。其间，指示唐某某趁自己假装买服装，引开服务员注意的机会，从店内收银台盗窃营业款。后二人进入“男人装”服饰店，在孔某某佯装挑选衣服与服务员讨价还价过程中，看见唐某某示意得手，遂带领唐某某迅速离开，被盗现金1300元被孔某某占有。案发后，赃款被追回退还失主。

【诉讼意见与处理结果】

公诉机关指控，被告人孔某某教唆不满18周岁的人实施盗窃犯罪，其行为触犯了《刑法》第264条，应当以盗窃罪追究其刑事责任，并从重处罚。辩护意见认为，孔某某为初犯，并积极退赃，应对其免除处罚。

一审法院认为，被告人孔某某利用他人窃取财物的行为已构成盗窃罪。鉴于其认罪态度较好，退赃积极，可酌情从轻处罚。依照《刑法》规定，判决如下：

被告人孔某某犯盗窃罪，单处罚金2600元。

宣判后，被告人孔某某未上诉。公诉机关未抗诉。

【法律适用问题】

在对被告人孔某某的如何处罚上，公诉机关和审判机关的认识并不一致。

这种分歧的产生，源于孔某某当为教唆犯还是间接实行犯？对间接实行犯能否依照《刑法》第 29 条的规定从重处罚？

对于以上问题，一种观点认为，利用无生命的物体与利用没有刑事责任能力的人作为犯罪工具，没有本质上的差别，被利用者都没有犯罪的故意，都属于利用工具的犯罪，应当构成间接实行犯。《刑法》第 29 条第 1 款规定：教唆不满 18 周岁的人犯罪的，应当从重处罚。这里的不满 18 周岁的人，显然是指达到了法定刑事责任年龄而不满 18 周岁的人。由此，对于间接实行犯虽然法律没有明文规定应当从重处罚，但应从保护未成年人的角度出发，酌定从重处罚。① 另一种观点认为，在被利用人是无刑事责任能力人的情况下，利用人是否成立间接正犯应根据被利用人的实际情况作具体的分析。一般来说，成立间接正犯，但是，在被利用人具有辨认控制能力，利用者并某支配被利用者时，不能认定为间接正犯而是教唆犯。只有当利用者支配了犯罪事实时，才能将其认定为间接正犯。② 《刑法》第 29 条第 1 款规定：教唆不满 18 周岁的人犯罪的，应当从重处罚。这里的不满 18 周岁应当包括不满 14 周岁或者 16 周岁的没有刑事责任能力的人，否则，利用不满 18 周岁的没有刑事责任能力的人实施犯罪作为间接实行犯处理，将不能得到从重处罚。即教唆不满 14 周岁或者 16 周岁的没有责任能力人的，可以从间接实行犯中划分出来，作为一种例外，按教唆犯从重处罚。③

本案中，被告人孔某某是属于教唆犯还是间接实行犯呢？

从案情来看，唐某某实施盗窃行为是被告人孔某某唆使的结果，且内容具体特定。唐某某年仅 12 周岁属于无刑事责任能力者，但对盗窃行为具有辨认控制能力。从整个行为过程来看，唐某某与其养母被告人孔某某在主观上具有配合性，而不是单纯的被支配状态。根据以上事实，按照工具理论，被告人孔某某当为间接实行犯而非教唆犯，按照事实支配理论，被告人孔某某当为教唆犯而非间接实行犯。公诉机关和审判机关依据不同的理论学说，作

① 陈兴良：《共同犯罪论》，中国人民大学出版社 2006 年版，第 461 页。
② 张明楷：《刑法学》，法律出版社 2011 年版，第 367 页。
③ 陈兴良：《共同犯罪论》，中国人民大学出版社 2006 年版，第 461 页。

出不同的认定结论并无不妥。但审判机关将被告人孔某某认定为间接实行犯并未从重处罚的做法是否妥当呢?

事实上,《刑法》第 29 条第 1 款“教唆不满 18 周岁的人犯罪的,应当从重处罚”的规定,并非只是针对教唆犯的特别性规定,相反属于刑法的提示性规定。即无论是间接实行犯还是教唆犯,只要利用的对象是不满 18 周岁的人,都应当依法从重处罚。主要理由在于:一是从法理上来说,保护未成年人的健康成长是古今中外一贯的刑事政策,无论是教唆不满 18 周岁的人犯罪的还是利用没有达到刑事责任年龄的人犯罪的,都应当受到较为严厉的制裁,无须专门针对教唆犯作出特别的规定。二是从罪刑均衡的原则来说,教唆已满 16 周岁不满 18 周岁的人犯罪,依法应当从重处罚,那么利用没有达到刑事责任年龄的人犯罪,具有更大的社会危害性和人身危险性,在处罚程度上应当更重,才符合法的正义性。三是教唆犯是一个立法上的概念,而间接实行犯属于一个理论上的概念,或者说立法层面上只规定了教唆犯而没有规定间接实行犯。正因为如此,刑法只有对教唆犯才能规定如何处罚的内容,而不能对间接实行犯作出如何处罚的规定。四是在把人作为实现目的的手段上,间接实行犯与教唆犯相比只有“过往”而不是“不及”。如果认为教唆不满 18 周岁的人犯罪应当从重处罚,属于针对教唆犯作出的特别性规定而非提示性规定,那么就会得出一个违反法理逻辑的结论:当行为人教唆不满 18 周岁的人犯罪时,应当依法从重处罚;但是,当其实施了更为严重的犯罪行为,如强制不满 10 岁的儿童犯罪时,反而不能对其从重处罚了,无论如何都是难以理解无法接受的。这也说明,《刑法》第 29 条第 1 款规定的“教唆不满 18 周岁的人犯罪的,应当从重处罚”并非只是针对教唆犯的特别性规定,相反属于可以推而广之的提示性规定。无论是间接实行犯还是教唆犯,只要是利用不满 18 周岁的人进行犯罪的,都应当依法从重处罚。唯有如此理解,才符合法的正义性和社会的平均价值观念,才能克服上述两种解释方法存在的缺陷。

综上分析,无论对被告人孔某某认定为教唆犯还是间接实行犯,都应当从重处罚。审判机关只考虑了认罪态度较好等酌定从宽情节,而未能考虑法定从重情节,显有欠缺。

有时候，需要的是找到一个观察问题的视角或者方法，而不是看法本身。所以，在执法活动中，应当注意发现、思考同一问题的不同可能，并从中形成自己的看法和思想，即独立思考的精神。

【办案札记】

根据刑法总则对教唆犯的规定，在刑事司法实务中，对教唆犯的认定，需要注意以下几点。

1. 严格把握教唆犯的成立条件。

教唆犯是犯意的制造者或者幕后策划者。在主观上必须具有直接故意唆使他人实行犯罪的故意，客观上必须有积极唆使他人实行犯罪的行为。是否实施了教唆行为，关键在于判明教唆的内容是否具有明确性。明确性应当具备以下条件：一方面主观上明知自己在唆使他人犯罪。教唆当是有意而为之，即故意让他人实施犯罪，他人犯罪是其教唆的结果。如果他人在产生犯意之后，行为人予以提供物质或者精神帮助，强化、坚定他人犯意的，则属于帮助犯而非教唆犯。除非他人本来只有实施轻罪的犯意，而行为人却唆使其实施了重罪。如 A 意欲伤害 B，后在 C 的怂勇下 A 杀死了 B，A 的伤害犯意并不影响 C 故意杀人罪教唆犯的成立。另一方面客观上实施的行为足以“引起他人实施符合构成要件的违法行为”① 既有具体的指向又有特定的内容。只有针对具体的对象进行劝说、挑拨、怂勇、诱骗、授意等唆使其实施具体的犯罪，才属于教唆行为。同时，只有唆使他人实施特定犯罪的行为，才是教唆行为。对于那种漫无目标，夸夸其谈以及其他对法益缺乏侵害性的言行，如虚吹犯罪心得技巧、讲述色情事例，也可能是引起他人犯罪的原因，因行为内容不特定，缺乏对法益侵害的针对性，对他人实施具体犯罪不具有原因力，不能成为教唆行为。

2. 教唆犯罪与传授犯罪方法罪不同。

首先，教唆犯罪不是独立罪名，传授犯罪方法罪是一个独立的罪名。对教唆他人犯罪者，一般依其所教唆的罪质定罪处罚。但当刑法分则将教唆他

---

① 张明楷：《刑法学》，法律出版社 2011 年版，第 379 页。

人实施特定犯罪的行为规定为独立犯罪时，应依照分则条文规定的犯罪定罪。如引诱、教唆、欺骗他人吸食、注射毒品的，对教唆者应认定为引诱、教唆、欺骗他人吸毒罪。其次，对教唆行为与传授犯罪方法行为的判别，应当着重从行为方式、行为对象和主观目的来着手。从行为方式上考察，实施行为的目的在于唆使他人实施犯罪，还是把具体犯罪方法传授给他人。从主观故意内容上考察，行为人是在为原本没有犯罪意图的他人制造犯罪的意图，还是在于使他人掌握犯罪的具体经验和技能。从行为对象上考察，教唆的对象必须是具有刑事责任能力的人；传授犯罪方法对行为对象没有限制，无论是将犯罪方法传授给具有刑事责任能力的人还是不具有刑事责任能力的人，不影响犯罪的成立。最后，如果行为人对同一犯罪内容实施教唆行为和传授犯罪方法行为，或者用传授犯罪方法的手段使他人产生犯罪决意的，构成想象竞合犯，原则上只能从一重罪论处。如果行为人向不同对象实施教唆行为和传授犯罪方法行为的，或者向同一对象实施针对此罪的教唆行为和针对彼罪的传授犯罪方法行为的，则应实行数罪并罚。

3. 教唆犯与间接实行犯不同。

在共同犯罪中，教唆犯不同于间接实行犯，间接实行犯属于正犯，而教唆犯属于共犯。“间接实行犯是在利用他人犯罪的故意的支配下将他人作为实现本人犯罪意图的工具，而教唆犯是在教唆他人犯罪的故意的支配下以共同犯罪的形式实现本人的犯罪意图。”① 所以，教唆犯与间接实行犯都可以引起他人实施符合构成要件的违法行为，对二者的区分判断，关键在于考察行为上是否存在支配关系，教唆行为与被教唆者实施的行为之间不具有支配性，间接实行犯与被利用者之间具有支配性，是通过强制、蒙骗等方式支配他人实施犯罪行为。一般认为，以下情形构成间接实行犯而非教唆犯：（1）利用无责任能力者的身体活动；（2）利用他人不属于行为的身体活动；（3）利用者对被利用者进行强制；（4）利用缺乏故意的行为；（5）利用他人的合法行为；（6）利用被害人的行为；（7）利用有故意的工具。但对于行为人必须亲自实施刑法分则罪状所要求实行行为的亲手犯和具有特殊身份才能构成犯罪

① 陈兴良：《共同犯罪论》，中国人民大学出版社2006年版，第461页。

的真正身份犯不能成立间接实行犯。[①]

【法规链接】

《中华人民共和国刑法》

第二十九条 教唆他人犯罪的，应当按照他在共同犯罪中所起的作用处罚。教唆不满十八周岁的人犯罪的，应当从重处罚。

如果被教唆的人没有犯被教唆的罪，对于教唆犯，可以从轻或者减轻处罚。

第二百六十四条 盗窃公私财物，数额较大的，或者多次盗窃、入户盗窃、携带凶器盗窃、扒窃的，处三年以下有期徒刑、拘役或者管制，并处或者单处罚金；数额巨大或者有其他严重情节的，处三年以上十年以下有期徒刑，并处罚金；数额特别巨大或者有其他特别严重情节的，处十年以上有期徒刑或者无期徒刑，并处罚金或者没收财产。

---

① 陈兴良、周光权：《刑法总论精释》，人民法院出版社2011年版，第498页。

犯罪停止形态

41. 如何认定犯罪的停止形态

——沈某某拐卖儿童案

【案情摘要】

被告人沈某某，男，1978年10月27日出生，无业。

1999年3月，被告人沈某某因犯故意犯罪被判处有期徒刑刑满释放后，常去朋友董某某家，得知租住董某某房屋的杨某某夫妇有一男婴。1999年7月12日凌晨，被告人沈某某窜入杨某某夫妇租住的房间，乘杨某某夫妇熟睡之机，将其身旁正在睡觉的男婴盗走，搭乘出租车将该男婴运转到其朋友汪某某家中，并托请汪某某等人帮助其寻找买主，欲伺机出售。当晚，沈某某在联系买主的过程中，被公安机关抓获，婴儿获救。

【诉讼意见与处理结果】

公诉机关指控，被告人沈某某以出卖为目的偷盗婴儿的行为触犯了《刑法》第240条第1款第6项，应当以拐卖儿童罪（既遂）追究其刑事责任。辩护意见认为，沈某某虽已将婴儿盗离其父母可控制的范围，但在出卖过程中因意志以外的原因，使其出卖的目的没有得逞，偷盗婴儿的行为由于实际并未转卖他人，犯罪结果尚未发生就被抓获，属未遂，应减轻处罚。

一审法院认为，被告人沈某某以牟利为目的，实施完成了偷盗婴儿的行为，其行为已构成拐卖儿童罪（既遂）。且属累犯，应当从重处罚。依照

《刑法》规定，判决如下：

被告人沈某某犯拐卖儿童罪，判处有期徒刑 11 年 6 个月，并处罚金 10 000元。

宣判后，被告人沈某某提出上诉，认为其行为属于犯罪未遂，应减轻处罚。

二审法院裁定，驳回上诉，维持原判。

【法律适用问题】

犯罪的“进程”如何？是已经完成还是尚未完成？对判断的标准，一般认为，行为人故意实施的犯罪行为已经具备了刑法分则所规定的某种犯罪的全部构成要件，即犯罪的完成形态。凡是符合具体犯罪所规定的全部犯罪构成要件及其要素的，就是犯罪已完成，否则为未完成。

《刑法》第 240 条第 1 款规定：拐卖妇女、儿童的处 5 年以上 10 年以下有期徒刑，并处罚金；具有以出卖为目的偷盗婴幼儿等情形的，处 10 年以上有期徒刑或者无期徒刑，并处罚金或者没收财产。从拐卖儿童罪的法条逻辑结构特点，可以看出拐卖儿童罪的客观构成要件及其要素中并不包含拐卖结果实际发生的内容，或者说儿童是否被卖出不属于客观构成要件符合性评价的范围，即犯罪目的是否实现，对本罪完成形态的确定无意义，只要偷盗婴幼儿的行为得以完成，犯罪就已实现。在本案中，被告人沈某某虽未将被盗婴儿转卖他人，但已盗离其父母可控制的范围。此时，尽管沈某某所追求的出卖结果尚未发生，目的尚未实现，但其拐卖婴儿的行为已经完成，刑法所要求的该罪的全部客观要件、要素已齐备，对其行为评价为犯罪既遂符合法律规定。

一般认为，定罪量刑适用三段论的逻辑推理思维模式：首先确定案件的性质，找到相对应的罪名，然后在该罪名涉及的法定刑幅度围内，根据案件的具体情节决定应适用的刑罚。在这个过程中，无论是对行为性质还是行为样态、阶段的评价，都应当坚持从观念性认识到规范化论证，并以规范化论证来检验观念性认识正确与否的总体思路，而不能以观念性认识替代规范性评价，或者以事实判断取代价值判断。

【办案札记】

犯罪是否处于停止形态，需要根据不同停止形态的概念，结合具体犯罪的构成要件来把握，具有一定的复杂性。在此，仅从观念的角度谈几点粗浅的认识。

1. 犯罪活动是否已经形成终局状态。

除共同犯罪外，单独犯罪一旦形成预备、未遂、中止、既遂的某一种结局状态，就不可能成立另一种结局状态。如犯罪既遂后主动恢复原状的，不存在未遂或者中止的问题。犯罪是否形成终局状态，不能仅以行为人的主观认识为标准，应当根据具体未完成形态或者完成形态的条件，客观地加以判断。如丈夫以杀人故意掐住妻子的脖子，见妻子脸色青紫，以为已经死亡，后妻子苏醒要水喝，便给妻子喂水，放弃杀害念头。在能够继续实施犯罪的情况下，放弃犯罪或者自动有效防止犯罪结果发生，属于犯罪中止。而不能认为丈夫误以为妻子已经死亡，其行为已经属于犯罪未遂。换而言之，丈夫在实施中止行为时，其先前的犯罪行为并没有形成终局状态。①

2. 不同停止形态不能相互转化，不具有可逆性。

犯罪预备、未遂、中止和既遂都是犯罪的停止形态，各种停止形态有其独立的事实内涵，如果犯罪已处于预备或者既遂状态，则自然不存在犯罪未遂和中止的问题。因为犯罪未遂与犯罪中止之间，及与其他犯罪停止形态之间不具有互逆性，不能互相转化。即犯罪活动一旦进入既遂状态，自然不存在犯罪预备、未遂、中止的可能性。如犯罪既遂后主动返还原物的行为，不能由此认定为犯罪未遂或者犯罪中止；如果犯罪活动处于未遂状态，自然不存在犯罪既遂、犯罪中止的可能性。如犯罪未遂后又主动抢救被害人的行为，不能由此认定为犯罪中止。

3. 在同一行为事实中，不同停止形态不能并存。

在单独犯罪中，犯罪形态具有唯一性。如行为人在盗窃过程中，发现有现金、贵重字画、古董等物品，但因携带不便而放弃对贵重字画、古董盗窃，

---

① 张明楷：《刑法学》，法律出版社2011年版，第144页。

此时，不能认为盗窃现金的事实为既遂，盗窃字画、古董的事实为中止，而应直接将盗窃现金的事实作为犯罪既遂的事实予以认定便可。同样在生产、销售假冒伪劣产品过程中，对于只生产出了部分产品或者只销售出部分产品的行为，不能认为已经生产、销售的部分为既遂，未生产、销售的部分为未遂。当然，不同的行为事实自然可以存在不同的停止形态。如行为人在帮助甲厂销售假冒伪劣产品的同时，也在帮助乙厂销售假冒伪劣产品，如果帮助甲厂销售假冒伪劣产品既遂，但帮助乙厂销售假冒伪劣产品的行为未遂，由于销售行为相互独立，此时既遂与未遂就可以并存。

4. 不同罪名的停止形态竞合时，应当认定为重罪名的停止形态。

有些情况下，会出现不同罪名停止形态竞合的情形，对此应当注意，当重罪的未遂与轻罪的既遂竞合时，应当认定为重罪的未遂犯而不是轻罪的既遂犯。如在故意杀人犯罪过程中，实施的行为导致被害人重伤或者轻伤后果，而没有发生死亡后果的，应认定为故意杀人犯罪的未遂，而不是故意伤害罪的既遂。当重罪的中止与轻罪的既遂竞合时，应当认定为重罪的中止犯而不是轻罪的既遂犯。如在强奸犯罪过程中，对被害人实施猥亵后中止了奸淫行为的，应认定为强奸犯罪的中止，而不是强制猥亵犯罪的既遂。但是，在同一罪名不同情形竞合时，应当依照法律规定，分情况区别评价。如在爆炸罪中，不能将该罪的危险犯作为其实害犯的未遂情形对待，将法定刑升格处理。

5. 在共同犯罪中，不同停止形态有共存的可能性。

在共同犯罪中，一般情况下“一人既遂，全体既遂”，即犯罪的停止形态呈现出整体性。但也存在既遂与未遂、中止、预备共存的情形。如在押犯甲、乙共谋将牢房墙壁挖穿脱逃，共同在山墙上挖了个洞，甲穿洞逃走后，乙正着手穿洞逃跑时因被发觉而未得逞。甲构成脱逃罪既遂，乙构成脱逃罪未遂。[①] 又如丙欲入室窃取他人财物，丁提供了开门的万能钥匙，但丙在入室时并未使用该钥匙而得逞，因丁的帮助行为对丙完成盗窃犯罪没有产生实际影响，丁的帮助行为属未遂，丙的盗窃行为属既遂。但是，如果丁答应为丙入室盗窃防风，后因故而未到现场，丙入室完成了盗窃犯罪的，则丙的盗

① 马克昌：《犯罪通论》，武汉大学出版社 1999 年版，第 594 页。

窃行为无疑为既遂，丁的帮助行为只能成立盗窃预备。

【法规链接】

《中华人民共和国刑法》

第二十三条 已经着手实行犯罪，由于犯罪分子意志以外的原因而未得逞的，是犯罪未遂。

对于未遂犯，可以比照既遂犯从轻或者减轻处罚。

第二百四十条 拐卖妇女、儿童的，处五年以上十年以下有期徒刑，并处罚金；有下列情形之一的，处十年以上有期徒刑或者无期徒刑，并处罚金或者没收财产；情节特别严重的，处死刑，并处没收财产：

（一）拐卖妇女、儿童集团的首要分子；

（二）拐卖妇女、儿童三人以上的；

（三）奸淫被拐卖的妇女的；

（四）诱骗、强迫被拐卖的妇女卖淫或者将被拐卖的妇女卖给他人迫使其卖淫的；

（五）以出卖为目的，使用暴力、胁迫或者麻醉方法绑架妇女、儿童的；

（六）以出卖为目的，偷盗婴幼儿的；

（七）造成被拐卖的妇女、儿童或者其亲属重伤、死亡或者其他严重后果的；

（八）将妇女、儿童卖往境外的。

拐卖妇女、儿童是指以出卖为目的，有拐骗、绑架、收买、贩卖、接送、中转妇女、儿童的行为之一的。

42. 是否已经着手实行犯罪的判断

——陈某某敲诈勒索案

【案情摘要】

被告人陈某某，男，1986 年 11 月 20 日出生，打工人员。

2009 年 10 月 23 日至 11 月 7 日期间，被告人陈某某编造有人要加害王某某及其家人身体的虚假理由，多次以发短信的方式威胁王某某为其指定账户打现金 50 000 元，后因王某某未打款而未得逞。

2009 年 11 月中旬，被告人陈某某利用帝豪娱乐会所招商电话，多次打电话称：不给钱就送炸药包将其炸毁，并索要业主贾某某的联系号码，编辑了索要 20 000 ~ 30 000 万元现金的短信存储在手机里。后因未获得贾某某的手机号码，短信未发出。

【诉讼意见与处理结果】

侦查机关以陈某某涉嫌敲诈勒索罪（未遂）移送审查起诉。公诉机关指控，被告人陈某某的行为触犯了《刑法》第 274 条，应当以敲诈勒索罪追究其刑事责任。其中，被告人陈某某敲诈王某某的行为属未遂；其敲诈帝豪娱乐会所业主贾某某的行为属犯罪预备。辩护意见认为，陈某某没有获得财物，也没有对他人造成任何损害，属犯罪预备，应从宽处理。

一审法院认为，被告人陈某某的行为已构成敲诈勒索罪。其已着手实施犯罪并使其犯罪意图、手段为犯罪对象所知晓，但因意志以外的原因而未得逞，属未遂，可减轻处罚。依照《刑法》规定，判决如下：

被告人陈某某犯敲诈勒索罪（未遂），判处有期徒刑 1 年 11 个月。

宣判后，被告人陈某某未上诉。公诉机关未抗诉。

【法律适用问题】

本案分歧的焦点在于对犯罪预备与犯罪未遂如何辨别，核心问题是对着手犯罪如何认定的问题。如果认为被告人陈某某敲诈勒索贾某某的行为已经着手，则为未遂。否则，为犯罪预备。

《刑法》第22条第1款规定：为了犯罪，准备工具、制造条件的，是犯罪预备。犯罪预备的特征为：实施了犯罪预备行为；事实上未能着手实施犯罪；未能着手实行犯罪是由于行为人意志以外的原因。《刑法》第23条第1款规定：已经着手实行犯罪，由于犯罪分子意志以外的原因而未得逞的，是犯罪未遂。即犯罪未遂由三个并列的要件构成：已经着手实行犯罪；犯罪未得逞；犯罪未得逞是由于犯罪分子意志以外原因。从以上比较中可以看出，犯罪未遂与犯罪预备的关键区别在于：行为人是否已经着手实行犯罪。

着手实行犯罪是主观与客观、形式与内容的统一。在主观内容上，犯罪分子实行具体犯罪的意志已经通过客观的实行行为开始充分表现出来；在客观上，犯罪分子已经开始实施具体犯罪构成客观方面的实行行为，其行为已使刑法所保护的权益直接面临或者受到了现实存在的威胁。除非出现犯罪分子意志以外原因的阻碍或者行为人自动中止其行为，否则该行为将会进行到底，完成犯罪。

犯罪的不同形态有其各自独立结构模式，而具体犯罪的不同形态也有其各自不同的结构特点。按照刑法的规定，敲诈勒索罪是指以非法占有为目的，使用暴力、胁迫或者要挟方法，强行索取数额较大的公私财物的行为。其基本结构特点是：对他人实施暴力、威胁—对方产生恐惧心理—对方基于恐惧心理处分财产—行为人或者第三人获得财产—被害人财产遭受损失。由此，敲诈勒索罪的实行行为是使用暴力、胁迫或者要挟方法强行索取财物。

在犯罪未遂中，危害行为对法益的危险应当是具体的危险而不是抽象的危险。具体到本案，被告人陈某某虽然编辑索要现金的短信存储在手机里，因未获得贾某某的手机号码未发出，但其利用帝豪娱乐会所招商电话，将

“不给钱就送炸药包将其门店炸毁”的敲诈内容已让贾某某知晓，对这一基本行为事实不应当被忽略。即其敲诈勒索犯罪行为已经着手并实施完毕，对法益造成了具体的危险而不是抽象的危险，犯罪行为已经实行终了。换而言之，被告人陈某某实施的行为足以引起犯罪结果发生，被害人的财产损害没有实际发生，是因为被害人自己没有屈从威胁的结果。因此，被告人陈某某敲诈勒索贾某某的行为当属实行终了的犯罪未遂而非预备。

在矛盾普遍性原理的指导下，具体分析矛盾的特殊性，是认识论的基本方法。对具体犯罪中预备与未遂的区分而言，刑法总则对犯罪预备、未遂的规定属于“普遍性原理”，刑法分则中具体犯罪的构成特点属于“特殊性问题”，对特定行为事实形态的确定，只有按照刑法总则的普遍性规定，结合分则不同犯罪构成的特点，具体问题具体分析，才可以得出妥当的结论。

【办案札记】

“已经着手实行犯罪”是犯罪未遂的时间节点，但由于刑法罪刑条文对罪状内容规定方式的不同，各种具体犯罪实行行为也呈现出多样性，致使对“着手”的认定不可能有一个简单统一的标准，必须立足于具体犯罪客观要件的行为特征，具体问题具体分析。

1. 预备后行为不同于犯罪着手行为。

“预备行为的本质和作用，是分则犯罪构成行为的实行和犯罪的完成创造便利条件，为其创造现实的可能性，而分则具体犯罪构成中实行行为的本质和作用，则是要直接完成犯罪，要变预备阶段实行和完成犯罪的现实可能性为现实性。”① 即“实行行为与预备行为的本质区别，就在于前者可能直接导致危害结果，后者不能直接导致危害结果。”② 是否直接导致危害结果的发生，关键要根据具体犯罪的实行行为来判断，从实质上而不是从形式上考察行为对法益的危险是具体的危险还是抽象的危险。如在贪污犯罪中，对于行

① 赵秉志：《新刑法全书》，中国人民公安大学出版社1997年版，第289页。
② 张明楷：《刑法学》（上），法律出版社1997年版，第254页。

为人只实施了虚假平账行为而未将公款占有的情形下，由于“虚假平账行为”实施完毕后，就可以直接导致侵吞公共财产结果的发生，所以，该行为就是贪污罪的实行行为而不是为贪污创造条件的预备行为。

预备后行为不同于犯罪着手行为。对于行为人实施的行为是否属于具体犯罪的实行行为，应当进行规范评价，而不能靠生活观念来评价。如行为人为实施强奸犯罪，购买了麻醉药品和饮料并进行了配制，后将该饮料倒入被害人杯中劝其饮用，但因被害人感冒而未饮用，即为强奸预备而非未遂。不能因为购买了麻醉药品和饮料并进行了配制是准备工具、制造条件的预备行为，就认为其后续所实施的所有行为必然就是强奸犯罪的着手实行行为。

2. 犯罪性质不同，着手标准不同。

在不同构成要件下，预备行为和着手行为自然也不同。如在一般情况下，对犯罪活动的谋划行为属于预备行为，但对分裂国家罪、煽动颠覆国家政权罪等理论上称为阴谋犯的犯罪，根据刑法的规定，行为人只要进行了谋划行为就构成犯罪既遂，即谋划行为本身就是实行行为而非预备行为。由此可见，“即便是同一形式的行为，相对于此罪来说是直接导致危害结果的发生行为，而相对于彼罪来说又可能不是直接导致危害结果的发生行为。”① 这就要求必须判明犯罪的性质。性质不同，着手的条件也往往不同。

特别是在出现法规竞合或者想象竞合的情况下，应当找准应该适用的法条，即应当适用的罪名。只有在判明行为事实应当适用的罪名的基础上，才能确定是实行行为还是预备行为。如行为人纠集、引诱数名少女到宾馆去卖淫，后在强迫卖淫前被公安机关抓获。如果认定为强迫卖淫罪或者引诱卖淫罪，则该组织行为为强迫卖淫罪或者引诱卖淫罪的预备行为；如果认定为组织卖淫罪，则该纠集、引诱、强迫行为属于组织卖淫罪的实行行为。由于组织卖淫罪与强迫卖淫罪或者引诱卖淫罪是全部法与部分法的关系，按照全部法优于部分法的适用原则，应当以组织卖淫罪论处，所以该行为构成组织卖淫罪的未遂，而不是强迫卖淫罪或者引诱卖淫罪的预备。

---

① 张明楷：《刑法学》(上)，法律出版社1997年版，第254页。

3. 犯罪实行的程度影响着手的认定。

如果犯罪行为已经与行为对象发生了接触或者已经逼近了行为对象，即为已经着手实行犯罪。但是在逼近了行为对象的情况下，如果尚未实施具体犯罪性质所要求的行为，仍然不是着手。如同是入室行为，对盗窃犯罪行为来说属于着手实行行为，因为盗窃罪中的秘密入室行为已经侵入他人控制和保护财产的范围。除非是欺骗进入室内的，则另当别论。但对于强奸、伤害等侵犯人身权利的犯罪而言，入室行为还只是在为侵害被害人人身的实行行为的实施创造便利条件，并不是这些实行行为本身所包含的内容。只有在对被害人实施暴力、胁迫而入室的行为，才有可能是着手行为而不是预备行为。[①] 所以，对于尚未开始直接侵害法益的行为，如尾随行为、守候行为、寻找对象行为均为预备行为。

一般情况下，在同一犯罪构成要件内，当数个实行行为具有择一关系时，只要开始实施其中任何一种行为，都是着手实行犯罪。如拐卖妇女、儿童罪的具体行为方式有拐骗、绑架、收买、贩卖、接送和中转，无论是开始实施“拐”的行为还是“卖”的行为，都是着手实行犯罪。当数个实行行为具有主从（或者手段与目的）关系时，只要开始实施手段行为，就是着手实行犯罪。如在抢劫犯罪中，只要开始实施了暴力、威胁等行为，就等于着手抢劫犯罪。但在下列情形中，存在例外：（1）当数个实行行为具有并列关系时，数个并列关系的行为必须同时具备，才是着手实行犯罪。如对于诬告陷害罪，根据刑法规定是指捏造事实诬告陷害他人的行为，捏造事实和诬告两种行为必须同时具备，如果只开始捏造事实，尚未向有关机关告发，就不能认为是已经着手实行犯罪。[②]（2）实行行为具有手段与目的关系时，如果手段行为与目的行为在时间、空间上相分离，则对是否已经“着手”实施犯罪应当进行实质判断。如以揭发对方隐私相威胁，胁迫对方到宾馆发生性关系，在双方到宾馆见面前即被抓获的，尽管从形式上看胁迫行为是强奸的实行行为，

---

① 赵秉志：《中国刑法案例与学理研究·总则篇》（下），法律出版社 2001 年版，第 9～10 页。

② 熊选国：《刑法中行为论》，人民法院出版社 1992 年版，第 78～79 页。

但实质上被害人的性权利尚未受到具体的紧迫的危险，只能是强奸预备，而不能成立强奸未遂。

【法规链接】

《中华人民共和国刑法》

第二十二条 为了犯罪，准备工具、制造条件的，是犯罪预备。

对于预备犯，可以比照既遂犯从轻、减轻处罚或者免除处罚。

第二十三条 已经着手实行犯罪，由于犯罪分子意志以外的原因而未得逞的，是犯罪未遂。

对于未遂犯，可以比照既遂犯从轻或者减轻处罚。

第二百七十四条 敲诈勒索公私财物，数额较大或者多次敲诈勒索的，处三年以下有期徒刑、拘役或者管制，并处或者单处罚金；数额巨大或者有其他严重情节的，处三年以上十年以下有期徒刑，并处罚金；数额特别巨大或者有其他特别严重情节的，处十年以上有期徒刑，并处罚金。

43. 是否属于意志以外原因的判断

——张某某贩卖毒品案

【案情摘要】

被告人张某某，男，1977年3月2日出生，无业。

2015年10月24日，吸毒人员杨某与被告人张某某约定，以每克300元的价格在市区庆阳路口交易毒品。后被告人张某某到达约定地点，发觉周围情况反常，遂放弃交易准备离开时被公安人员抓获，当场从张某某处缴获毒品24包。经检测，内含甲基苯丙胺6.93克、海洛因1.29克。

【诉讼意见与处理结果】

公诉机关指控，被告人张某某的行为触犯了《刑法》第347条第4款，应当以贩卖毒品罪追究其刑事责任。辩护意见认为，张某某在贩卖毒品过程中发觉警方在布控，致使其停止了犯罪，在控制下交付中，贩卖毒品的行为是根本不可能完成的，应属于未遂。

一审法院认为，被告人张某某的行为已构成贩卖毒品罪。因其毒品交易显已进入交付阶段，应为既遂。依照《刑法》规定，判决如下：

被告人张某某犯贩卖毒品罪，判处有期徒刑4年，并处罚金2000元。

宣判后，被告人张某某提出上诉，认为其行为当为贩卖毒品未遂，应减轻处罚。

二审法院裁定，驳回上诉，维持原判。

【法律适用问题】

对于被告人张某某贩卖毒品的行为处于何种停止形态？第一种意见认为，

张某某的行为属于贩卖毒品罪未遂。在控制下交付中，贩毒行为不可能真正完成，且张某某发觉警方在布控，即因意志以外的原因致使犯罪没有得逞，应属于未遂。第二种意见认为，张某某的行为属于贩卖毒品罪中止。张某某意识到周围情况反常，遂主动放弃交易，成立犯罪中止。第三种意见认为，张某某的行为属于贩卖毒品罪既遂。张某某已将毒品带入了交易环节，不论是否完成交易行为，贩卖毒品罪的构成要件已齐备，应属于贩卖毒品罪既遂。

以上分歧涉及的主要问题是：毒品未交易是自动中止的结果还是意志以外的原因所致？控制下交付能否构成贩卖毒品的既遂？

犯罪中止的自动性，是指行为人认为有可能将犯罪进行到底的情况下，基于自己的意愿自动地放弃犯罪或者有效地防止犯罪结果发生的情形。犯罪未遂中意志以外的原因，是指违背行为人意志的，足以阻止犯罪行为达到既遂状态的各种主客观因素。其显著特征是：从性质上看，与行为人完成犯罪的主观愿望相冲突；从过程上看，与犯罪行为的发展以及完成的进程相矛盾；从作用上看，足以阻止犯罪行为的继续进行。在本案中，就交易行为而言，张某某在察觉到周围情况有异，有可能被抓获的情况下放弃继续进行毒品交易，显然是迫于无奈、不情愿的，即违背其意志的因素。对于自动中止还是意外所致，应注意区分被抓获的抽象可能性与现实可能性。基于担心被抓获的抽象可能性，而放弃犯罪是因为行为人本身主观意念的改变，符合中止自动性的特征，当属犯罪中止。但是如果在具体特定的环境中，行为人意识到被抓获是现实的、具体存在的危险，因而停止继续犯罪的，应当成立未遂。

那么，在控制下交付时，是否可以认为张某某的行为属于贩卖毒品罪的既遂呢？

贩卖毒品罪是行为犯，而不是结果犯。行为犯不要求行为人将构成要件的客观行为实施完毕，只要行为人着手实施了法定构成要件的客观行为，就应视为犯罪的完成即成立犯罪既遂。对贩卖毒品罪而言，通说认为，只要行为人贩卖毒品的行为进入交易环节，就构成了贩卖毒品既遂。据此，张某某携带毒品到达约定交易地点意欲与杨某交易时被抓获的事实，已不具备犯罪未遂的时空条件和法定特征，当为贩卖毒品罪的既遂。尽管在控制下交付时，一般没有真正完成犯罪行为的可能，但出于刑事政策的考虑，在毒品犯罪中，只要其行为符合特定毒品犯罪的犯罪构成，应认定为既遂。

司法结论的形成是一个多层次的复杂结构，需要在法律规则、案件事实与刑事政策之间的综合平衡中，寻求交会点。

【办案札记】

在犯罪未遂中，意志以外的原因，是指违背犯罪分子本意致使其不能完成犯罪的原因。这种原因不仅与犯罪意志相违背，而且对犯罪意志具有障碍、削弱的作用。正是由于意志以外的原因具有与犯罪意志相对立相排斥的性质，才致使犯罪意志支配下的犯罪活动未完成。[①] 在司法实践中，对意志以外原因的判断，应着重从以下几方面着手考察。

1. 判明犯罪分子的本意是什么。

要根据行为外在表现，结合生活常理判明犯罪分子的本意是什么。只有在清楚了犯罪分子的本意的基础上，才能确定哪些原因是违背其本意的。在犯罪未遂中，犯罪分子的本意，就是将其意欲实施的犯罪进行到底的意图及其行为。所以，只有犯罪意图以外的事实或者事件，才具有意外性，才有可能成为违背犯罪分子本意的原因，即意志以外的原因。如放火时天降大雨，强奸他人时突然发病等，这些与行为人犯罪的本意相背离的事实，就属于违背犯罪分子本意的意志以外的原因。当然，违背犯罪分子本意的原因，都应当是具体的原因，而不能是抽象的原因。

2. 判明犯罪未进行到底的原因是什么。

犯罪未进行到底的原因，从犯罪人的角度可分为意志以外的原因和意志以内的原因。一切阻碍将犯罪进行到底的因素，都应属于违背犯罪分子本意的原因。犯罪分子意志以外的原因概括起来，主要有以下几种：（1）犯罪人本人以外的原因。包括被害人的发现、反抗等，他人的出现、抓获、制止等；自然力的阻碍；物质障碍；环境时机对完成犯罪的不利影响等。（2）行为人自身对完成犯罪的不利影响因素，如行为人能力、身体状况、犯罪技巧的欠

---

① 赵秉志：《中国刑法案例与学理研究·总则篇》（下），法律出版社2001年版，第38页。

缺等。（3）行为人主观上对犯罪对象情况、犯罪工具性质以及犯罪结果是否已发生等情况的错误认识。如行为人欲毒死其妻，下毒其妻食用后，行为人以为必死无疑而离去，后被他人及时发现抢救未死。总之，无论是抑制犯罪意志的原因，还是抑制犯罪行为或者犯罪结果的原因，都属于违背犯罪分子本意的原因。

3. 判明意志以外原因对继续实施犯罪影响力的大小。

犯罪分子意志以外的原因是质和量的统一。从质上来说，只有违背犯罪分子本意的原因，才能成为犯罪分子意志以外的原因。从量上来说，这些违背犯罪分子本意的原因必须达到足以阻碍犯罪分子继续实行犯罪的程度。[①]是否足以阻碍犯罪分子继续实行犯罪的意志，应以犯罪人主观感受和影响犯罪完成因素的客观性质与作用程度结合起来考察判断。[②] 因此，在实务工作中，不仅要进行结果性考察，看犯罪结果未发生是否违背其本意，也要进行过程性考察，看这种阻碍因素对犯罪意志作用力的大小。如果是不足以阻碍实施犯罪的一些轻微因素，不能成为“意志以外的原因”。如行为人在抢劫过程中，由于被害人请求等原因，停止了犯罪的，应认为是自动选择的结果而不是被迫放弃的结果。

【法规链接】

《中华人民共和国刑法》

第二十三条　已经着手实行犯罪，由于犯罪分子意志以外的原因而未得逞的，是犯罪未遂。

对于未遂犯，可以比照既遂犯从轻或者减轻处罚。

第二十四条　在犯罪过程中，自动放弃犯罪或者自动有效地防止犯罪结果发生的，是犯罪中止。

对于中止犯，没有造成损害的，应当免除处罚；造成损害的，应当减轻处罚。

---

① 陈兴良、曲新久：《刑法案例教程》（上），中国政法大学出版社1994年版，第384页。
② 高明暄：《刑法学》，北京大学出版社1989年版，第211页。

第三百四十七条 走私、贩卖、运输、制造毒品，无论数量多少，都应当追究刑事责任，予以刑事处罚。

走私、贩卖、运输、制造毒品，有下列情形之一的，处十五年有期徒刑、无期徒刑或者死刑，并处没收财产：

（一）走私、贩卖、运输、制造鸦片一千克以上、海洛因或者甲基苯丙胺五十克以上或者其他毒品数量大的；

（二）走私、贩卖、运输、制造毒品集团的首要分子；

（三）武装掩护走私、贩卖、运输、制造毒品的；

（四）以暴力抗拒检查、拘留、逮捕，情节严重的；

（五）参与有组织的国际贩毒活动的。

走私、贩卖、运输、制造鸦片二百克以上不满一千克、海洛因或者甲基苯丙胺十克以上不满五十克或者其他毒品数量较大的，处七年以上有期徒刑，并处罚金。

走私、贩卖、运输、制造鸦片不满二百克、海洛因或者甲基苯丙胺不满十克或者其他少量毒品的，处三年以下有期徒刑、拘役或者管制，并处罚金；情节严重的，处三年以上七年以下有期徒刑，并处罚金。

单位犯第二款、第三款、第四款罪的，对单位判处罚金，并对其直接负责的主管人员和其他直接责任人员，依照各该款的规定处罚。

利用、教唆未成年人走私、贩卖、运输、制造毒品，或者向未成年人出售毒品的，从重处罚。

对多次走私、贩卖、运输、制造毒品，未经处理的，毒品数量累计计算。

44. 犯罪是否未得逞的判断

——王某某等人盗窃案

【案情摘要】

被告人王某某，男，1986 年 6 月 4 日出生，农民。

被告人杨某某，男，1967 年 12 月 27 日出生，农民。

2007 年 12 月 30 日，被告人王某某、杨某某经事先预谋，携带铁锹和编织袋窜至铁路分公司洗罐线站，将站台料场内部分水钴矿装入编织袋背至大门外公路一避静处，由王某某守候，杨某某返回租住房驾驶农用车。后将所窃 21 袋水钴矿装上农用车，准备离开时被巡逻民警发现，二人弃车逃匿。后被告人杨某某、王某某又驾摩托车返回弃车地附近，见巡逻民警正开车返回，遂尾随至派出所外窥探动静时被抓获。经检斤，被盗水钴矿 1100 公斤，价值 17 495 元。

【诉讼意见与处理结果】

公诉机关指控，被告人王某某、杨某某的行为触犯了《刑法》第 264 条，应当以盗窃罪（既遂）追究刑事责任。辩护意见认为，王某某、杨某某在盗窃过程中，因意志以外的原因而未将被盗物品占有，致使失盗单位没有遭受损失，属于盗窃未遂，依法应当减轻处罚。

一审法院认为，被告人王某某、杨某某的行为已构成盗窃罪。但由于意志以外的原因而未能得逞，系犯罪未遂，可比照既遂减轻处罚。依据《刑法》规定，判决如下：

1. 被告人王某某犯盗窃罪（未遂），判处有期徒刑 6 个月，并处罚金 10 000元；

2. 被告人杨某某犯盗窃罪（未遂），判处有期徒刑6个月，并处罚金10 000元。

宣判后，被告人王某某、杨某某未上诉。公诉机关未抗诉。

【法律适用问题】

本案涉及的核心问题在于：盗窃案件中犯罪未得逞的标准该怎样来把握？如何判断犯罪是否得逞？

犯罪未遂，是指已经着手实行犯罪，由于犯罪分子意志以外的原因而未得逞的犯罪形态。对盗窃行为而言，“考察某一盗窃行为是既遂还是未遂，首先要看它是否排除了物主对财物的控制，同时还要看它是否建立了行为人自己的非法控制，只有完全排除了物主的控制，并且建立了自己的非法控制，才能认定为既遂，否则就是未遂。”[①]“排除了物主的控制”即“失控”，“建立了自己的非法控制”即“控制”。因此，这种盗窃犯罪的既遂标准在学理上称为“失控+控制说”，与此相当的观点为“控制说”，认为只有行为人对财物建立了自己的非法控制，才能认定为既遂，否则就是未遂。《全国法院审理经济犯罪案件工作座谈会纪要》（法〔2003〕167号）规定：“贪污罪是一种以非法占有为目的的财产性职务犯罪，与盗窃、诈骗、抢夺等侵犯财产罪一样，应当以行为人是否实际控制财物作为区分贪污罪既遂与未遂的标准。”即以“控制说”作为侵犯财产类犯罪的既遂与未遂标准。对于同一财物而言，物主失控并不等于行为人必然控制，但行为人控制了财物则表明物主必然失控。但这并不意味着物主是否失控对于判断既遂、未遂无意义，在有些情况下，物主是否“失控”对确定行为人是否“控制”仍有方法论上的价值，因为物主失控毕竟是行为人控制的前提。

在本案中，一审法院对被告人王某某、杨某某的盗窃事实认定为未遂，显然有商榷的必要。被告人王某某、杨某某已经将财物盗离铁路分公司洗罐线站，其行为结果已使财物超出了铁路分公司的可控范围，排除了权利人的占有。同时，从被告人王某某在大门外公路一避静处守候该财物的事实，说

---

① 赵秉志：《中国刑法案例与学理研究·分则篇》（四），法律出版社2001年版，第236页。

明该财物已处于被告人的实际控制之下。被告人王某某、杨某某把财物盗出特定场所，即已完全排除了失主的控制并且建立了自己的非法控制，其对该财物的占有已无须通过进一步的秘密窃取行为来实现。即被告人王某某、杨某某已经控制了财物，盗窃行为已经得逞，达到了既遂状态。

实际控制只能是一种非法状态，一种行为人可以支配处置该财物的非法状态，它并不受时间长短的影响，更不要求行为人事实上处置了该财物。同时，也不能把非法占有等同于最终占有，非法占有是一种状态，而最终占有是一种结果。如果无视二者的差异，那么行为人在盗窃行为实施完毕控制了财物之后，退还赃物的行为也就可以成为认定未遂的理由。

法律有时不在条文之中，但却始终伴随在司法活动之中，需要察之细微，论之严谨，公之及众。如果只有教义没有法理、只有价值没有规范、只有原则没有例外，就不能期冀唯美的结局。

【办案札记】

一般认为，刑法罪刑式条文是以犯罪既遂为标本设计的，而犯罪既遂以法定犯罪构成要件要素的齐备为标志，构成要件要素不齐备的，即犯罪未得逞。但由于不同犯罪构成的要件要素齐备要求不同，对犯罪是否得逞的判断，必须从犯罪的基本类型上来把握。具体而言有以下几点：

1. 在行为犯中，犯罪是否得逞的标志是法定犯罪行为是否完成。

如果实施了法定的行为，基本犯罪即已完成，是否造成一定的后果或者危险状态只是从重或者加重处罚的根据，并不影响该罪的成立，则为行为犯。法定的犯罪行为是否完成，应当以具体犯罪构成的客观要件及其要素是否齐备为标准来判断。对于单一行为的犯罪，只有犯罪行为经过一定过程达到相当的程度，法定的犯罪行为才算完成。如脱逃罪，不是只要实施了脱逃行为就已得逞，而是要求其实施的脱逃行为达到脱离羁押监管的程度，才能认为脱逃行为已经完成。对于双行为犯罪，只有全部犯罪行为实施终了，法定的犯罪行为才算完成。如果全部的犯罪行为尚未实施完毕，即犯罪没有得逞。如在强奸犯罪中，以暴力、威胁等手段强行与妇女发生性行为，方可构成既遂。如果行为人只实施了暴力、威胁等手段行为，而没有实施性交行为的，即法定犯罪行为没有完成，强奸行为没有得逞。

2. 在结果犯中，犯罪是否得逞的标志是法定犯罪结果是否发生。

如果实施了一定行为后，必须造成法定的危害后果，基本犯罪才算完成，出现更为严重的后果只是从重或者加重处罚的根据，并不影响该罪的成立，则为结果犯。[①] 如在贪污、受贿行为中，只要行为人利用职务之便实际控制了财物，贪污、受贿的犯罪结果就已出现，当为既遂。即便实际控制财物的所有权尚未发生转移，仍然构成贪污、受贿的既遂。因为实际控制就是非法占有，贪污、受贿的法定犯罪结果已经形成。[②]

结果犯所要求的结果特指法定的后果，而不是法定之外的其他任何后果。但法定的犯罪结果没有发生并不等于没有发生任何结果。如在故意杀人中致人重伤的，重伤结果就不是故意杀人的法定犯罪结果，属于犯罪未得逞，只能以未遂论处。

3. 在危险犯中，犯罪是否得逞的标志是法定危险状态是否形成。

危险犯，是以行为人实施的危害行为造成法律规定的发生某种危害结果的危险状态作为犯罪得逞标志的犯罪。至于危险后果是否发生只是从重或者加重处罚的根据，并不影响该罪的成立。如对于爆炸罪，只要爆炸行为足以危及公共安全的，就表明犯罪已经得逞。如果行为人只是安装了爆炸设施，

---

① 侯国云、白岫云：《新刑法疑难问题解析与适用》，中国检察出版社 1998 年版，第 305 页。

② 对于非法侵占公有房产的贪污行为，即使客观上尚未办理产权变更登记，也可以通过其所采取的欺骗手段等行为事实，认定其具有非法占有。对于侵害对象为不动产的，办理产权变更登记是行为人非法占有目的的客观实现，但因行为人对侵占的不动产由于取得方式的非法性而不敢去办理产权变更登记时，不能以没有办理产权变更登记来证明行为人主观上不具有非法占有的目的。在通常情况下，非法占有目的形成于产权变更登记之前，根据行为人客观上所采取的欺骗手段等行为事实，是可以认定其主观上具有非法占有目的的。同时，将刑法上的非法占有的认定标准完全等同于民法上的合法所有的认定标准是不妥当的，非法占有目的的实现并不以得到法律上的确认为条件，是否在法律上取得了对物的所有权，并不能对事实上占有某物的认定构成障碍。作为以非法占有为目的的直接故意犯罪，贪污罪既、未遂的判断标准，与盗窃、诈骗、抢夺等财产犯罪一样，应当视行为人是否实际取得财物而定。具体到贪污不动产犯罪，只要行为人利用职务之便，采取欺骗等非法手段，使公有不动产脱离了公有产权人的实际控制，并被行为人现实地占有的，或者行为人已经就所有权的取得进行了变更登记的，即可认定为贪污罪的既遂，参见最高人民法院编：《刑事审判参考》（2002 年第 6 辑　总第 29 辑），法律出版社，第 46～48 页。

尚未动手引爆就被抓获，即为爆炸犯罪未得逞。危险犯中的危险状态是否形成，当以行为本身的一般情况或者一般的社会生活经验为根据，同时，行为对法益的危险应当是具体的危险而不是抽象的危险，不能认为只要存在危险就达到了危险状态。如放火罪，其危险状态的形成以燃烧的对象物是否达到独立燃烧的程度为标准。如果尚未点燃或者点燃后即时熄灭的，不能认为危险状态已经存在，将其视为放火犯罪已经得逞。

【法规链接】

《中华人民共和国刑法》

第二十三条 已经着手实行犯罪，由于犯罪分子意志以外的原因而未得逞的，是犯罪未遂。

对于未遂犯，可以比照既遂犯从轻或者减轻处罚。

第二百六十四条 盗窃公私财物，数额较大的，或者多次盗窃、入户盗窃、携带凶器盗窃、扒窃的，处三年以下有期徒刑、拘役或者管制，并处或者单处罚金；数额巨大或者有其他严重情节的，处三年以上十年以下有期徒刑，并处罚金；数额特别巨大或者有其他特别严重情节的，处十年以上有期徒刑或者无期徒刑，并处罚金或者没收财产。

45. 犯罪是否自动中止的判断

——曹某某故意杀人案

【案情摘要】

被告人曹某某，男，1966年7月3日出生，无业。

2005年7月，被告人曹某某与董某谈恋爱并同居。其间，曹某某先后三次从董某处借款6000元。后因无力偿还而董某又时常催要，曹某某怀恨在心。2006年8月1日晚，被告人曹某某携带准备的刀具，将董某骗至华阳沟煤矿附近一僻静处，趁董某不备掏出刀具在董某的左胸后背部捅刺一刀。后因董某抓住曹某某持刀的手苦苦哀求，曹某某遂将董某送往医院就治。经鉴定，董某左胸背部、左肘关节、左手刺裂伤属轻微伤。

【诉讼意见与处理结果】

公诉机关指控，被告人曹某某的行为触犯了《刑法》第232条，应当以故意杀人罪（中止）追究其刑事责任。辩护意见认为，曹某某只有伤害的故意，而无杀人的故意，其行为不构成犯罪，应依法释放。诉讼代理意见认为，被告人曹某某的行为构成故意杀人罪，死亡后果之所以没有出现，系被害人强烈反抗的结果，其行为当属于故意杀人的未遂而不是中止。

一审法院认为，被告人曹某某的行为已构成故意杀人罪。其在犯罪结果尚未发生即停止杀害行为，并积极救助被害人，属犯罪中止，可减轻处罚。依照《刑法》规定，判决如下：

被告人曹某某犯故意杀人罪（中止），判处有期徒刑5年。

宣判后，被告人曹某某未上诉。公诉机关未抗诉。

【法律适用问题】

积极救助被害人是否属于自动中止犯罪？犯罪中止的自动性有哪些特征？是判别犯罪未遂与中止应当明确的主要问题。

一般地，在法定结果尚未发生的情况下，积极救助被害人并不一定就是犯罪中止，犯罪未遂之后同样存在救助的可能性，问题的关键在于判明未完成的根据和原因是什么？是自动停止了犯罪还是被迫放弃了犯罪？

犯罪中止的自动性，是指行为人主观上认为其客观上能够继续实施犯罪或者可能既遂，但自愿放弃原来的意图。其主要特征为：一是行为人在犯罪过程中，认为在客观上可以继续将犯罪实行到底。即认为有继续实施犯罪达到既遂的可能：或者继续实施犯罪，使犯罪既遂，或者不继续实施犯罪，不使犯罪既遂。在存在“两可”选择的情形下，行为人选择了不继续实施犯罪，不使犯罪既遂。二是行为人自动放弃原来的犯罪意图，不再希望、放任犯罪结果的发生，而是希望犯罪结果不发生，结果的发生违背其本意。

在本案中，死亡后果没有出现，既有意志以外的原因，如被害人强烈的反抗，也有意志以内的原因，如在被害人的苦苦哀求下被告人将刀交给了被害人。但是在当时的情势下，被害人的反抗行为显然并不能达到足以抑制被告人曹某某停止杀人行为的程度，继续实施犯罪的机会、条件仍然存在，在此情形下，从被告人曹某某将作案工具刀具交给被害人的事实说明其放弃犯罪是自动的而不是被迫的；而其所实施的救助行为，则说明被告人曹某某是彻底放弃了原来的犯罪意图，而不是侵害行为无法继续实施后才作出了就治被害人的选择，就如同放弃重复侵害的行为属于犯罪中止而不是犯罪未遂一样，[①] 被告人曹某某的行为当属于故意杀人罪的中止情形。

在许多情况下，犯罪未完成，往往既有意志以外的原因也有意志以内的原因，二者共同导致了犯罪未完成的结果。在此情形下，应当判明未完成的

---

① 对于放弃重复侵害行为，理论上有未遂说、中止说、未遂与中止竞合说等不同观点，通说认为，放弃重复侵害行为，属于“能达目的而不欲”，具备犯罪中止的条件，符合犯罪中止的立法目的，应认定为犯罪中止。

主要原因是什么？意志以外的原因是否达到了足以抑制犯罪进行的程度？有无继续犯罪的机会或者可能？如果在具体案件中对上述情况难以作出判断时，则可作出有利于被告人的选择，视为犯罪中止，以“诱导那些受法律支配的人求得他们自己的德性”。

《刑法》第232条规定，故意杀人的，处死刑、无期徒刑或者10年以上有期徒刑；情节较轻的，处3年以上10年以下有期徒刑。从行为过程及后果来看，本案被告人曹某某的行为当属于情节较轻的情形，对其应当适用的法定刑为3年以上10年以下有期徒刑。对于中止犯，《刑法》第24条规定，没有造成损害的，应当免除处罚；造成损害的，应当减轻处罚。这里的“没有造成损害”，是指没有造成任何实际的危害结果；“造成损害”，是指虽有一定的危害结果，但没有造成刑法规定的犯罪构成要件结果。由此，对被告人曹某某减轻处罚后，应当适用的刑罚幅度为3年以下有期徒刑。审判机关选择10年以上有期徒刑作为法定刑，因系犯罪中止减轻处罚，判处5年有期徒刑，尽管减轻的幅度不可谓不小，但与刑法的规定及适用刑罚的目的并不完全契合。

正如南非大主教图图所言：“没有宽恕就没有未来。”复苏的良心不仅应当得到道德上的宽容也应当得到法律上的宽容。因为“宽容就像天上的细雨滋润着大地。它赐福于宽容的人，也赐福于被宽容的人”。（［英］莎士比亚：《威尼斯商人》）

【办案札记】

对于犯罪中止，美国法学家杰洛姆·弗兰克将其公式化为：“能达目的而不欲”即“能为而不想为”。若“欲达目的而不能”即“想为而不能为”则为未遂。在实务工作中，“能”还是“不能”应当以主观标准为原则，以客观标准为补充，按照以下思路来判断。

1. 以行为人的主观认识内容为标准来判断。

一般地，只要行为人认为可以将犯罪达到既遂而不继续实施犯罪的，无论客观上是否可以形成既遂，都属于“能达目的而不欲”；相反，如果行为人认为不可以将犯罪达到既遂而不得不放弃继续犯罪的，无论客观上是否可以形成既遂，都属于“欲达目的而不能”。如强奸犯罪过程中碰到妇女月经而嫌弃，抢劫犯罪过程中遇到熟人未劫财，诈骗犯罪过程中发现被害人有病而怜悯，由于以上“意外”的出现并不妨碍行为人继续实施强奸、抢劫、诈骗犯罪，在行为人仍有能力继续实施犯罪的情况下却选择了放弃，当为“能达目的而不欲”，属于自动停止了犯罪。

2. 以结果未发生是否违背其本意来判断。

在从主观认识内容难以得出合理结论时，就要从行为人对犯罪结果的态度来判断。如果结果的发生违背行为人的本意，当为中止，反之，则为未遂。如正在举刀砍杀幼儿时，因被害人大声呼救，行为人害怕被抓获而逃离。在此情形下，行为人完全可以继续将犯罪实施完毕，似乎属于“能达目的而不欲”。但事实上，结果的未发生显然是违背其犯罪意志的，因为意志以外的原因致使犯罪没有得逞，属于“欲达目的而不能”的情形。所以，对于因害怕被发觉而放弃犯罪的，是自动还是被动？应当具体情况具体分析。如果未完成犯罪或者犯罪结果未发生是自愿的，则为自动，否则就是被动。如行为人在入室盗窃过程中，听到楼道有人行走，误以为是房主回来，担心被抓现行而放弃犯罪的，由于结果未发生是违背其本意的，不具有自动性。但是，如果行为人在入室盗窃过程中发现大量贵重物品，因担心在日后销赃时会被抓获而放弃盗窃的，此时，未完成犯罪是其自愿选择的结果，具有自动性。

3. 以继续犯罪的客观条件是否存在来判断。

具备继续犯罪的条件而未实施的，属于“能达目的而不欲”，不具备继续犯罪的条件而放弃的，属于“欲达目的而不能”。如行为人 A、B 意欲强奸，劫持被害妇女后，该妇女愿意给付财物请求停止强奸，A、B 拿到财物后未实施强奸行为，或者行为人 C、D 意欲抢劫，劫持一妇女后，发现其比较有姿色遂放弃抢劫而实施了强奸，A、B 属于强奸中止，C、D 属于抢劫中止。因为 A、B 停止实施强奸犯罪和 C、D 停止实施抢劫犯罪，并没有在客观上出现足以使其犯罪不可能既遂的障碍，继续实施强奸、抢劫犯罪的条件尚且具备，其在能够继续实施犯罪的前提下，自愿放弃了原来的犯罪意图，属于“能达目的而不欲”。

当然，是否具备继续实施犯罪的条件，仍然应以行为人的主观认识为标准来判断。如对于控制下的走私行为，如果行为人并不清楚其行为已处于监控状态而放弃的，尽管客观上其犯罪行为不可能既遂，但不影响自动性的认定。

【法规链接】

《中华人民共和国刑法》

第二十三条 已经着手实行犯罪，由于犯罪分子意志以外的原因而未得逞的，是犯罪未遂。

对于未遂犯，可以比照既遂犯从轻或者减轻处罚。

第二十四条 在犯罪过程中，自动放弃犯罪或者自动有效地防止犯罪结果发生的，是犯罪中止。

对于中止犯，没有造成损害的，应当免除处罚；造成损害的，应当减轻处罚。

46. 犯罪中止是否有效的判断

——张某某强奸案

【案情摘要】

被告人张某某，男，1991 年 8 月 12 日出生，务工人员。

2015 年 5 月 28 日，被告人张某某通过手机 QQ 添加任某某（16 周岁）为好友。5 月 29 日，被告人张某某与任某某相约见面后，驾车将任某某带至县郊，在车内掐住任某某脖子，强迫其脱下校服、内衣，强行亲吻、摸胸，并提出开房欲与任某某发生性行为，但因未带身份证而放弃，后又抚摸任某某阴部，因任某某处于生理期而未继续进行。其间，被告人张某某采取扇嘴巴、语言威胁等方式，让任某某为其口交至射精，并强迫将精液吞咽。为防止任某某报警，又强迫任某某将所穿校裤、内裤脱至大腿处，用手机拍摄裸体照片。事后，张某某再次提出去宾馆开房，在驾车返回县城途中因家有事而放弃，后被抓获归案。

【诉讼意见与处理结果】

侦查机关以张某某涉嫌强制猥亵罪移送审查起诉。公诉机关指控，被告人张某某的行为已触犯了《刑法》第 236 条第 1 款，应当以强奸罪（中止）追究其刑事责任。辩护意见认为，张某某犯强奸罪的事实清楚，证据确实充分，但在强奸犯罪过程中自动中止了犯罪行为，应当减轻处罚，且认罪态度较好，没有给被害人造成其他严重后果，可对其适用缓刑。

一审法院认为，被告人张某某的行为已构成强奸罪。鉴于其在犯罪过程中，自动放弃犯罪，系犯罪中止，应减轻处罚。依照《刑法》规定，判决如下：

被告人张某某犯强奸罪（中止），判处有期徒刑1年。

宣判后，被告人张某某提出上诉，认为口交事实不存在，其在强奸过程中中止了犯罪，没有造成后果，应对其适用缓刑。

二审法院认为，本案事实不清，证据不足，裁定撤销原审法院判决，发回重审。

在重审期间，公诉机关补充起诉了强制猥亵罪。辩护意见认为，公诉机关未补充新证据、新事实即补充起诉新罪名强制猥亵罪于法无据，属于对同一事实重复评价。同时，按照上诉不加刑原则，重审不能加重对被告人的刑罚。

原审法院认为，被告人张某某的行为已构成强奸罪（中止）和强制猥亵罪。依照《刑法》规定，判决如下：

被告人张某某犯强奸罪，判处有期徒刑1年；犯强制猥亵罪，判处有期徒刑1年，数罪并罚，决定执行有期徒刑2年。

宣判后，被告人张某某未上诉，公诉机关未抗诉。

【法律适用问题】

本案的主要分歧与问题，一是对案件事实及其性质如何评价？二是对于因上诉而发回重审的案件，原审法院在重审时能否加重被告人的刑罚？

对于本案的性质，第一种意见认为，被告人张某某实施强奸过程中，因被害人来月经，放弃强奸行为构成强奸中止，后转化犯意对被害人强制猥亵，后行为强于先行为，应将强奸行为吸收，认定为强制猥亵罪。第二种意见认为，被告人张某某先后实施了强奸和强制猥亵两个犯罪行为，由于强奸行为是高犯意犯罪，强制猥亵行为是低犯意犯罪，按照高度行为吸收低度行为的原则，应以强奸（中止）定性。第三种意见认为，被告人张某某在实施强奸犯罪过程中发现被害人来了月经，即放弃了奸淫。强奸中止后又临时起意进行强制猥亵，其行为构成强奸罪（中止）与强制猥亵罪，应实行数罪并罚。

从判决书所确认的事实来看，被告人张某某所实施的主要行为包括三个部分：第一部分是强迫任某某脱下校服、内衣，强行亲吻、摸胸，并提出开房欲与任某某发生性行为，因任某某处于生理期而未继续进行。第二部分是强迫任某某为其口交至射精，并强迫吞咽精液。第三部分是带任某某去宾馆开房，在驾驶车辆带任某某返回县城时，因家中有事而放弃。

第一，就张某某的行为强度而言，在以上三个事实中，重行为（高度行为）应当是强制猥亵行为而不是强奸行为。因为被告人张某某采取扇嘴巴、语言威胁等方式，让未成年被害人为其口交并强迫吞咽精液，并拍摄裸体照片，其行为当属于强制猥亵罪中“情节恶劣，处5年以上有期徒刑”的情形，即法定刑幅度为5年以上15年以下有期徒刑。而对强奸事实来说，无论是强制猥亵前的强奸行为，还是强制猥亵后因家中有事而放弃的强奸行为（判决书对具体事由未加叙述，如果是足以阻却其继续实施强奸行为，应为未遂，否则，应为中止），都属于强奸犯罪的未完成形态，法定刑幅度为3年以上10年以下有期徒刑。显然，强制猥亵行为属于重行为（高度行为）。若以强奸罪认定，无疑等于重行为被轻行为所吸收。况且，被告人张某某的强奸行为并未造成损害。《刑法》第24条第2款规定：“对于中止犯，没有造成损害的，应当免除处罚；造成损害的，应当减轻处罚。”据此，以强奸（中止）判处被告人张某某1年有期徒刑，明显不当。

第二，就张某某的行为性质而言，上述三种意见均关注的是本案中的第一部分和第二部分事实，在此意义上，被告人张某某的行为符合另起犯意特征，即前一行为由于某种原因已经停止后又起新的犯意，当属于另起犯意而非犯意转化，应以强奸罪（中止）和强制猥亵妇女罪实行数罪并罚。但问题是被告人张某某的强奸行为是否中止了呢？本案的第三部分事实说明，被告人张某某只是临时将强奸行为停止下来，事实上并未彻底放弃奸淫的故意和行为，没有彻底性就谈不上有效性，自然不存在“停止犯罪行为”“防止犯罪结果发生”的中止问题。被告人张某某行为特点是：先停止强奸行为转而强制猥亵，后又继续实施强奸行为。但猥亵行为与强奸行为在本案中不存在自然关联性，且行为强度不同，不能从整体上评价为强奸行为。那么，是否应当以强制猥亵罪和强奸罪并罚呢？从整个行为过程来看，被告人张某某先前的强奸行为并未终了，而是仍在继续过程中，其在实行强奸犯罪的过程中犯意改变，由强奸的犯意转化为强制猥亵的犯意，导致此罪向彼罪的转化，不存在数罪并罚的问题。对于犯意转化，一般处理原则是“犯意升高者，从新犯意；犯意降低者，从旧犯意”。因此，对被告人张某某应当以强制猥亵罪一罪认定处罚。

第三，对于因上诉发回重审的案件，一审法院在重审时能否加重被告人的刑罚？《刑事诉讼法》第226条规定：第二审人民法院审理被告人或者他的法定代理人、辩护人、近亲属上诉的案件，不得加重被告人的刑罚。第二审人民法院发回原审人民法院重新审判的案件，除有新的犯罪事实，人民检察院补充起诉的以外，原审人民法院也不得加重被告人的刑罚。人民检察院提出抗诉或者自诉人提出上诉的，不受前款规定的限制。在本案中，按照控辩双方的意见，原审判决认定的事实清楚、证据确实充分，在无“新的犯罪事实”出现，或者说犯罪事实未发生变化的情形下（即便上诉理由成立，口交情节不存在，同样无“新的犯罪事实”），在此情形下，公诉机关仅补充起诉罪名的做法不妥。《人民检察院刑事诉讼规则》第458条规定：“在人民法院宣告判决前，人民检察院发现被告人的真实身份或者犯罪事实与起诉书中叙述的身份或者指控犯罪事实不符的，或者事实、证据没有变化，但罪名、适用法律与起诉书不一致的，可以变更起诉；发现遗漏的同案犯罪嫌疑人或者罪行可以一并起诉和审理的，可以追加、补充起诉。”由此，本案只能变更起诉而不能补充起诉。对于原审法院而言，在未补充新的犯罪事实的情况下，对被告人张某某以强制猥亵罪和强奸罪判处2年刑罚，显然违反了《刑事诉讼法》第226条的规定，背离了上诉不加刑原则。

为严格遵守程序法定主义，防止把司法过错造成的后果转嫁于被告人。《最高人民法院关于执行〈中华人民共和国刑事诉讼法〉若干问题的解释》（法释〔2012〕21号）第325条规定：审理被告人或者其法定代理人、辩护人、近亲属提出上诉的案件，不得加重被告人的刑罚，并应当执行下列规定：原判事实清楚，证据确实、充分，只是认定的罪名不当的，可以改变罪名，但不得加重刑罚；原判事实清楚，证据确实、充分，但判处的刑罚畸轻、应当适用附加刑而没有适用的，不得直接加重刑罚、适用附加刑，也不得以事实不清、证据不足为由发回第一审人民法院重新审判；必须依法改判的，应当在第二审判决、裁定生效后，依照审判监督程序重新审判。据此，对于本案而言，较为恰当的做法应当是二审法院直接维持原判而不是发回重审，待判决生效后再启动审判监督程序重新审判。

【办案札记】

犯罪中止是否有效，应当以行为人积极或者消极停止犯罪行为对防止犯罪结果的发生是否有作用来判断。在司法实务中，对犯罪中止有效性的认定，需要注意以下几点：

1. 积极中止行为与中止效果之间并不要求具有必然的因果性。

行为人采取了足以防止犯罪结果发生的积极措施，但犯罪结果没有发生是其他因素所致，不能否认中止行为的有效性。"只要中止行为足以避免犯罪结果发生，即使犯罪结果由于其他原因没有发生，也应认定为犯罪中止。"① 所以，即便是足以防止犯罪结果发生的积极行为与犯罪结果未发生缺乏因果性，但也不能否认其行为的充分有效性。② 如行为人实施杀人行为后幡然悔悟，拨打"120"求助，医生赶来将被害人救活。在这种情形下，犯罪结果没有发生既有行为人的原因也有第三人医生行为的介入，不能因为医生行为的介入而否定行为人行为的有效性。但是如果因其采取的措施本身尚不充分，不足以防止结果发生，则不成立中止。如行为人犯罪后因担心被抓获，将被害人送至医院门口逃离，希望被他人发现后得到救助，即使被害人被他人救活，也不能成立中止。

2. 犯罪结果的发生并不能必然否定积极中止行为的有效性。

行为人采取了足以防止犯罪结果发生的积极措施，但犯罪结果的发生是其他因素所致，不应否认中止行为的有效性。在行为人已经采取了足以防止犯罪结果发生的积极措施，但因其他因素的介入导致结果发生的情形中，由于结果的发生并非先前的犯罪行为所引起，并且行为人所采取的措施本身足以防止犯罪结果发生，对其行为应当得到积极评价。如行为人实施投毒行为后在结果尚未发生时，又开车送被害人到医院抢救的过程中，因发生交通事故致被害人死亡的，无论是行为人因车速过快肇事还是因第三人违章而肇事，都不应否认行为人所实施抢救行为的充分有效性，仍然可以成立犯罪中止。

---

① 张明楷：《刑法学》，法律出版社2011年版，第345页。

② 陈兴良、周光权：《刑法总论精释》，人民法院出版社2011年版，第474～475页。

因为肇事行为阻却了投毒行为对死亡结果发生的原因力。

3. 消极中止行为与犯罪结果未发生应当具有一致性。

行为人自动放弃犯罪行为，事实上没有发生犯罪结果的，其行为是否有效，应当区别情况对待：（1）行为人认为放弃继续犯罪就不会发生犯罪结果，事实上犯罪结果也没有发生，则行为人自动放弃犯罪的行为有效果，当然成立犯罪中止。（2）行为人认为其犯罪行为尚未进行到底，而自动停止实施犯罪，但犯罪结果没有发生系其他原因所致的，不影响其自动放弃犯罪行为的有效性，犯罪中止仍然成立。（3）行为人认为其犯罪行为已进行到底，但事实上并未终了，其自动停止实施剩余犯罪行为的，此时如果犯罪结果没有发生，则违背其主观意志，与自动放弃犯罪的行为无关，属犯罪未遂而非中止。

4. 消极中止行为无效果则犯罪中止不成立。

行为人自动放弃犯罪行为，事实上发生了犯罪结果的，其消极停止犯罪的行为无实际效果，不存在犯罪中止的问题。如行为人意图杀死被害人并致其重伤，但行为人认为其犯罪尚未实行完毕，出于同情停止继续实施杀人行为离开现场，致使被害人因未得到及时救助而死亡。对此应认定为故意杀人既遂而不是中止，因为犯罪中止行为的有效性要求犯罪不能达到既遂的程度，无论是自动放弃犯罪，还是主动采取积极措施防止犯罪结果的发生，都要求不能出现行为人实施犯罪行为时所追求的结果。但是在自动放弃犯罪后，犯罪结果的发生是由于介入其他因素所致，则对行为人而言成立未遂而非既遂。如上例中，如果行为人将被害人致成重伤离开现场后，只要救治及时并无生命危险，但却被过路车辆碾压致死。此时，被害人的死亡结果毕竟非行为人所致，对行为人而言，当为故意杀人的未遂。

【法规链接】

《中华人民共和国刑法》

第二十三条 已经着手实行犯罪，由于犯罪分子意志以外的原因而未得逞的，是犯罪未遂。

对于未遂犯，可以比照既遂犯从轻或者减轻处罚。

第二十四条 在犯罪过程中，自动放弃犯罪或者自动有效地防止犯罪结果发生的，是犯罪中止。

对于中止犯，没有造成损害的，应当免除处罚；造成损害的，应当减轻处罚。

第二百三十六条 以暴力、胁迫或者其他手段强奸妇女的，处三年以上十年以下有期徒刑。

奸淫不满十四周岁的幼女的，以强奸论，从重处罚。

强奸妇女、奸淫幼女，有下列情形之一的，处十年以上有期徒刑、无期徒刑或者死刑：

（一）强奸妇女、奸淫幼女情节恶劣的；

（二）强奸妇女、奸淫幼女多人的；

（三）在公共场所当众强奸妇女的；

（四）二人以上轮奸的；

（五）致使被害人重伤、死亡或者造成其他严重后果的。

第二百三十七条 以暴力、胁迫或者其他方法强制猥亵他人或者侮辱妇女的，处五年以下有期徒刑或者拘役。

聚众或者在公共场所当众犯前款罪的，或者有其他恶劣情节的，处五年以上有期徒刑。

猥亵儿童的，依照前两款的规定从重处罚。

47. 怎样界别共同犯罪的既遂形态和中止形态

——赵某某非法拘禁案

【案情摘要】

被告人赵某某，男，1968年5月26日出生，个体人员。

2002年，张某某与闫某某因生意往来，张某某欠闫某某现金2000元，后张某某一直拖延未向闫某某还款。2005年6月4日下午4时许，张某某给闫某某（另案处理）打电话约闫某某到“花样年华”酒吧饮酒，闫某某向张某某索要欠款，张某某称无钱归还，闫某某遂打电话叫来赵某某和刘某某，强制将张某某带到一无人空地处拳打脚踢。下午6时许，赵某某和闫某某、刘某某将张某某带至闫某某开的羊肉馆吃饭。其间，闫某某因担心张某某逃跑安排刘某某跟踪监控。当晚11时许，赵某某因故离开后，闫某某、刘某某又把张某某禁闭在闫某某家中的阳台上，电话通知张某某侄子拿钱赎人。次日上午10时许，闫某某、刘某某再次将张某某带到其羊肉馆内拘禁。11时40分许，闫某某被公安人员抓获。经鉴定，张某某被致右颞部、右颧部、左颈部软组织损伤，为轻微伤。

【诉讼意见与处理结果】

公诉机关指控，被告人赵某某的行为触犯了《刑法》第238条第1款，应当以非法拘禁罪（中止）追究其刑事责任。辩护意见认为，赵某某的行为对非法拘禁事实所起作用极其有限，当属于情节显著轻微，不构成犯罪的情形，应依法宣告无罪。

一审法院认为，被告人赵某某伙同刘某某、闫某某为索取债务非法对被害人身体进行殴打并拘禁，均属其犯意追求之中之行为，被告人赵某某之行为属共同犯罪的不同形态，非犯罪中止。依照《刑法》规定，判决如下：

被告人赵某某犯非法拘禁罪，免予刑事处罚。

宣判后，被告人赵某某未上诉。公诉机关未抗诉。

【法律适用问题】

本案的分歧在于如何区分判断共同犯罪中的既遂形态与中止形态。

按照《刑法》第23条的规定，犯罪未遂的特征在于：(1) 行为人已经着手实行犯罪；(2) 犯罪未完成而停止下来；(3) 犯罪停止下来不是出于犯罪人自愿，而是由于犯罪人意志以外的因素。按照《刑法》第24条的规定，犯罪中止的特征在于：(1) 行为人主观上具有中止犯罪的决意；(2) 行为人客观上实施了中止犯罪的行为；(3) 犯罪中止行为发生在犯罪过程中，而非在犯罪过程之外；(4) 必须是有效地停止了犯罪行为或者有效地避免了危害结果。

一般认为，刑法中的罪刑式条文除单位犯罪和必要共同犯罪之外，都是以单个行为人的犯罪既遂为标本设计的，而共同犯罪是由二人以上组成的一个系统整体。因此，对于共同犯罪的未完成形态，不能按照认定单个行为人犯罪的思维模式来进行。共同犯罪中部分行为人中止的成立，在主观上要完全切断与其他共犯在共同故意方面的联系，在客观上要全面消除自己参与行为对共同犯罪的促成作用。①

① 在共同实行犯中，个别共同犯罪人仅本人中止未阻止他人是否可能成立犯罪中止，存在两种不同观点：一种观点认为，如果共同实行犯中的某一个共同犯罪人只是消极地放弃犯罪，没有制止其他共同犯罪人的行为，犯罪结果仍会发生，就谈不上中止犯罪或有效地防止犯罪结果发生。而在强奸、脱逃犯罪中，虽然是共同实行犯罪，每个人的行为又有其相对的独立性和不可替代性。在这种情况下，只要自动中止了本人的犯罪行为，即使没有制止他人实行犯罪，也应以犯罪中止论处。参见陈兴良：《共同犯罪论》，中国人民大学出版社2006年版，第372～373页。另一种观点认为，如果共同实行犯中的一部分实行犯中止自己的行为，但其他实行犯的行为导致结果发生时，均不成立中止犯，而应成立既遂犯。因为共同实行犯之间具有相互利用、相互补充的关系，形成一个有机整体，即使中止了自己的行为，也不能认为中止了犯罪。如甲、乙、丙三人共谋对丁女实施轮奸，甲、乙实施了奸淫行为，但丙自动地放弃实施奸淫行为，不得认定丙成立强奸罪的中止。因为对共同实行犯采用部分实行全部责任的原则，丙不仅要对自己的行为及结果负责，还要对甲、乙的行为及其结果负责；既然甲、乙的行为已经造成了侵害结果或者说已经既遂，丙理当对甲、乙的犯罪既遂承担刑事责任。所以，丙只是放弃了自己的行为，并没有中止犯罪。参见张明楷：《刑法学》，法律出版社2007年版，第305页。

在本案中，被告人赵某某与闫某某、刘某某当为非法拘禁的共同犯罪，各共同实行犯之间具有相互利用、相互补充的关系。在非法拘禁过程中，其要成立犯罪中止，必须有效消除自己行为对共同犯罪的促成作用，如将被害人带离现场、报警或者劝阻、制止同案人继续实施非法拘禁行为等，从而完全切断其与刘某某、闫某某的共同非法拘禁他人的主客观联系，而事实上被告人赵某某在共同非法拘禁他人的过程中，只是因故离去，即消极地放弃了犯罪，未实施任何消除自己参与行为对共同犯罪促成作用的积极行为，其行为对共同犯罪的原因力仍然存在，犯罪结果依然发生，并没有有效防止犯罪结果的发生，按照“部分行为全部责任”的要求，理当对非法拘禁犯罪既遂承担刑事责任。公诉机关将被告人赵某某的非法拘禁行为认定为犯罪中止，显然混淆了单独犯罪和共同犯罪的差异性。

共同犯罪本身是一个系统。任何系统都是一个有机的整体，系统中各要素不是孤立地存在着，每个要素在系统中都起着特定的作用，要素之间相互关联，构成了一个不可分割的整体。这就要求对共同犯罪停止形态的判断，应当构建系统整体观念，把所处理的问题置于系统之中，考察具体问题（要素）与系统的关系及对系统结构和功能的影响程度。

【办案札记】

由于共同犯罪停止形态的特殊性，实践中应注意把握共同犯罪既遂形态与中止形态的界别，明确其各自不同的规则体系。

1. 共同犯罪既遂的认定规则。

共同犯罪的停止形态，一般情况下取决于实行犯处于何种停止形态，即从属于实行犯。因为在共同犯罪中，实行行为是完成整个犯罪的核心行为，共同犯罪的整体性决定了只要实行犯中的一个人的行为达到了既遂状态，整个共同犯罪就是既遂，其他共同犯罪人也要因此而承担既遂的责任，即便是其他共同实行犯罪人中有的行为处于预备、未遂状态也不例外，一般都应当按照“部分行为，全部责任”、“一人既遂，全体既遂”的一般原则来处理。如A、B共谋伤害C，A用刀具捅C时，被C阻挡未果，此时，B用刀具将C捅为重伤，A、B均构成故意伤害罪既遂。如果整个共同犯罪尚处于预备阶段，但其预备行为如准备工具的行为已具备另一犯罪的既遂（或未遂）条件，那么整个共同犯罪都应当以该罪的既遂（或未遂）论处。但对有些犯罪在特定情形下，也可能出现既遂与未遂同时并存的状态。如服刑人员 A、B、C 共同预谋脱逃，在 C 负责望风期间，A 和 B 成功脱逃，C 被抓获，则 A、B 为既遂，C 应为未遂。

2. 共同犯罪中止的认定规则。

在共同犯罪中，如果所有共同犯罪人在犯罪过程中一致自动放弃犯罪或者自动有效地防止犯罪结果发生的，毫无疑问，全体犯罪人都成立犯罪中止。但是个别共同犯罪人如果欲中止犯罪，必须中断他与其他人在共同犯罪故意上的主观联系和共同犯罪行为上的客观联结，即有效消除自己以前的行为对犯罪既遂的原因力。[①] 根据以上原理，个别共同犯罪人中止其犯罪行为是否成立犯罪中止，应按照以下规则来判断。

首先，判明个别共同犯罪人中止其犯罪行为是否即可达到防止犯罪既遂发生的效果。如果个别共同犯罪人中止其犯罪行为即可达到防止犯罪既遂发生的效果，该共同犯罪人可独立成立犯罪中止，对于其他共同犯罪人而言则为犯罪未遂，这是犯罪中止的专有性所决定的；[②] 如果个别共同犯罪人中止其犯罪行为不能有效防止犯罪结果的发生，应以该共同犯罪人能否有效消除自己行为对危害结果发生的原因力来判定。欲中止的个别共同犯罪人只有有效消除自己先前行为与危害结果之间因果关系，致使其先前行为与危害结果的发生无关，该共同犯罪人才可独立成立犯罪中止；如果个别共同犯罪人虽然中止了其犯罪行为，但尚未有效消除自己先前行为与危害结果之间因果关系，其先前行为仍然是危害结果发生的共同原因之一，自然应对该危害结果承担责任，该共同犯罪人中止自己的行为不能成立犯罪中止。

其次，对于个别共同犯罪人是否有效消除自己先前行为对危害结果发生的原因力，应具体情况具体分析：对于组织犯，应以是否采取有效措施，阻止犯罪得以完成并解散犯罪组织为标准。对于实行犯，在存在多个实行犯的

---

① 黄京平：《刑法总则案例分析》，中国人民大学出版社 2000 年版，第 143 ~ 144 页。

② 苏惠渔：《犯罪与刑罚理论专题研究》，法律出版社 2000 年版，第 264 ~ 266 页。

情况下，各实行犯不仅要对自己的行为负责，而且要对其他实行犯的行为负责。共同实行犯中欲中止犯罪的实行犯，以阻止其他实行犯继续实施犯罪或者有效防止犯罪结果的发生为必要条件。对于帮助犯，在实行犯尚未着手实施犯罪以前，帮助犯只要及时撤回帮助，即为有效消除自己先前行为对危害结果发生的原因力。对于教唆犯，成立中止必须以有效制止被教唆人的犯罪行为为条件。如果虽然采取了积极的补救措施，却未能有效防止犯罪结果发生的，教唆犯仍然不能成立犯罪中止。[①]

【法规链接】

《中华人民共和国刑法》

第二十四条 在犯罪过程中，自动放弃犯罪或者自动有效地防止犯罪结果发生的，是犯罪中止。

对于中止犯，没有造成损害的，应当免除处罚；造成损害的，应当减轻处罚。

第二百三十八条 非法拘禁他人或者以其他方法非法剥夺他人人身自由的，处三年以下有期徒刑、拘役、管制或者剥夺政治权利。具有殴打、侮辱情节的，从重处罚。

犯前款罪，致人重伤的，处三年以上十年以下有期徒刑；致人死亡的，处十年以上有期徒刑。使用暴力致人伤残、死亡的，依照本法第二百三十四条、第二百三十二条的规定定罪处罚。

为索取债务非法扣押、拘禁他人的，依照前两款的规定处罚。

国家机关工作人员利用职权犯前三款罪的，依照前三款的规定从重处罚。

---

① 陈兴良：《共同犯罪论》，中国人民大学出版社2006年版，第374~377页；苏惠渔：《犯罪与刑罚理论专题研究》，法律出版社2000年版，第266~267页。

第三章　刑罚论

量　刑

48. 行政责任与刑事责任竞合时如何适用法律

——许某某销售伪劣产品案

【案情摘要】

被告人许某某，男，1985 年 6 月 10 日出生，农民。

2008 年 8 月至 2010 年 9 月，被告人许某某先后在“小得利”超市、“梦幻”酒吧等处销售兰州、红塔山、红河、白沙等品牌假冒卷烟，销售金额达 195 805元。案发后，查扣上述各类假冒卷烟 229 条，经鉴定均为伪劣商品。据此，烟草专卖局对许某某做出没收假冒卷烟并处罚款的行政处罚决定。

【诉讼意见与处理结果】

公诉机关指控，被告人许某某违反国家产品质量法规，以假充真，销售伪劣烟草制品金额达 195 805 元，其行为触犯了《刑法》第 140 条，应当以销售伪劣产品罪追究其刑事责任。辩护意见认为，烟草专卖局已对其行为进行了罚款处理，不应当对其销售假冒卷烟之事再判处刑罚。

一审法院认为，被告人许某某以牟利为目的，非法销售假冒伪劣香烟，销售金额达 5 万元以上，其行为已构成销售伪劣产品罪。依照《刑法》规定，判决如下：

被告人许某某犯销售伪劣产品罪，判处有期徒刑 1 年 6 个月，并处罚金 20 万元。

宣判后，被告人许某某未上诉。公诉机关未抗诉。

【法律适用问题】

“主张权利是一种社会义务。”在刑事诉讼中，辩解是被告人的基本权利和义务，是一种对待自己和法律的积极方式而不是对司法义务的背叛和对抗。无论内容的善与恶，辩解行为本身并无过错，因为“没有什么比捍卫公民个体的意识和权利更能实现社会的法治和公正”。

从被告人许某某的辩解中，折射出司法实践中经常遇到的一个问题，即在一个案件中当行政处罚与刑事处罚并存时，该如何适用法律？或者说对已被行政处罚法评价过的行为再次被刑法所评价，是否违反“一事不再罚”或者“禁止重复评价”原则？

“一事不再罚”在学理上通常被认为是一项行政处罚原则，适用于处理两个以上的行政处罚的关系。该原则延伸在刑事诉讼法上，是指对判决、裁定已经发生法律效力的案件的被告人，不得再次起诉和审理，即“一事不再理”。延伸在刑法上，则是指任何人不得因同一犯罪行为受到两次刑事处罚，即“禁止重复评价”。一般认为，“一事不再罚”“一事不再理”“禁止重复评价”原则只适用于同一法律领域中，不能跨越不同法律部门来适用。所以，对已被行政处罚法评价过的行为，可以再次被刑法评价。或者说，“禁止重复评价”中的“评价”只能是相同性质的评价，而不包括对同一事实的不同性质的评价。因为不同的法律责任相互独立，各种法律关系的差异性决定了法律责任的独立性。既然一行为违反了不同的法律规定，自然造成了不同的法律后果，就应当承担不同的法律责任。换而言之，行为侵害了民事法律关系，应通过承担民事责任来补救；侵害了刑事法律关系，应通过承担刑事责任来补救；侵害了行政法律关系，应通过承担刑事责任来补救。所以，在一般情况下，对同一事实，分别进行行政处罚和刑事处罚并不冲突，只要是业已构成犯罪的事实，已经行政处罚的不影响刑事责任的追究。由此，被告人许某某的辩解不能成立。但公诉机关和审判机关对其行为以销售伪劣产品罪论处，并不合适。最高人民法院、最高人民检察院《关于办理非法生产、销售烟草专卖品等刑事案件具体应用法律若干问题的解释》（法释

〔2010〕7号）第5条规定："行为人实施非法生产、销售烟草专卖品犯罪，同时构成生产、销售伪劣产品罪、侵犯知识产权犯罪、非法经营罪的，依照处罚较重的规定定罪处罚。"根据被告人许某某的销售金额，非法经营罪属于处罚较重的犯罪，对其行为当以非法经营罪论处。

当然，对于已经受过行政处罚的行为事实，也不能不加区别地来追究刑事责任。如《刑法》第383条第2款规定：对多次贪污未经处理的，按照累计贪污数额处罚。这里的"未经处理"，有关司法解释指出：多次贪污未经处理，是指两次以上的贪污行为，既没有受到刑事处罚，也没有受过行政处理。即对于已经受过行政处理的贪污数额，不能再作为刑事处罚的依据。又如对于多次实施的非法持有少量毒品的行为，不论对其是否予以行政处罚，一般不能累计计算持有毒品的数量；对多次购买假币的，只要行政机关未超越职权违法予以行政处罚的，对已经处罚过的购买数量，也不得累计计算作为犯罪数额。

"责任不可替代"。当一个违法行为同时触犯不同性质的法律规范时，应当承担不同性质的法律责任，这说明对被告人许某某的行为事实，不存在"一事再罚"的问题。在行政责任与刑事责任竞合的情况下，该行为具有行政违法和刑事违法双重属性，按照责任独立原则，既应当予以行政处罚，又应当处以刑罚处罚。所以，行政处罚不能排除刑事处罚，刑事处罚也不必然排除行政处罚，只是在一定条件下可以适度克减；但当行为触犯刑律时，不能按照有利于行为人的原则，选择适用行政处罚方式。

【办案札记】

在刑事司法活动中，经常会遇到在一个行为事实中刑事责任和行政责任竞合的情况。在此情形下，该怎样适用法律？应遵循什么样的规则？现做简要的总结归纳。

1. 独立适用。

"刑法在根本上与其说是一种特别的法律，还不如说是对其他一切法律的裁定。"[①] 所以，当刑事责任和行政责任并存或者竞合时，行为人对刑事责

① ［法］卢梭：《社会契约论》，何兆武译，商务印书馆2003年版，第70页。

任的承担具有独立性。《行政处罚法》第7条规定："公民、法人或者其他组织因违法受到行政处罚，其违法行为对他人造成损害的，应当依法承担民事责任。违法行为构成犯罪，应当依法追究刑事责任，不得以行政处罚代替刑事处罚。"《行政处罚法》第22条规定："违法行为构成犯罪的，行政机关必须将案件移送司法机关，依法追究刑事责任。""不得以行政处罚代替刑事处罚"是上述法律的一项强制性规定。这些规定表明，刑事处罚具有独立性和不可替代性。即当某一行为同时触犯行政法规范和刑法规范时，对刑法应当独立适用，不得以谦抑性为由排除对刑法的适用。但是，对于法律规定需要先予行政处罚后才能构成犯罪的情况，应当依照法律规定。《刑法》第201条规定，纳税人逃避税款，"经税务机关依法下达追缴通知后，补缴应纳税款，缴纳滞纳金，已受行政处罚的，不予追究刑事责任；但是五年内因逃避缴纳税款受过刑事处罚或者税被税务机关给予二次以上行政处罚的除外"。即对逃税罪而言，税务机关对逃税行为进行行政处罚为入罪的先决条件。

2. 合并适用。

刑法的独立适用，并不意味着就排除对行政法的适用，二者具有一定的互补性。行政责任和刑事责任是两种不同的、相互独立的责任形式，彼此不能代替。如果行为人的行为既触犯了行政管理法规，又触犯了刑事法律，行为人应当既承担刑事责任又承担行政责任。即当同一违法行为既违反行政法规范又触犯刑律而发生行政处罚与刑罚处罚的竞合时，不能择一适用而应合并适用。2001年7月国务院颁布的《行政执法机关移送涉嫌犯罪案件的规定》第11条规定，行政执法机关向公安机关移送涉嫌犯罪案件前已经作出的警告，责令停产停业，暂扣或者吊销许可证、暂扣或者吊销执照的行政处罚决定，不停止执行。可见，一个行为如果既违反行政法律规范，又违反刑事法律规范，则应同时承担两种责任。这是由刑罚与行政处罚的种类、性质及功能差异决定的。《产品质量法》第50条规定："在产品中掺杂掺假，以假充真，以次充好，或者以不合格产品冒充合格产品的，责令停止生产、销售，没收违法生产、销售的产品，并处违法生产、销售产品货值金额百分之五十以上三倍以下的罚款；有违法所得的，并处没收违法所得；情节严重的，吊销营业执照；构成犯罪的，依法追究刑事责任。"如果行为人在因生产、销售伪劣商品罪被判处刑罚，行政机关仍然可以处以刑事处罚所包括不了的行政处罚，如责令停产停业、吊销营业执照。对于单位有违法犯罪行为的，如果只对直接责任人员追究了刑事责任，行政机关还可以对该法人或其他组织依法进行行政处罚。

3. 克减适用。

合并不等于累加。《行政处罚法》第 28 条规定："违法行为构成犯罪，人民法院判处拘役或者有期徒刑时，行政机关已经给予当事人行政拘留的，应当依法折抵相应刑期。违法行为构成犯罪，人民法院判处罚金时，行政机关已经给予当事人罚款的，应当折抵相应罚金。"由此，在行政责任与刑事责任竞合时，应当以合并为原则，以克减为补充。即一般可按照"同类相克，异类相容"的规则来处理，以对处罚后果予以必要的克减。如对于在追究刑事责任时没有判处限制人身自由刑罚的，在行政处罚时就不应当再适用限制人身自由的行政处罚措施；对法院已判处罚金的，行政机关也不能再作罚款处罚。因为刑事处罚的严厉程度胜于行政制裁，当给予刑罚足以达到惩处和预防的效果时，就无再处以行政处罚的必要。但是没收违法所得、没收非法财物与没收财产是性质、种类迥然不同的处罚方法，一般不应克减。即行政机关作出没收违法所得、没收非法财物的处罚后，人民法院仍然可以作出没收行为人合法财产的判决。

【法规链接】

《中华人民共和国刑法》

第一百四十条 生产者、销售者在产品中掺杂、掺假，以假充真，以次充好或者以不合格产品冒充合格产品，销售金额五万元以上不满二十万元的，处二年以下有期徒刑或者拘役，并处或者单处销售金额百分之五十以上二倍以下罚金；销售金额二十万元以上不满五十万元的，处二年以上七年以下有期徒刑，并处销售金额百分之五十以上二倍以下罚金；销售金额五十万元以上不满二百万元的，处七年以上有期徒刑，并处销售金额百分之五十以上二倍以下罚金；销售金额二百万元以上的，处十五年有期徒刑或者无期徒刑，并处销售金额百分之五十以上二倍以下罚金或者没收财产。

第二百二十五条 违反国家规定，有下列非法经营行为之一，扰乱市场秩序，情节严重的，处五年以下有期徒刑或者拘役，并处或者单处违法所得一倍以上五倍以下罚金；情节特别严重的，处五年以上有期徒刑，并处违法所得一倍以上五倍以下罚金或者没收财产：

（一）未经许可经营法律、行政法规规定的专营、专卖物品或者其他限制买卖的物品的；

（二）买卖进出口许可证、进出口原产地证明以及其他法律、行政法规规定的经营许可证或者批准文件的；

（三）未经国家有关主管部门批准非法经营证券、期货、保险业务的，或者非法从事资金支付结算业务的；

（四）其他严重扰乱市场秩序的非法经营行为。

最高人民法院、最高人民检察院《关于办理非法生产、销售烟草专卖品等刑事案件具体应用法律若干问题的解释》（法释〔2010〕7号）

第一条 生产、销售伪劣卷烟、雪茄烟等烟草专卖品，销售金额在五万元以上的，依照刑法第一百四十条的规定，以生产、销售伪劣产品罪定罪处罚。

未经卷烟、雪茄烟等烟草专卖品注册商标所有人许可，在卷烟、雪茄烟等烟草专卖品上使用与其注册商标相同的商标，情节严重的，依照刑法第二百一十三条的规定，以假冒注册商标罪定罪处罚。

销售明知是假冒他人注册商标的卷烟、雪茄烟等烟草专卖品，销售金额较大的，依照刑法第二百一十四条的规定，以销售假冒注册商标的商品罪定罪处罚。

伪造、擅自制造他人卷烟、雪茄烟注册商标标识或者销售伪造、擅自制造的卷烟、雪茄烟注册商标标识，情节严重的，依照刑法第二百一十五条的规定，以非法制造、销售非法制造的注册商标标识罪定罪处罚。

违反国家烟草专卖管理法律法规，未经烟草专卖行政主管部门许可，无烟草专卖生产企业许可证、烟草专卖批发企业许可证、特种烟草专卖经营企业许可证、烟草专卖零售许可证等许可证明，非法经营烟草专卖品，情节严重的，依照刑法第二百二十五条的规定，以非法经营罪定罪处罚。

……

第三条 非法经营烟草专卖品，具有下列情形之一的，应当认定为刑法第二百二十五条规定的“情节严重”：

（一）非法经营数额在五万元以上的，或者违法所得数额在二万元以上的；

（二）非法经营卷烟二十万支以上的；

（三）曾因非法经营烟草专卖品三年内受过二次以上行政处罚，又非法经营烟草专卖品且数额在三万元以上的。

具有下列情形之一的，应当认定为刑法第二百二十五条规定的“情节特别严重”：

（一）非法经营数额在二十五万元以上，或者违法所得数额在十万元以上的；

（二）非法经营卷烟一百万支以上的。

……

第五条 行为人实施非法生产、销售烟草专卖品犯罪，同时构成生产、销售伪劣产品罪、侵犯知识产权犯罪、非法经营罪的，依照处罚较重的规定定罪处罚。

第六条 明知他人实施本解释第一条所列犯罪，而为其提供贷款、资金、账号、发票、证明、许可证件，或者提供生产、经营场所、设备、运输、仓储、保管、邮寄、代理进出口等便利条件，或者提供生产技术、卷烟配方的，应当按照共犯追究刑事责任。

49. 如何确定罪刑的轻重

——陈某等人破坏电力设备案

【案情摘要】

被告人陈某，男，1989 年 10 月 28 日出生，农民。

被告人孙某某，男，1987 年 12 月 17 日出生，农民。

被告人田某某，男，1993 年 7 月 7 日出生，农民。

2011 年 7 月至 8 月期间，被告人陈某先后伙同孙某某、田某某在县新城子镇兆田村移动公司基站、市区防护林带用于照明、农田和林木灌溉的输变电“下马线”一带，采用抛石砸变压器“零克”开关断电的方法，将变压器铜芯抽盗出售给一废品收购站，致使变压器报废。经鉴定，损毁财物价值达 90 069元。其中，被告人陈某以破坏性手段盗窃作案 4 起，损毁电力设备价值达90 069元，被告人孙某某参与盗窃作案 3 起，损毁电力设备价值达49 799 元，被告人田某某参与盗窃作案 3 起，损毁电力设备价值达75 019元。

【诉讼意见与处理结果】

公诉机关指控，被告人陈某、孙某某、田某某的行为触犯了《刑法》第 118 条，应当以破坏电力设备罪追究其刑事责任。辩护意见认为，陈某、孙某某、田某某只有盗窃故意没有破坏电力设备的故意，其行为对正常供电没有造成任何后果，不构成破坏电力设备罪，应当以盗窃罪处罚。

一审法院认为，被告人陈某、孙某某、田某某采用破坏方式，盗窃正在使用中的电力设备，足以危害公共安全，其行为已构成破坏电力设备罪。依照《刑法》规定，判决如下：

1. 被告人陈某犯破坏电力设备罪，判处有期徒刑 5 年；

2. 被告人孙某某犯破坏电力设备罪，判处有期徒刑 4 年；

3. 被告人田某某犯破坏电力设备罪，判处有期徒刑 4 年。

宣判后，被告人陈某、孙某某、田某某未上诉。公诉机关未抗诉。

【法律适用问题】

本案的主要问题是：在想象竞合的情形下，如何“择一重罪处罚”，罪刑的轻重该如何确定。

被告人陈某、孙某某、田某某采用破坏方式，盗窃正在使用中的电力设备，危害公共安全，其行为同时符合破坏电力设备罪、盗窃罪和故意毁坏财物罪的构成要件。鉴于在本案中，盗窃行为足以吸收毁坏财物的行为，对被告人行为性质确定的难点在于，当破坏电力设备罪与盗窃罪发生竞合时，且根据盗窃数额两罪的法定主刑幅度相当的情形下，[①] 如何“择一重罪处罚”。一种意见认为，根据最高人民法院《关于适用刑法第十二条几个问题的解释》（法释〔1997〕12 号）（以下简称《解释》）的规定，刑罚轻重的基本标准是主刑轻重的比较，在主刑轻重相同的情况下，自然应当考察附加刑。盗窃罪有附加刑，而破坏电力设备罪没有附加刑，二者相比盗窃罪相对较重，应以盗窃罪认定。另一种意见认为，破坏电力设备罪属于危害公共安全的犯罪，其所侵犯的法益涉及不特定多数人的人身、财产权利，不论犯罪数额多少都要追究其刑事责任。在相对应的法定主刑幅度相当的情况下，从整体上看破坏电力设备罪相对较重，应以破坏电力设备罪追究其刑事责任。

对法定刑轻重的比较，首先应当明确《解释》虽是针对刑法溯及力作出的，涉及的是对刑法修订前后的同一罪名或者罪名虽发生变化但行为性质相同（似）的法律适用问题。而竞合涉及的是在犯罪性质不同的罪名之间的选择，但该“解释”对法定刑轻重的比较具有普遍指导意义。所以，当盗窃罪

---

① 根据案发当时当地对盗窃罪数额的执行标准，“数额较大”以人民币 1000 元为起点；个人盗窃公私财物“数额巨大”以人民币10 000元为起点；个人盗窃公私财物“数额特别巨大”，以人民币80 000元为起点。由此，在本案中，无论是以破坏电力设备罪定性还是以盗窃罪定性，对被告人应当适用法定刑幅度（主刑）均为有期徒刑 3 年以上 10 年以下。

和破坏电力设备罪竞合需要“择一重罪”时，当然应当比较法定主刑的轻重，法定主刑较重的罪名为重罪，法定主刑较轻的罪名为轻罪。其次在明确法定主刑轻重相同的情况下，则应比较成立犯罪构成要件的内容，对犯罪成立条件要求较高的罪名为轻罪，对犯罪成立条件要求较低的罪名为重罪。根据《刑法》的规定，构成破坏电力设备罪不要求犯罪数额，只要实施了危害公共安全的破坏电力设备行为，犯罪即可成立，而盗窃罪以一定的数额为构成要件；从侵害的法益来看，破坏电力设备罪不仅侵犯财产权而且危害公共安全，而盗窃罪只侵犯财产权利。可见，破坏电力设备罪与盗窃罪相比，前者的社会危害性大于后者，前者的犯罪构成条件低于后者。由此可见，当二者发生竞合且在法定主刑相同的情况下，破坏电力设备罪相对较重，应当选择破坏电力设备罪追究其刑事责任。

按照以上分析，在法定主刑轻重相同的情况下，比较成立犯罪构成要件内容得出的结论是破坏电力设备罪重于盗窃罪，但通过附加刑比较的结果是盗窃罪重于破坏电力设备罪。那么，两种比较方法哪一种才是妥当的？如果二者都可以作为确定刑罚轻重的方法，那么在适用上应当选择哪种方法呢？按照罪责刑相适应原则，犯罪的构成要件不仅是认定犯罪性质的标尺，也是确定刑罚轻重的基础，构成要件不同，犯罪性质不同，法定刑也往往不同。可以说，犯罪构成要件为重罪与轻罪的划分提供了法理上的依据，是影响法定刑轻重的基本原因；或者说，犯罪构成不仅仅是定性标准，也是量刑标准。如因社会危害性不同，犯罪构成要件有独立的犯罪构成和派生的犯罪构成之分，直接导致了刑罚轻重上的差别。而附加刑是主刑的补充刑罚，虽与主刑具有平等的法律地位，但除单位犯罪以外，对其适用往往只是针对一些特定犯罪中主刑的补充，其所体现的更为主要的方面在于针对特定犯罪在主刑之外附加特定条件。由此，在罪行轻重的比较上，犯罪成立条件的宽严属于基础性标准，主刑与附加刑的轻重，只是对该标准在刑罚上的反映。即在罪行轻重的确定上，前者与后者相比，在价值序位上应当具有优先性。

把握法理才能准确应用法律。在司法实务中，应当秉持法条与法理并重的观念来对待、评价案件事实。当依靠法条难以作出选择时，就要善于用事理、法理来认识、选择和确定应当适用的具体法律规范。

【办案札记】

想象竞合犯中的“从一重罪处断”、吸收犯中的“重行为吸收轻行为”以及法条竞合中的“重法优于轻法”等都涉及轻罪和重罪的判断问题。对于罪刑的轻重，应当从罪与刑两个方面权衡，按照以下逻辑顺序来区分。

1. 比较法定主刑的轻重。

犯罪性质的轻重决定刑事责任的大小，刑事责任的大小表现为法定主刑的轻重。因此，罪刑轻重的基本标准应当是主刑的轻重，主刑重者为重罪，主刑轻者为轻罪。对于具体犯罪构成类型法定刑的轻重比较，《解释》规定：“刑法第十二条规定的‘处刑较轻’，是指刑法对某种犯罪规定的刑罚即法定刑比修订前刑法轻。法定刑较轻是指法定最高刑较轻；如果法定最高刑相同，则指法定最低刑较轻。如果刑法规定的某一犯罪只有一个法定刑幅度，法定最高刑或者最低刑是指该法定刑幅度的最高刑或者最低刑；如果刑法规定的某一犯罪有两个以上的法定刑幅度，法定最高刑或者最低刑是指具体犯罪行为应当适用的法定刑幅度的最高刑或者最低刑”。

2. 比较犯罪构成要件的内容。

在主刑的最高法定刑和最低法定刑均相同的情况下，采取法定刑标准显然不能解决问题。此时罪刑轻重的比较应从罪与刑两方面来权衡，这是因为不同罪名的罪状、构成要件存在差异。如果法定主刑相同，应比较犯罪构成要件的内容有无变化，哪一个罪名对犯罪构成要件的要求相对严格，说明哪一种犯罪相对较轻。反之，哪一个罪名对犯罪构成要件的要求相对宽松，说明哪一种犯罪相对较重。如果通过比较，犯罪构成要件的宽严程度难以区分，则应当以目的行为论处。如以泄愤为目的，采用毁坏正在使用中的机器设备的手段，实施破坏生产经营的行为，如果达到犯罪的程度，则出现故意毁坏财物罪与破坏生产经营罪的竞合。由于故意毁坏财物罪与破坏生产经营罪的法定刑相同，且二者犯罪构成要件的宽严程度并无区别，此时，应以目的行为破坏生产经营罪论处。

3. 比较保护法益的重要程度。

在法定刑相同的情况下，可以通过比较不同罪名所保护法益的轻重来确定应当适用的罪名。如行为人以放火为手段杀害他人可能危及公共安全的，则一个放火行为触犯了放火罪与故意杀人罪两个不同的罪名，属于想象竞合犯，应当择一重罪处罚。但根据《刑法》的规定，放火罪与故意杀人罪的最低法定刑均为3年有期徒刑，最高法定刑均为死刑，从法定刑上无法区分轻重。这时就需要考虑其所保护的法益的重要性问题，以放火方式杀人的，不仅侵害特定人的生命健康权，而且会危及不特定人的人身安全和重大公私财产安全，即放火罪保护的法益比故意杀人罪保护的法益更为重要，或者说放火罪比故意杀人罪的侵害性更大，属于事实上的重罪，应当以放火罪处罚。

4. 比较法定附加刑的轻重。

择一重罪处罚，即选择罪刑应当适用的且法定量刑幅度较重的法条，从重处罚。对罪行的轻重，从构成要件的内容与主刑两方面权衡后，如果仍然难以判断，就应当比较附加刑的轻重。有附加刑的为重罪，没有附加刑的为轻罪；如果都有附加刑，则附加刑较重的为重罪，附加刑较轻的为轻罪。对于附加刑的轻重，一般认为，按照《刑法》第34条的规定，罚金、剥夺政治权利、没收财产是相对于主刑序列由轻至重的排列。即没收财产最重，罚金最轻。

【法规链接】

《中华人民共和国刑法》

第一百一十八条 破坏电力、燃气或者其他易燃易爆设备，危害公共安全，尚未造成严重后果的，处三年以上十年以下有期徒刑。

第二百六十四条 盗窃公私财物，数额较大的，或者多次盗窃、入户盗窃、携带凶器盗窃、扒窃的，处三年以下有期徒刑、拘役或者管制，并处或者单处罚金；数额巨大或者有其他严重情节的，处三年以上十年以下有期徒刑，并处罚金；数额特别巨大或者有其他特别严重情节的，处十年以上有期徒刑或者无期徒刑，并处罚金或者没收财产。

50. 怎样划分主从犯

——黄某某等人寻衅滋事案

【案情摘要】

被告人黄某某，男，1979 年 11 月 11 日出生，无业。2010 年 11 月 16 日因犯组织卖淫罪被判处有期徒刑 6 年 6 个月，服刑人员。

被告人左某某，男，1991 年 10 月 4 日出生，无业。

被告人姜某某，男，1989 年 7 月 22 日出生，无业。

2010 年 2 月 10 日，被告人黄某某为帮朋友泄私愤，指使被告人左某某、姜某某前往金三角“火立方”火吧实施报复行为。后被告人左某某、姜某某持铁锤、酒瓶将“火立方”火吧的玻璃大门砸毁，致使火吧无法正常营业，损毁财物价值达 3300 元。案发后，滋事方赔偿了被害方经济损失12 000元。

【诉讼意见与处理结果】

公诉机关指控，被告人黄某某、左某某、姜某某的行为触犯了《刑法》第 293 条第 1 款第 3 项，应当以寻衅滋事罪追究其刑事责任。其中，被告人黄某某指使他人实施犯罪行为，系犯罪活动的组织者，为主犯；被告人左某某、姜某某在犯罪过程中所起作用较小，为从犯，应当减轻处罚。辩护意见认为，黄某某虽为犯罪活动的组织者，但毕竟未到现场实施寻衅滋事犯罪行为，不应当作为主犯认定。

一审法院认为，被告人黄某某的行为构成寻衅滋事罪，应依法与前罪所判处刑罚并罚；被告人左某某、姜某某受黄某某指使故意毁坏他人财物，其行为亦构成寻衅滋事罪。其中被告人黄某某系寻衅滋事犯罪活动的组织者，为主犯；被告人左某某、姜某某在寻衅滋事犯罪过程中所起作用较小，为从犯。依照《刑法》规定，判决如下：

1. 被告人黄某某犯寻衅滋事罪，判处有期徒刑6个月，与前罪组织卖淫罪被判处的有期徒刑6年6个月、并处罚金10 000元，数罪并罚，决定执行有期徒刑6年8个月，并处罚金10 000元；

2. 被告人左某某犯寻衅滋事罪，免予刑事处罚；

3. 被告人姜某某犯寻衅滋事罪，免予刑事处罚。

宣判后，被告人黄某某、左某某、姜某某未上诉。公诉机关未抗诉。

【法律适用问题】

划分主从犯的法定标准是什么？本案对主从犯的划分是否妥当呢？

《刑法》第26条第1款规定："组织、领导犯罪集团进行犯罪活动的或者在共同犯罪中起主要作用的，是主犯。"《刑法》第27条第1款规定："在共同犯罪中起次要或者辅助作用的，是从犯。"根据以上规定，主犯包括两种人：一是在犯罪集团中起组织、领导作用的首要分子；二是在共同犯罪中起主要作用的犯罪分子，包括在犯罪集团中非首要分子但起主要作用的犯罪分子，以及在一般共同犯罪中起主要作用的犯罪分子。① 根据是否参与实施了具体犯罪的实行行为还是非实行行为，从犯也包括两种人：一是在共同犯罪中起次要作用的犯罪分子，是指虽然直接实行具体犯罪构成客观方面的犯罪行为，但在整个犯罪活动中其作用居于次要地位的实行犯，即次要的实行犯；二是在共同犯罪中起辅助作用的犯罪分子，是指未直接具体实施犯罪构成客观方面的犯罪行为，而是为共同犯罪的实施创造条件、辅助实行犯罪的人，即帮助犯。

"正犯是实现符合构成要件的实行行为这一过程中的中心人物或者核心人物。"在本案中，被告人黄某某为犯罪活动的纠集者、组织者，被告人左

① 马克昌：《犯罪通论》，武汉大学出版社1999年版，第565~566页。

某某、姜某某为犯罪行为的主要实施者，属于“正犯”。没有黄某某的纠集、组织行为，就没有左某某、姜某某的寻衅滋事行为。但黄某某毕竟未到现场着手实施犯罪，其纠集、组织行为并不能直接造成法益侵害；直接造成法益侵害的是实行行为，其行为人是左某某、姜某某。由此可见，对主从犯的认定不能偏离实行行为者这个中心，没有实行行为，纠集、组织、教唆行为根本不可能对法益造成侵害。这说明，被告人黄某某与左某某、姜某某在犯罪活动所起作用实际上是相当的，按照以作用大小决定主次的刑法规定，不应区分主从。

对于提起犯意的人，不能不分青红皂白一律认定为主犯。除刑法明文规定以主犯论处的外，是否属于主犯应当按照先客观后主观、先事实后规范的逻辑顺序来判断。因为“共同犯罪人对于危害结果发生究竟有多大影响力，发挥了多大作用，不是因为其起意，不是因为其参与策划，而是体现在其实际参与犯罪实行的程度，以及因为其实行行为造成危害结果的大小”。[①] 所以，对于主从犯的认定，需要在明确实行犯的前提下，根据其在犯罪中的作用来具体分析，不能概括地认为“倡首先言”者必为首。

有时，错误的源头，往往不是无知而是傲慢与偏见。所以，英国学者培根在《论司法》中曾指出：“为法官者应当学问多于机智，尊严多于一般的欢心，谨慎超过自信。”检察官更应当如此。

【办案札记】

按照刑法的规定，在主从犯的认定上，应当以犯罪人在犯罪中所起的作用大小来决定，以凸显罪责刑相适应的刑法原则。但在司法实务中，由于把握的标准和尺度不统一，导致影响了刑罚适用的公正性。为此，现将划分主从犯时需要注意的问题归纳如下。

1. 主犯不同于首要分子。

《刑法》第 97 条规定：“本法所称首要分子，是指在犯罪集团或者聚众

① 周光权：“造意不为首”，载《人民检察》2010 年第 23 期。

犯罪中起组织、策划、指挥作用的犯罪分子。”这一规定的精神在于解释首要分子在《刑法》中存在的范围，而不是对作为主犯的首要分子的解释。[①]犯罪集团是指三人以上为共同实施犯罪而组成的较为固定的犯罪组织。凡是在犯罪集团中起组织、策划、指挥作用的犯罪分子，就是集团犯罪中的首要分子，理所当然为主犯。但聚众犯罪的首要分子并不当然是主犯。在“聚众”性犯罪中，当刑法分则规定“聚众”是构成犯罪的必要条件或者“聚众”是首要分子和其他积极参加者构成犯罪的必要条件的情形下，聚众犯罪属于必要共同犯罪。如《刑法》第317条第1款规定，犯组织越狱罪的，对首要分子和积极参加者，处5年以上有期徒刑；对其他参加者，处5年以下有期徒刑或者拘役。这里的“首要分子和积极参加者”即为主犯。但在刑法分则仅规定只有“聚众”的首要分子才可构成犯罪的情形下，不存在共同犯罪的问题，无所谓主从。

2. 作用大小决定主从问题。

根据《刑法》的规定，判断主犯的标准是“在共同犯罪中起主要作用”。无论是犯罪集团还是其他共同犯罪，对于主从犯的认定应当以是否起主要作用为标准。起了主要作用的就是主犯，起了次要或者辅助性作用的就是从犯。即主从犯的认定以行为人在案件中所起的“作用”为基本的判断标尺。所谓“起主要作用”是指共同犯罪人对共同犯意的形成、共同犯罪行为的实施以及共同犯罪的危害结果起到了决定性作用。换而言之，对犯意和后果的形成产生决定或重要影响的，应当认定为主犯，如犯罪的纠集者、犯罪的指挥者、犯罪的主要实行者。相反，被动参加的人、对危害后果所起作用不大的人以及为犯罪实施准备工具、创造条件的人，一般为从犯。

具体而言，凡是在共同犯罪中其行为发挥了较大作用产生了较大危害的，无论是否参与策划，都应当认定为主犯；即便提出犯意又参与着手实行犯罪，如果所起客观作用较小，也可以认定为从犯；凡是仅提出犯意而没有参与着手实行犯罪的，应充分考虑其犯意对实行犯罪的影响力，影响力较大的也可

① 林亚刚：“主犯若干问题的探讨”，载《法制与社会发展》2003年第5期。

以认定为主犯，影响力较小的应当认定为从犯。如在共同职务犯罪中，不能认为职务高的人就是主犯，职位低的人就是从犯。关键在于对确定其职务行为对犯罪结果发生原因力的大小，原因力大的为主犯，原因力小的为从犯。

3. 作用相当则主从不分。

在共同犯罪案件中，主犯可能是一个，也可能是数个，甚至彼此作用相当、不分主次。因此，不能认为一个案件中只有一个主犯或者主犯与主犯之间完全没有差别。事实上，只要作用相当的那些人都应当认定为主犯或者从犯，如果综合案件情况行为人作用都彼此相当，则不必划分主次。如最高人民法院、最高人民检察院、公安部、司法部《关于做法惩治拐卖妇女儿童犯罪的意见》（法发〔2010〕7 号）第 23 条第 4 款规定："对于各被告人在共同犯罪中的地位、作用区别不明显的，可以不区分主从犯。"但在不区分主从犯有可能影响案件定性时，应根据危害行为对危害结果发生所起作用力的大小，尽可能地分清主次。如《全国法院审理经济犯罪案件工作座谈会纪要》规定，非国家工作人员与国家工作人员勾结，分别利用各自的职务便利，共同将本单位财物非法占有的，应当尽量区分主从犯，按照主犯的犯罪性质定罪；对于确实难以区分的，以贪污罪定罪处罚。

【法规链接】

《中华人民共和国刑法》

第二十六条 组织、领导犯罪集团进行犯罪活动的或者在共同犯罪中起主要作用的，是主犯。

三人以上为共同实施犯罪而组成的较为固定的犯罪组织，是犯罪集团。

对组织、领导犯罪集团的首要分子，按照集团所犯的全部罪行处罚。

对于第三款规定以外的主犯，应当按照其所参与的或者组织、指挥的全部犯罪处罚。

第二十七条 在共同犯罪中起次要或者辅助作用的，是从犯。

对于从犯，应当从轻、减轻处罚或者免除处罚。

第二百九十三条 有下列寻衅滋事行为之一，破坏社会秩序的，处五年以下有期徒刑、拘役或者管制：

（一）随意殴打他人，情节恶劣的；

（二）追逐、拦截、辱骂、恐吓他人，情节恶劣的；

（三）强拿硬要或者任意损毁、占用公私财物，情节严重的；

（四）在公共场所起哄闹事，造成公共场所秩序严重混乱的。

纠集他人多次实施前款行为，严重破坏社会秩序的，处五年以上十年以下有期徒刑，可以并处罚金。

51. 刑罚个别化原则的实践应用
——马某某运输毒品案

【案情摘要】

被告人马某某，男，1996年8月1日出生，无业。

2014年1月初，被告人马某某经其同乡介绍认识了一名自称开饭馆的东乡族男子。2014年3月10日，该男子打电话让马某某帮忙到兰州送东西，马某某遂乘车至东乡县城与该男子见面，该男子给其现金400元。当晚马某某到达兰州市与一不相识男子见面后，该男子将200元现金及用黑色塑料包裹的毒品交予马某某，让马某某乘车带至金昌长途汽车站，途中马某某被公安人员抓获，当场缴获毒品可疑物1包。经检测，内含海洛因成分，净重200.96克。

【诉讼意见与处理结果】

公诉机关指控，被告人马某某的行为触犯了《刑法》第347条第2款，应当以运输毒品罪追究其刑事责任。鉴于被告人马某某犯罪时系未成年人，依法应当从轻处罚。辩护意见认为，马某某的行为虽已构成运输毒品罪，但其在犯罪时系未成年人，且为初犯，依法应当减轻处罚。

一审法院认为，被告人马某某的行为已构成运输毒品罪。因其犯罪时系未成年人，应当从轻处罚。依照《刑法》规定，判决如下：

被告人马某某犯运输毒品罪，判处有期徒刑10年10个月，并处罚金20 000元。

宣判后，被告人马某某及其法定代理人未上诉。公诉机关未抗诉。

【法律适用问题】

纵观古今中外，对未成年人予以特殊保护始终是法律制度的鲜明主题，我国《刑法》第49条规定，犯罪的时候不满18周岁的人不适用死刑。“不适用死刑”，是指既不能判处死刑立即执行，也不能判处死刑缓期2年执行。刑法第17条第3款规定：“已满十四周岁未满十八周岁的人犯罪，应当从轻或者减轻处罚。”“应当从轻或者减轻处罚”，即必须从轻或者减轻处罚，而不能根据个案情况进行自由裁量。在司法制度层面上，最高人民检察院、最高人民法院分别制定了《人民检察院办理未成年人刑事案件的规定》（高检发研字〔2013〕7号）和《关于审理未成年人刑事案件具体应用法律若干问题的解释》（法释〔2006〕1号），明确规定对犯罪的未成年人实行教育、感化、挽救的方针，坚持教育为主、惩罚为辅的原则。

那么，对本案的法律适用是否体现了以上原则和精神呢？

1. 关于法条适用问题。

法条的适用直接影响法定刑的选择确定问题。《刑法》第347条第2款规定：走私、贩卖、运输、制造毒品，有下列情形之一的，处15年有期徒刑、无期徒刑或者死刑，并处没收财产：（1）走私、贩卖、运输、制造鸦片1000克以上、海洛因或者甲基苯丙胺50克以上或者其他毒品数量大的；（2）走私、贩卖、运输、制造毒品集团的首要分子；（3）武装掩护走私、贩卖、运输、制造毒品的；（4）以暴力抗拒检查、拘留、逮捕，情节严重的；（5）参与有组织的国际贩毒活动的。第3款规定：走私、贩卖、运输、制造鸦片200克以上不满1000克、海洛因或者甲基苯丙胺10克以上不满50克或者其他毒品数量较大的，处7年以上有期徒刑，并处罚金。第4款规定：走私、贩卖、运输、制造鸦片不满200克、海洛因或者甲基苯丙胺不满10克或者其他少量毒品的，处3年以下有期徒刑、拘役或者管制，并处罚金；情节严重的，处3年以上7年以下有期徒刑，并处罚金。从以上规定可以看出，在走私、贩卖、运输、制造毒品罪中，主刑的刑罚单元包括：死刑、无期徒刑、15年有期徒刑、7年以上有期徒刑、3年以上7年以下有期徒刑、3年以下有期徒刑、拘役和管制。这样，对被告人马某某运输海洛因200.96克的事实，应当选择适用《刑法》第347条第2款的规定，即对其应当适用的法定刑为15年有期徒刑、无期徒刑或者死刑，并处没收财产。但鉴于对未成年人犯罪“不适用死刑”和“应当从轻或者减轻处罚”的规定，一般认为，对未成年人犯罪亦不能适用无期徒刑，因为无期徒刑没有幅度，无法从轻处罚，只能适用减轻处罚。基于同样的道理，未成年人实施了走私、贩卖、运输、制造毒品行为的，也不能适用“15年有期徒刑”。这样，审判机关对被告人马某某的行为适用《刑法》第347条第2款，并从轻处罚判处有期徒刑10年10个月的做法明显不妥，因为在15年有期徒刑这个确定的“点”上也是无法“从轻”的，只有“减轻”才可以判处有期徒刑10年10个月。

2. 关于犯罪情节认定问题。

犯罪情节包括法定情节和酌定情节。显然，在本案中并没有对被告人从重处罚的法定或者酌定情节。那么，有无从宽的情节呢？（1）被告人马某某系未成年人，依照《刑法》的规定，应当从轻或者减轻处罚。（2）被告人马某某系初犯，可以酌定从轻处罚。一般认为“可以”虽然是一种选择性权力，但如果没有特定从重事由，都应酌定从轻。尤其是对未成年人初犯，更应如此。（3）对被告人马某某应认定为从犯。被告人马某某供述自己是替人运送毒品，但并无其他证据佐证，真假难辨。对于类似的情形，《全国法院毒品犯罪审判工作座谈会纪要》（法〔2015〕129号）规定：“对于受人指使、雇用参与运输毒品的被告人，应当综合考虑毒品数量、犯罪次数、犯罪的主动性和独立性、在共同犯罪中的地位作用、获利程度和方式及其主观恶性、人身危险性等因素，予以区别对待，慎重适用死刑。对于有证据证明确属受人指使、雇用运输毒品，又系初犯、偶犯的被告人，即使毒品数量超过实际掌握的死刑数量标准，也可以不判处死刑；尤其对于其中被动参与犯罪，从属性、辅助性较强，获利程度较低的被告人，一般不应当判处死刑。对于不能排除受人指使、雇用初次运输毒品的被告人，毒品数量超过实际掌握的死刑数量标准，但尚不属数量巨大的，一般也可以不判处死刑。”从以上规定的精神来看，在运输毒品犯罪中，对于有证据证明确属受人指使、雇用运输毒品的，应当认定为从犯；对于不能排除受人指使、雇用初次运输毒品的，一般也应从轻处罚。对于未成年人运输毒品的，司法机关如果不能排除其辩解的，就应当作出有利于未成年被告人的选择。即在不能排除被告人马某某供述“受人指使、雇用运输毒品”为虚假的情况下，可视为其供述内容真实。因为对刑事案件事实的认定应当符合常识、常理、常情，不能只有教义没有生活。被告人马某某系未成年人且为初犯，从常识、常理、常情来判断，其缺乏购买大量毒品的经济基础和反侦查能力，成为毒品的所有者、买家或者卖家的可能性不大，对被告人马某某应认定为从犯。（4）判决所确认的事实即为案件事实，既然判决书认定被告人马某某系东乡族男子委托运输毒品，且描述了具体委托的过程，那么被告人马某某就应当属于“受人指使、雇用运输毒品”且从属性、辅助性较强的情形，因为运输毒品的事实并无他人可以佐证，东乡族男子未被抓获，以上事实完全是根据被告人马某某的供述作出认定的，即判决认可了被告人马某某供述内容的真实性。既然如此，却又否定其为从犯，显然在逻辑上自相矛盾，不能自圆其说。

刑罚的适用应充分体现出针对性、个别化。对被告人马某某运输海洛因200.96克的事实，如果适用《刑法》第347条第2款，因其属于未成人、从犯，可通过依次减轻处罚，在3年以上7年以下有期徒刑幅度内确定宣告刑。或者也可依据未成年人的事实，排除对《刑法》第347条第2款的适用，直接选择《刑法》第347条第3款，并结合从犯、初犯情节，予以减轻处罚。即在3年以上7年以下有期徒刑的幅度内确定宣告刑，并处罚金。

“适用刑罚的目的是为了预防犯罪，而不是为了惩治犯罪。”[①] 同时，刑罚又是一种“不得已之恶”，应当讲究适用的技巧和策略，特别是对未成年人，按照刑法和政策的立场，在打击与保护的关系处理上，应当更侧重于保护而不是打击。原因在于“他应惩罚，他应宽容；他必须以人性度人”。

【办案札记】

“儿童最大利益原则”是少年司法理念的基本精神。那么，在实务工作中，如何在法律框架内，选择对未成年人适用刑罚轻缓化的路径，以体现对未成年人的特殊保护原则精神？

---

① 苏惠渔：《犯罪与刑罚理论专题研究》，法律出版社2000年版，第346页。

1. 注重程序的控制功能。

实行"教育为主、惩罚为辅"的原则说明，对待未成年犯罪人要以"教育手段"为核心，惩罚措施只是必要时候的"补充手段"。为此，在《刑事诉讼法》中，除了设置法定不起诉、酌定不起诉和存疑不起诉制度外，还针对未成年人犯罪在特别程序中规定了附条件不起诉制度。在未成年犯罪案件的办理中，首先应当发挥程序对保护未成年人的控制功能，构建多元化的不起诉方式，依法严格控制进入刑事审判程序。其次《人民检察院办理未成年人刑事案件的规定》（高检发研字〔2013〕7号）对未成年人犯罪案件规定了比成年人更为宽松的不起诉条件。在实际工作中，要注意把握适度从宽的精神实质，做到可自诉的不公诉，可诉可不诉的坚决不起诉，尽可能地发挥程序对刑事诉讼的"过滤"作用，使司法活动的结果在法律的技术层面和公平正义之间保持平衡，体现出对未成年人的特别保护。

2. 发挥但书的出罪功能。

按照《刑法》第13条"但书"的规定，行为构成犯罪应以排除"情节显著轻微危害不大"为必要条件，"情节显著轻微危害不大"不应视为犯罪。为此，无论是轻罪还是重罪，在司法适用中，都应当把"情节显著轻微危害不大"作为一把标尺来衡量，充分发挥"但书"的出罪功能。尤其是对未成年人实施的违法行为，更应当以"宽"为主，以人为本。这里的"宽"无疑包括了非犯罪化、非监禁化和非司法化。如刑法条文及相关司法解释中规定的免除处罚情节，最高人民法院《关于审理未成年人刑事案件具体应用法律若干问题的解释》（法释〔2006〕1号）中针对未成年人犯罪规定的"不认为是犯罪""一般也不认为是犯罪"的情形，这些规定反映了法律的价值取向，都为"但书"出罪功能的发挥提供了具体的标准，司法机关应当严格遵照执行。

3. 强化恢复性司法意识。

恢复性司法与未成年人刑事司法中"教育为主、惩罚为辅"和"双向保护"原则相一致。恢复性司法的核心是刑事和解。《刑事诉讼法》第279条规定："对于达成和解协议的案件，公安机关可以向人民检察院提出从宽处理的建议。人民检察院可以向人民法院提出从宽处罚的建议；对于犯罪情节轻微，不需要判处刑罚的，可以作出不起诉的决定。人民法院可以依法对被告人从宽处罚。”可见，刑事和解制度有非罪化、轻刑化价值和免刑化功能，符合宽严相济刑事政策中“宽”的精神，从而限制刑罚的适用范围。对于未成年人犯罪来说，因其成因的特殊性和可改造性，在具体司法活动中，应当充分发挥刑事和解制度的优势，注重恢复性司法程序的启用，提供必要机会，让被害人和犯罪人充分对话、自愿协商，以通过达成损害赔偿协议等方式实现和解，为未成年人免刑或者轻刑化创造条件，保护未成年人最大限度地免受刑事处罚。

4. 重视情节的调节功能。

犯罪情节可以“软化和缓解法律的刚性”。在对未成年人适用刑罚时，应特别重视酌定情节在刑罚适用中的调节功能，以实现量刑上的个别化。如《刑法》第 17 条第 3 款规定：已满 14 周岁不满 18 周岁的人犯罪，应当从轻或者减轻处罚。对从轻、减轻的选择除要看是否具备其他法定情节外，酌定情节往往是影响选择从轻还是减轻处罚的主要因素。同时，从轻处罚轻到什么程度，减轻处罚减到什么程度，也往往要取决于酌定情节的质与量。司法机关应当通过开展社会调查，在遵守法定量刑情节的前提下，考察未成年人犯罪的动机手段、起因条件、造成的损害结果、一贯表现、犯罪后态度、促成未成年人犯罪的多种客观因素等对量刑可能产生影响的酌定情节，以为实现刑罚的轻缓化创造必要条件。

《刑法》第 63 条第 2 款规定：“犯罪分子虽然不具有本法规定的减轻处罚情节，但是根据案件的特殊情况，经最高人民法院核准，也可以在法定刑以下判处刑罚。”对未成年人犯罪案件，在特定情形下也应当通过启动该程序，减少刑罚的使用量。

5. 注意节俭适用刑罚。

对刑罚的适用，应当恪守谦抑和节俭观念，而不能张扬、过度。具体到未成年人犯罪，实现特殊预防的目的是办理未成年人犯罪案件的基点，对刑罚的适用，要更加注意“勤俭节约”，绝不可以“铺张奢侈”。首先，应当坚持可以免除的即不处罚原则。对于那些犯罪情节轻微不需要判处刑罚的，应当根据《刑法》第 37 条的规定采取非刑罚处理方法，以最少的资源投入到最大的控制和预防犯罪的效果。其次，对于无法免除处罚需要判处刑罚的，就主刑与单处附加刑的优先适用顺序而言，应当是单处附加刑优先于主刑适用；对主刑的适用顺序应当是：管制、拘役、有期徒刑。即在具体的刑罚结构中，如果包括管制、拘役、有期徒刑，则可以判处管制的，就不应判处拘役；可以判处拘役的，就不应判处有期徒刑。

当然，轻缓化也并不是一味地强调“轻罚”，只是“宽”与“严”的结构关系和权重比例不同，在坚持以宽为主的总体原则下，针对不同的行为人、行为性质和情节，实行区别对待。

【法规链接】

《中华人民共和国刑法》

第三百四十七条 走私、贩卖、运输、制造毒品，无论数量多少，都应当追究刑事责任，予以刑事处罚。

走私、贩卖、运输、制造毒品，有下列情形之一的，处十五年有期徒刑、无期徒刑或者死刑，并处没收财产：

（一）走私、贩卖、运输、制造鸦片一千克以上、海洛因或者甲基苯丙胺五十克以上或者其他毒品数量大的；

（二）走私、贩卖、运输、制造毒品集团的首要分子；

（三）武装掩护走私、贩卖、运输、制造毒品的；

（四）以暴力抗拒检查、拘留、逮捕，情节严重的；

（五）参与有组织的国际贩毒活动的。

走私、贩卖、运输、制造鸦片二百克以上不满一千克、海洛因或者甲基苯丙胺十克以上不满五十克或者其他毒品数量较大的，处七年以上有期徒刑，并处罚金。

走私、贩卖、运输、制造鸦片不满二百克、海洛因或者甲基苯丙胺不满十克或者其他少量毒品的，处三年以下有期徒刑、拘役或者管制，并处罚金；情节严重的，处三年以上七年以下有期徒刑，并处罚金。

单位犯第二款、第三款、第四款罪的，对单位判处罚金，并对其直接负责的主管人员和其他直接责任人员，依照各该款的规定处罚。

利用、教唆未成年人走私、贩卖、运输、制造毒品，或者向未成年人出售毒品的，从重处罚。

对多次走私、贩卖、运输、制造毒品，未经处理的，毒品数量累计计算。

《最高人民法院关于审理未成年人刑事案件具体应用法律若干问题的解释》（法释〔2006〕1号）

第六条 已满十四周岁不满十六周岁的人偶尔与幼女发生性行为，情节轻微、未造成严重后果的，不认为是犯罪。

第七条 已满十四周岁不满十六周岁的人使用轻微暴力或者威胁，强行索要其他未成年人随身携带的生活、学习用品或者钱财数量不大，且未造成被害人轻微伤以上或者不敢正常到校学习、生活等危害后果的，不认为是犯罪。

已满十六周岁不满十八周岁的人具有前款规定情形的，一般也不认为是犯罪。

第八条 已满十六周岁不满十八周岁的人出于以大欺小、以强凌弱或者寻求精神刺激，随意殴打其他未成年人、多次对其他未成年人强拿硬要或者任意损毁公私财物，扰乱学校及其他公共场所秩序，情节严重的，以寻衅滋事罪定罪处罚。

第九条 已满十六周岁不满十八周岁的人实施盗窃行为未超过三次，盗窃数额虽已达到“数额较大”标准，但案发后能如实供述全部盗窃事实并积极退赃，且具有下列情形之一的，可以认定为“情节显著轻微危害不大”，不认为是犯罪：

（一）系又聋又哑的人或者盲人；

（二）在共同盗窃中起次要或者辅助作用，或者被胁迫；

（三）具有其他轻微情节的。

已满十六周岁不满十八周岁的人盗窃未遂或者中止的，可不认为是犯罪。

已满十六周岁不满十八周岁的人盗窃自己家庭或者近亲属财物，或者盗窃其他亲属财物但其他亲属要求不予追究的，可不按犯罪处理。

第十条 已满十四周岁不满十六周岁的人盗窃、诈骗、抢夺他人财物，为窝藏赃物、抗拒抓捕或者毁灭罪证，当场使用暴力，故意伤害致人重伤或者死亡，或者故意杀人的，应当分别以故意伤害罪或者故意杀人罪定罪处罚。

已满十六周岁不满十八周岁的人犯盗窃、诈骗、抢夺罪，为窝藏赃物、抗拒抓捕或者毁灭罪证而当场使用暴力或者以暴力相威胁的，应当依照刑法第二百六十九条的规定定罪处罚；情节轻微的，可不以抢劫罪定罪处罚。

第十三条 未成年人犯罪只有罪行极其严重的，才可以适用无期徒刑。对已满十四周岁不满十六周岁的人犯罪一般不判处无期徒刑。

第十七条 未成年罪犯根据其所犯罪行，可能被判处拘役、三年以下有期徒刑，如果悔罪表现好，并具有下列情形之一的，应当依照刑法第三十七条的规定免予刑事处罚：

（一）系又聋又哑的人或者盲人；

（二）防卫过当或者避险过当；

（三）犯罪预备、中止或者未遂；

（四）共同犯罪中从犯、胁从犯；

（五）犯罪后自首或者有立功表现；

（六）其他犯罪情节轻微不需要判处刑罚的。

《人民检察院办理未成年人刑事案件的规定》（高检发研字〔2013〕7号）

第二十六条 对于犯罪情节轻微，具有下列情形之一，依照刑法规定不需要判处刑罚或者免除刑罚的未成年犯罪嫌疑人，一般应当依法作出不起诉决定：

（一）被胁迫参与犯罪的；

（二）犯罪预备、中止、未遂的；

（三）在共同犯罪中起次要或者辅助作用的；

（四）系又聋又哑的人或者盲人的；

（五）因防卫过当或者紧急避险过当构成犯罪的；

（六）有自首或者立功表现的；

（七）其他依照刑法规定不需要判处刑罚或者免除刑罚的情形。

第二十七条 对于未成年人实施的轻伤害案件、初次犯罪、过失犯罪、犯罪未遂的案件以及被诱骗或者被教唆实施的犯罪案件等，情节轻微，犯罪嫌疑人确有悔罪表现，当事人双方自愿就民事赔偿达成协议并切实履行或者经被害人同意并提供有效担保，符合刑法第三十七条规定的，人民检察院可以依照刑事诉讼法第一百七十三条第二款的规定作出不起诉决定，并可以根据案件的不同情况，予以训诫或者责令具结悔过、赔礼道歉、赔偿损失，或者由主管部门予以行政处罚。

第二十九条 对于犯罪时已满十四周岁不满十八周岁的未成年人，同时符合下列条件的，人民检察院可以作出附条件不起诉决定：

（一）涉嫌刑法分则第四章、第五章、第六章规定的犯罪；

（二）根据具体犯罪事实、情节，可能被判处一年有期徒刑以下刑罚；

（三）犯罪事实清楚，证据确实、充分，符合起诉条件；

（四）具有悔罪表现。

52. 怎样判定被害人过错

——张某某故意伤害案

【案情摘要】

被告人张某某，男，1970 年 2 月 20 日出生，农民。

被告人张某某因其妻牛某某与韩某某同居，与韩某某曾为此事发生争吵厮打。1997 年 3 月 8 日，被告人张某某到其亲戚潘某某家寻找妻子牛某某，适逢韩某某在潘某某家喝酒。酒后韩某某再三阻挠纠缠张某某，不让其将牛某某领走，并辱骂、殴打张某某，在厮打过程中张某某从裤兜里掏出单刃匕首在韩某某左胸部捅刺一刀，致韩某某经抢救无效死亡。经鉴定，韩某某系被锐器刺伤左胸部，致心脏刺切缺失性损伤，导致急性失血性休克、开放性血气胸、肺萎缩即速死亡。

【诉讼意见与处理结果】

公诉机关指控，被告人张某某的行为触犯了《刑法》第 234 条第 2 款，应当以故意伤害（致人死亡）罪追究其刑事责任。辩护意见认为，韩某某多次纠缠、刺激被告人，其有重大过错，在迫于无奈的情况下，张某某才将韩某某伤害致死，应当减轻处罚。

一审法院认为，被告人张某某的行为已构成故意伤害罪（致人死亡）。鉴于被害人有明显过错，可对其减轻处罚。依照《刑法》规定，判决如下：

被告人张某某犯故意伤害（致人死亡）罪，判处有期徒刑 13 年。

宣判后，被告人张某某未上诉。公诉机关未抗诉。

【法律适用问题】

适用刑罚的道德法则应当是：不仅要惩罚，也要救赎。在一些案件中，犯罪行为往往是犯罪人和被害人共同导致的结果，在此情形下，如果不考虑被害人的过错，必然造成量刑的不合理、不公正，难以实现预防犯罪、化解矛盾的目的。为此，对刑罚轻重的适用，应以公平、客观、理性的态度考察犯罪的前因后果，全面评价对犯罪产生影响的各种因素。

一般认为，刑法上的被害人过错，是指被害人违反法律法规或者违反社会公序良俗、道德规范，侵害他人合法权益而引发犯罪的行为。对被害人有明显过错的，应减轻相对方的责任。因为法律本身就是对责任的一种分配、一种对公平正义的分配。如《全国法院维护农村稳定刑事审判工作座谈会纪要》（法〔1999〕217 号）规定："对于被害人一方有明显过错或对矛盾激化有直接责任，或者被告人有法定从轻处罚情节的，一般不应判处死刑立即执行。"

从本案发生、发展的过程可以看出：首先，被害人存在不道德性、违法性过错。被害人与被告人张某某之妻牛某某存在同居关系，特别是在被告人张某某将其妻牛某某领走的情形下，被害人再三阻挠纠缠，对张某某追逐、辱骂、殴打，其行为应该是在道德上、法律上受谴责的行为。其次，被害人的过错行为促成了犯罪行为及结果的发生。被害人制造纠纷、挑起事端的不良行为，对犯罪的形成起到了诱发、推动作用，具有直接的因果性。最后，被害人反复实施的过错行为，在一般人看来都是无法容忍的，在程度上具有严重性。在这种情况下，应当注意对正义的分配，减轻被告人的罪责，作出从宽处罚的选择，无疑是值得肯定的。

司法活动及其结论，只有不违背一个普通人对正义的常识性判断，才能体现出司法的文明、理性和公正，从而受到普遍的尊重，成为人们作为或者不作为的心灵教义和行为模式，进而实现预防犯罪、促进社会和谐的目的。因此，司法活动的基本理念应当是：尊重制度安排，弘扬人文关怀。

【办案札记】

法律人的思维方式不应缺乏责任分配意识。只有司法的过程与结论和理性、正义、道德保持一致，合理地分配正义，才能产生执法的正能量。那么，在司法实践中，如何来判定被害人的过错责任，实现量刑上的均衡呢?

一般地，构成被害人过错，需要具备以下基本条件：

1. 被害人的行为具有不当性。

被害人先行实施了违反法律法规或者违反社会公序良俗、道德规范的不当行为，是构成过错的前提条件。就法律法规的违反而言，既包括对刑事法规的违反，也包括对民事及行政法规的违反。如恶意欠债从而引发的犯罪行为，被害人因调戏妇女等被对方致残的，都可以构成被害人过错。就社会公序良俗、道德规范的违反而言，构成被害人过错应当是一种违反社会常理、善良风俗习惯和社会规范的行为，即不符合社会生活的一般道德伦理秩序，可以作出否定性评价的行为，如“包二奶”、通奸。

无论是违反法律法规还是违反社会公序良俗、道德规范的不当行为，只有该行为侵害了他人的正当利益或者社会公共利益，才具有“不当性”。对于没有法益侵犯性的不良行为，诸如因贪利被骗、防范措施不到位被盗，因其本身对他人或社会利益无涉，对犯罪行为也没有诱发作用，应排除在被害人过错的范围之外。

2. 不当行为与加害行为直接相关联。

被害人实施的不当行为与行为人的加害行为相关联，是构成过错的充分条件。二者毫无关联时不存在刑法意义。一般认为，被害人的不当行为与行为人的加害行为的关联性表现为：一是诱发或者推动了犯罪行为，即被害人的行为侵害了他人的正当利益或者社会公共利益，并对犯罪的产生起到了诱发或者推动作用，如制造纠纷、挑起事端；二是促成或者加重了危害结果，即被害人的过错行为促成了犯罪结果的发生或者致使犯罪结果加重。

对于在客观上起到了刺激、引诱加害人实施犯罪的作用，但被害人本身的行为并没有明显的过错或者与加害行为不具有直接关联性的，不应当认定为被害人过错。如对组织、容留卖淫女卖淫的行为，不能因为卖淫行为的非道德性或者非法性，而成为减轻组织者、容留者责任的理由。所以，被害人即便存在违法违规行为，但若不是引发犯罪的诱因则不关联。如在嫖娼过程中被他人敲诈勒索，被害人嫖娼虽违法，但不是引发敲诈勒索犯罪的诱因，不能成为被害人过错。上述情形只不过是为潜在犯罪人实施犯罪提供了机会、创造了条件，行为人并非在受到被害人不当行为的刺激下才产生犯罪决意，不能成为被害人过错。

3. 不当行为具有一定的严重性。

"刑法不关注琐碎之事。"被害人不当行为的严重程度，是构成过错的必要条件。换而言之，被害人实施的违反法律或者社会道德规范的行为必须达到严重的程度，才能认为被害人有过错，诸如长期实施家庭暴力，肆意挑衅、殴打、辱骂、毁坏财物严重侵犯犯罪人合法权益的情形。对于因占小便宜、不讲诚信、骂人等生活琐事产生矛盾纠纷而引发的犯罪行为，尽管被害人对犯罪行为的发生客观上产生了一定影响，但不能认定为刑法意义的被害人过错。

被害人的不当行为是否严重，往往具有相对性。如在加害人与被害人双方都有一定过错的情况下，如果仅是加害方的行为达到犯罪的地步，被害方的殴打只是一般违法行为，一般可认定被害人存在过错。如果双方的过错行为相当，均已达到犯罪的程度，则不成立被害人过错的问题。但是，如果被害人的行为尽管构成犯罪但情节较轻，而加害人却犯罪手段残忍或者造成的危害后果特别严重，此时对被害人的过错就可以忽略不计。

有时，被害人过错不仅影响量刑，还可以影响定性。例如在交通肇事中，被害人过错的程度，对肇事者是否"负事故的全部或主要责任或者同等责任"有重要影响，从而决定肇事者是否成立犯罪的问题。

【法规链接】

《中华人民共和国刑法》

第六十一条　对于犯罪分子决定刑罚的时候，应当根据犯罪的事实、犯罪的性质、情节和对于社会的危害程度，依照本法的有关规定判处。

第二百三十二条　故意杀人的，处死刑、无期徒刑或者十年以上有期徒刑；情节较轻的，处三年以上十年以下有期徒刑。

第二百三十四条　故意伤害他人身体的，处三年以下有期徒刑、拘役或者管制。

犯前款罪，致人重伤的，处三年以上十年以下有期徒刑；致人死亡或者以特别残忍手段致人重伤造成严重残疾的，处十年以上有期徒刑、无期徒刑或者死刑。本法另有规定的，依照规定。

53. 如何认识刑法中以上、以下的含义

——王某某非法买卖枪支、非法杀害珍贵野生动物案

【案情摘要】

被告人王某某，男，1956年11月30日出生，农民。

2011年7月，被告人王某某从他人（身份不详）处购得非军用枪支一支。2011年12月4日，被告人王某某携带该枪支驾车狩猎中射杀雌性岩羊两只。后在车内查获该枪支及军用子弹11发、岩羊尸体两具。经鉴定，该枪支为非制式枪支，可发射直径为7.62毫米的步枪弹，对人体具有致伤力；弹药为制式军用弹药，可用直径为7.62毫米的军用枪支发射，对人体具有致伤力；射杀的岩羊为国家二级重点保护动物。

【诉讼意见与处理结果】

公诉机关指控，被告人王某某违反法律规定，非法持有枪支，又杀害国家二级重点保护动物岩羊，其行为触犯了《刑法》第128条第1款、第341条第1款，应当以非法持有枪支罪、非法杀害珍贵野生动物罪追究其刑事责任。辩护意见认为，王某某对涉嫌的事实供认不讳，愿意认罪服法，应从宽处罚。

一审法院认为，被告人王某某非法买卖枪支并杀害珍贵野生动物，构成非法杀害珍贵野生动物罪。但指控被告人王某某犯非法持有枪支罪不当，其行为符合非法买卖枪支罪的特征。依照《刑法》规定，判决如下：

被告人王某某犯非法买卖枪支罪，判处有期徒刑3年；犯非法杀害珍贵野生动物罪，判处有期徒刑6个月，并处罚金15 000元。决定执行有期徒刑3

年，宣告缓刑 5 年，并处罚金15 000元。

宣判后，被告人王某某未上诉。公诉机关未抗诉。

【法律适用问题】

本案涉及两个需要关注的问题：一是对被告人王某某持有枪支的事实应认定为非法持有还是非法购买；二是数罪并罚时，对决定执行的刑期该如何自由裁量。

对于第一个问题，实际上是一个证据问题：如果有证据证实枪支的来源系购买所得，则应为非法买卖枪支罪；如果认定购买的证据不足，则当为非法持有枪支罪。在此不做详细阐述。下面针对第二个问题，谈一点粗略的认识。

对数罪并罚决定执行的刑期，《刑法》第 69 条规定：判决宣告以前一人犯数罪的，除判处死刑和无期徒刑的以外，应当在总和刑期以下，数刑中最高刑期以上，酌情决定执行的刑期。但是管制最高不能超过 3 年；拘役最高不能超过 1 年；有期徒刑总和刑期不满 35 年的最高不能超过 20 年，总和刑期在 35 年以上的最高不能超过 25 年。根据以上规定，对于本案，数罪并罚应当适用的刑罚幅度为 3 年以上 3 年 6 个月以下有期徒刑，在该幅度内酌情决定执行的刑期。那么，一审法院将决定执行的刑罚确定为 3 年是否合理呢？

所谓“酌情决定执行的刑期”，即自由裁量决定执行的刑期。但自由裁量不等于任意裁量，应当以实现社会公平正义为目的，遵循基本法理、原则为前提，做到“法理之内，情理之中”。按照《刑法》的规定，限制加重是数罪并罚的基本原则，判决将对被告人王某某决定执行的刑期确定为 3 年有期徒刑，事实上的评价结果是对非法杀害珍贵野生动物罪所判处 6 个月有期徒刑未能得到有效评价，只体现了“限制”而没有体现出“加重”，与其只犯非法购买枪支罪一罪在刑罚上没有本质的区分，致使一罪与数罪的刑罚量相等同，实际上违背了罪刑相适应原则。这说明数罪并罚中的“以上”不应包括本数在内，一审法院对被告人王某某决定执行的刑期确定不当，应当在高于 3 年有期徒刑又不超过总和刑期 3 年 6 个月的幅度内确定应当执行的刑期。

那么，这样认识问题与《刑法》第99条的规定是否有冲突？《刑法》第99条规定："本法所称以上、以下、以内，包括本数。"但该规定只是一般性规定，当一般性规定与刑法的基础法理、基本原则相冲突时，应当对一般性规定作出例外性解释。这也说明对刑法用语的含义，既要进行规范判断也要注意价值权衡，而不是简单化、表面化。如走私行为无疑都属于运输行为，但《刑法》第347条将运输毒品与走私、贩卖、制造毒品并列规定，并设置了相同的法定刑，说明在毒品犯罪中，走私与运输是两种相互独立的行为，将存在运输毒品行为的事实一概定性为运输毒品罪，显然是错误的。

"刑法的适用并不是对法条文字的适用，而是对法条真实含义的适用。"所以，适用的结果不能只有教义而没有生活，只有法条而没有法理。

【办案札记】

《刑法》第99条规定："本法所称以上、以下、以内，包括本数。"那么，由此是否可以得出刑法条文中的以上、以下均包括本数而无例外的结论呢？根据刑法条文中法定刑设置的逻辑内涵及规定，在司法实务中，对刑法中"以上""以下"的具体含义把握，应当注意以下几种例外情形。

1."以上"不应包括本数的情形。

"以上"中不包括本数的，主要有以下情形：

（1）刑法条文中有两个以上法定刑幅度的，相邻两个法定刑幅度中其中一个法定刑幅度的最高刑与另一个法定刑幅度的最低刑相同时，除附加刑外，这里的最低刑中的"以上"不应包括本数。如《刑法》第151条第3款规定："走私珍稀植物及其制品等国家禁止进出口的其他货物、物品的，处五年以下有期徒刑或者拘役，并处或者单处罚金；情节严重的，处五年以上有期徒刑，并处罚金。"从上述规定可以看出，当行为人的行为符合"五年以下有期徒刑或者拘役，并处或者单处罚金"的情形时，最高刑可以判处有期徒刑五年。所以，当行为人的行为符合"五年以上有期徒刑，并处罚金"的情形时，最低刑只能是高于5年的有期徒刑，而不应当是等于5年的有期徒刑，即不能包括本数。如果包括5年有期徒刑，则不能将两个不同的法定刑幅度区别开来，导致罪刑不适应。

（2）在数罪并罚的情况下，除被判处死刑、无期徒刑的外，如果数罪均被判处同一刑种，决定执行的最低刑期中的“以上”，不应包括“本数”。如对盗窃罪判处 3 年有期徒刑，对诈骗罪判处 4 年有期徒刑，进行数罪并罚决定执行的刑期时，最低刑应当高于 4 年，而不应等于 4 年。唯有如此，才能体现限制加重原则，做到罪与刑在质和量上都相称、相当。

2. “以下”不应包括本数的情形。

“以下”中不包括本数的，主要有以下情形：

（1）当进行减轻处罚时，决定适用的刑罚不应包括本数在内。减轻处罚是“在法定刑以下判处刑罚”，如果减轻处罚也包括法定最低刑，必将造成减轻处罚与从轻处罚界限的相互交叉，显然，对于减轻处罚只能是判处低于法定最低刑的刑罚，即判处应当适用的法定刑幅度中法定最低刑之下的刑罚。如对行为人所犯之罪应当适用的法定刑幅度为 3 年以上 7 年以下有期徒刑，如果有立功情节，决定减轻处罚时，只能判处低于 3 年的有期徒刑或者拘役，如果判处本数 3 年有期徒刑，就是从轻而不是减轻。

（2）在数罪并罚时，除被判处死刑或者无期徒刑的外，如果被判处同一刑种的，总和刑期超过了《刑法》第 69 条规定的最高刑期，决定执行的刑期不能超过总和刑期这一本数。如数个有期徒刑并罚的总和刑期为 25 年，则决定执行的刑期最高不能超过 20 年，而不是总和刑期的本数 25 年。

【法规链接】

《中华人民共和国刑法》

第一百二十五条 非法制造、买卖、运输、邮寄、储存枪支、弹药、爆炸物的，处三年以上十年以下有期徒刑；情节严重的，处十年以上有期徒刑、无期徒刑或者死刑。

非法制造、买卖、运输、储存毒害性、放射性、传染病病原体等物质，危害公共安全的，依照前款的规定处罚。

单位犯前两款罪的，对单位判处罚金，并对其直接负责的主管人员和其他直接责任人员，依照第一款的规定处罚。

第一百二十八条 违反枪支管理规定，非法持有、私藏枪支、弹药的，处三年以下有期徒刑、拘役或者管制；情节严重的，处三年以上七年以下有期徒刑。

依法配备公务用枪的人员，非法出租、出借枪支的，依照前款的规定处罚。

依法配置枪支的人员，非法出租、出借枪支，造成严重后果的，依照第一款的规定处罚。

单位犯第二款、第三款罪的，对单位判处罚金，并对其直接负责的主管人员和其他直接责任人员，依照第一款的规定处罚。

第三百四十一条 非法猎捕、杀害国家重点保护的珍贵、濒危野生动物的，或者非法收购、运输、出售国家重点保护的珍贵、濒危野生动物及其制品的，处五年以下有期徒刑或者拘役，并处罚金；情节严重的，处五年以上十年以下有期徒刑，并处罚金；情节特别严重的，处十年以上有期徒刑，并处罚金或者没收财产。

违反狩猎法规，在禁猎区、禁猎期或者使用禁用的工具、方法进行狩猎，破坏野生动物资源，情节严重的，处三年以下有期徒刑、拘役、管制或者罚金。

54. 免予刑事处罚如何适用

——黄某某信用卡诈骗案

【案情摘要】

被告人黄某某，男，1964 年 1 月 20 日出生，个体人员。

2002 年 4 月 30 日，被告人黄某某向银行挂失补办了一张信用额度为 5000 元的准贷记卡，2011 年 1 月 24 日又从该行申领一张信用额度为100 000 元的牡丹白金贷记卡。2013 年 1 月起，被告人黄某某因账户余额不足开始透支，截至 2013 年 9 月 28 日、29 日从准贷记卡透支本金 2922. 91 元，产生利息 491. 68 元，从贷记卡透支本金94 252. 56元，产生利息11 758. 59元，共计 109 425. 74元。其间，银行工作人员曾多次催收，但其一直未归还。立案后，被告人黄某某偿还了全部本息。

【诉讼意见与处理结果】

公诉机关指控，被告人黄某某以非法占有为目的，超过规定期限恶意透支信用卡，数额巨大，经发卡银行催收后仍不归还，其行为已触犯《刑法》第 196 条第 1 款第 4 项，应当以信用卡诈骗罪追究其刑事责任。辩护意见认为，黄某某透支款项用于生产经营，因外债造成资金回笼困难未能及时偿还借款，应属于经济违约纠纷，不构成犯罪。

一审法院认为，被告人黄某某的行为已构成信用卡诈骗罪。鉴于被告人黄某某透支款项用于生产经营，因外债造成资金回笼困难未能及时偿还借款，在公安机关立案后即偿还全部透支款息，其行为情节轻微，主观恶性较小，根据最高人民法院、最高人民检察院《关于办理妨害信用卡管理刑事案件具体应用法律若干问题的解释》第 6 条第 5 款的规定，可免予刑事处罚。依照《刑法》规定，判决如下：

被告人黄某某犯信用卡诈骗罪，免予刑事处罚。

宣判后，公诉机关提出抗诉，认为原审被告人黄某某恶意透支使用信用卡数额为109 248.65元，系恶意透支数额巨大，对其应当适用的法定刑幅度为 5 年以上 10 年以下有期徒刑，并处罚金，不属于情节轻微的情形，一审判处免予刑事处罚，属于在法定刑以下处罚，无法律依据。

二审法院裁定，驳回抗诉，维持原判。

【法律适用问题】

在本案中，审判机关将法定刑幅度为 5 年以上有期徒刑的犯罪跨越 5 年以下有期徒刑或者拘役的量刑幅度，判决黄某某免予刑事处罚。对此，公诉机关认为，该情形属于无根据的在法定刑以下量刑，明显不当。那么，在司法实务中，当如何把握免予刑事处罚的适用条件？法院对被告人黄某某免予刑事处罚是否符合自由裁量原则？

《刑法》第 37 条规定："对于犯罪情节轻微不需要判处刑罚的，可以免予刑事处罚，但是可以根据案件的不同情况，予以训诫或者责令具结悔过、赔礼道歉、赔偿损失，或者由主管部门予以行政处罚或者行政处分。"由此说明，只有具体案件满足了情节轻微和不需要判处刑罚的条件，才可免予刑事处罚。或者说，情节轻微和不需要判处刑罚是免予刑事处罚的充分必要条件，二者缺一不可。

按照以上规定，法院将应判 5 年以上量刑幅度的犯罪，在无法定减轻情节的情形下，跨越 5 年以下有期徒刑或者拘役的量刑幅度，判决黄某某免予刑事处罚，并不妥当。理由在于：首先，被告人黄某某的行为事实并不属于情节轻微的情形。《刑法》第 196 条第 1 款规定，进行信用卡诈骗活动，数额较大的，处 5 年以下有期徒刑或者拘役，并处 2 万元以上 20 万元以下罚金；数额巨大或者有其他严重情节的，处 5 年以上 10 年以下有期徒刑，并处 5 万元以上 50 万元以下罚金。最高人民法院、最高人民检察院《关于办理妨害信用卡管理刑事案件具体应用法律若干问题的解释》（法释〔2009〕19 号，以下简称《解释》）第6条第3款规定，恶意透支数额在10万元以上不满100万元的，应当认定为“数额巨大”，依法应判处5年以上10年以下有期徒刑，并处5万元以上50万元以下罚金。被告人黄某某恶意透支109 248.65元，系数额巨大的范围，对其应当适用的法定刑幅度为5年以上10年以下有期徒刑，并处5万元以上50万元以下罚金。既然《刑法》第196条将“数额巨大”和“情节严重”并列规定为应判处5年以上10年以下有期徒刑的法定事项，那么在立法上“数额巨大”和“情节严重”具有等价性，这就至少说明恶意透支“数额巨大”本身不是“情节轻微”，相反，属于“情节严重”，不符合适用免予刑事处罚的前提条件。其次，本案不属于不需要判处刑罚的情形。一审、二审法院对被告人黄某某判处免予刑事处罚的事实根据是，被告人黄某某“透支款项用于生产经营，因外债造成资金回笼困难未能及时偿还借款”。法律依据是《解释》第6条第5款的规定：“恶意透支应当追究刑事责任，但在公安机关立案后人民法院判决宣告前已偿还全部透支款息的，可以从轻处罚，情节轻微的，可以免除处罚。恶意透支数额较大，在公安机关立案前已偿还全部透支款息，情节显著轻微的，可以依法不追究刑事责任。”就事实根据而言，如果依照法院判决认定的事实，则被告人黄某某对透支的款项不具有非法占有的目的，不应以犯罪来处理，而不是免除处罚。就法律依据而言，从《解释》第6条第5款规定的表面文字来看，只要情节轻微的，就可以免除处罚。但法律的效力高于司法解释，对司法解释内容的理解不得违反刑法条文的基本含义。对《解释》中相关内容的理解亦应当遵守这一原则，不能因为《解释》规定“情节轻微的，可以免除处罚”就认为在信用卡诈骗犯罪中，免除处罚无须具备“不需要判处刑罚”的条件限制，而应当认为该《解释》中的内容，只是对《刑法》第37条的简化而不是变化。否则，就成为了越权解释，不具有法律上的效力。况且透支款项用于“生产经营”亦非法定的“减轻”处罚依据，对法定刑的幅度不具有调节功能。这样，在法定刑为5年以上有期徒刑且不具有法定减轻处罚情节的情况下免除处罚，显然违反了从轻处罚、减轻处罚和免除处罚之间的逻辑结构关系。最后，是关于是否可以依照《刑法》第37条的规定，综合评价自由裁量的问题。对于自由裁量，古希腊思想家亚里士多德曾做过经典性的注解：“如果说具体法律规范在执行时可以根据情况加以改变的话，那么法律的精神、法律的原则在任何情况下都是不能改变的，都必须加以遵守和执行。”法律的规定即为法律的精神和原则，在确定是否适用刑罚以及刑罚的种类和刑期时，非因法定因素或者法定程序，不能在法律规定之外改变对被告人的刑罚及其量刑等级。最高人民法院《关于在审判执行工作中切实规范自由裁量权行使保障法律统一适用的指导意见》（法发〔2012〕7号）规定了人民法院在审理案件过程中，对下列情形依法行使自由裁量权：（1）法律规定由人民法院根据案件具体情况进行裁量的；（2）法律规定由人民法院从几种法定情形中选择其一进行裁量，或者在法定的范围、幅度内进行裁量的；（3）根据案件具体情况需要对法律精神、规则或者条文进行阐释的；（4）根据案件具体情况需要对证据规则进行阐释或者对案件涉及的争议事实进行裁量认定的；（5）根据案件具体情况需要行使自由裁量权的其他情形。显然，在对本案法定刑幅度的选择上，并不存在自由裁量权行使的条件。由此，对《刑法》第37条的独立适用也具有相对性，在进行裁量时不得违反法律、法理及相关司法解释的规定。在确有必要时，应报经最高人民法院核准，否则，不应跨越量刑幅度径行免除处罚。

【办案札记】

免予刑事处罚，又称免除处罚，是指对于构成犯罪的人员，当其犯罪情节轻微，不需要判处刑罚时，只予以有罪宣告，但免除其刑罚处罚的规定。在司法实践中，对于免刑制度的适用，应当注意把握好以下几个问题。

1. 《刑法》第37条既可合并适用也可独立适用。

对免刑制度，除《刑法》第37条外，《刑法》总则、分则中有明文规定的应依照规定。如对预备犯，可以比照既遂犯从轻、减轻处罚或者免除处罚；对中止犯，没有造成损害的，应当免除处罚；对行贿犯，在被追诉前主动交代行贿行为的，可以从轻或者减轻处罚。其中，犯罪较轻的，对侦破重大案件起关键作用的，或者有重大立功表现的，可以减轻或者免除处罚。

对符合《刑法》第37条规定而不具有《刑法》规定的具体的免除处罚情节的犯罪，可以直接根据第37条予以免除处罚，即《刑法》第37条可独立适用。《刑法》第37条属于总则性规定，总则的一般性规定应当适用于分则的具体规定，相关规范性文件对此亦做了肯定性结论。如最高人民法院《关于贯彻宽严相济刑事政策的若干意见》（法发〔2010〕9号）第19条规定：对于较轻犯罪的初犯、偶犯，应当综合考虑其犯罪的动机、手段、情节、后果和犯罪时的主观状态，酌情予以从宽处罚。对于犯罪情节轻微的初犯、偶犯，可以免予刑事处罚；依法应当予以刑事处罚的，也应当尽量适用缓刑或者判处管制、单处罚金等非监禁刑。

刑法规定的免除处罚包括“应当”情节和“可以”情节：对于法定“应当”免除处罚的，自然对行为人应当免除处罚；对于法定“可以”免除处罚的，原则上也应当免除处罚。因为“可以”表达了刑法的倾向性意见。换而言之，在刑法规定“可以”免除处罚时，对行为人不再需要其他理由，只是不免除处罚时，才需要特别的理由。[①]

2. 情节轻微的把握。

犯罪情节轻微，是适用免刑制度的本质条件。对犯罪情节是否轻微的判断，应注意以下几点：

（1）犯罪情节是否轻微，应根据犯罪的时间和地点、方法、手段、侵害的对象、危害后果、主观恶性、悔罪表现等方面综合考量。

（2）“犯罪情节轻微”是针对行为事实而言的，而不是针对罪名而言的。无论是重罪还是轻罪，只要行为人所实施的行为及其后果“情节轻微”就具备了免予刑事处罚的适用前提，不能因触犯了重罪名就予以排除。如对共同伤害致人死亡中的胁从犯，如果其行为符合“犯罪情节轻微，不需要判处刑罚”的情形，也可以免除处罚。

（3）《刑法》分则对有些犯罪行为明文规定“情节严重”或者“情节恶劣”才构成犯罪的法条中，不应以入罪条件“情节严重”或者“情节恶劣”

① 张明楷：“论减轻处罚与免除处罚”，载《人民检察》2015年第7期。

作为否定“犯罪情节轻微”的事由。否则，将从整体上把情节犯排除在免刑制度之外。[①]

3. 不需要判处刑罚的把握。

不需要判处刑罚，是适用免刑制度的充分条件。在刑法没有规定具体免除处罚情节的情况下，是否“不需要判处刑罚”应注意以下几点：

（1）遵循刑罚种类的序列结构。不同的刑罚种类从重到轻有其序列结构特点。如果应当适用的法定最低刑为管制、拘役且具有法定减轻处罚情节，或者虽然应当适用的法定刑为有期徒刑，因存在多个法定从宽条件，以致不需要判处刑罚的，可认为属于“不需要判处刑罚”的情形，直接适用《刑法》第37条，但不能认为减轻到了免予刑事处罚的程度。对于有数个量刑幅度，而行为人所处量刑幅度高于最低量刑幅度的，不应认定为“不需要判处刑罚”的情形。对于这类情况，在不具有减轻或者免除处罚的情形下，不能在下一个量刑幅度或者更低的量刑幅度内适用刑罚。

（2）尊重免刑制度的立法目的。刑法设置免刑制度的立法目的在于通过对微罪的定罪免刑，体现刑罚的谦抑，发挥刑法的教育功能。显然，对于具有法定从重处罚情节的，与该目的相冲突，应排除在免刑制度之外。

4. 跨越量刑幅度径行免除处罚，需报请最高人民法院核准。

如果综合全案情节，其所犯罪行情节轻微，行为人所处量刑幅度在犯罪最低量刑幅度之上，且需要跨越一个或者几个量刑幅度免予刑事处罚的，应当比照《刑法》第63条第2款的规定，经最高人民法院核准。

【法规链接】

《中华人民共和国刑法》

第三十七条 对于犯罪情节轻微不需要判处刑罚的，可以免予刑事处罚，

① 有观点认为，刑法分则对有些犯罪行为明文在规定“情节严重”或“情节恶劣”才构成犯罪的法条中，“情节严重”或“情节恶劣”既是定罪情节，又是量刑情节，不存在在“情节严重”或“情节恶劣”之内还要认定一个“犯罪情节轻微”的问题，否则会造成对一个行为事实在刑法总则与刑法分则之间的不同评价，导致刑法条文之间不协调，违反刑法解释同一性原则。但是对相同或者相似的“语言”在不同的语境下对其含义做不同的认识属于刑法解释的常态。否则，就会导致对情节犯一律不能免除处罚的错误结论。

但是可以根据案件的不同情况，予以训诫或者责令具结悔过、赔礼道歉、赔偿损失，或者由主管部门予以行政处罚或者行政处分。

第六十三条 犯罪分子具有本法规定的减轻处罚情节的，应当在法定刑以下判处刑罚；本法规定有数个量刑幅度的，应当在法定量刑幅度的下一个量刑幅度内判处刑罚。

犯罪分子虽然不具有本法规定的减轻处罚情节，但是根据案件的特殊情况，经最高人民法院核准，也可以在法定刑以下判处刑罚。

第一百九十六条 有下列情形之一，进行信用卡诈骗活动，数额较大的，处五年以下有期徒刑或者拘役，并处二万元以上二十万元以下罚金；数额巨大或者有其他严重情节的，处五年以上十年以下有期徒刑，并处五万元以上五十万元以下罚金；数额特别巨大或者有其他特别严重情节的，处十年以上有期徒刑或者无期徒刑，并处五万元以上五十万元以下罚金或者没收财产：

（一）使用伪造的信用卡，或者使用以虚假的身份证明骗领的信用卡的；

（二）使用作废的信用卡的；

（三）冒用他人信用卡的；

（四）恶意透支的。

前款所称恶意透支，是指持卡人以非法占有为目的，超过规定限额或者规定期限透支，并且经发卡银行催收后仍不归还的行为。

盗窃信用卡并使用的，依照本法第二百六十四条的规定定罪处罚。

数罪并罚

55. 如何确定罪名之间的关系

——冯某某等人故意伤害案

【案情摘要】

被告人冯某某，男，1988 年 11 月 2 日出生，务工人员。

被告人宋某某，男，1989 年 11 月 12 日出生，务工人员。

被告人杜某某，男，1987 年 12 月 26 日出生，公司职员。

被告人费某某，男，1985 年 7 月 3 日出生，无业。

2013 年 7 月 15 日凌晨，被告人冯某某、宋某某、杜某某、费某某酒后到“海鲜大排档”吃饭时，罗某、赵某某、姜某某、程某某等人正在仅有的包厢内消费，冯某某让罗某等人让出包厢，因没有答应，被告人冯某某从大厅内拿了一个凳子，与宋某某、杜某某进入包厢威胁罗某等人。因罗某等人仍不答应，被告人冯某某持凳子殴打，赵某某见状拿起啤酒瓶反击，双方厮打到门口时，被告人费某某帮忙参与厮打。其间，被告人冯某某掏出随身携带的折叠式水果刀先后在姜某某头、胸、背腰、手等部位捅刺 8 刀，在罗某的左胸、右腰、右背、左背部位捅刺 5 刀，在赵某某背腰、腹、双上肢部位捅刺 12 刀。此时，恰巧王某某、李某某、孙某某等人路过，被告人冯某某、宋某某、杜某某、费某某又对行人王某某、李某某、孙某某进行殴打。其中，冯某某持水果刀在王某某的脸、颈、背腰、肩、臀部等处捅刺 9 刀，后逃离现场。罗某、赵某某、姜某某、王某某被送往医院抢救，经抢救无效罗某死亡。经鉴定，罗某系锐器作用于胸背腰部造成左肺破裂、心包破裂、主动脉破裂、肝脏破裂导致急性大失血、急性心包填塞而死亡；赵某某背部锐器伤造成双侧开放性气胸出现呼吸困难为重伤，右腹部、右背腰部穿透创为轻伤，左上肢锐器伤造成肌腱断裂影响功能为轻伤，全身多处皮肤裂伤为轻伤；姜某某全身多处皮肤裂伤为轻伤；王某某全身多处皮肤裂伤为轻伤，左侧血气胸为轻伤，全身多处损伤出血出现休克前期症状体征为轻伤，腹部闭合性损伤造成脾挫裂伤为轻伤；李某某鼻背部挫伤鼻出血为轻微伤；孙某某口腔粘膜破损为轻微伤。次日凌晨，冯某某、宋某某、杜某某、费某某到公安机关投案自首。

【诉讼意见与处理结果】

侦查机关以冯某某、宋某某、杜某某、费某某涉嫌故意伤害罪（致人死亡）移送审查起诉。公诉机关指控，被告人冯某某、宋某某、杜某某、费某某的行为触犯了《刑法》第293条第1款第1项、第4项；被告人冯某某的行为又触犯了《刑法》第234条第2款，应当以故意伤害罪（致人死亡）追究被告人冯某某的刑事责任，以寻衅滋事罪追究被告人宋某某、杜某某、费某某的刑事责任。辩护意见认为，冯某某、孙某某、杜某某、费某某有自首情节，且能积极赔偿被害人经济损失，应对其依法减轻处罚。

一审法院认为，被告人冯某某、孙某某、杜某某、费某某的行为构成故意伤害罪。公诉机关指控被告人孙某某、杜某某、费某某的行为构成寻衅滋事罪不当，应予纠正。在共同犯罪中，被告人冯某某起了主要作用，系主犯。被告人孙某某、杜某某、费某某系从犯，且有自首情节，应当减轻处罚。被告人冯某某犯罪情节恶劣，罪行极其严重，论罪应当判处死刑。但因有自首情节，且能积极赔偿被害人近亲属经济损失，可判处死刑，缓期2年执行。依照《刑法》规定，判决如下：

1. 被告人冯某某犯故意伤害罪，判处死刑，缓期2年执行，剥夺政治权利终身；

2. 被告人孙某某犯故意伤害罪，判处有期徒刑5年；

3. 被告人杜某某犯故意伤害罪，判处有期徒刑5年；

4. 被告人费某某犯故意伤害罪，判处有期徒刑5年。

宣判后，各被告人均提出上诉。被告人冯某某认为，对其判处死刑缓期2年执行明显偏重；被告人孙某某、杜某某、费某某认为，其行为属于寻衅滋事，以故意伤害罪判处，定性错误，量刑不当。公诉机关提出抗诉，认为以故意伤害罪（致人死亡）对孙某某、杜某某、费某某作出判决不符合罪刑相适应原则。理由是：冯某某、孙某某、杜某某、费某某酒率先挑起事端闹事，引发双方在餐厅内互殴，后又共同无端殴打路人，属于逞强耍横，借故生非的行为，情节恶劣，构成寻衅滋事罪。在共同寻衅滋事中，孙某某、杜某某、费某某并不明知冯某某持刀捅刺被害人，冯某某单独的故意伤害致人死亡属于共犯过限行为。

上级检察机关认为，本案不符合抗诉条件，决定撤回抗诉意见。二审法院裁定，驳回上诉，维持原判。

【法律适用问题】

在数人共同实施了随意殴打他人的寻衅滋事行为，造成了不同被害人轻伤、重伤、死亡结果的情况下，应该如何定罪？在司法实践中存在较大分歧，大致有三种不同观点：第一种观点认为，对于主犯，如果造成重伤后果应以故意伤害罪认定，如果造成死亡后果应以故意杀人罪（或者故意伤害致人死亡）认定；对于从犯应以寻衅滋事罪认定。第二种观点认为，应该从整体上对行为及其结果进行评价，对于同一行为过程中的不同行为及其后果，应当按照重行为吸收轻行为的原则来对待，如果造成重伤后果全案应以故意伤害罪认定，如果造成死亡后果全案应以故意杀人罪（或者故意伤害致人死亡）认定。第三种观点认为，应该以实际造成的后果定性并与寻衅滋事罪数罪并罚。即如果造成重伤后果应以故意伤害罪与寻衅滋事罪并罚，如果造成死亡后果应以故意杀人罪（或者故意伤害致人死亡）与寻衅滋事罪并罚。

以上三种观点各有其合理之处，但也存在一定的问题。第一种观点存在的主要问题在于：一是在数人具有共同故意的情况下，以造成的结果对主从犯分别定性，明显违背了共同犯罪的基本理论，除非二者之间故意的内容本身不同。二是如果对造成的重伤或者死亡的结果无法确定是何人所致的情况下，按照上述观点，全案只能认定为寻衅滋事罪，这又违反了罪刑相适应原则，因为根据刑法的规定，故意杀人或者故意伤害，致人重伤、死亡的法定最高刑明显高于寻衅滋事罪的法定最高刑，寻衅滋事罪（一般情形）的法定刑决定了它不能包容重伤、死亡的结果。第二种观点存在的主要问题在于：一是没有充分考虑不同的行为人主观故意内容上的差异，如是否存在实行过限的问题等。二是对客观事实可能得不到充分评价，如当既有重伤结果又有死亡结果且作用的对象为不同的被害人时，评价为一罪往往不能涵括行为事实整体。第三种观点存在的主要问题在于：行为人实施随意殴打他人的滋事行为，在造成不同被害人重伤、死亡结果的情况下，如果以寻衅滋事罪与所触犯的其他罪名并罚，实际上是对随意殴打他人行为的重复评价。事实上，对数人共同实施了随意殴打他人的滋事行为，造成不同被害人轻伤、重伤、死亡结果的定罪问题，不仅涉及此罪与彼罪的问题，同时还涉及不同罪名之间关系的处理问题。

对被告人冯某某、宋某某、杜某某、费某某在公共场所共同随意殴打他人，致一人死亡，一人重伤、二人轻伤的行为事实，就此罪与彼罪的关系而言，随意殴打他人的寻衅滋事与故意伤害他人的行为，如果造成轻伤的后果，在许多情况下，仅从构成要件上对二者是难以区分的。在此情形下，因寻衅滋事罪的法定刑重于故意伤害致人轻伤的法定刑，且二罪保护的法益不同，可按照想象竞合的理论来对待，认定为寻衅滋事罪。在随意殴打他人致人重伤或者死亡的情况下，行为的后果已经超出了寻衅滋事罪质的范围，如果造成重伤后果的，应认定为故意伤害罪；如果造成死亡后果的，应认定为故意杀人罪（或者故意伤害致人死亡），或者以想象竞合论处，择一重罪处罚。同时，在同一行为过程中的暴力行为分别造成了不同被害人重伤、死亡的情形下，鉴于人身权的专属性、独立性，可以故意伤害罪和故意杀人罪并罚。由此，可以划定被告人冯某某等人行为涉及的罪名范围，具体包括寻衅滋事罪、故意伤害罪（重伤或者故意伤害致人死亡）和故意杀人罪。但因寻衅滋事行为与故意伤害致人重伤、死亡的行为发生在同一过程之中，为防止重复评价，应予整体看待，即便认为应当分别对待，故意致人重伤、死亡行为（高度行为）也足以吸收寻衅滋事行为（低度行为）。这样，寻衅滋事罪就可以被排除在应当确定的罪名之外。对于被告人“被餐厅经营者驱逐出餐厅后，四被告人又共同无端殴打路人”的事实，系被告人对行为对象的认识错误所致，亦属于整体行为的组成部分，不应单独评价。当然，如果不存在认识错误，而是故意为之，对本起事实可单独评价为寻衅滋事罪。

“违法是连带的，责任是个别的。”被告人冯某某等四人的行为是故意伤害罪（重伤或者故意伤害致人死亡）还是故意杀人罪，抑或应数罪并罚，需要考察确定其具体的责任问题。首先，从案件查明的事实来看，被告人冯某某持水果刀先后在姜某某头、胸、背腰、手等部位捅刺 8 刀，赵某某背腰、腹、双上肢部位捅刺 12 刀，后在王某某的脸、颈、背腰、肩、上肢、臀部等处捅刺9 刀，在罗某的左胸、右腰、右背、左背部位捅刺 5 刀致死，冯某某在整个犯罪中起了主要责任，系主犯，自然应当对死亡、重伤的所有后果承担全部责任。鉴于死亡、重伤的后果针对不同的对象，被告人冯某某应当分别承担不同的罪责。但是致人死亡的行为是故意伤害罪（致人死亡）还是故意杀人罪呢？从伤情鉴定情况来看，被告人冯某某持刀在罗某的左胸、右腰、右背、左背部位捅刺 5 刀，造成左肺破裂、心包破裂、主动脉破裂、肝脏破裂导致急性大失血、急性心包填塞而死亡。无论是整体行为过程还是这种对被害人致命部位多次捅刺的客观事实，都充分证实其实施的是一种不择手段、不计后果的行为，也足以说明被告人冯某某具有致人死亡的故意，应当认定为故意杀人罪。由此，对被告人冯某某应当以故意伤害罪（重伤）和故意杀人罪数罪并罚。那么，被告人宋某某、杜某某、费某某对罗某死亡的后果是否应当承担刑事责任呢？被告人宋某某、杜某某、费某某虽然对不同的被害人实施了不同的暴力行为，但从查明的事实来看，被告人孙某某、杜某某、费某某并不明知冯某某持刀捅刺被害人，其所实施的暴力行为的程度、方式与被告人冯某某明显不同，难以说明其有致人死亡的故意，即与被告人冯某某缺乏共同的故意，或者说被告人冯某某致人死亡的行为属于实行过限的行为，被告人宋某某、杜某某、费某某不应对此承担责任。但就致他人重伤的事实而言，从主观上来看，被告人宋某某、杜某某、费某某明知自己与冯某某共同殴打他人，按照一般人的认识能力，完全可以认识到冯某某的行为可能会造成他人重伤结果的发生，依然决意参与共同犯罪，放任犯罪结果的发生；从客观上来看，被告人宋某某、杜某某、费某某都积极实施了殴打他人的行为，虽然重伤的结果并非宋某某、杜某某、费某某直接殴打所造成，但其行为对重伤结果的发生亦有原因力，按照共同犯罪中“部分行为全部责任”的归责原则，被告人宋某某、杜某某、费某某均应当对重伤的结果负责。

基于以上认识，对被告人冯某某应当以故意伤害罪（重伤）和故意杀人罪数罪并罚，对被告人宋某某、杜某某、费某某应当以故意伤害罪（重伤）处罚。公诉机关将被告人冯某某的行为认定为故意伤害罪（致人死亡），而对相互配合、相互支持，共同攻击被害人的其他被告人认定为寻衅滋事罪，属于以结果论罪名的行为，导致指控罪名错误。一审法院对被告人冯某某、宋某某、杜某某、费某某的行为判定为故意伤害罪（致人死亡）亦有不妥，但量刑基本适当。由此，上级检察机关决定撤回抗诉和二审法院裁定维持原判，应当是合适的。

刑事司法活动是将抽象、静止的“死法”变为具体、生动的“活法”的过程。对罪名的认定，不仅要根据行为特征和法条的规定，判断犯罪构成要件的符合性问题，而且要结合基础法理，来确定应当适用的罪名和罪数问题。特别是要明确，犯罪构成要件只是认定具体犯罪的最低条件，同一行为事实完全可以充足数个犯罪的构成要件；犯罪构成要件的确定性，也并不影响认识方法的开放性，无论是对犯罪构成要件的符合性判断还是对罪名之间关系的判断，都应当秉持开放、多元的思维状态，以确保评价结论的合理性。

【办案札记】

罪名是对具体犯罪的本质特征的描述，罪名关系即具体犯罪之间的关系。罪名的关系问题，直接影响刑法的适用问题，需要认真思考对待。

罪名关系从总体上来看包括两类：一类是排斥关系，即不同的罪名或者说犯罪之间相互排斥，如抢夺罪与诈骗罪，相互之间缺乏关联，是一种非此即彼的关系。另一类是非排斥关系，主要包括交叉关系和包容关系。如在窃取公共财物的情况下，盗窃罪与贪污罪、职务侵占罪之间就存在交叉关系；故意杀人罪与故意伤害罪之间就存在包容关系。基于以上情形，在实务工作中，对行为事实所触犯具体罪名的选择适用，可按照以下思路来确定。

1. 按照犯罪构成要件的内容来确定。

按照犯罪构成要件的内容来认定罪名，无疑是确定罪名的首要路径。犯罪构成要件是判断具体犯罪的操作规程。刑法条文对每一种具体犯罪都明确规定了犯罪主体、犯罪行为及其犯罪结果。缺少其中任何一项条件，都不构成犯罪；凡是符合刑法条文规定的条件，并排除了违法和责任阻却事由的，即构成犯罪。在具体判断时，应当按照先行为后责任—先客观后主观—先一般后特殊的逻辑顺序来完成。

按照犯罪构成要件的内容来认定罪名应当注意以下几点：（1）刑法条文规定的构成要件是确定具体犯罪的最低标准，对其具体内容只能“充足”“多斤”，而不能“欠缺”“少两”。如《刑法》第 277 条第 4 款规定：“故意阻碍国家安全机关、公安机关依法执行国家安全工作任务，未使用暴力、威胁方法，造成严重后果的，依照第一款的规定处罚。”即以妨害公务罪处罚。如果行为人故意使用暴力、威胁方法阻碍国家安全机关、公安机关依法执行国家安全工作任务，并造成严重后果的，与第 277 条第 4 款的规定相比，在构成要件上显然“充足”“多斤”，自然不影响妨害公务罪的成立。（2）对于刑法已作出明确规定的，不得适用兜底性条款及罪名。如对非法收购、出售珍贵野生动物的行为，因《刑法》第 341 条已明确规定为独立的犯罪类型，所以，不能以非法经营罪论处。（3）严格把握具体犯罪构成要件的内容结构及其特点。如对于结果加重犯、情节加重犯，加重结果、情节必须是基本犯罪构成要件以外的超出基本犯罪罪质范围的结果、情节，不能因为出现的结果、情节超出了基本犯罪的罪质范围，就另定他罪或者数罪并罚。

2. 按照法条竞合的理论来确定。

确定罪名的第二条路径，就是要借助法条竞合的基本法理，因为在有些情况下，不同犯罪之间的构成要件在内容上存在重合或交叉关系。此时，按照犯罪构成要件的内容来确定罪名就出现了困难。一般认为，法条竞合应具备三个基本条件：（1）行为人仅仅实施了一个行为。（2）一个行为触犯的法条在构成要件之间存在包容或者交叉关系。（3）存在包容或者交叉关系的法条所保护的法益具有同一性。同一性即法益之间存在包容或者交叉关系，而不是完全相同。如刑法关于“本法另有规定的，依照规定”的规定，即为法条竞合。在这种情形下，基于禁止重复评价，一行为只能选择一罪；基于充分评价，又只能选择特定性规定，以此来确定罪名。

法条竞合的处理原则如下：（1）特别法优于普通法。如诈骗罪与金融诈骗罪、合同诈骗罪之间就存在普通法与特别法的关系。如果行为人利用伪造的银行存单做抵押骗取贷款的行为，同时触犯金融凭证诈骗罪与贷款诈骗罪，基于财产法益的同一性决定了不能对一行为同时宣告数罪，只能从重择一适用。（2）复杂法优于简单法。如过失致人死亡罪与交通肇事罪、责任事故犯罪等过失危害公共安全犯罪。前者侵犯的是公民的生命权，是单一法益；而后者侵犯的是公共安全和公民的生命权，是复杂法益，选择适用复杂法，才能使行为具有构成要件的该当性。（3）重法优于轻法原则。如《刑法》第149条第1款规定："生产、销售本节第一百四十一条至第一百四十八条所列产品，不构成各该条规定的犯罪，但是销售金额在五万元以上的，依照本节第一百四十条的规定定罪处罚。"第2款规定："生产、销售本节第一百四十一条至第一百四十八条所列产品，构成各该条规定的犯罪，同时又构成本节第一百四十条规定之罪的，依照处罚较重的规定定罪处罚。"实际上第140条与第141~148条也是普通法与特别法的关系。但根据以上规定，应当按照重法优于轻法的原则处理。重法优于轻法原则是法条竞合法律适用原则在特殊情况下的补充，以体现罪刑相适应原则。

3. 按照想象竞合的理论来确定。

确定罪名的第三条路径，就是借助想象竞合的基本法理。一般认为，法条竞合时，虽然一行为同时违反了数个罪刑规范，但因规范之间存在包容与交叉关系，该行为实质上仅侵害了其中一个罪刑规范所保护的法益；想象竞合时，一行为侵害了数个罪刑规范的保护法益，触犯了数个罪刑规范（罪名），但因行为的单一性，一般要求应择一重罪论处。如在随意殴打他人致人轻伤的情形下，既符合寻衅滋事罪的构成要件，也符合故意伤害罪的构成要件；在任意毁坏数额较大财物的情形下，既符合寻衅滋事罪的构成要件，也符合故意毁坏罪的构成要件；在当众强拿硬要数额较大财物的情形下，既符合寻衅滋事罪的构成要件，也符合抢劫罪的构成要件。这些情形都是因为行为的原因，导致了本来相互独立的法条发生了关联，且一行为侵害了数个不同法益，从而形成了想象竞合犯，应结合案件具体情况择一重罪从重处罚。又如行为人直接将数额较大的他人财物出卖给不知情的第三人，对财物所有权人而言成立盗窃罪，对财物购买人而言成立诈骗罪，因只实施了一个出卖行为，属于想象竞合犯，应从一重罪论处。由此也说明，对犯罪构成要件进行符合性的判断，首先要保持系统、开放的思维模式，合理界定行为可能涉及的罪名范围以及罪名之间的关系问题。其次才是对具体犯罪构成要件符合性的确定问题以及对有责性、违法性的判别问题。亦即对罪名的确定，应当坚持从整体到部分、从抽象到具体的逻辑思维顺序。在这个过程中，也不能忽略法条竞合、想象竞合等刑法基本原理的运用。①

【法规链接】

《中华人民共和国刑法》

第二百三十二条 故意杀人的，处死刑、无期徒刑或者十年以上有期徒刑；情节较轻的，处三年以上十年以下有期徒刑。

第二百三十四条 故意伤害他人身体的，处三年以下有期徒刑、拘役或者管制。

犯前款罪，致人重伤的，处三年以上十年以下有期徒刑；致人死亡或者以特别残忍手段致人重伤造成严重残疾的，处十年以上有期徒刑、无期徒刑或者死刑。本法另有规定的，依照规定。

第二百九十三条 有下列寻衅滋事行为之一，破坏社会秩序的，处五年以下有期徒刑、拘役或者管制：

（一）随意殴打他人，情节恶劣的；

（二）追逐、拦截、辱骂、恐吓他人，情节恶劣的；

（三）强拿硬要或者任意损毁、占用公私财物，情节严重的；

（四）在公共场所起哄闹事，造成公共场所秩序严重混乱的。

纠集他人多次实施前款行为，严重破坏社会秩序的，处五年以上十年以下有期徒刑，可以并处罚金。

---

① 在贪污与受贿发生竞合时，为了体现罪刑相适应原则，弥补被害单位所遭受的财产损失，通常应以贪污罪定罪处罚。参见王蓓："贪污罪与受贿罪的司法实务区分"，载《人民司法》2010年第24期。

56. 确定罪数应明确的问题

——金某某抢劫、强奸、盗窃案

【案情摘要】

被告人金某某，男，1974 年 4 月 26 日出生，无业。1999 年 12 月 28 日因犯盗窃罪、贩卖毒品罪被判处有期徒刑 4 年 6 个月，2003 年 1 月 6 日刑满释放。

2004 年 7 月 14 日至 8 月 4 日，被告人金某某携带匕首尾随坐台小姐武某某、国某某、倪某某、周某某至住处，用匕首相威胁，先后对武某某、国某某、倪某某、周某某实施强奸。在离开现场时，抢得武某某加密存折 1 个（内含现金 3240 元），从国某某的包内搜走价值 1160 元 TCL 手机 1 部、现金 108 元，从倪某某的包内搜走价值 180 元“斯达康”手机 1 部、现金 130 元，从周某某床头拿走价值 136 元“斯达康”手机 1 部。

2004 年 8 月 21 日凌晨，被告人金某某携带匕首尾随坐台小姐孙某某至住处，欲对孙某某强奸、抢劫时，因孙某某大声呼救，抢得现金 30 元后逃走。8 月 23 日凌晨，被告人金某某又携带匕首尾随坐台小姐周某至住处，采用暴力手段欲强奸、抢劫时，因周某反抗并呼救，在周某右臂部捅了一刀后逃离现场，致周某轻微伤。

2004 年 7 月 31 日晚，被告人金某某溜入坐台小姐国某某住处，盗得“首信”手机 1 部、“西门子”手机 1 部、现金 350 元，共计价值 1540 元。8 月 25 日，被告人金某某溜入张某某家中，盗得现金 1050 元被失主发现并报警，后被“110”民警当场抓获。

综上，被告人金某某强奸妇女 6 人（其中未遂 2 人）；入户抢劫作案 6 起

（其中未遂1起），抢劫财物价值1804元；盗窃作案2起（其中未遂1起），盗窃价值1540元。

【诉讼意见与处理结果】

公诉机关指控，被告人金某某的行为触犯了《刑法》第236条第1款，第263条第1项、第4项，第264条，应当以强奸罪、抢劫罪、盗窃罪追究其刑事责任。被告人金某某系累犯，应从重处罚。辩护意见认为，被告人金某某针对同一对象在强奸行为实施完毕后，又当场搜取被害人财物的行为应为抢夺犯罪行为，指控为抢劫犯罪行为不当。金某某强奸之后又当着被害人的面公然取财时，并没有再次实施暴力、威胁等行为，凶器在取财过程中没有发挥任何作用，不存在行为性质转化的问题。金某某仅实施一个暴力、威胁行为，将其行为性质评价为强奸罪、抢劫罪，将导致对同一暴力、威胁行为重复评价的后果，这是法理上所禁止的。

一审法院认为，被告人金某某使用暴力、胁迫手段，违背妇女意志，强行与妇女发生性关系，而后又劫取被害人财物，其行为已构成强奸罪、抢劫罪；其入室窃取他人数额较大财物的行为，又构成盗窃罪。金某某系累犯，应从重处罚。在强奸、抢劫、盗窃犯罪中，均有未遂情形，可从轻处罚。依照《刑法》规定，判决如下：

被告人金某某犯强奸罪，判处无期徒刑，剥夺政治权利终身；犯抢劫罪，判处无期徒刑，剥夺政治权利终身，并处没收个人全部财产；犯盗窃罪判处有期徒刑3年，并处罚金2000元。三罪并罚，决定执行无期徒刑，剥夺政治权利终身，没收个人全部财产。

宣判后，被告人金某某未上诉。

【法律适用问题】

本案控辩双方的分歧实际涉及的是如何认定罪数的问题。对罪数的判断，应当以行为事实符合法定犯罪构成的个数为基本标准，以行为事实所触犯的罪名为补充标准。因为犯罪构成与罪名相互之间并不是一一对应的关系，罪数的单复数问题，除了取决于行为事实符合法定犯罪构成的个数外，还往往受罪名的制约。如果行为事实符合一个法定的犯罪构成，自然成立一罪；如果行为事实符合数个法定的犯罪构成，但只触犯了一个罪名，仍成立一罪，如包容犯。只有行为事实符合数个法定的犯罪构成，而且也触犯了数个罪名的情况下，才成立数罪。

对于同一行为过程之中的数个行为，构成一罪还是数罪，应当判明实行行为的类型及个数。“当行为事实能够用单一的实行行为评价时，就无须考虑别的罪行，当一个行为事实尚不足以用单一的实行行为评价时，必须考虑别的罪行，否则有失偏颇。”① 或者说，在犯罪过程中的不法行为，超出了原犯罪范围，另成立其他犯罪的，对此应认定为数罪。至于哪些行为超出了原犯罪的范围，哪些没有超出原犯罪的范围，要根据刑法条文规定的犯罪构成的预定范围来确定。②

对于被告人金某某的行为性质及罪数问题，有人认为，被告人金某某强奸之后又当着被害人的面公然取财的行为，为强奸罪与抢劫罪的想象竞合犯，应择一重罪处罚，不应数罪并罚。也有人认为，被告人金某某以暴力方法强奸，犯罪行为已经完成，拿走手机的“当时”并没有使用暴力、胁迫等行为，不能将其持刀的行为重复用于强奸罪和抢劫罪的犯罪构成中，所以其拿走手机等财物的行为不能认定为抢劫行为，而应当认定为抢夺行为。还有观点认为，被告人金某某在取财时并没有实施暴力、威胁等行为，本属抢夺犯罪，但因其携带有凶器，当属于由抢夺转化抢劫罪的情形，应当数罪并罚，但一审法院直接以抢劫罪定性不当，存在将针对强奸的暴力行为重复评价的嫌疑。

事实上，被告人金某某针对同一对象在强奸行为实施完毕后，又当着被害人的面搜取财物的行为，一审法院将其评价为抢劫罪并不存在将针对强奸的暴力行为重复评价的问题。第一，从案件事实来看，被告人金某某盯梢选择坐台小姐为侵犯对象，主观动机就是为了“劫色劫财”，两种目的兼而有之。第二，被害人在被强奸后眼睁睁让被告人金某某“拿走”自己的财物而不反抗，并非自愿而是不敢，说明其精神已被强制，被告人获取财物的方式

---

① 张明楷：《刑法学》（上），法律出版社 1997 年版，第 335 页。

② 同上，第 336 页。

当为“劫取”，因为被告人金某某在实施暴力的现场本身就是一种威胁，至少暴力的“余势”尚存。第三，行为状态与行为本身是两个不同的概念。被告人金某某公然搜取财物的行为正是利用了其强奸行为致使被害人处于不敢反抗的状态。这种因暴力、胁迫导致的行为状态虽然与暴力、胁迫行为本身并不完全相同，但仍然具有“胁迫”的威力。第四，被告人金某某采取暴力手段实施奸淫后，发现被害人的手机等物后，又当着被害人的面公然将该手机等拿走，显然侵犯了不同的法益，超出了强奸罪的罪质范围，其前故意和前行为构成了强奸罪，后故意和后行为则又构成了抢劫罪。第五，强奸罪和抢劫罪之间相互对立，既不包容也不交叉，不存在从一罪处断的问题。因此，一审法院判决不存在对同一暴力、胁迫行为重复评价的问题，对被告人金某某行为所触犯罪名的认定应当是妥当的。

对罪数的确认思路，应当是在刑法基本原理的指导下，从“事实—规范”的二元结构中，寻找事实的自然“个数”和规范“个数”，进而选择应当适用的罪名及个数。

【办案札记】

确认一罪还是数罪，既是一个事实判断问题也是一个规范评价问题。一般地，对于刑法明文规定为一罪的，不论根据罪数形态理论是一罪还是数罪，都应按一罪认定；对于刑法明文规定为数罪的，不论根据罪数形态理论是一罪还是数罪，都应按数罪认定。在刑法没有明文规定的情况下，判断一罪还是数罪应当把握以下要领。

1. 法益具有相对独立性。

就犯罪行为侵犯的直接法益而言，不同的犯罪其侵犯法益不同，从而表现出相对的独立性。因此，如果行为人只侵犯了一种法益，只能构成一罪；如果行为人侵犯了数个法益，一般情况下就构成数罪。如针对同一财物实施盗窃犯罪后，又造成财物损毁的，由于只侵犯了一个财产权，只能以盗窃罪论处。即便同时触犯故意毁坏财物罪，也只能择一重罪从重处罚，而不得进行数罪并罚。但是，在实行盗窃犯罪以后，为了掩盖盗窃罪行或者报复等，故意破坏其他财物构成犯罪的，显然侵害了数个法益，应当以盗窃罪和构成的其他犯罪实行数罪并罚。

2. 实行行为具有法定性。

实行行为的法定性、类型性和实行行为性共同决定了特定犯罪的定义域。在具体犯罪中，无论危害行为还是危害结果都有其特定的内涵和外延。就整个行为事实而言，如果行为事实符合一个类型化的实行行为，就应当评价为一罪；如果行为事实符合数个类型化的实行行为，就应当评价为数罪。就具体情节而言，如果某一情节可以为同一罪质的定义域所容纳，则只构成一罪；如果某一情节不能为同一罪质的定义域所容纳，则当该情节构成其他犯罪时，应数罪并罚。如组织卖淫过程中的容留卖淫或者容留过程中的组织卖淫，应当评价为一罪，因为容留卖淫行为可以被组织卖淫行为所包容。

3. 犯罪行为具有过程性。

犯罪行为是一个过程，对一个过程中的行为，如果主观内容趋向一致，客观表现融为一体，一般应当认定为一罪；对于不属于一个过程中的行为，应当认定为数罪。如行为人得知其亲属犯罪后，为了掩盖罪行，指示当事人毁灭证据后，又以证人的身份向司法机关做假证明。其行为符合帮助毁灭证据罪和包庇罪，但由于两个行为的性质具有同质性，行为过程具有关联性，应当以处罚较重的包庇一罪认定。又如行为人以购买为目的，从 A 地购买假币后携带到 B 地，因携带行为依附于购买行为，属于购买行为的组成部分，只能认定为购买假币罪，而不能认定为购买假币罪、持有假币罪。同样，为出售假币而从 A 地带到 B 地出卖假币的行为，也只能构成出售假币罪。

4. 主观罪过具有可变性。

在犯罪过程中，行为人主观罪过有时往往会发生变化，“行为人在着手实行犯罪后，由于某种原因另起犯意，实施另一犯罪行为的，构成数罪”。[①] 因为行为人有数个不同的犯罪故意，实施了数个不同的犯罪行为，符合数个不同的构成要件。在具体案件中，应当判明罪过的具体内容，按照主客观相统一原则确定罪数。如在强奸过程中又杀人灭口的，由于前后形成了不同的主观罪过，实施了不同的犯罪行为，应当数罪并罚。但是，

① 张明楷：《刑法学》（上），法律出版社 1997 年版，第 336 页。

对于前后罪过、行为相互之间具有包容关系等可按一罪处理的情形，则不能数罪并罚。如诈骗后销售赃物的行为，属于诈骗的事后不可罚行为，不能认定为数罪。

5. 罪名之间的关系具有复杂性。

有时在一个案件中，有法规竞合和想象竞合同时并存的情况，这时对案件罪名的确定，可按照以下步骤进行：第一步确定各个行为可能触犯的罪名。对每个行为事实单独分析，分别判断罪名以及罪名之间的关系属于法规竞合还是想象竞合，然后根据法规竞合或者想象竞合的处理原则决定应该选择适用的罪名。如果相竞合罪名的法定刑相同，可按照“充分评价原则”或者“目的行为原则”来选择确定罪名。第二步整体考察选择确定罪名及其罪数。对单个行为的罪名确定之后，再从整体上考察典型的一罪与所确定的罪名之间的关系，是否存在理论上的实质一罪、法定一罪或裁判一罪的情形，若存在当为一罪；否则，当为数罪。

【法规链接】

《中华人民共和国刑法》

第二百三十六条 以暴力、胁迫或者其他手段强奸妇女的，处三年以上十年以下有期徒刑。

奸淫不满十四周岁的幼女的，以强奸论，从重处罚。

强奸妇女、奸淫幼女，有下列情形之一的，处十年以上有期徒刑、无期徒刑或者死刑：

（一）强奸妇女、奸淫幼女情节恶劣的；

（二）强奸妇女、奸淫幼女多人的；

（三）在公共场所当众强奸妇女的；

（四）二人以上轮奸的；

（五）致使被害人重伤、死亡或者造成其他严重后果的。

第二百六十三条 以暴力、胁迫或者其他方法抢劫公私财物的，处三年以上十年以下有期徒刑，并处罚金；有下列情形之一的，处十年以上有期徒刑、无期徒刑或者死刑，并处罚金或者没收财产：

（一）入户抢劫的；

（二）在公共交通工具上抢劫的；

（三）抢劫银行或者其他金融机构的；

（四）多次抢劫或者抢劫数额巨大的；

（五）抢劫致人重伤、死亡的；

（六）冒充军警人员抢劫的；

（七）持枪抢劫的；

（八）抢劫军用物资或者抢险、救灾、救济物资的。

第二百六十四条 盗窃公私财物，数额较大的，或者多次盗窃、入户盗窃、携带凶器盗窃、扒窃的，处三年以下有期徒刑、拘役或者管制，并处或者单处罚金；数额巨大或者有其他严重情节的，处三年以上十年以下有期徒刑，并处罚金；数额特别巨大或者有其他特别严重情节的，处十年以上有期徒刑或者无期徒刑，并处罚金或者没收财产。

第二百六十七条 抢夺公私财物，数额较大的，或者多次抢夺的，处三年以下有期徒刑、拘役或者管制，并处或者单处罚金；数额巨大或者有其他严重情节的，处三年以上十年以下有期徒刑，并处罚金；数额特别巨大或者有其他特别严重情节的，处十年以上有期徒刑或者无期徒刑，并处罚金或者没收财产。

携带凶器抢夺的，依照本法第二百六十三条的规定定罪处罚。

57. 如何适用选择性罪名

——王某某伪造国家机关证件案

【案情摘要】

被告人王某某，男，1954 年 7 月 24 日出生，农民。

2005 年 3 月初，被告人王某某在市区街道、家属区等地多处张贴办证的假广告纸条及在墙上书写办证号码，联系办理假公文、证件、印章等业务。3 月中旬至 4 月初，被告人王某某应他人请求，先后办理假“高等教育自学考试毕业证”1 本、市一中假“高中毕业证”1 本、假“西安医科大学毕业证”1 本、假“机动车驾驶证”1 本；刻制“第八冶金建设公司劳资人事科”“第八冶金安装工程公司劳资人事处”假印章 2 枚，先后共获利 1000 余元。

【诉讼意见与处理结果】

公诉机关指控，被告人王某某的行为触犯了《刑法》第 280 条第 1 款、第 2 款，应当以伪造国家机关证件罪、伪造企业印章罪追究其刑事责任。辩护意见认为，王某某只是在帮助他人张贴办证的假广告和出售已被伪造好的证件，并没有伪造上述证件，不应当以伪造国家机关证件罪、伪造企业印章罪处理。

一审法院认为，被告人王某某伙同他人伪造国家机关证件、伪造高等院校印章制作学历证明、伪造公司、企业单位印章，其行为已构成伪造国家机关证件印章罪，伪造事业单位、公司企业印章罪，应数罪并罚。依照《刑法》规定，判决如下：

被告人王某某犯伪造国家机关证件、印章罪，判处有期徒刑 3 年；犯伪造公司、企业、事业单位印章罪，判处有期徒刑 2 年，决定执行有期徒刑 4 年 6 个月。

宣判后，被告人王某某提出上诉，认为其没有伪造证件，应改判无罪。

二审法院裁定，驳回上诉，维持原判。

【法律适用问题】

对本案罪名的适用，公诉机关与审判机关的认定并不一致。那么，对选择性罪名该如何适用，如何确定各选项之间的关系呢？

《刑法》第 280 条第 1 款规定的伪造、变造、买卖国家机关公文、证件、印章罪和第 2 款规定的伪造公司、企业、事业单位、人民团体印章，都属于选择性罪名。选择性罪名，是指一个法律条文规定了两种或者两种以上各自既有独立性又有关联性的行为，只要具备其中一种行为即可定一个罪名，如果行为人同时实施了几种行为也只能按一罪处理的情形。其显著特点在于选择性。所谓“选择”，从内容上看包括行为的选择、对象的选择和行为与对象的同时选择；从各选项的相互关系上看，各选项相互之间既有相对的独立性又有一定的关联性。因此，选择性罪名既有整体性又有独立性，整体性即各个选项共同形成了一个整体的罪名，独立性即各个选项又可单独成罪。这就决定了在选择性罪名中，对于各个选项，既可以概括适用又可以分解适用；但在分解适用时，不可数罪并罚。

公文、证件、印章应当具有真实性和有效性，对于内容上缺乏真实性和形式上缺乏有效性的公文、证件、印章都应属于伪造、变造的情形。在本案中，被告人王某某不具有制作公文、证件、印章的主体资格，而制作了内容虚假的证件、印章，其行为性质无疑属于伪造。即便被告人辩解属实，但其明知是伪造的证件而予以贩卖，亦为共犯，不影响对其刑事责任的追究，关键在于对伪造对象该如何评价。就被告人王某某实施的行为来看，其办理假机动车驾驶证的行为属于伪造国家机关证件的行为；其办理毕业证的行为属于伪造事业单位印章的行为；其办理第八冶金建设公司劳资人事科、第八冶金安装工程公司劳资人事处假印章的行为属于伪造公司印章的行为。由此，被告人王某某的行为所触犯的罪名应当是伪造国家机关证件罪和伪造公司、事业单位印章罪。公诉机关认定为伪造国家机关证件、企业印章罪与行为事实不符。审判机关将被告人王某某办理假机动车驾驶证的行为认定为伪造国家机关证件、印章罪，伪造第八冶金建设公司劳资人事科和第八冶金安装工程公司劳资人事处假印章的行为认定为伪造公司、企业印章罪均不妥当。因为所谓证件必有印章，否则就不是证件，将伪造证件的事实认定为伪造证件、印章罪，等于对伪造印章的行为予以了重复评价；同时，罪名当与事实相对应，将伪造公司印章的事实评价为伪造公司、企业印章，显然是无根据地扩大了评价的对象范围。

定罪是从事实判断到价值判断再到逻辑推理的一个递进过程，价值评价应当建立在事实判断的基础上，而不是相反，更不能以价值判断来代替事实判断。对于选择性罪名的适用而言，必须做到罪名与事实相对应。行为事实符合哪一个选项，就应根据那一选项的内容来确定罪名。在行为本身选择的情况下，不能不分行为的特征概括适用，这样会导致价值判断缺乏事实基础，罪名与行为事实不相符。

【办案札记】

对于选择性罪名，既可概括适用，又可分解适用。针对这种特点，将司法实务中需要注意的问题归纳如下：

1. 罪名应当与事实相对应。

行为事实符合哪一个选项，就应根据那一选项的内容来确定罪名，使罪名与行为事实相符合。在行为本身选择的情况下，不能不分行为的特征概括适用，如行为人引诱妇女卖淫并为其提供卖淫场所的，应当适用“引诱、容留卖淫罪”，如果以“引诱卖淫罪”或者“容留卖淫罪”认定都是错误的。在行为对象选择的情况下，不能不区分行为对象的不同。如行为人只私藏了枪支，就不能认定为“私藏枪支、弹药罪”。无论是哪种选择，待选的各个事项均应达到犯罪标准。如行为人以牟利为目的，实施了贩卖、传播淫秽物品的行为，如果贩卖淫秽光盘数量已达入罪标准，但其向他人传播的次数尚未达到定罪标准的，则只能认定为贩卖淫秽物品牟利罪，而不能并列确定罪名而认定为贩卖、传播淫秽物品牟利罪。

2. 被选择的事实应具有关联性。

具有选择关系的事实，必须发生在同一犯罪过程中或者前后行为之间具有必然的关联性。“选择性罪名的选择构成之间的密切关联，要求数行为为同一行为人实施，具有并发的整体故意。”① 如A与B共同商定，制造以火药为动力的枪支进行出卖以牟取非法利益，后按照事前分工A将其制造的枪支交B出售。对A、B均应当以非法制造、买卖枪支罪定罪处罚，而不能将A、B的行为分别认定为非法制造枪支罪、非法买卖枪支罪。但是，如果二人缺乏共同的故意，制造行为与买卖行为相互独立，则A的行为构成非法制造、买卖枪支罪，B的行为构成非法买卖枪支罪。

3. 行为选择不同于行为方式的选择。

一般来说，行为的选择属于选择性并列关系，行为方式的选择属于集合性并列关系。有些法条中尽管规定了多种不同行为方式，但根据法条内容有可以将多种不同的行为方式概括为同一种行为同一个罪名。如《刑法》第286条第1款规定“违反国家规定，对计算机信息系统功能进行删除、修改、增加、干扰，造成计算机信息系统功能不能正常运行，后果严重的”，第2款规定“违反国家规定，对计算机信息系统中存储、处理或者传输的数据和应用程序进行删除、修改、增加的操作，后果严重的”，第3款规定“故意制作、传播计算机病毒等破坏性程序，影响计算机系统正常运行，后果严重的”，这些不同的行为方式归根结底都是对计算机信息系统的破坏，具有同质性，所以为一罪即破坏计算机信息系统罪。

4. 选择性罪名不可数罪并罚。

2001年1月21日《全国法院审理金融犯罪案件工作座谈会纪要》指出，假币犯罪案件中犯罪分子实施数个相关行为的，在确定罪名时应把握以下规则：(1) 对同一宗假币实施了法律规定为选择性罪名的行为，应根据行为人所实施的数个行为，按相关罪名刑法规定的排列顺序并列确定罪名，数额不累计计算，不实行数罪并罚。(2) 对不同宗假币实施法律规定为选择性罪名的行为，并列确定罪名，数额按全部假币面额累计计算，不实行数罪并罚。(3) 对同一宗假币实施了法律没有规定为选择性罪名的数个犯罪行为，择一重罪从重处罚。如伪造货币或者购买假币后使用的，以伪造货币罪或者购买货币罪定罪，从重处

① 林维、王充：“选择性罪名的适用探讨”，载《人民检察》1997年第8期。

罚。(4) 对不同宗假币实施了刑法没有规定为选择性罪名的数个犯罪行为，分别定罪，数罪并罚。该规则虽然是针对假币犯罪而言的，但对确定其他选择性罪名在何种情况下进行数罪并罚也应当具有指导意义。

5. 选择性罪名不同于排列性罪名。

排列性罪名，包括同质排列性罪名和异质排列性罪名。同质排列性罪名包含数个选择性行为方式和选择性侵害对象且名异而质同；异质排列性罪名内含数个行为性质各不相同，具有排他性犯罪构成的独立罪名，各罪名相异，[①] 如《刑法》第114条规定的放火罪、决水罪、爆炸罪、投放危险物质罪。选择性罪名属于同质排列性罪名，同质排列性罪名是指同一法条内具有数个因法定选择性行为或者选择性侵犯对象而有所不同的犯罪构成，其所包含的数个罪名的相互关系可概括为名异而质同。[②] 选择性罪名一般不实行数罪并罚，而排列性罪名则实行数罪并罚。在选择性罪名中，无论行为人实施了哪一种选择性行为或者实施了哪一种选择性犯罪对象行为，独立构成的罪名，均视为同种罪名。如A先实施了制造毒品的行为，继而又贩卖制造的毒品，仍视为A的行为触犯同种罪名。

【法规链接】

《中华人民共和国刑法》

第二百八十条 伪造、变造、买卖或者盗窃、抢夺、毁灭国家机关的公文、证件、印章的，处三年以下有期徒刑、拘役、管制或者剥夺政治权利，并处罚金；情节严重的，处三年以上十年以下有期徒刑，并处罚金。

伪造公司、企业、事业单位、人民团体的印章的，处三年以下有期徒刑、拘役、管制或者剥夺政治权利，并处罚金。

伪造、变造、买卖居民身份证、护照、社会保障卡、驾驶证等依法可以用于证明身份的证件的，处三年以下有期徒刑、拘役、管制或者剥夺政治权利，并处罚金；情节严重的，处三年以上七年以下有期徒刑，并处罚金。

---

① 黄京平：《刑法总则案例分析》，中国人民大学出版社2000年版，第163页。

② 姜伟主编：《刑事司法指南》(2000年第2辑)，法律出版社2002年版，第54页。

自　首

58. 是否属于自动投案的认定

——石某某故意伤害案

【案情摘要】

被告人石某某，男，1976 年 2 月 3 日出生，农民。

2008 年 5 月 11 日，被告人石某某以为其子之伤是张某某孩子所致，便用小木板击打了张某某儿子的面部。张某某得知后到石某某家理论时，与石某某之妻吴某某发生争吵。在吵架过程中，石某某用力推搡张某某，致其倒地流产。经鉴定，张某某损伤后致流产为轻伤。被告人石某某到案后，如实供述了伤害事实，后在取保候审期间逃匿。2009 年 9 月 28 日公诉机关决定逮捕，在逮捕决定执行期间，其又主动到公安机关投案。

【诉讼意见与处理结果】

公诉机关指控，被告人石某某的行为触犯了《刑法》第 234 条第 1 款，应当以故意伤害罪追究其刑事责任。被告人石某某有自首情节，可依法从轻处罚。辩护意见认为，石某某在取保候审期间潜逃后，在逮捕决定尚未执行时，主动投案并如实供述其犯罪事实，有自首情节，并能够积极赔偿损失，应减轻处罚。

一审法院认为，被告人石某某的行为已构成故意伤害罪。其在归案后取保候审期间逃脱被逮捕期间再投案，不构成自首。依照《刑法》规定，判决如下：

被告人石某某犯故意伤害罪，判处有期徒刑10个月，宣告缓刑1年。

宣判后，被告人石某某未上诉。公诉机关未抗诉。

【法律适用问题】

被告人石某某在取保候审期间逃跑，后又主动归案，能否认定为自动投案？实践中存在较大分歧。一种意见认为，被告人石某某在逮捕决定执行前，其主动投案，如实供述了犯罪事实，表明主动愿意将自己交付给国家追诉，符合自动投案的主动性、自愿性和经济性，应认定为自动投案；另一种意见认为，最高人民法院《关于处理自首和立功具体应用法律若干问题的解释》（法释〔1998〕30号，以下简称《解释》）规定：犯罪嫌疑人自动投案后又逃跑的，不能认定为自首。可见，自动投案必须在“归案之前”。已经被采取取保候审的犯罪嫌疑人，再次投案属于“归案之后”。且取保候审具有法律效力，其到案是对该刑事法律义务的履行，对石某某主动归案的行为不能认定为自动投案。

被告人石某某在投案后取保候审期间逃跑，后又主动归案，是否可以认定为自动投案，关键在于要明确以下两个问题：首先，《解释》中“犯罪嫌疑人自动投案后又逃跑的，不能认定为自首”应当是针对自动投案后又逃跑被抓获归案的情形，不包括自动投案后逃跑又自动投案的情形。否则便和该《解释》“犯罪后逃跑，在被通缉、追捕过程中，主动投案的，应当视为自动投案”的规定相矛盾。其次，在“犯罪后逃跑，在被通缉、追捕过程中，主动投案的，应当视为自动投案”的情形中，自然不能排除采取强制措施后又脱逃而被通缉、追捕的犯罪嫌疑人。因此，被告人石某某在投案后逃跑，后又主动归案，无疑与“犯罪后逃跑，在被通缉、追捕过程中，主动投案，应当视为自动投案”的情形无本质上的差异，况且在取保候审前本身就存在投案情节，其在一审法院判决前如实供述了自己伤害犯罪事实，已具备了自首的条件，理当认定为自首。但是，如果被告人石某某在被动归案后取保候审期间逃跑，后又主动归案的，由于失去了自首的时间条件，不能认定为自动投案。除非被动归案后逃跑的行为又构成脱逃罪，则其再次自动投案，可就脱逃罪构成自首。①

① 陈兴良、周光权：《刑法总论精释》，人民法院出版社2011年版，第842页。

法律的意义离不开司法人员判断的智慧，司法的公正只有在具体的案件中赋予实质的意义，制度的功能才能得以发挥，执法才具有实际的效果，法治之光才能照亮我们每一个人前行的脚步。

【办案札记】

在实际工作中，行为方式和形态的多样性，导致了对“自动投案”要件的把握相对较为复杂。为此，在自动投案的具体认定上，需要注意把握好以下几点：

1. 对于自动投案的判断，应当明确几种被排除的情形。

自首制度体现了刑法的谦抑、宽容精神和公正、效益价值，对刑罚目的的实现具有重要意义。为此，司法解释对自动投案的形式做了较为宽泛的解释，以下情形，都视为自动投案：犯罪后逃跑，在被通缉、追捕过程中，主动投案的；并非出于犯罪嫌疑人主动，而是经亲友规劝、陪同投案的；犯罪后主动报案，虽未表明自己是作案人，但没有逃离现场，在司法机关询问时交代自己罪行的；明知他人报案而在现场等待，抓捕时无拒捕行为，供认犯罪事实的等。但是，根据相关司法解释的规定，下列情形下不能认定为自动投案：

（1）犯罪嫌疑人自动投案后又逃跑的。

（2）罪行未被有关部门、司法机关发觉，仅因形迹可疑被盘问、教育后，主动交代了犯罪事实，但有关部门、司法机关在其身上、随身携带的物品、驾乘的交通工具等处发现与犯罪有关的物品的。

（3）犯罪嫌疑人被亲友采用捆绑等手段送到司法机关，或者在亲友带领侦查人员前来抓捕时无拒捕行为，并如实供认犯罪事实的。

2. 对于行为人作案后打电话报警的情形，是否属于自动投案，应根据行为人的后续行为来判断。

实际工作中，常遇到犯罪嫌疑人打电话报警的情形，对于该情形可否评价为投案，应视其后续实际表现来确定。如果行为人在报警后，等待公安人员到来的，主动将自己置于办案机关的控制之下，其后续行为表现说明有愿意接受国家审查和裁判的诚意，人身危险性在减少，客观上也有利于侦查活动的进行，节约了司法资源，可视为自动投案。相反，行为人打电话报警后，又继续实施不法行为，或者逃离甚至实施抗拒抓捕等行为的，则其后续行为表现说明没有投案自首的主动性和自愿性，缺乏接受国家的审查和裁判的意愿，不应认定为自动投案。

3. 对于传唤或者通知到案的情形，是否属于自动投案，应根据当时的客观条件和供述情况来判断。

（1）在司法机关尚未确定为犯罪嫌疑人的情况下，在无任何证据或者线索的情况下，只是依据工作经验对某些人员产生怀疑，而进行一般性排查、询问时，将其传唤或者通知到案的，应视为自动投案。

（2）在司法机关已确定犯罪嫌疑人的情况下，传唤或者通知后自行到案的能否认定为自首，不能一概而论。如果司法机关的通知或者传唤行为已将犯罪嫌疑人置于实际控制状态，如侦查人员到犯罪嫌疑人的单位、居所等处传唤、通知，要求犯罪嫌疑人跟随到案，在此情形之下，其人身自由事实上已被司法机关实际控制，犯罪嫌疑人跟随到案的，就不应视为自动投案。如果犯罪嫌疑人尚未被司法机关实际控制，犯罪嫌疑人的人身还处于自由状态，接到传唤、通知后自行前往司法机关的，应判明其到司法机关后是否如实供述主要犯罪事实，如实供述的，表明其主观上具有投案的主动性和自愿性，应视为自动投案；否则，对其行为不应认定为投案。

【法规链接】

《中华人民共和国刑法》

第六十七条 犯罪以后自动投案，如实供述自己的罪行的，是自首。对于自首的犯罪分子，可以从轻或者减轻处罚。其中，犯罪较轻的，可以免除处罚。

被采取强制措施的犯罪嫌疑人、被告人和正在服刑的罪犯，如实供述司法机关还未掌握的本人其他罪行的，以自首论。

犯罪嫌疑人虽不具有前两款规定的自首情节，但是如实供述自己罪行的，可以从轻处罚；因其如实供述自己罪行，避免特别严重后果发生的，可以减轻处罚。

第二百三十四条 故意伤害他人身体的，处三年以下有期徒刑、拘役或者管制。

犯前款罪，致人重伤的，处三年以上十年以下有期徒刑；致人死亡或者以特别残忍手段致人重伤造成严重残疾的，处十年以上有期徒刑、无期徒刑或者死刑。本法另有规定的，依照规定。

最高人民法院《关于处理自首和立功具体应用法律若干问题的解释》（法释〔1998〕8号）

第一条 根据刑法第六十七条第一款的规定，犯罪以后自动投案，如实供述自己的罪行的，是自首。

（一）自动投案，是指犯罪事实或者犯罪嫌疑人未被司法机关发觉，或者虽被发觉，但犯罪嫌疑人尚未受到讯问、未被采取强制措施时，主动、直接向公安机关、人民检察院或者人民法院投案。

犯罪嫌疑人向其所在单位、城乡基层组织或者其他有关负责人员投案的；犯罪嫌疑人因病、伤或者为了减轻犯罪后果，委托他人先代为投案，或者先以信电投案的；罪行尚未被司法机关发觉，仅因形迹可疑，被有关组织或者司法机关盘问、教育后，主动交代自己的罪行的；犯罪后逃跑，在被通缉、追捕过程中，主动投案的；经查实确已准备去投案，或者正在投案途中，被公安机关捕获的，应当视为自动投案。

并非出于犯罪嫌疑人主动，而是经亲友规劝、陪同投案的；公安机关通知犯罪嫌疑人的亲友，或者亲友主动报案后，将犯罪嫌疑人送去投案的，也应当视为自动投案。

犯罪嫌疑人自动投案后又逃跑的，不能认定为自首。

……

最高人民法院、最高人民检察院《关于办理职务犯罪案件认定自首、立功等量刑情节若干问题的意见》（法发〔2009〕13号）

第一条 根据刑法第六十七条第一款的规定，成立自首需同时具备自动投案和如实供述自己的罪行两个要件。犯罪事实或者犯罪分子未被办案机关掌握，或者虽被掌握，但犯罪分子尚未受到调查谈话、讯问，或者未被宣布采取调查措施或者强制措施时，向办案机关投案的，是自动投案。在此期间如实交代自己的主要犯罪事实的，应当认定为自首。

犯罪分子向所在单位等办案机关以外的单位、组织或者有关负责人员投案的，应当视为自动投案。

没有自动投案，在办案机关调查谈话、讯问、采取调查措施或者强制措施期间，犯罪分子如实交代办案机关掌握的线索所针对的事实的，不能认定为自首。

没有自动投案，但具有以下情形之一的，以自首论：(1) 犯罪分子如实交代办案机关未掌握的罪行，与办案机关已掌握的罪行属不同种罪行的；(2) 办案机关所掌握线索针对的犯罪事实不成立，在此范围外犯罪分子交代同种罪行的。

单位犯罪案件中，单位集体决定或者单位负责人决定而自动投案，如实交代单位犯罪事实的，或者单位直接负责的主管人员自动投案，如实交代单位犯罪事实的，应当认定为单位自首。单位自首的，直接负责的主管人员和直接责任人员未自动投案，但如实交代自己知道的犯罪事实的，可以视为自首；拒不交代自己知道的犯罪事实或者逃避法律追究的，不应当认定为自首。单位没有自首，直接责任人员自动投案并如实交代自己知道的犯罪事实的，对该直接责任人员应当认定为自首。

……

最高人民法院《关于处理自首和立功若干具体问题的意见》（法发〔2010〕60号）

第一条 《解释》第一条第（一）项规定七种应当视为自动投案的情形，体现了犯罪嫌疑人投案的主动性和自愿性。根据《解释》第一条第（一）项的规定，犯罪嫌疑人具有以下情形之一的，也应当视为自动投案：1. 犯罪后主动报案，虽未表明自己是作案人，但没有逃离现场，在司法机关询问时交代自己罪行的；2. 明知他人报案而在现场等待，抓捕时无拒捕行为，供认犯罪事实的；3. 在司法机关未确定犯罪嫌疑人，尚在一般性排查询问时主动交代自己罪行的；4. 因特定违法行为被采取劳动教养、行政拘留、司法拘留、强制隔离戒毒等行政、司法强制措施期间，主动向执行机关交代尚未被掌握的犯罪行为的；5. 其他符合立法本意，应当视为自动投案的情形。

罪行未被有关部门、司法机关发觉，仅因形迹可疑被盘问、教育后，主动交代了犯罪事实的，应当视为自动投案，但有关部门、司法机关在其身上、随身携带的物品、驾乘的交通工具等处发现与犯罪有关的物品的，不能认定为自动投案。

交通肇事后保护现场、抢救伤者，并向公安机关报告的，应认定为自动投案，构成自首的，因上述行为同时系犯罪嫌疑人的法定义务，对其是否从宽、从宽幅度要适当从严掌握。交通肇事逃逸后自动投案，如实供述自己罪行的，应认定为自首，但应依法以较重法定刑为基准，视情决定对其是否从宽处罚以及从宽处罚的幅度。

犯罪嫌疑人被亲友采用捆绑等手段送到司法机关，或者在亲友带领侦查人员前来抓捕时无拒捕行为，并如实供认犯罪事实的，虽然不能认定为自动投案，但可以参照法律对自首的有关规定酌情从轻处罚。

……

59. 是否如实供述自己罪行的判断

——武某某故意伤害案

【案情摘要】

被告人武某某，男，1983 年 11 月 12 日出生，无业。

2013 年 2 月 17 日，被告人武某某与余某某等人在喝酒期间，因言语不和双方发生争执，继而在楼道内厮打，余某某咬伤武某某左手拇指，被劝阻后武某某先行离开。后被告人武某某与余某某在建设银行储蓄所门前又相遇，再次发生撕打。被告人武某某用随身携带的折叠刀在余某某腹部连捅数刀，余某某亦用啤酒瓶击打武某某头部。后武某某拨打“110”报警投案。经鉴定，余某某血气胸为轻伤；小肠贯通伤、膈肌破裂并行手术治疗为重伤。武某某头皮裂伤、左手拇指皮肤裂伤均属轻微伤。

【诉讼意见与处理结果】

公诉机关指控，被告人武某某的行为触犯了《刑法》第 234 条第 2 款，应当以故意伤害罪追究其刑事责任。辩护意见认为，对方动手伤人在先，武某某伤害行为在后，是被动的，又有自首情节，应对其减轻处罚并适用缓刑。诉讼代理意见认为，被告人武某某关于“对方先动手”的供述不属实，是在推卸责任，对犯罪事实没有如实供述，没有自首情节，不应减轻处罚。

一审法院认为，被告人武某某的行为已构成故意伤害罪。其在犯罪后主动投案并如实供述，属自首，依法可从轻处罚。依照《刑法》规定，判决如下：

被告人武某某犯故意伤害罪，判处有期徒刑 3 年，宣告缓刑 4 年。

宣判后，被告人武某某未上诉，公诉机关未抗诉。

【法律适用问题】

对于被告人武某某关于“对方先动手”的辩解是否影响对其如实供述的认定在司法实务中不无争议。有人认为被告人武某某对该情节是否如实供述，不影响对自首的认定。也有人认为该情节的存在与否直接影响对被害人过错的认定，从而对量刑产生重要作用，在未查明被害人先动手的情况下，不能认定被告人武某某如实供述了犯罪事实。

就本案而言，前一种观点应该是妥当的。首先，“只有有证据加以证明的才可以视为存在”。所以，是否如实供述应以证据证明的事实为根据，对于因证据问题难以查明确定的事实，不能作为是否如实供述的评价内容。既然到底是谁先动手伤害对方，双方各执一词，难以查清，由此无法确认被告人武某某先动手的事实存在，自然也就不能得出被告人武某某在供述时隐瞒了该事实，即不能得出其没有如实供述自己犯罪事实的结论。其次，倘若查明被告人武某某供述“对方先动手”的事实不成立，或者说被告人武某某对该情节没有如实供述，也对其伤害事实的认定及法定刑的适用不会产生影响。因为从整体上看，在实施暴力之前就有言语争执和肢体冲突，双方均有伤害对方的故意，具有互殴的性质，不存在正当防卫或者防卫过当的问题进而影响对其伤害事实的认定及法定刑的适用。最后，即便被告人武某某以被害人动手在先为由，提出正当防卫的辩护意见，也不影响自首的成立。因为对自己行为性质的辩解，并不影响自首的成立。

行为人是否“如实供述了自己的犯罪事实”，按照最高人民法院《关于处理自首和立功若干具体问题的意见》（法发〔2010〕60 号）的精神，对于数额犯，应以犯罪嫌疑人如实供述的犯罪数额与其未供述的犯罪数额的多少来判断，如果供述的犯罪数额多于未如实供述的数额的，可以认为如实供述了主要犯罪事实。对于情节犯，应根据情节的危害程度、对量刑的影响程度综合加以判断。如果如实交代的犯罪情节重于未交代的犯罪情节，应认为如实供述自己的主要犯罪事实。显然，对本案中被告人武某某的行为应当评价为“如实供述了自己的犯罪事实”。

有时候，重要的是找到一个观察问题的视角，而不是看法本身。在此意义上，被害人的意见也是值得肯定的。但无论被告人武某某关于“对方先动手”的供述是否属实，在本案中都对案件主要事实的认定和法定刑档次的选择没有实际意义，缺乏法律评判价值，对其自首的认定并不产生影响。

【办案札记】

在刑事司法活动中，对于行为人是否如实供述了自己的罪行，可以从以下几个方面来考察判断。

1. 供述的时间是否及时。

如实供述不及时，就无实效、无价值。对如实供述的时间，最高人民法院《关于处理自首和立功若干具体问题的意见》（法发〔2010〕60号）（以下简称《意见》）规定：“犯罪嫌疑人自动投案时虽然没有交代自己的主要犯罪事实，但在司法机关掌握其主要犯罪事实之前主动交代的，应认定为如实供述了自己罪行。”如投案后，在第一次讯问时没有交代或者交代不充分，在司法机关尚未掌握其主要犯罪事实的情况下，经教育而如实交代的，其行为符合设立自首制度的初衷，应认定为自首。对于在侦查机关掌握证据后才交代的，因其主观上缺乏悔罪态度，客观上对案件的侦破也未提供必要的帮助，不能认定为自首。

对于如实供述的事实能否被认定为“司法机关已掌握”，按照《意见》的规定，应根据不同情形区别对待：如果该罪行已被通缉，一般应以该司法机关是否在通缉令发布范围内作出判断，不在通缉令发布范围内的应认定为还未掌握，在通缉令发布范围内的应视为已掌握；如果该罪行已录入全国公安信息网络在逃人员信息数据库，应视为已掌握。如果该罪行未被通缉也未录入全国公安信息网络在逃人员信息数据库，应以该司法机关是否已实际掌握该罪行为标准。

2. 供述的罪行是否重要。

所谓“如实供述”，即供述的主要犯罪事实和身份情况真实客观。主要犯罪事实，即重要犯罪事实，是指影响定罪的事实和对量刑有重要影响的事实、情节。即便行为人隐瞒了部分犯罪事实，只要隐瞒的部分不影响定罪，对量刑亦没有重大影响，即为如实供述。对定罪事实是否如实供述，应以是否供述了自己的犯罪行为、犯罪结果以及行为与结果之间的因果关系等包含犯罪构成全部要件的事实为标准，如果根据供述内容可足以对其行为性质作出正确评价即为如实供述；否则，即为未如实供述。对量刑事实是否如实供述，应以是否供述了影响量刑的重要事实、情节为标准。如果某一事实、情节对量刑有重大影响而未供述，就不能认定为如实供述。根据《意见》的精神，对于数额犯，应以犯罪嫌疑人如实供述的犯罪数额与其未供述的犯罪数额的多少来判断：如果供述的犯罪数额多于未如实供述的数额，可以认为如实供述了主要犯罪事实。对于情节犯，应根据情节的危害程度、对量刑的影响程度综合加以判断：如果如实交代的犯罪情节重于未交代的犯罪情节，应认为如实供述自己的主要犯罪事实。在难以区分已交代的与未交代的犯罪情节的严重程度时，或者已交代的犯罪数额与未交代的犯罪数额相当时，一般不应认定为如实供述了主要犯罪事实。

3. 供述的身份是否影响量刑。

《意见》规定："如实供述自己的罪行，除供述自己的主要犯罪事实外，还应包括姓名、年龄、职业、住址、前科等情况。犯罪嫌疑人供述的身份等情况与真实情况虽有差别，但不影响定罪量刑的，应认定为如实供述自己的罪行。犯罪嫌疑人自动投案后隐瞒自己的真实身份等情况，影响对其定罪量刑的，不能认定为如实供述自己的罪行。"从以上规定可以看出，一是自首中如实供述的内容，既包括主要犯罪事实，也包括个人的身份信息情况，二者缺一不可，对其中任何一个方面的不供述或者不如实供述，都不属于"如实供述"。二是对身份信息情况如实供述的标准严于对事实如实供述的标准，只要能够对定罪量刑产生影响的身份事实，都应当属于如实供述的范围。对于没有影响的事实，不应当认为没有"如实供述自己的罪行"。

按照以上规定的精神，在共同犯罪中，"如实供述"也应当要求犯罪人不仅要如实供述自己的主要犯罪事实和身份情况，而且必须要如实供述其所知道的其他同案犯的主要犯罪事实和身份信息情况。主犯则应当供述所知其他同案犯的共同犯罪事实和身份信息情况，才能认定为如实供述，除非其对同案犯的身份信息本身并不知情。

4. 供述的罪行是否相同。

罪行不同于罪名。《意见》规定："犯罪嫌疑人、被告人在被采取强制措施期间如实供述本人其他罪行，该罪行与司法机关已掌握的罪行属同种罪行还是不同种罪行，一般应以罪名区分。虽然如实供述的其他罪行的罪名与司法机关已掌握犯罪的罪名不同，但如实供述的其他犯罪与司法机关已掌握的犯罪属选择性罪名或者在法律、事实上密切关联，如因受贿被采取强制措施后，又交代因受贿为他人谋取利益行为，构成滥用职权罪的，应认定为同种罪行。"由此，是否如实供述，所供犯罪是否构成自首，不能以如实供述的其他罪行罪名与司法机关已掌握犯罪的罪名是否不同为标准，而应当按照具体犯罪的构成要件及其要素来把握，并且还要考察二者之间是否存在法律、事实上的独立性。如果行为人供述的犯罪与司法机关已掌握的犯罪在"法律、事实上密切关联"，则不构成自首。

5. 如实供述不同于认罪。

如实供述与认罪的内涵不同：认罪是行为人对自己行为性质的价值评判，是对自己犯罪性质的认可；如实供述是行为人交代的主要犯罪事实与客观存在的基本事实相一致，二者并不等同。如实供述中的"罪行"是对"行为事实"的指称。自首的成立，不以犯罪嫌疑人承认自己行为是犯罪为条件，实际上只要犯罪嫌疑人如实供述了自己的犯罪事实就可以。对于行为是否犯罪是一个主观认识问题，法律只强调自首要求犯罪嫌疑人把自己的行为事实如实地交代，至于是否对自己的行为有正确的法律认识，在自首的认定中是不需要加以评价的。《刑法》第67条中的"如实供述自己的罪行"，实际上就是如实供述自己的有待司法审查的行为事实；行为是否构成犯罪，是司法机关判断的内容，而非犯罪嫌疑人承认的内容。[1] 因此，在不认罪的情况下，只要不是故意虚构、隐瞒主要犯罪事实及关键情节或者身份，就不能认为是不如实供述。如在半推半就的强奸犯罪中，行为人只要不对半推半就的客观事实否认，即便行为人认为属于通奸而不是强奸，也不能由此对如实供述予

---

① 赵秉志、肖中华："'如实供述自己罪行'的认定"，载《检察日报》2001年12月7日。

以否认。案件事实与性质虽紧密相关，但属不同范畴，在认罪的情况下，拒不供述主要犯罪事实的，当然不属于如实供述。

6. 辩解也不同于翻供。

最高人民法院《关于处理自首和立功具体应用法律若干问题的解释》（法释〔1998〕8号）规定；“犯罪嫌疑人自动投案并如实供述自己的罪行后又翻供的，不能认定为自首，但在一审判决前又能如实供述的，应当认定为自首。”但需要注意的是辩解不同于翻供。最高人民法院《关于被告人对行为性质的辩解是否影响自首成立问题的批复》（法释〔2004〕2号）亦明确指出：“被告人对行为性质的辩解不影响自首的成立。”因为“自首仅仅是对行为的自首，行为主体不应对行为性质的罪与非罪负责”。[①] 行为人只要不是对主要犯罪事实本身的改变，无论其如何辩解，都不能视为不如实供述。如收受贿赂后辩解是正常的人情来往、将互殴行为辩解为正当防卫，只要其对行为事实认可并未隐瞒主要犯罪情节，不影响对其定罪量刑的，应当认定为如实供述。翻供是行为人故意进行虚假供述，以推翻先前如实供述的行为，是对主要犯罪事实作出的“先真后假”的供述。如果先前的供述本身不属实或者存在疑问，则不存在翻供的问题。所以，辩解是行为人对客观事实的主观评价，是法律赋予犯罪嫌疑人和被告人的权利，而翻供则是对主要客观事实本身的改变，二者性质不同。

【法规链接】

《中华人民共和国刑法》

第六十七条 犯罪以后自动投案，如实供述自己的罪行的，是自首。对于自首的犯罪分子，可以从轻或者减轻处罚。其中，犯罪较轻的，可以免除处罚。

被采取强制措施的犯罪嫌疑人、被告人和正在服刑的罪犯，如实供述司法机关还未掌握的本人其他罪行的，以自首论。

犯罪嫌疑人虽不具有前两款规定的自首情节，但是如实供述自己罪行的，

---

① 苏惠渔：《犯罪与刑罚理论专题研究》，法律出版社2000年版，第409页。

可以从轻处罚；因其如实供述自己罪行，避免特别严重后果发生的，可以减轻处罚。

第二百三十四条 故意伤害他人身体的，处三年以下有期徒刑、拘役或者管制。

犯前款罪，致人重伤的，处三年以上十年以下有期徒刑；致人死亡或者以特别残忍手段致人重伤造成严重残疾的，处十年以上有期徒刑、无期徒刑或者死刑。本法另有规定的，依照规定。

最高人民法院《关于处理自首和立功具体应用法律若干问题的解释》（法释〔1998〕8号）

第一条第（二）项 如实供述自己的罪行，是指犯罪嫌疑人自动投案后，如实交代自己的主要犯罪事实。

犯有数罪的犯罪嫌疑人仅如实供述所犯数罪中部分犯罪的，只对如实供述部分犯罪的行为，认定为自首。

共同犯罪案件中的犯罪嫌疑人，除如实供述自己的罪行，还应当供述所知的同案犯，主犯则应当供述所知其他同案犯的共同犯罪事实，才能认定为自首。

犯罪嫌疑人自动投案并如实供述自己的罪行后又翻供的，不能认定为自首；但在一审判决前又能如实供述的，应当认定为自首。

第二条 根据刑法第六十七条第二款的规定，被采取强制措施的犯罪嫌疑人、被告人和已宣判的罪犯，如实供述司法机关尚未掌握的罪行，与司法机关已掌握的或者判决确定的罪行属不同种罪行的，以自首论。

……

最高人民法院《关于处理自首和立功若干具体问题的意见》（法发〔2010〕60号）

第二条 《解释》第一条第（二）项规定如实供述自己的罪行，除供述自己的主要犯罪事实外，还应包括姓名、年龄、职业、住址、前科等情况。犯罪嫌疑人供述的身份等情况与真实情况虽有差别，但不影响定罪量刑的，应认定为如实供述自己的罪行。犯罪嫌疑人自动投案后隐瞒自己的真实身份等情况，影响对其定罪量刑的，不能认定为如实供述自己的罪行。

犯罪嫌疑人多次实施同种罪行的，应当综合考虑已交代的犯罪事实与未交代的犯罪事实的危害程度，决定是否认定为如实供述主要犯罪事实。虽然投案后没有交代全部犯罪事实，但如实交代的犯罪情节重于未交代的犯罪情节，或者如实交代的犯罪数额多于未交代的犯罪数额，一般应认定为如实供述自己的主要犯罪事实。无法区分已交代的与未交代的犯罪情节的严重程度，或者已交代的犯罪数额与未交代的犯罪数额相当，一般不认定为如实供述自己的主要犯罪事实。

犯罪嫌疑人自动投案时虽然没有交代自己的主要犯罪事实，但在司法机关掌握其主要犯罪事实之前主动交代的，应认定为如实供述自己的罪行。

……

60. 怎样认定形迹可疑的自首

——范某等人盗窃案

【案情摘要】

被告人范某，男，1984 年 12 月 15 日出生，农民。

被告人范某某，男，1952 年 3 月 25 日出生，农民。

2008 年 4 月 30 日，被告人范某携带钢锯条在选冶化厂区硫酸车间废弃的二号电炉低压室内，用锯条锯下废旧电缆，藏匿于动力厂热电站一墙角处。5 月 2 日，被告人范某告诉其父范某某：厂子里有些铁丝我们晚上拿去。范某某表示同意。当晚，被告人范某、范某某步行进入厂区，将电缆线取出截断，分装在两个编织袋内，后翻墙出厂。当二人背着编织袋从河雅路行至新华路口时，被巡逻人员盘查，从编织袋内查获废旧电缆线 39 公斤。被告人范某、范某某当场交代了盗窃作案全过程。经鉴定，财物价值 1966 元。

【诉讼意见与处理结果】

公诉机关指控，被告人范某、范某某的行为触犯了《刑法》第 264 条，应当以盗窃罪追究其刑事责任。辩护意见认为，范某、范某某认罪态度好，赃物已被追回没有给失主造成损失，应从轻处罚。

一审法院认为被告人范某、范某某的行为已构成盗窃罪。依照《刑法》规定，判决如下：

1. 被告人范某犯盗窃罪，判处罚金 3800 元；

2. 被告人范某某犯盗窃罪，判处罚金 3800 元。

宣判后，被告人范某、范某某未上诉。公诉机关未抗诉。

【法律适用问题】

在“人物俱获”的情况下，能否构成形迹可疑型自首？或者说，对范某、范某某被盘问后主动交代其犯罪事实的行为可否以自首论？显然，公诉机关和审判机关均持否定的态度。理由在于，最高人民法院《关于处理自首和立功若干具体问题的意见》（法发〔2010〕60 号，以下简称《意见》）规定：“仅因形迹可疑被盘问、教育后，主动交代了犯罪事实的，应当视为自动投案，但有关部门、司法机关在其身上、随身携带的物品、驾乘的交通工具等处发现与犯罪有关的物品的，不能认定为自动投案”。这里的“在其身上、随身携带的物品、驾乘的交通工具等处发现与犯罪有关的物品的，不能认定为自动投案”。

一般认为，“形迹可疑”是一种没有根据的怀疑，是仅凭直觉和工作经验的怀疑。在已经发现“物”的情况下，这种怀疑已是一种有客观依据的怀疑，而非主观臆测。此时，被怀疑对象当属于“犯罪嫌疑人”而不再是“形迹可疑人”，其如实供述对确定犯罪嫌疑已不具有实质性意义，不能认定为自首。事实上，并非只要“人物俱获”就等于“人”具有了犯罪嫌疑，因为在很多情况下，仅凭“物”并不能直接确定持有者具有犯罪的嫌疑。除非这种“物”本身属于毒品、假币、淫秽书刊等涉嫌犯罪的违禁品。由此说明，《意见》规定的情形应当特指从被发现的有关物品上，足以合理怀疑行为人实施了某种犯罪的情形。即所发现的有关物品足以使行为人处于犯罪嫌疑的地位。否则，即便“人赃俱获”，也不应当排除行为人构成自首的可能性。因此，如果有关部门没有掌握行为人实施犯罪的任何证据、线索，行为人身上、所携带的物品也不能直接证明其有犯罪嫌疑，仅因形迹可疑被盘问后交代罪行的，应当认定为自首；如果有关部门掌握了一定的线索，或者行为人因形迹可疑被盘问时，其身上或者所携带物品能够直接证明其有犯罪嫌疑的，即便主动如实交代了犯罪事实，也不能认定为自首。

在本案中，被告人范某、范某某携带赃物被盘问后，即主动交代了盗窃犯罪事实。在盘问之时，公安机关并没有发现有盗窃事实发生，如果其拒不交代，侦查人员仅凭其携带的少量废旧电缆线这种普通物品，在当时的环境条件下尚难以将其确定为犯罪嫌疑人。尽管侦查人员根据废旧电缆线可以推测与盗窃犯罪可能有联系，但主要是凭经验、直觉认为有作案的可能，尚不足以达到合理怀疑其实施了某种犯罪的程度，即行为人只是形迹可疑。正是由于被告人范某、范某某的主动交代，才在盗窃事实与犯罪嫌疑人之间建立起了直接、明确的联系，其主动交代不仅对确定犯罪嫌疑人起到了决定性的实质意义，而且有利于公安机关迅速破案，节约了司法资源，应属于因形迹可疑被盘问教育后主动交代自己罪行的情形，当以自首论。

"呆板的公平其实是最大的不公平。"自首制度的根据在于："一是从法律上说，自首表明行为人有悔改表现；二是从政策上说，自首有利于减轻司法机关的负担。"① 在司法实践中，对于犯罪嫌疑人、被告人是否构成自首的判断，应当注重把握其精神实质，以发挥自首制度应有的功效价值。

【办案札记】

最高人民法院《关于处理自首和立功具体应用法律若干问题的解释》（法释〔1998〕8号）规定，罪行尚未被司法机关发觉，仅因形迹可疑，被有关组织或者司法机关盘问、教育后，主动交代自己罪行的，应当视为自动投案。那么，在司法实务中，对形迹可疑型自首该如何来判断呢？

1. 犯罪事实是否被发觉。

罪行尚未被有关部门、司法机关发觉，是成立形迹可疑型自首的前提。罪行尚未被司法机关发觉，即特定的犯罪事实与形迹可疑的行为人还不具有关联性。如果罪行已被发觉，则不能成立形迹可疑型自首。如最高人民法院、最高人民检察院《关于办理职务犯罪案件认定自首、立功等量刑情节若干问题的意见》（法发〔2009〕13号）第1条规定：办案机关所掌握线索针对的犯罪事实不成立，在此范围外犯罪分子交代同种罪行的，以自首论。"办案机关所掌握线索针对的犯罪事实不成立"应当是指针对所掌握线索的犯罪事实根本不存在或者证据不足无法认定的情形。如果经查证所掌握的线索属实只是尚未达到立案标准的，则不应视为"办案机关所掌握线索针对的犯罪事

① 张明楷："论'揭发'他人犯罪行为"，载《人民检察》2006年第4期。

实不成立”。同时，对“办案机关所掌握线索”，不应限于直接查证犯罪事实的线索，还包括与查证犯罪事实有关联的线索。如果办案机关掌握了可以直接查证犯罪事实的线索，应视为掌握了一定的犯罪事实，据此对行为人调查谈话时交代犯罪事实的，不能认定为自首。如果办案机关掌握了不能直接查证的犯罪事实，但与查证犯罪事实有关联的线索，此类线索虽不能直接认定犯罪事实，但具有指向犯罪事实的作用。办案机关掌握此类线索后，能够研判行为人可能涉嫌的犯罪性质和类型，行为人由此交代犯罪事实的，亦不能认定为自首。①

2. 行为人是否具有犯罪嫌疑。

形迹可疑是一种仅凭生活、工作常识、常理、常情的猜测，这种猜测缺乏针对性、确定性。犯罪嫌疑则是基于一定的事实证据，足以形成的合理怀疑，这种怀疑具有针对性、确定性，可以把嫌疑人与某种违法犯罪联系在一起。在具体识别过程中应当注意：（1）不能把排查对象等同于犯罪嫌疑人。在案件事实被发觉后，侦查机关为了确定犯罪嫌疑人，往往根据发案条件、线索或者工作经验等，确定排查范围，传唤排查对象。显然，不能把所有排查对象都当成犯罪嫌疑人，只有被掌握了具体犯罪证据的排查对象才有犯罪嫌疑的可能。但即便如此，也不能认为凡是掌握证据或者线索的，不论所掌握证据或者线索的性质如何，证明力多大，被排查的对象都具有犯罪嫌疑。（2）不能将是否人赃俱获作为判断犯罪嫌疑的标准。人赃俱获并不必然意味着物品持有人就是犯罪嫌疑人或者其“罪行已被司法机关发觉”。如采取体内藏毒的特殊方式走私毒品的，如果因形迹可疑在检查过程中主动交代的，不能因为行为人身上带有毒品可以证明走私毒品的犯罪事实，就否认自首的成立。因为如果行为人不主动交代，是难以查获的。② 有时办案机关虽然已

---

① 最高人民法院编：《刑事审判参考》（2012 年第 1 辑　总第 84 辑），法律出版社，第 66 页。

② 犯罪事实尚未被司法机关发觉和主动交代自己的犯罪事实，是构成“形迹可疑”自动投案的两个基本要件，只要符合这两个要件就应当视为自动投案：第一，这里所说的主动是相对于未被发觉而言；第二，应当视为自动投案即指以自动投案认定。如走私毒品携带毒品走私入境，在机场接受公安人员例行安全检查时，仅因形迹可疑被公安人员盘查，即如实交代了走私毒品的犯罪事实，应视为自首。参见最高人民法院编：《刑事审判参考》（2001 年第 1 辑　总第 12 辑），法律出版社，第 15～16 页。

经掌握了据以推测特定人可能与某种罪行有联系的一定证据，有一定的针对性，初步可以将行为人同具体案件联系起来，但这种联系还不能达到将行为人锁定为犯罪嫌疑人的程度，此时，被怀疑人如实交代罪行的，仍然应当认定为自首。即只要是凭经验、直觉认为行为人有作案可能的，就属于形迹可疑。（3）无论犯罪事实是否被发现，只要司法机关已经掌握了足以合理怀疑行为人实施了某种犯罪的证据，具备立案条件，即为有犯罪嫌疑，不能认定为自首。例如，司法机关发现行为人持有与特定案件相关物品或者违禁品、数个证据以及条件表明行为人与某种犯罪有足够关联性？在这些情形中，已不存在形迹可疑的问题，自然不存在形迹可疑型自首的认定问题。

3. 行为人的交代是否主动。

“形迹可疑”与“主动交代”两个要件既相互区别又密不可分。因形迹可疑在教育、盘问时，只有主动承认自己实施了犯罪，才能说明其有接受审查和裁判的意愿；若不主动交代，表明其不愿把自己置于司法机关的控制之下，对司法机关及时破案不具有实际价值，不能由此而得到法律上的宽恕而认定为自首。因此，犯罪嫌疑人供述是否如实主动，是认定“形迹可疑型”自首的关键因素之一，这就要求着重考察主动交代的事实对确定犯罪嫌疑是否有实际意义，或者说没有其交代是否能确定有作案嫌疑。如在巡逻过程中，公安人员拦车检查时行为人加速逃跑后被截获，在盘问中其供述了“飞车抢夺”的犯罪事实。在这里，“加速逃跑”是行为人形迹可疑的表现，在被抓获盘问即主动供述了“飞车抢夺”的犯罪事实，主动交代对确定犯罪嫌疑有实际作用，应当评定为形迹可疑型的自首。如果司法机关已经掌握了足以合理怀疑特定人实施某种犯罪的证据或者线索，或者凭借相关特定证据进行针对性盘问或者教育而交代罪行，则已不具备“形迹可疑”的前提条件，属于被动交代，不应认定为自首。

【法规链接】

《中华人民共和国刑法》

第六十七条 犯罪以后自动投案，如实供述自己的罪行的，是自首。对于自首的犯罪分子，可以从轻或者减轻处罚。其中，犯罪较轻的，可以免除处罚。

被采取强制措施的犯罪嫌疑人、被告人和正在服刑的罪犯，如实供述司法机关还未掌握的本人其他罪行的，以自首论。

犯罪嫌疑人虽不具有前两款规定的自首情节，但是如实供述自己罪行的，可以从轻处罚；因其如实供述自己罪行，避免特别严重后果发生的，可以减轻处罚。

第二百六十四条 盗窃公私财物，数额较大的，或者多次盗窃、入户盗窃、携带凶器盗窃、扒窃的，处三年以下有期徒刑、拘役或者管制，并处或者单处罚金；数额巨大或者有其他严重情节的，处三年以上十年以下有期徒刑，并处罚金；数额特别巨大或者有其他特别严重情节的，处十年以上有期徒刑或者无期徒刑，并处罚金或者没收财产。

最高人民法院《关于处理自首和立功若干具体问题的意见》(法发〔2010〕60号)

第一条第二款 罪行未被有关部门、司法机关发觉，仅因形迹可疑被盘问、教育后，主动交代了犯罪事实的，应当视为自动投案，但有关部门、司法机关在其身上、随身携带的物品、驾乘的交通工具等处发现与犯罪有关的物品的，不能认定为自动投案。

……

61. 如何判断是否提供了侦破其他案件的线索

——姚某某职务侵占案

【案情摘要】

被告人姚某某，男，1969 年 11 月 23 日出生，物资公司财务科科长。

2006 年 3 月，物资公司决定将钢材大棚等固定资产拆卖后发放职工工资。拆卖过程中，被告人姚某某利用其财务科长的职务便利，将钢材大棚废钢材出售款30 590元侵吞。在立案侦查中，被告人姚某某又主动交代在担任财务科长期间伙同公司董事长兼总经理严某某（另案处理）采取收入不记账等手段，将公司的其他部分收入、库存盈利款项等共计435 902. 79元截留到“小金库”。其中自己利用处理账务之便侵吞“小金库”资金83 000元。“小金库”剩余部分资金由严某某管理支配。根据该线索，侦查机关在查证“小金库”其余资金去向的过程中，查获了严某某侵吞“小金库”资金38 000元的事实。

【诉讼意见与处理结果】

公诉机关指控，被告人姚某某的行为触犯了《刑法》第 271 条第 1 款，应当以职务侵占罪追究其刑事责任。在侦查中，其“提供侦破其他案件的重要线索，经查证属实的”的情形，有立功表现，可以从轻或者减轻处罚。辩护意见认为，姚某某交代了单位“小金库”其余资金的去向，以致侦查机关根据该线索查获了严某某侵吞“小金库”资金38 000元的事实，属于检举揭发行为，有立功表现，且退赃积极，应适用缓刑。

一审法院认为，被告人姚某某的行为构成职务侵占罪。其提供他人犯罪线索，经查证属实，有立功情节，可减轻处罚。依照《刑法》规定，判决如下：

被告人姚某某犯职务侵占罪，判处有期徒刑3年，宣告缓刑5年。

宣判后，被告人姚某某未上诉，公诉机关亦未抗诉。

【法律适用问题】

被告人姚某某主动交代"小金库"资金线索的行为，是否构成立功？最高人民法院、最高人民检察院《关于办理职务犯罪案件认定自首、立功等量刑情节若干问题的意见》（法发〔2009〕13号）规定，据以立功的线索或者协助行为对于侦破案件或者抓捕犯罪嫌疑人应当有实际作用。犯罪分子揭发他人犯罪行为时没有指明具体犯罪事实的，揭发的犯罪事实与查实的犯罪事实不具有关联性的，提供的线索或者协助行为对于其他案件的侦破或者其他犯罪嫌疑人的抓捕不具有实际作用的，不能认定为立功表现。由此，无论是哪种表现形式的立功，都应当对其他案件的侦破或者对其他犯罪嫌疑人的抓获具有实际功效。

在本案中，被告人姚某某向司法机关反映严某某管理、支配小金库内的剩余资金，从该内容可以看出，被告人姚某某向司法机关反映的情况并没有涉及严某某侵吞"小金库"资金的犯罪事实，亦未能提供侦破严某某职务侵占案件的任何依据，只是说明了"小金库"剩余资金的去向问题而非犯罪问题，其行为既不属于"提供侦破其他案件的线索"，也不构成"检举揭发他人犯罪行为"，即并未实施立功行为。尽管通过被告人姚某某说明"小金库"剩余资金的去向后，侦查机关在查证"小金库"其余资金去向的过程中，查获了严某某侵吞"小金库"资金38 000元的犯罪事实，但因其行为本身缺乏立功应当具备的实质性内容，对司法机关查获严某某职务侵占案件不具有实际功效，不应评价为立功。公诉机关和审判机关对该情节的认定欠妥。

立功中的检举揭发与提供犯罪线索是两种不同的情形，即便被告人姚某某向司法机关反映了严某某侵吞"小金库"资金的具体事实，则其行为构成"检举揭发他人犯罪行为"的立功，而不属于"提供侦破其他案件的线索"的立功。立功中检举揭发的特点是，犯罪事实和犯罪人都没有被司法机关发现；提供线索的特点是，犯罪事实已被司法机关发现，但案件尚未被侦破。[①] 在此意义上，辩护人的观点有一定可取之处。

【办案札记】

如何判断是否“提供侦破其他案件线索”？根据相关司法解释的规定，在立功中，对提供侦破其他案件线索的认定，应当具备以下基本条件。

1. 线索提供主体适格。

公正是所有法律制度应有的基本价值，立功制度亦不例外。提供侦破其他案件线索的行为主体必须是犯罪分子，即立功的主体应当是被指控犯有某种罪行，司法机关依法追究刑事责任的人，除此之外的其他任何人都不能取代。因为立功制度是针对犯罪分子设立的，非犯罪分子本人实施的提供侦破其他案件线索的行为，如犯罪嫌疑人、被告人的亲友为得到对犯罪嫌疑人、被告人的宽大处理，主动向司法机关提供侦破其他案件线索，查证属实的，也不能认定为犯罪分子有立功表现。这说明立功具有亲为性的特点，与非犯罪嫌疑人、被告人无关。

2. 线索来源正当合法。

“任何人都不得从自己的不法行为中获利。”立功的线索来源必须正当合法。线索本身不合法或者缺乏正当性，就与设立立功制度的初衷和目的背道而驰。最高人民法院、最高人民检察院《关于办理职务犯罪案件认定自首、立功等量刑情节若干问题的意见》（法发〔2009〕13 号）规定，以下几种途径获取的他人犯罪线索予以检举揭发的，不能认定为立功：（1）通过贿买、暴力、胁迫等非法手段获取的线索；（2）被羁押后与律师、亲友会见过程中违反监管规定获取的线索；（3）本人以往查办犯罪职务活动中掌握的线索；（4）从负有查办犯罪、监管职责的国家工作人员处获取的线索。如行贿者与受贿者、拐卖妇女者与收买被拐卖的妇女者、出售毒品者与购买毒品者相互提供的线索，在来源上具有不正当性，不能认定为立功。

---

① 陈兴良、周光权：《刑法总论精释》，人民法院出版社 2011 年版，第 871 ~ 872 页。

3. 线索内容相对独立。

行为人向司法机关提供的线索应当是侦破其他案件的线索，即独立于本案的线索。如A因盗伐林木犯罪被抓获后，又主动交代了其与B共同非法狩猎的犯罪事实，公安机关以此为线索将B抓获。在本案中，尽管抓获B是A提供线索的结果，但如果A不交代与B共同非法狩猎的犯罪事实，仅仅供述了自己非法狩猎的犯罪事实，等于没有“如实供述自己的犯罪事实”。由此，A提供线索的行为没有超出“如实供述自己的犯罪事实”的范围，不具有独立性，当属于坦白而不是提供立功线索的行为。不能简单地认为，只要提供线索经查证属实的都是立功，还要考察线索是否与行为人自己的犯罪事实在法律上、事实上具有关联性，是否能够直接得到独立的评价。当然，这里的司法机关应当是指具体侦办线索提供者的案件的司法机关，而非泛指一切司法机关。所以，即使行为人提供的线索已被异地司法机关所掌握，也不能以此否认立功的成立。

4. 线索查证属实。

在立功中，无论是“揭发他人犯罪行为”还是“提供侦破其他案件的重要线索”，都应当“经查证属实”，具有实际的效果。

所谓查证属实，是指司法机关经过调查，确定该线索反映的情况真实存在或者揭发的他人犯罪行为实际存在，即提供的线索对侦破其他案件或者抓获其他犯罪嫌疑人有法律上的意义。如果行为人提供了侦破其他案件的重要线索或者揭发了他人犯罪行为，但因其他原因，导致其他案件尚未侦破或者被检举揭发的人尚未到案，即立功行为没有实际效果，则无效果即无价值，其行为不构成立功。

【法规链接】

《中华人民共和国刑法》

第六十八条 犯罪分子有揭发他人犯罪行为，查证属实的，或者提供重要线索，从而得以侦破其他案件等立功表现的，可以从轻或者减轻处罚；有重大立功表现的，可以减轻或者免除处罚。

第二百七十一条 公司、企业或者其他单位的人员，利用职务上的便利，将本单位财物非法占为已有，数额较大的，处五年以下有期徒刑或者拘役；

数额巨大的，处五年以上有期徒刑，可以并处没收财产。

国有公司、企业或者其他国有单位中从事公务的人员和国有公司、企业或者其他国有单位委派到非国有公司、企业以及其他单位从事公务的人员有前款行为的，依照本法第三百八十二条、第三百八十三条的规定定罪处罚。

62. 怎样判断检举揭发行为

——张某某等人盗窃、掩饰隐瞒犯罪所得案

【案情摘要】

被告人张某某，男，1982 年 6 月 21 日出生，农民。

被告人沈某某，男，1983 年 10 月 12 日出生，农民。

被告人张某，男，1973 年 11 月 1 日出生，农民。

2010 年 8 月 20 日至 10 月 8 日期间，被告人张某某、沈某某在精炼厂镍系统车间二期检斤房旁、熔铸车间堆放场，共同盗得镍阳极板 242.4 公斤，价值22 948.63元。其间，被告人沈某某又单独盗得镍阳极板 8 公斤，价值 737.52 元。被告人张某某又单独盗得镍阳极板 14.6 公斤，价值 1415.62 元。

2010 年 9 月初至 10 月 8 日，被告人张某在其家中先后 6 次收购张某某、沈某某盗得的镍阳极板 242.4 公斤，价值24 344.25元；先后 5 次收购吴某某（已判刑）盗得的镍阳极板 68 公斤，价值 6051.10 元。

2010 年 10 月 8 日，公安民警根据线索将张某抓获，并在其租赁的库房内扣缴镍阳极、镍阴极板 450 公斤。张某供述卖给其镍阳极板的人是选冶化厂区务工的沈某某、张某某。根据该线索，公安机关于 10 月 9 日将沈某某抓获，同日沈某某带领公安民警对张某某住处进行了指认并当场将张某某抓获。

【诉讼意见与处理结果】

公诉机关指控，被告人张某某、沈某某的行为触犯了《刑法》第 264 条，应当以盗窃罪追究刑事责任。被告人沈某某协助公安机关抓获张某某，有立功表现，可从轻处罚。被告人张某明知是赃物而予以收购，其行为触犯

了《刑法》第312条，应以掩饰、隐瞒犯罪所得罪追究其刑事责任。辩护意见认为，沈某某协助公安机关抓获同案犯张某某，有立功表现，应减轻处罚。张某归案后在如实供述本人犯罪事实的同时，为公安机关侦破张某某、沈某某盗窃案提供了重要线索，属立功，依法应减轻处罚。

一审法院认为，被告人张某某、沈某某的行为已构成盗窃罪，被告人张某的行为已构成掩饰、隐瞒犯罪所得罪。被告人沈某某协助公安机关抓获同案犯张某某，被告人张某归案后为公安机关提供了侦破张某某、沈某某盗窃案件线索，查证属实，有立功情节，可从轻处罚。依照《刑法》规定，判决如下：

1. 被告人张某某犯盗窃罪，判处有期徒刑3年11个月，并处罚金10 000元；

2. 被告人沈某某犯盗窃罪，判处有期徒刑3年，并处罚金10 000元；

3. 被告人张某犯掩饰、隐瞒犯罪所得罪，判处有期徒刑8个月，并处罚金10 000元。

宣判后，被告人张某某、沈某某、张某未上诉。公诉机关未抗诉。

【法律适用问题】

本案涉及的主要问题是，连累犯与基本犯相互揭发的行为是否构成立功？对于该问题，在实践中存在较大分歧，主要有以下几种观点。第一种观点认为，连累犯与基本犯相互依存、相互关联，一方揭发另一方的犯罪事实属于交代本人犯罪事实的一部分，不存在提供线索或者检举揭发的问题，不构成立功。第二种观点认为，衡量是否属于揭发他人犯罪，基本的判断标准是所陈述的事实是否超过自己犯罪事实的范围。如果超过了认定自己犯罪行为构成事实的范围并且能够对司法机关认定、查获他人犯罪具有重要作用，则属于揭发他人犯罪。连累犯与基本犯在犯罪构成要件上相互独立，只要能够确定一方所揭发的另一方的犯罪事实不为司法机关掌握，也应该认定为立功。第三种观点认为，连累犯与基本犯相互揭发是否属于揭发“他人犯罪行为”，应当区别不同情况进行认定。基本犯揭发连累犯的，基本行为足以涵摄事后行为的不法内涵，即基本犯揭发连累犯的没有超出如实供述的范围，不属于揭发“他人犯罪事实”，不能认定为立功。对于连累犯揭发基本犯的，应当根据连累犯的犯罪构成是否能够涵摄基本犯的犯罪行为来判断。

要廓清以上问题，首先需要明确什么是“如实供述”。最高人民法院《关于处理自首与立功具体应用法律若干问题的解释》（法释〔1998〕8号）规定，如实供述，是指如实交代自己的主要犯罪事实。一般认为，主要犯罪事实，是指对犯罪嫌疑人行为的性质认定有决定意义的事实、情节以及对量刑有重大影响的事实、情节。对行为性质认定有决定意义的事实、情节即定罪事实，是指与犯罪构成要件紧密相关的事实。对量刑有重大影响的事实、情节即重大量刑事实，是指决定着对犯罪嫌疑人应当适用法定刑档次是否升格的情节，以及在总体危害程度上比其他部分事实、情节更大的事实、情节。换而言之，只要犯罪嫌疑人所如实交代的事实、情节重于所隐瞒的事实、情节，即为如实供述。其次需要明确什么是“自己的罪行”。“凡属于如实供述自己所犯罪行的，或者说，犯罪人的交代没有超出‘如实供述自己的罪行’的范围的，便不可能构成立功。只有当犯罪人所交代的事实超出了‘如实供述自己的罪行’的范围的，才可能属于揭发‘他人’犯罪行为，进而构成立功。”① 是否超出了“自己的罪行”的范围，应以其供述内容是否超出了所犯之罪的构成要件为标准。“只要认定犯罪所需要证明的事实就是需要如实供述的事实。犯罪人只有如实供述了认定自己犯罪所需证明的事实，才能成立自首。除此之外的犯罪事实，就属于他人的犯罪事实。犯罪人揭发这些犯罪事实，成立立功。”② 这说明，如实供述并不等于全面供述，仅要求对与犯罪构成要件的事实、情节如实交代，与犯罪构成无关的事实、情节不在此列。对是否超出“自己的罪行”的范围，判断标准是供述内容是否超出了所犯之罪的构成要件：超出自己所犯之罪构成要件的，为揭发；没有超出自己所犯之罪构成要件的，为自首或者坦白。同时，最高人民法院《关于处理自首和立功若干具体问题的意见》（法发〔2010〕60号）规定：“犯罪嫌疑人、被告人在被采取强制措施期间如实供述本人其他罪行，该罪行与司法机关已掌

① 陈兴良、周光权：《刑法总论精释》，人民法院出版社2011年版，第864页。
② 同上。

握的罪行属同种罪行还是不同种罪行，一般应以罪名区分。虽然如实供述的其他罪行的罪名与司法机关已掌握犯罪的罪名不同，但如实供述的其他犯罪与司法机关已掌握的犯罪属选择性罪名或者在法律、事实上密切关联，如因受贿被采取强制措施后，又交代因受贿为他人谋取利益行为，构成滥用职权罪的，应认定为同种罪行。”对“在法律、事实上密切关联”应从犯罪构成的角度来把握。当如实供述的事实涉及不同的犯罪构成且在不同罪名之间存在牵连、吸收、包容或者交叉等关系，具有实质关联性，即为“在法律、事实上密切关联”，如对合（向）犯。否则，不应视为“在法律、事实上密切关联”。由此可见，对“如实供述”还是“检举揭发”“提供犯罪线索”的区分，应以供述内容是否涉及不同的犯罪构成为原则，以不同的犯罪构成在法律上、事实上是否密切关联为补充来判断。只有“供述”的内容涉及的是与已无关的其他犯罪，才属于“检举揭发”或者“提供犯罪线索”。

基于以上知识，对连累犯与基本犯相互揭发的行为，是否构成立功应当区分情况来对待。因此，公诉机关未将被告人张某的行为评价为立功更为合理。

不容否认，在观念和事实层面上，基本犯和连累犯的如实供述，确实可以起到“检举揭发”或者“提供线索”的作用。但由于其供述内容在法律、事实上密切关联，一方交代自己的犯罪事实必然包含了对方的犯罪事实；同样，交代对方的犯罪事实也必然包含了自己的犯罪事实，这种必然性决定了其供述内容的非独立性。如果连累犯不供述基本犯的犯罪行为，就影响连累犯的成立，即连累犯如实供述基本犯的犯罪行为，系其构成所犯之罪的要件内容；如果基本犯不供述连累犯的犯罪行为，则其对自身的犯罪事实供述就不完整，等于没有如实供述自己的犯罪事实。况且，立功线索的来源要正当合法，因为“任何人不得因自身的不法行为获得利益。”无论是基本犯供述连累犯还是连累犯供述基本犯，其“检举揭发”的内容或者“提供的线索”都直接来源其本人的违法犯罪行为，不具有正当性。因此，在规范层面上，连累犯与基本犯的相互揭发行为，属于“如实供述自己的犯罪行为”的情形而非“检举揭发他人的犯罪行为”或者“提供侦破其他案件线索”的情形，不应当作为立功来对待。据此，对连累犯张某如实供述基本犯沈某某、张某某盗窃犯罪事实的行为，不应评价为立功。

“法律的生命不在于逻辑，而在于经验。”把法律的生命定位于经验，并不等于可以忽略逻辑的重要性。在法律的运用过程中，其生命力的获得，离不开逻辑的力量支撑和规范引导。

【办案札记】

刑法设立立功制度的法律根据在于，犯罪分子在犯罪后揭发他人犯罪行为，或者提供重要线索，从而得以侦破其他案件，表明行为人对犯罪行为的痛恨，因而其再犯罪的可能性会有所减轻。政策根据在于，行为人揭发他人犯罪行为，或者提供重要线索，有利于司法机关发现、侦破其他案件，从而实现刑法的确证。[①] 结合以上根据，现将认定检举揭发型立功中需要把握的问题归纳如下：

1. 是否属于检举揭发行为，应当进行必要性评价。

即该行为对侦破其他案件是否起到了作用，如果起到了作用则具有必要性；否则，该行为就不属于检举揭发。所以，检举揭发的内容应当具有相对的具体性，使司法机关据此可以侦破其他案件。对于没有指明具体犯罪事实的“检举揭发行为”或者缺乏事实根据的猜测，因对侦破其他案件起不到实际帮助，不能认定为立功。如一夜总会老板因引诱、容留他人卖淫被抓获后，向办案单位检举有一国家工作人员和一私企老板经常到夜总会嫖娼、消费，双方可能有不正当经济往来。由于夜总会老板的检举行为是一种缺乏证据的主观猜测，没有指明具体犯罪事实或者提供相关犯罪线索，其检举行为对查办其他案件并无实际功效。即便事后查实该国家工作人员确实收受了私企老板的巨额贿赂，但因检举行为本身无价值，决定了检举行为与查获受贿犯罪之间没有因果关联性，仍然不能认定为立功表现。当然，“所揭发的他人犯罪行为，即使已被异地司法机关掌握，也不影响立功的认定”。[②]

---

① 张明楷：“论揭发‘他人’犯罪行为”，载《人民检察》2005 年第 10 期。

② 陈兴良、周光权：《刑法总论精释》，人民法院出版社 2011 年版，第 869 页。

2. 是否属于检举揭发行为，应当进行规范判断。

某一行为是否属于立功中的检举揭发行为，应当进行规范评价，不能以单纯的事实评价代替规范评价。如A得知B受贿之事后，对B实施了敲诈行为，在公安机关立案侦查期间，A主动供述敲诈B是因为B收受了他人的巨额贿赂，经查证A所供属实。由于敲诈的原因并不影响敲诈勒索犯罪的成立，即其供述的原因事实已经超出了敲诈勒索罪的范围，二者之间缺乏实质的关联，该行为当属于揭发行为，构成立功。如果单从事实角度判断，认为A只要如实供述自己的犯罪事实，就必然会说出实施犯罪的原因，而说出犯罪的原因就必然会带出B受贿的事实，所以A主动供述敲诈B是因为B收受了巨额贿赂的事实，属于对其犯罪原因事实的供述，是敲诈勒索事实的基本组成部分。这样就会得出A的供述没有超出“自己的罪行”的范围，不构成立功的错误结论。同时，在进行规范判断时，不能简单地认为，只要本人触犯的罪名与所揭发的他人犯罪罪名相同就不构成立功，如果罪名不同就可以构成立功。

3. 检举揭发的主观动机如何，不影响立功的成立。

“揭发他人犯罪中的揭发是一种广义上的揭发，实际上是指告发他人犯罪，既包括被害人揭发他人犯罪，也包括第三者揭发他人犯罪。”① 所以，“立功的成立与否，重在揭发行为的客观效果，而不在于犯罪分子的主观动机。……只要犯罪分子检举了他人的犯罪行为，只要所检举的是公安、司法机关尚未发现的犯罪行为，只要所检举的犯罪行为得以查证属实，就应当认定为立功。至于犯罪分子是出于对犯罪行为的痛恨而检举，还是为了保护被害人的合法权益而检举，抑或为了使司法机关对自己从轻、减轻或者免除处罚而检举，都不影响立功的成立”。② 但是，这种检举揭发应当具有时效性、真实性。如A、B涉嫌共同贪污被检察机关刑事拘留后，B主动向检察机关检举揭发了A收受一工程队贿赂100 000元的事，但检察机关在B检举揭发之前已掌握了该线索，并查证属实。B检举揭发的内容虽然真实，但因检举揭

① 陈兴良、周光权：《刑法总论精释》，人民法院出版社2011年版，第870页。

② 张明楷：“论‘揭发’他人犯罪行为”，载《人民检察》2006年第4期。

发行为发生于检察机关掌握之后，缺乏时效性，不能认定为立功。

4. 检举揭发的事实是否构成犯罪，不影响立功的认定。

《刑法》第68条中的“犯罪行为”，并不是指完全符合犯罪构成要件的行为，而是一般意义上的犯罪行为。简而言之，《刑法》第68条中的“犯罪行为”，仅指符合犯罪客观要件的法益侵害行为。[①] 或者说，“揭发他人的犯罪行为既包括揭发他人仅具有构成要件符合性、违法性的犯罪行为，也包括他人具有构成要件符合性、违法性以及有责性的犯罪行为”。最高人民法院《关于处理自首和立功若干具体问题的意见》（法发〔2010〕60号）第6条规定“被告人检举揭发或者协助抓获的人的行为构成犯罪，但因法定事由不追究刑事责任、不起诉、终止审理的，不影响对被告人立功表现的认定”。[②] 因此，对于以下几种情形，均应当认定犯罪分子有立功表现：（1）犯罪分子检举揭发了他人“犯罪行为”，经查证他人不具有刑事责任能力或者属于意外事件的。（2）犯罪分子检举揭发了他人“犯罪行为”，经查证该“犯罪行为”未达到立案标准、已超过追诉时效或者“他人”已经死亡的。但犯罪分子“揭发”他人正当防卫、紧急避险等排除犯罪的行为的，揭发的他人犯罪行为不能适用中国刑法的或者揭发的他人实施的告诉才处理的犯罪的，不属于立功。[③]

【法规链接】

《中华人民共和国刑法》

第六十八条 犯罪分子有揭发他人犯罪行为，查证属实的，或者提供重要线索，从而得以侦破其他案件等立功表现的，可以从轻或者减轻处罚；有重大立功表现的，可以减轻或者免除处罚。

---

① 陈兴良、周光权：《刑法总论精释》，人民法院出版社2011年版，第866页。

② 有人认为，被检举揭发人的行为是否构成犯罪是决定立功成立与否的关键。如果被检举揭发人的行为不构成犯罪，则检举揭发行为对被告人的刑罚裁量不具有影响力，没有实现刑法创设立功制度的目的，不构成立功。但是，这种将《刑事诉讼法》第15条规定的相关内容排除在“法定事由”之外的观点，难以成立。

③ 张明楷：“论揭发他人‘犯罪行为’”，载《人民检察》2006年第15期。

第二百六十四条 盗窃公私财物，数额较大的，或者多次盗窃、入户盗窃、携带凶器盗窃、扒窃的，处三年以下有期徒刑、拘役或者管制，并处或者单处罚金；数额巨大或者有其他严重情节的，处三年以上十年以下有期徒刑，并处罚金；数额特别巨大或者有其他特别严重情节的，处十年以上有期徒刑或者无期徒刑，并处罚金或者没收财产。

第三百一十二条 明知是犯罪所得及其产生的收益而予以窝藏、转移、收购、代为销售或者以其他方法掩饰、隐瞒的，处三年以下有期徒刑、拘役或者管制，并处或者单处罚金；情节严重的，处三年以上七年以下有期徒刑，并处罚金。

单位犯前款罪的，对单位判处罚金，并对其直接负责的主管人员和其他直接责任人员，依照前款的规定处罚。

63. 如何认定协助抓捕同案犯

——马某等人挪用资金、职务侵占案

【案情摘要】

被告人马某，男，1988年4月3日出生，石油公司加油站职工。

2011年1月至3月底，被告人马某利用其担任加油员行使加油收款、进账的工作便利，挪用加油款共计39 373.09元，归个人使用。

2011年3月31日，被告人马某以私事需用钱为由，让同事李某某（不起诉）将收取的款借给自己使用，李某某遂将当班期间收取加油款中的10 000元借给马某，马某携带该款外逃。后马某的近亲属将以上款项共计49 373.09元归还市石油公司。

案发后，李某某供述了案发前马某所使用的电话号码，公安机关据此于2012年8月8日将马某抓获归案。

【诉讼意见与处理结果】

公诉机关认为，李某某的行为虽已构成挪用资金罪，鉴于其犯罪情节较轻，又在案件侦查期间提供了同案犯马某的电话号码，协助公安机关将马某抓获，有立功表现，决定不予起诉。被告人马某的行为触犯了《刑法》第272条第1款、第271条第1款，应当以挪用资金罪、职务侵占罪追究其刑事责任。辩护意见认为，马某所涉嫌的两次犯罪事实，都是临时挪用，不是为了非法占有，不构成职务侵占罪，应以挪用资金一罪处罚。

一审法院认为，被告人马某的行为已构成挪用资金罪、职务侵占罪。依照《刑法》规定，判决如下：

被告人马某犯挪用资金罪，判处有期徒刑10个月；犯职务侵占罪，判处有期徒刑6个月。数罪并罚，决定执行有期徒刑1年2个月。

宣判后，被告人马某未上诉。公诉机关未抗诉。

【法律适用问题】

对于被不起诉人李某某提供了同案犯马某的电话号码，公安机关据此将马某抓获的事实是否构成立功，在审查过程中存在不同认识。一种意见认为，李某某的行为属于立功中的协助行为。抓获马某与李某某提供电话号码的行为有因果关系，且该电话号码与犯罪行为丝毫没有关系，对于与犯罪行为毫无关系的信息不属于同案人应当如实供述的内容，另一种意见认为，李某某的行为不属于立功中的协助行为。尽管抓获马某与李某某提供电话号码的行为确有因果关系，且该电话号码与犯罪行为没有直接关系，但同案人如实供述的内容既包括与案件事实直接相关的内容，也包括与案件事实没有直接关联的内容，如同案犯的户籍、住址等信息。只要与同案人犯罪事实、身份信息以及在犯罪前、犯罪中获取的对抓获同案人有价值的信息，都属于应当如实供述的内容。

最高人民法院《关于处理自首和立功若干具体问题的意见》(法发〔2010〕60号，以下简称《意见》）第5条第1款规定，具有下列情形之一，使司法机关抓获其他犯罪嫌疑人的，属于“协助司法机关抓获其他犯罪嫌疑人”：按照司法机关的安排，以打电话、发信息等方式将其他犯罪嫌疑人（包括同案犯）约至指定地点的；按照司法机关的安排，当场指认、辨认其他犯罪嫌疑人（包括同案犯）的；带领侦查人员抓获其他犯罪嫌疑人（包括同案犯）的；提供司法机关尚未掌握的其他案件犯罪嫌疑人的联络方式，藏匿地址的，等等。第2款规定，犯罪分子提供同案犯姓名、住址、体貌特征等基本情况，或者提供犯罪前、犯罪中掌握、使用的同案犯联络方式、藏匿地址，司法机关据此抓捕同案犯的，不能认定为协助司法机关抓捕同案犯。

在本案中，李某某提供同案犯马某的电话号码后，公安机关通过技术手段将马某抓获，似有协助行为存在，但该电话号码系李某某在犯罪前已掌握的同案犯的联络方式，属于其应当如实供述的内容，而如实供述是同案犯的法律义务，这是共同犯罪与单独犯罪在立功表现方面的重要差别之一。在单独犯罪中，无论提供何种抓捕信息，只要对抓捕其他犯罪嫌疑人具有实效，都属于“协助行为”。但在共同犯罪中，同案犯所提供的抓捕信息只有超出如实供述范围的，才具有协助性。从设立立功制度的价值目标来看，无疑对立功行为应当作出广义的、实质的解释。但是，实质解释不应当脱离或者超越形式正义的框架，既然司法解释明确规定“犯罪分子提供同案犯姓名、住址、体貌特征等基本情况，或者提供犯罪前、犯罪中掌握、使用的同案犯联络方式、藏匿地址，司法机关据此抓捕同案犯的，不能认定为协助司法机关抓捕同案犯”，那么，对李某某的行为当然就不应当评价为立功。①

司法结论的形成，在思维方法上应当具有一致性和系统性，一致性要求结论的得出必须能够找到法律上的依据，系统性要求结论的得出不能与法律规则体系相抵触。这也正是为什么说对刑法某一条文的适用，就是对整个刑法适用的原因所在。

【办案札记】

协助行为，即配合、帮助行为。在刑事司法实务中，对于协助抓捕同案犯立功的具体把握上，应当注意以下几个方面的内容。

1. 提供的抓捕信息不属于共同犯罪事实应当包含的内容。

属于共同犯罪的事实内容包括同案犯的户籍信息、家庭信息、通信信息、共同犯罪过程以及事后逃避打击的事实等，只要属于共同犯罪事实组成部分的内容，即便为司法机关抓获同案犯所利用的，也只能作为如实交代共同犯

---

① 按照最高人民法院《关于处理自首和立功若干具体问题的意见》(法发〔2010〕60号)第5条第2款的规定，犯罪分子提供同案犯藏匿地址，司法机关据此抓捕同案犯的，不能认定为协助司法机关抓捕同案犯。但2008年最高人民法院《全国部分法院审理毒品犯罪案件工作座谈会纪要》(以下简称《纪要》)规定，被告人在公安机关抓获同案犯过程中确实起到协助作用的，例如，经被告人现场指认、辨认抓获了同案犯，被告人带领公安人员抓获了同案犯，被告人提供了不为有关机关掌握或者有关机关按照正常工作程序无法掌握的同案犯藏匿的线索使得有关机关据此抓获了同案犯，被告人交代了与同案犯的联系方式又按要求与对方联络并积极协助公安机关抓获了同案犯等，属于协助司法机关抓获同案犯，应认定为立功。即提供同案犯藏匿线索的，可以成立立功。由于该《纪要》是针对毒品犯罪所作的特别规定，在毒品犯罪中，提供同案犯藏匿线索的，可以认定为立功。

罪事实来看待，不能作为立功表现来认定。如犯罪前、犯罪中掌握、使用的同案犯联络方式、藏匿地址，属于预谋、实施犯罪的范畴，司法机关据此抓捕同案犯的，不能认定为协助抓捕同案犯。但是，在毒品犯罪中，如果行为人所提供的是司法机关按照正常工作程序无法掌握的同案犯的藏匿地址、电话号码等线索，司法机关由此抓获了同案犯，当属于立功表现。对行为人是否提供了立功的信息，要考察提供的信息是否影响对其犯罪事实如实交代的认定：如果不提供该线索情况，也不能认为其是不如实供述犯罪事实，则该信息属于独立于共同犯罪事实之外的线索。如行为人向司法机关提供了犯罪后掌握的同案犯联络方式、藏匿地址，除非这些信息属于犯罪后为逃避打击共同商定的内容，否则，其行为已经超出了供述共同犯罪事实的范畴，应当认定为立功。

2. 协助行为与提供信息并不要求同时具备才能构成立功。

《意见》第 5 条第 1 款与第 2 款的规定属于并列关系，即协助行为与提供信息并不要求同时具备才能构成立功。在共同犯罪中，如果到案的行为人不仅如实供述了共同犯罪事实，提供了不为司法机关掌握的在逃同案人的电话号码、藏匿地址等信息，且又协助司法人员抓捕了同案犯，因行为人实施的是如实供述和协助抓捕两个不同性质的行为事实，或者说协助行为不属于共同犯罪事实的内容，此时协助抓捕行为就构成了立功。如果有投案的情形，则行为人在具有自首情节的同时，又可以认定有立功表现，相互之间并不冲突。同时，行为人的协助是抓获同案犯的重要条件，但不一定是必要条件。不能以没有行为人的协助还可以通过其他办法抓到同案犯或者以同案犯尚未到案等因素为由，否认行为人的协助行为构成立功。如协助公安机关抓获同案犯后，被抓获者由于其他原因脱逃的，不影响行为人构成立功。①

3. 提供线索或者协助行为与抓获结果有因果关系。

无论行为人所实施的是提供线索的行为还是协助抓捕的行为，都应当对实际抓获同案人具有一定的原因力；没有原因力就等于没有实际作用，不能

① 王小明：“《全国法院审理毒品犯罪案件工作座谈会纪要》的理解和适用”，参见最高人民法院编：《刑事审判参考》（2001 年第 12 辑　总第 23 辑），法律出版社，第 72 ~ 73 页。

构成立功。至于原因力的大小则在所不问，只要其行为在实质上为司法机关抓获其他犯罪嫌疑人、同案犯带来便利，即可成为立功中的协助。换言之，协助行为对抓捕其他犯罪嫌疑人所起作用的大小，并不影响立功的成立。协助行为所起作用的大小，只是在量刑时予以考虑的问题。如行为人通过电话联系或者诱骗等方式协助公安机关稳住已被监控的同案犯罪嫌疑人，从而使公安机关将其他同案犯罪嫌疑人抓获归案的，就可以认定为立功。不能因为被抓获的犯罪嫌疑人已处于监控之中，其行为对公安机关抓获所起的作用不大而否认立功的成立，这也是一种有利于被告人的合理选择。

【法规链接】

《中华人民共和国刑法》

第六十八条 犯罪分子有揭发他人犯罪行为，查证属实的，或者提供重要线索，从而得以侦破其他案件等立功表现的，可以从轻或者减轻处罚；有重大立功表现的，可以减轻或者免除处罚。

第二百七十一条 公司、企业或者其他单位的人员，利用职务上的便利，将本单位财物非法占为己有，数额较大的，处五年以下有期徒刑或者拘役；数额巨大的，处五年以上有期徒刑，可以并处没收财产。

国有公司、企业或者其他国有单位中从事公务的人员和国有公司、企业或者其他国有单位委派到非国有公司、企业以及其他单位从事公务的人员有前款行为的，依照本法第三百八十二条、第三百八十三条的规定定罪处罚。

第二百七十二条 公司、企业或者其他单位的工作人员，利用职务上的便利，挪用本单位资金归个人使用或者借贷给他人，数额较大、超过三个月未还的，或者虽未超过三个月，但数额较大、进行营利活动的，或者进行非法活动的，处三年以下有期徒刑或者拘役；挪用本单位资金数额巨大的，或者数额较大不退还的，处三年以上十年以下有期徒刑。

国有公司、企业或者其他国有单位中从事公务的人员和国有公司、企业或者其他国有单位委派到非国有公司、企业以及其他单位从事公务的人员有前款行为的，依照本法第三百八十四条的规定定罪处罚。

累　犯

64. 怎样把握一般累犯的适用条件

——潘某某等人盗窃案

【案情摘要】

被告人潘某某，男，1994 年 6 月 18 日出生，无业。

2012 年 6 月中旬，被告人潘某某伙同他人，盗得电缆线铜芯 325.6 公斤，价值18 233.6元；2012 年 7 月 14 日，被告人潘某某伙同他人盗得电缆线 67.52 米，价值23 587.71元。案发后，2013 年 9 月 24 日被判处有期徒刑 1 年 2 个月，并处罚金 6000 元。2013 年 10 月 23 日刑满释放。

2015 年 2 月 26 日至 6 月 18 日，被告人潘某某伙同他人入室盗窃作案 14 起，既遂 9 起，盗窃财物价值 9282.1 元，未遂 5 起；单独入室盗窃作案 15 起，既遂 4 起，盗窃财物价值 4825 元，未遂 11 起。

【诉讼意见与处理结果】

公诉机关指控，被告人潘某某的行为触犯了《刑法》第 264 条，应当以盗窃罪追究其刑事责任。其在刑罚执行完毕以后，在 5 年以内再犯应当判处有期徒刑以上刑罚之罪，属累犯，应当依法从重处罚。

一审法院认为，被告人潘某某的行为已构成盗窃罪。但其犯前罪时不满 18 周岁，不构成累犯。依照《刑法》规定，判决如下：

被告人潘某某犯盗窃罪，判处有期徒刑 1 年，并处罚金 3000 元。

宣判后，被告人潘某某未上诉，公诉机关未抗诉。

【法律适用问题】

本案的分歧为潘某某的部分犯罪事实发生在18周岁前，部分事实发生在18周岁之后，5年内再犯罪时，是否适用累犯。

第一种意见认为，《刑法》第65条第1款对累犯的例外规定，只适用于全案系未成年人犯罪的情况，如果前罪所判的有期徒刑包含成年犯罪的部分，则不能适用针对未成年人的特殊规定。《刑事诉讼法》第275条第1款规定的犯罪记录封存制度同样如此。由于潘某某的前罪中含有成年人犯罪部分，不能适用未成年人的例外规定，其犯罪记录不属于封存的对象，可以作为认定累犯的根据。对潘某某应当认定为累犯。

第二种意见认为，只要前罪的事实中存在发生在未满18周岁时的，即应认为是未成年犯，其犯罪记录应被封存，不得将封存的未成年人犯罪记录用作从重处罚的依据。潘某某前罪中虽然有已满18周岁犯罪且被判处有期徒刑以上刑罚，但毕竟包含有未满18周岁的犯罪，从对未成年人教育、挽救的政策出发，不应认定为累犯。

第三种意见认为，在前罪中有已满18周岁犯罪的，是否构成累犯需要具体情况具体分析。如果满18周岁后的事实构成故意犯罪，且应被判处有期徒刑以上刑罚的，当构成累犯。如果前罪中满18周岁后的事实，不构成故意犯罪或者被判处有期徒刑以下刑罚的，则不构成累犯。潘某某满18周岁时的盗窃价值达23 587.71元，根据当地的量刑标准，应当被判处有期徒刑以上刑罚，应构成累犯。

第四种意见认为，对前罪中有部分事实发生在未成年人阶段的情形，是否属于未成年犯，在法律及司法解释未明确的情况下，应从有利于未成年人、有利于被告的原则出发，认定为未成年人犯罪，依照《刑法》第65条第1款的例外规定，对潘某某不应认定为累犯。

潘某某是否构成累犯，首先需要明确对其前罪记录是否应被封存。如果属于封存的对象，不存在构成累犯的可能。因为犯罪记录既已封存，就不应被重复利用和评价。“即使是司法机关办案需要，也应对被封存的未成年犯罪记录的情况予以保密，也不得将封存的未成年人犯罪记录用作从重或者加重处罚的依据。……如果被封存的犯罪记录能够被重复利用和评价，封存制度实际上就被虚化，制度设立的目的也难以实现。”如果不属于封存的对象，则可以作为认定累犯的事实根据。

最高人民法院《关于审理未成年人刑事案件具体应用法律若干问题的解释》第 12 条第 2 款规定：“行为人在年满十八周岁前后实施了不同种犯罪行为，对其年满十八周岁以前实施的犯罪应当依法从轻或者减轻处罚。行为人在年满十八周岁前后实施了同种犯罪行为，在量刑时应当考虑对年满十八周岁以前实施的犯罪，适当给予从轻或者减轻处罚。”从该规定可以看出，对于跨龄犯（跨 18 周岁），在年满 18 周岁以后的同种犯罪行为要以成年犯来追究责任，仅对年满 18 周岁前的犯罪行为从轻或者减轻处罚。即对跨龄犯应当视为成年犯而非未成年犯。由此，对犯罪记录的封存，仅限于整体犯罪行为处于未满 18 周岁阶段的情形，不适用于跨龄犯。即潘某某的前罪记录不属于封存的对象，其前案的盗窃事实可以作为认定累犯的根据。

但前罪记录不被封存与是否构成累犯是两个不同的概念，是否构成累犯还需要根据成立累犯的法定标准来评判。《刑法》第 65 条第 1 款规定：“被判处有期徒刑以上刑罚的犯罪分子，刑罚执行完毕或者赦免以后，在五年以内再犯应当判处有期徒刑以上刑罚之罪的，是累犯，应当从重处罚，但是过失犯罪和不满十八周岁的人犯罪的除外。”按照以上规定的精神，对于前罪的犯罪行为跨 18 周岁前后的，是否构成累犯，不能笼统地以“不满十八周岁的人犯罪不构成累犯”简单地否认累犯的可能。能否认定累犯，关键要看 18 周岁节点的犯罪，是否故意犯罪，是否依法应当判处有期徒刑以上刑罚。如果“行为人在 18 周岁前后实施数罪或者数个行为，如其已满 18 周岁后的犯罪为故意犯罪且被判处或者明显应当判处有期徒刑以上刑罚，在刑罚执行完毕或者赦免 5 年内，又故意再犯应当判处有期徒刑以上刑罚之罪的，应当认定为累犯”。如在连续犯中，如果行为人满 18 周岁后实施的行为单独评价不构成犯罪的，或者虽已构成犯罪但不足以判处有期徒刑以上刑罚的，则不符合累犯成立的条件，应当排除累犯的适用。在本案中，被告人潘某某满 18 周岁时的盗窃价值达23 587. 71元，按照最高人民法院《关于常见犯罪的量刑指导意见》的规定，明显应当判处有期徒刑以上刑罚，在其所犯后罪亦被宣告为有期徒刑的情况下，已具备了适用累犯的条件，应当认定为累犯。一审法院不以累犯认定的做法欠妥。

“保护社会”和“保障人权”是现代刑法的基本功能，对刑法的适用应当有利于实现刑法功能，“守经有余，变通不足”或者“变通有余，守经不足”都是司法行为的异化。

【办案札记】

《刑法》第65条对一般累犯的构成条件作出了明确规定。据此，对一般累犯的适用，在实务中应当把握和处理好以下关系。

1. 时间关系。

成立一般累犯的后罪必须发生在前罪刑罚执行完毕或者赦免后5年以内，如果前后犯罪时间间隔超过5年则与累犯无关。刑罚执行完毕是指主刑执行完毕，不包括附加刑在内。如果主刑未执行完毕，在假释考验期内又犯新罪的，应当撤销假释数罪并罚，不存在累犯的问题。对5年间隔期限的计算，要以前罪刑罚执行完毕或者赦免之日为基准。一般来说，刑满释放之日即为刑罚执行完毕之日。被假释的犯罪分子，假释考验期满之日为刑罚执行完毕之日，直至5年后同日的前一日为止，即为5年以内。如A因故意伤害罪被人民法院于1995年8月2日判处有期徒刑3年6个月，1997年7月5日刑满释放，那么5年以内即为2002年7月4日以内，从2002年7月5日开始不论实施何种犯罪、量刑如何都与累犯无关。在数罪并罚的情形下，5年间隔期应以数罪并罚后决定执行的刑期整时执行完毕后起算。同时，累犯成立的时间为后罪发生时间，对其再犯罪时间的确定，应当从实施后罪行为的开始点作为计算的基准。

2. 行为关系。

一般累犯中的前罪行为与后罪行为应当相互独立，不存在依附关系。例如，按照《刑法》第201条的规定，纳税人采取欺骗、隐瞒手段进行虚假纳税申报或者不申报，逃避缴纳税款数额较大并且占应纳税额10%以上的，构成逃税罪。虽已符合以上条件，经税务机关依法下达追缴通知后，补缴应纳税款，缴纳滞纳金，已受行政处罚的，不予追究刑事责任；但是，五年内因逃避缴纳税款受过刑事处罚或者被税务机关给予二次以上行政处罚的除外。据此，如果行为人因逃税被判处有期徒刑，刑满释放后5年内再次逃税，数额较大并且占应纳税额10%以上，即便经税务机关追缴后，补缴了应纳税款，缴纳了滞纳金，已受行政处罚，仍然要追究刑事责任。但此时后行为本身并不能独立构罪，只有以前科为基础，才能构罪。这样，若以累犯论处，则存在对同一事实既作为定罪的条件又作为量刑的情节，有违禁止重复评价原则。但是，如果再次逃税经税务机关依法下达追缴通知后，仍不履行缴纳义务的，则后行为在不以前科为条件下也能够独立成罪，在此情形下，应认定为罪犯，从重处罚。

3. 年龄关系。

《刑法》第65条规定“过失犯罪和不满十八周岁的人犯罪的除外”。这里的“不满十八周岁的人”，即实施犯罪行为时不满18周岁的人。具体来说，既包括犯前罪时不满18周岁，也包括犯后罪时亦不满18周岁的人。如果前次犯罪时未满18周岁，即便后次犯罪时已满18周岁，也不构成累犯。据此，构成一般累犯的主体应当是在犯前罪时就已年满18周岁的犯罪分子。如行为人在未满18周岁前，先后犯有交通肇事罪和强奸罪，数罪并罚决定执行有期徒刑，刑满释放后5年内，又贩卖毒品应当判处有期徒刑，因前罪均发生在18周岁之前，不构成累犯。但是，如果行为人在未满18周岁时犯交通肇事罪，满18周岁后又犯强奸罪，分别被判处有期徒刑，数罪并罚后决定执行有期徒刑，刑满释放后5年内，又贩卖毒品应当判处有期徒刑，尽管交通肇事属于过失犯罪，但犯强奸罪时已满18周岁，且被判处有期徒刑，此时，已满18周岁的前罪与后罪已符合累犯的成立条件，则应认定为累犯。

4. 罪过关系。

贝卡利亚在《论犯罪与刑罚》中指出：“刑罚的目的仅仅在于：阻止罪犯再重新侵害公民，并规诫其他人不要重蹈覆辙。”为此，基于特殊预防的需要，刑法设立了累犯制度，以遏制犯过罪的人再次故意犯罪。按照刑法的规定，构成一般累犯的前罪和后罪都当属于故意犯罪，只有主观恶性较大，且前后具有同类性，才能表明其人身危险性较大，有特殊对待的必要性。这里需要注意的是，前罪和后罪是否都属于故意犯罪，判断的标准应当以前后行为事实的规范性评价为依据，而不能简单地以罪名为标准。如滥用职权罪的主观罪责为混合罪过，既可以是故意也可以是过失。如果行为事实构成故意型的滥用职权罪，则有构成累犯的可能；如果行为事实构成过失型的滥用职权罪，则与累犯无涉。刑罚本身不是为了惩罚，而是为了教育、约束犯人不再犯法。所以，如果其所犯的前后罪中有一罪为过失犯罪，或者两罪都为过失犯罪，自然就不能纳入重点关注的范畴，进而成为从重处罚的事由。

5. 刑罚关系。

成立一般累犯，前罪已被判处有期徒刑以上刑罚，后罪应当被判处有期徒刑以上刑罚。这里的有期徒刑以上刑罚是指宣告刑而非法定刑，不论是前罪还是后罪，如果应当适用的法定刑为有期徒刑，但最终的宣告刑为拘役、管制或者单处罚金，则不构成累犯。当然，前罪已被判处有期徒刑以上刑罚，不包括被判处有期徒刑宣告缓刑的情形。所谓后罪应当判处有期徒刑以上刑罚，是指综合案件事实及量刑情节，根据刑法规定应当判处有期徒刑以上刑罚，是司法人员的一种主观判断，但最终是否构成累犯应以实际的宣告刑为根据。需要注意的是，最高人民法院、最高人民检察院《关于办理盗窃刑事案件适用法律若干问题的解释》（法释〔2013〕8 号）规定，曾因盗窃等受过刑事处罚，后来再次实施盗窃等行为的，只要达到“数额较大”标准的50%，即可认定为盗窃等罪。[①] 在此情形下，前罪已判处的有期徒刑不能再作为认定累犯的根据，否则就是重复评价。如行为人因犯盗窃罪被判处有期徒刑，刑满释放后在 5 年内再次实施盗窃行为，且财物价值达到数额较大标准的 50%，这时前罪事实已成为后行为入罪的根据，不能再作为认定累犯进而从重处罚的根据。

① 在最高人民法院、最高人民检察院《关于办理敲诈勒索刑事案件适用法律若干问题的解释》（法释〔2013〕10 号）和《关于办理抢夺刑事案件适用法律若干问题的解释》（法释〔2013〕25 号）中亦有类似的规定。

【法规链接】

《中华人民共和国刑法》

第六十五条 被判处有期徒刑以上刑罚的犯罪分子，刑罚执行完毕或者赦免以后，在五年以内再犯应当判处有期徒刑以上刑罚之罪的，是累犯，应当从重处罚，但是过失犯罪和不满十八周岁的人犯罪的除外。

前款规定的期限，对于被假释的犯罪分子，从假释期满之日起计算。

第二百六十四条 盗窃公私财物，数额较大的，或者多次盗窃、入户盗窃、携带凶器盗窃、扒窃的，处三年以下有期徒刑、拘役或者管制，并处或者单处罚金；数额巨大或者有其他严重情节的，处三年以上十年以下有期徒刑，并处罚金；数额特别巨大或者有其他特别严重情节的，处十年以上有期徒刑或者无期徒刑，并处罚金或者没收财产。

《中华人民共和国刑事诉讼法》

第二百七十五条 犯罪的时候不满十八周岁，被判处五年有期徒刑以下刑罚的，应当对相关犯罪记录予以封存。

犯罪记录被封存的，不得向任何单位和个人提供. 但司法机关为办案需要或者有关单位根据国家规定进行查询的除外。依法进行查询的单位，应当对被封存的犯罪记录的情况予以保密。

缓　刑

65. 如何把握缓刑的适用条件

——薛某某侮辱案

【案情摘要】

被告人薛某某，男，1938 年 4 月 8 日出生，退休职工。

2007 年 11 月 29 日，八冶集团安装建设有限公司所属物业公司经理带领职工，将被告人薛某某从其家中私自外接到自建小平房的照明电线剪断，遂引起薛某某的不满。2007 年 12 月 4 日，被告人薛某某将事先准备好的用塑料桶盛装的粪便带至该公司经理办公室，当众泼洒在经理的面部和身上后逃离现场。

【诉讼意见与处理结果】

公诉机关指控，被告人薛某某为泄私愤，公然侮辱他人，情节严重，其行为触犯了《刑法》第 246 条第 1 款，应当以侮辱罪追究其刑事责任。辩护意见认为，被告人薛某某认罪态度较好，年老且患有严重疾病，应当适用缓刑。

一审法院认为，被告人薛某某的行为已构成侮辱罪。其虽如实供述其侮辱他人的犯罪行为，但缺乏悔罪表现，不符合适用缓刑的条件。依照《刑法》规定，判决如下：

被告人薛某某犯侮辱罪，判处有期徒刑 1 年。

宣判后，被告人薛某某提出上诉，请求改判为缓刑。

二审法院上诉人薛某某的行为虽已构成侮辱罪，根据其犯罪情节和悔罪表现，考虑其年逾古稀，可对其适用缓刑。依照《刑事诉讼法》《刑法》规定，判决如下：

1. 撤销原审判决；

2. 上诉人薛某某犯侮辱罪，判处有期徒刑1年，宣告缓刑2年。

【法律适用问题】

从判决理由可以看出，一审法院和二审法院对被告人薛某某处以截然不同的刑事待遇，主要原因在于对适用缓刑的条件在认识上存有分歧。那么，在具体办案中，该如何把握缓刑的适用条件呢？

按照刑法的规定，适用缓刑的前提条件是被判处拘役、3年以下有期徒刑的犯罪分子；实质条件是其犯罪情节较轻，有悔罪表现，不致再危害社会；[①] 排除条件是犯罪分子不属于累犯和犯罪集团的首要分子。在本案中，被告人薛某某并不是累犯和犯罪集团的首要分子，其所犯之罪的宣告刑为有期徒刑1年，犯罪情节较轻，且被告人薛某某年老体弱，适用缓刑再危害社会的可能性极其有限。据此，对其能否适用缓刑的关键在于有无悔罪表现。

那么，怎样才算是“有悔罪表现”？犯罪人如实供述自己犯罪事实的，能否认为“有悔罪表现”？一般认为，认罪只是悔罪的基础，认罪不等于悔罪，如实供述也不同于认罪，如实供述并主动认罪也不等于悔罪。如在贪污受贿犯罪中，仅如实供述并认可犯罪性质而不积极退赃的，不能认为有悔罪表现。但是，在更为广泛的意义上，也不可否认，犯罪人只要没有隐瞒事实真相，相反却如实供述了其所作所为的，同样也是一种悔罪的表现。只是这种悔罪与积极赔偿经济损失、积极退赃、真诚向被害人赔礼道歉、认真遵守监规和接受改造等悔罪表现，在程度上有所不同而已。特别是，在有些情况

① 对2009年刑法中的“不致再危害社会”，刑法修正案（八）已修正为“没有再犯罪的危险，对所居住社区没有重大不良影响”。本案判决形成于刑法修正案（八）之前，故仍以原条文内容为依据对案件进行评析。

下，行为人对自己的行为是否构成犯罪是缺乏专业认知的，如果其如实供述了犯罪事实，却没有认罪的口头表示，以“认罪是悔罪的基础”的逻辑来否认其悔罪表现，并不是太妥当。如在侵财犯罪中，行为人如实供述了自己的行为事实但自认为其行为属于不当得利而非犯罪，但予以积极退赔的，那么，其积极退赔的事实是悔罪表现还是非悔罪表现呢？因此，对是否具有悔罪表现是需要具体分析的。被告人薛某某对其侮辱他人的事实供认不讳并有较好的认罪态度，所欠缺的只是没有向被害人赔礼道歉。按照以上分析，在此情形下，将其视为有一定的悔罪表现并无不当。因为在定罪、量刑和行刑的过程中都应当做到公正与功利相结合。[①]“没有功利，公正无所依存；没有公正，功利必成公害。”[②] 另外，尽管按照《刑法》第 72 条第 1 款的规定，对被告人薛某某当为“可以宣告缓刑”而非“应当宣告缓刑”的情形，但这里的“可以”应当是有选择的倾向性的，即在一般情况下要选择适用缓刑。这样，二审法院对被告人薛某某改判为缓刑是合适的。

【办案札记】

在司法实务中，对犯罪人是否适用缓刑，在思维方法上可以采用排除法。即凡是不属于绝对排除或者相对排除的情形，就应尽可能地适用缓刑，以发挥缓刑“校正性正义”的功能与作用，为犯罪人回归社会创造有利条件。

1. 绝对排除适用缓刑的情形。绝对排除，即根据法律的明文规定，不可以适用缓刑。具体有两种情形。

一是不符合《刑法》第 72 条规定的情形。按照《刑法》第 72 条第 1 款的规定，对缓刑的适用需同时满足以下条件：（1）宣告刑为拘役、3 年以下有期徒刑；（2）犯罪情节较轻；（3）有悔罪表现；（4）没有再犯罪的危险；（5）宣告缓刑对所居住社区没有重大不良影响。对犯罪人是否符合上述条件，既要进行专业化的规范判断，也要进行社会化的非规范判断。如对“犯罪情节较轻”的判断，不能以涉嫌罪名的轻重为标准。无论所犯罪行的轻

① 曲新久：《刑法的精神与范畴》，中国政法大学出版社 2003 年版，第 126 页。

② 储怀植：《美国刑法》，北京大学出版社 1996 年版，第 7 页。

重，只要宣告刑为拘役或者3年以下有期徒刑，就具备了宣告缓刑的前提条件。即缓刑中的“犯罪情节”与情节犯中的“情节严重”“情节恶劣”属于不同语境下含义不同的刑法用语，不能因为刑法分则条文中有“情节严重”“情节恶劣”的规定，就认为不具备“情节较轻”的条件，排除缓刑的适用。这是规范评价的结果。但对“没有再犯罪的危险”“宣告缓刑对所居住社区没有重大不良影响”的评价，则需要结合犯罪人的一贯表现、悔罪表现、人格因素和社区公众的民意诉求等方面综合考察，以判明适用缓刑的社会化后果。按照以上法定标准对具体案件进行个别化的评估论证后，凡是不符合其中条件之一的，一律不得适用缓刑。

二是符合《刑法》第74条规定的情形。《刑法》第72条第1款规定：不满18周岁的人、怀孕的妇女和已满75周岁的人，应当宣告缓刑。同时，《刑法》第74条规定：对于累犯和犯罪集团的首要分子，不适用缓刑。由此可以得出以下结论：（1）对于不满18周岁的人、审判时怀孕的妇女和已满75周岁的人，当其为犯罪集团的首要分子时，排除缓刑的适用。（2）对于审判时怀孕的妇女和已满75周岁的人，如果已构成累犯的，排除缓刑的适用。（3）未成年人不构成《刑法》第65条规定的一般累犯，但是否可以构成《刑法》第66条规定的特殊累犯和《刑法》第356条规定的毒品再犯，《刑法》没有明文规定。鉴于司法机关对未成年人犯罪记录只可查询不得用于指控，且从体系性和目的性解释的角度来看，未成年人亦不应构成特殊累犯和毒品再犯。即只要其具备《刑法》第72条第1款规定的条件，又不属于犯罪集团的首要分子，就应当宣告缓刑，而不能排除对缓刑的适用。

2. 相对排除适用缓刑的情形。即根据司法解释和刑事政策的要求，可以不适用缓刑的情形。

（1）依照司法解释的规定决定是否予以排除。如最高人民法院《关于进一步加强危害生产安全刑事案件审判工作的意见》（法发〔2011〕20号）第18条规定：对数罪并罚的被告人，原则上不适用缓刑。最高人民法院、最高人民检察院、公安部、司法部《关于依法惩治性侵害未成年人犯罪的意见》（法发〔2013〕12号）第28条规定：对于强奸未成年人的成年犯罪分子判处刑罚时，一般不适用缓刑。《全国法院毒品犯罪审判工作座谈会纪要》（法

〔2015〕129号）规定：对于毒品犯罪应当从严掌握缓刑适用条件。对于毒品再犯，一般不得适用缓刑。对于不能排除多次贩毒嫌疑的零包贩毒被告人，因认定构成贩卖毒品等犯罪的证据不足而认定为非法持有毒品罪的被告人，实施引诱、教唆、欺骗、强迫他人吸毒犯罪及制毒物品犯罪的被告人，应当严格限制缓刑适用。上述“意见”“纪要”中的“原则上不适用缓刑”“一般不适用缓刑”“严格限制缓刑适用”等都属于相对排除的规定，最终是否排除尚需结合案情具体裁量。如对于数罪并罚的情形，1998年9月17日最高人民检察院对山东省人民检察院《关于数罪并罚决定执行刑期为三年以下有期徒刑的犯罪分子能否适用缓刑问题的复函》（〔1998〕高检研发第16号）中指出：“对于判决宣告以前犯数罪的犯罪分子，只要判决执行的刑罚为拘役、三年以下有期徒刑，且符合根据犯罪分子的犯罪情节和悔罪表现，适用缓刑确实不致再危害社会的案件，依法可以适用缓刑。”

（2）根据刑事政策的要求决定是否予以排除。缓刑制度本身是一种立足于宽宥的行刑制度，也是宽严相济刑事政策的重要体现。因此，对缓刑的适用除了要考虑其本身的法定条件外，也不能忽视社会治安形势及特定刑事政策等方面的因素。如对于社会和群众反映较为强烈的领导干部职务犯罪，就应当从目前反腐败斗争的政策导向出发，严格掌握，慎用缓刑。针对电信网络诈骗犯罪高发、蔓延之势，2016年9月23日最高人民法院、最高人民检察院、公安部等六部门联合发布的《关于防范和打击电信网络诈骗犯罪的通告》（以下简称《通告》）指出：“凡是实施电信网络诈骗犯罪的人员，必须立即停止一切违法犯罪活动。自本通告发布之日起至2016年10月31日，主动投案、如实供述自己罪行的，依法从轻或者减轻处罚，在此规定期限内拒不投案自首的，将依法从严惩处。”据此，对实施电信网络诈骗犯罪的人员，在该《通告》发布后尚未停止电信网络诈骗违法犯罪活动的或者在规定期限内拒不投案自首的，就应当严格限制缓刑的适用。

【法规链接】

《中华人民共和国刑法》

第七十二条 对于被判处拘役、三年以下有期徒刑的犯罪分子，同时符合下列条件的，可以宣告缓刑，对其中不满十八周岁的人、怀孕的妇女和已满七十五周岁的人，应当宣告缓刑：

（一）犯罪情节较轻；

（二）有悔罪表现；

（三）没有再犯罪的危险；

（四）宣告缓刑对所居住社区没有重大不良影响。

宣告缓刑，可以根据犯罪情况，同时禁止犯罪分子在缓刑考验期限内从事特定活动，进入特定区域、场所，接触特定的人。

被宣告缓刑的犯罪分子，如果被判处附加刑，附加刑仍须执行。

第七十四条 对于累犯和犯罪集团的首要分子，不适用缓刑。

第二百四十六条 以暴力或者其他方法公然侮辱他人或者捏造事实诽谤他人，情节严重的，处三年以下有期徒刑、拘役、管制或者剥夺政治权利。

前款罪，告诉的才处理，但是严重危害社会秩序和国家利益的除外。

通过信息网络实施第一款规定的行为，被害人向人民法院告诉，但提供证据确有困难的，人民法院可以要求公安机关提供协助。

时　效

66. 不受追诉期限限制条件的把握

——张某某等人盗窃案

【案情摘要】

犯罪嫌疑人张某某，男，1966年6月10日出生，农民。

郭某某，男，1975年1月4日出生，农民。

2001年7月中旬，犯罪嫌疑人张某某、郭某某在市火车站一招待所预谋盗窃毛驴，次日到红山窑乡肉联厂联系好买主。7月22日，二人乘坐火车到附近的石峰山区，盗窃鲁某某等人放养的毛驴五头，将其中四头毛驴以800元的价格出售（一头小毛驴因不能跟随而丢弃，被失主找回）。经鉴定，盗窃财物价值2750元。

案发后，鲁某某于2001年7月30日向公安机关书面报案，公安机关经审查于同日立案侦查。经讯问，张某某对盗窃事实不供认。后张某某感觉盗窃毛驴之事已被公安机关发觉便潜逃到新疆。经上网追逃，2008年7月25日犯罪嫌疑人张某某被抓获归案。经再次讯问才得知一直在家务农的郭某某也为同案盗窃行为人，公安机关于2008年7月28日又将郭某某从其住处抓获。

【诉讼意见与处理结果】

侦查机关以张某某、郭某某涉嫌盗窃罪移送审查起诉。公诉机关认为，郭某某的犯罪行为应当受追诉时效的限制，其到案时已过追诉期限，不应再追究刑事责任，建议侦查机关撤回起诉。

【法律适用问题】

在诉讼过程中，对郭某某的行为是否已过追诉时效形成两种意见。第一种意见认为，公安机关在立案侦查该案时属于以事立案，后所确定的犯罪嫌疑人为张某某。对郭某某来说，其既非立案侦查的对象也没有逃避侦查的行为，所以郭某某的行为应受追诉期限的限制。后将张某某抓获后才知郭某某参与了盗窃，此时离郭某某作案已过了7年，其行为已过追诉时效，不应再追究其刑事责任。第二种意见认为，本案为共同犯罪，公安机关对该案立案侦查后，即对全案已立案侦查。既然在共同犯罪中追诉时效期限具有整体性，郭某某作为共同犯罪人应与张某某一样，其行为也不受追诉时效的限制，应追究其刑事责任。

追诉时效，是指刑法规定的国家对犯罪分子追究刑事责任的有效期限。在法律规定的期限内，司法机关有权追究犯罪人的刑事责任。超过法定期限，除法律有特别规定的以外，司法机关或者有权告诉人，都不得再追究或者要求追究犯罪人的刑事责任。为了防止犯罪分子利用时效制度逃避制裁，《刑法》第88条第1款规定：在人民检察院、公安机关、国家安全机关立案侦查或者在人民法院受理案件以后，逃避侦查或者审判的，不受追诉期限的限制。即在上述情形之下，司法机关在任何时候都可以对犯罪分子进行追诉，不受追诉期限的限制。

本案中，郭某某的行为是否已过追诉时效，需要探明以下问题。

1. 在共同犯罪中未列为立案对象的人是否影响立案的效力。

按照《刑事诉讼法》的规定，公安机关或者人民检察院发现犯罪事实或者犯罪嫌疑人，应当按照管辖范围立案侦查。即立案侦查包括以事立案侦查和以人立案侦查。《刑法》第88条中的“立案侦查”与《刑事诉讼法》规定“立案侦查”应当具有同一性。无论是以事立案还是以人立案，对具体犯罪嫌疑人的确定需要通过侦查活动来完成，即便立案时未被确定为侦查对象的人，只要经查证确实构成犯罪需要追究刑事责任的，都应当视为已经立案的对象，而不能否定立案的成立。倘若其具有故意逃避侦查或者审判行为，应当不受追诉期限的限制。

2. 在共同犯罪中，对不受追诉期限限制的规定可否追及于所有犯罪嫌疑人。

在共同犯罪中，追诉时效期限具有相同性，因为根据《刑法》的规定，确定追诉时效期限的依据是法定最高刑，而不是宣告刑。所以不论是主犯、从犯还是胁从犯，对其追诉时效期限是相同的。但是，不受追诉期限限制的条件与确定追诉时效期限的根据不同。所以，在共同犯罪中，对不受追诉期限限制的规定能否适用于所有犯罪嫌疑人，关键在于各犯罪嫌疑人是否都具备了不受追诉期限限制的条件。

通过以上分析可以说明，对郭某某的犯罪行为受追诉期限限制的关键在于其没有实施逃避侦查的行为，缺乏归责的基础，并非在立案侦查时，其未被确认为犯罪嫌疑人。既然郭某某没有故意逃避追诉的积极行为，自然就应当受到追诉时效制度的保护，否则，既不能让嫌疑人信服，也不利于引导善良人的行为。

【办案札记】

《刑法》第 88 条规定了不受追诉期限限制的情形，从便于司法实务应用的角度来看，对不受追诉期限限制的情形，应当从程序要件和责任要件两个方面来把握。

1. 程序要件。

对于《刑法》第 88 条第 1 款规定的“不受追诉期限限制”的程序要求是案件进入刑事诉讼程序，即检察机关、公安机关、安全机关已经立案侦查或者人民法院已经受理案件。在诉讼程序启动前逃避侦查的，应当受追诉期限的限制。如国家工作人员 A 因受贿被群众举报，检察机关经初查决定以涉嫌受贿罪立案侦查，后发现 A 在立案前已闻风而逃，不知去向。由于 A 逃避侦查在前，立案在后，对 A 不得实行无期限追诉。对于《刑法》第 88 条第 2 款规定的“不受追诉期限的限制”的程序要求是被害人在追诉期限内提出控告。如国家工作人员 B 因贪污在追诉期限内被群众举报，检察机关应当立案而不予立案，B得知后闻风而逃，则对B就可以实行无期限追诉。如果在追诉期限内被害人没有提出控告或者提出控告的时间超过了追诉时效，均不存在时效延长的问题。

2. 责任要件。

从责任角度来看，只有违反规范，才有归责的可能；行为人如果没有规范违反，对其就没有归责的基础。就立案后逃避侦查或者审判的行为而言，如果行为人没有对该规范的违反，就不应当受到无期限的追诉；就提出控告后司法机关应当立案而不予立案的行为而言，如果没有对“应当立案”规范的违反，就不能对“不予立案”行为进行否定。

（1）对在司法机关启动诉讼程序后有逃避侦查或者审判行为的判断。“逃避侦查或者审判”，是指在立案侦查或者受理案件以后，有逃跑、故意毁灭证据等妨害司法活动正常进行的积极行为。是主观与客观的统一，即主观上有逃避侦查或者审判的目的，客观上有积极逃避侦查或者审判的行为；[①] 对于没有违反规范，缺乏归责的行为，不能令行为人承担不利的后果。所以，不能以行为人的行为是否使侦查或者审判活动无法进行作为逃避侦查或者审判的标准。如作案后正常的外出打工、经商等行为，只要不隐姓埋名，不应视为逃避侦查或审判。[②] 同样，不如实供述、先供后翻、对行为性质的辩解等行为，也不属于逃避侦查或者审判的行为。

（2）对在被害人提出控告后司法机关应当立案而不予立案行为的判断。《刑事诉讼法》第107条规定：公安机关或者人民检察院发现犯罪事实或者犯罪嫌疑人，应当立案侦查。《刑事诉讼法》第110条规定：人民法院、人民检察院或者公安机关对于报案、控告、举报和自首材料，应当按照管辖范围迅速审查，认为有犯罪事实需要追究刑事责任的时候，应当立案；认为没有犯罪事实，或者犯罪事实显著轻微，不需要追究刑事责任的时候，不予立案。同时，《刑事诉讼法》第15条规定了六种不应当追究刑事责任的情形。在司法实践中，应当还是不应当立案，要根据《刑事诉讼法》的规定为标准

---

① 马克昌：《刑罚通论》，武汉大学出版社1999年版，第683页。

② 黄京平：《刑法总则案例分析》，中国人民大学出版社2000年版，第261页。

来考察判断。如果实际上就不应当立案，即便立了案，也不能延长追诉期限；如果实际上应当立案，且公安司法机关也已立了案，则适用《刑法》第 88 条第 1 款的规定；如果实际上应当立案，而公安、司法机关没有立案，才可适用《刑法》第 88 条第 2 款的规定。

【法规链接】

《中华人民共和国刑法》

第八十七条 犯罪经过下列期限不再追诉：

（一）法定最高刑为不满五年有期徒刑的，经过五年；

（二）法定最高刑为五年以上不满十年有期徒刑的，经过十年；

（三）法定最高刑为十年以上有期徒刑的，经过十五年；

（四）法定最高刑为无期徒刑、死刑的，经过二十年。如果二十年以后认为必须追诉的，须报请最高人民检察院核准。

第八十八条 在人民检察院、公安机关、国家安全机关立案侦查或者在人民法院受理案件以后，逃避侦查或者审判的，不受追诉期限的限制。

被害人在追诉期限内提出控告，人民法院、人民检察院、公安机关应当立案而不予立案的，不受追诉期限的限制。

第八十九条 追诉期限从犯罪之日起计算；犯罪行为有连续或者继续状态的，从犯罪行为终了之日起计算。

在追诉期限以内又犯罪的，前罪追诉的期限从犯后罪之日起计算。

第二百六十四条 盗窃公私财物，数额较大的，或者多次盗窃、入户盗窃、携带凶器盗窃、扒窃的，处三年以下有期徒刑、拘役或者管制，并处或者单处罚金；数额巨大或者有其他严重情节的，处三年以上十年以下有期徒刑，并处罚金；数额特别巨大或者有其他特别严重情节的，处十年以上有期徒刑或者无期徒刑，并处罚金或者没收财产。

第四章　刑事辩护

事实辩护

67. 如何确定案件的事实

——武某销售假冒注册商标的商品案

【案情摘要】

被告人武某，男，1980年8月9日出生，个体汽配部业主。

2003年至2006年，被告人武某在经营汽配部期间，以承诺帮助办理汽车消费贷款、办理车辆入户为条件，先后出售“汉阳”牌载货汽车10辆、“十通”牌载货汽车1辆。其中，被告人武某在湖北省十堰市汽配城购买组件后又在无工商注册登记的十堰市“炎龙公司”“路神公司”组装并购买相关手续销售“汉阳”牌载货汽车5辆，每辆获利8000元，销售金额共计85.7万元，其明知系他人组装的假冒车辆购进后销售6辆，每辆获利5000元，销售金额共计80.6万元。后经涉案车辆商标所有人湖北三环专用汽车有限公司、汉阳特种汽车制造厂核实，涉案“十通”牌汽车、“汉阳”牌汽车非其生产、合格证亦非其核发，“十通”及“汉阳”商标均系冒用商标。经市质量技术监督局鉴定：武某所售车辆均系“以假充真”车辆。

主要证据为：（1）被害人赵吉海修改为赵某某等11人陈述反映：武某以承诺帮助办理汽车消费贷款、办理车辆入户为条件向其销售了假冒车辆，并购买配件组装车辆，所购车辆存在诸多质量问题；（2）证人杨兆基等修理人员证言反映：涉案11辆车辆核心部件存在严重质量问题被多次修理、更换；（3）被告人武某供述及辩解：从十堰市“炎龙公司”“路神公司”组装部分车辆并购买商标和车辆合格证件予以销售，经市机动车安全检测中心安全检测结果为合格；（4）湖北三环专用汽车有限公司复函反映：涉案“十通”车辆非其生产、合格证非其核发、“十通”商标系冒用商标；（5）汉阳特种汽车制造厂复函反映：涉案10辆“汉阳牌”汽车非其生产、亦未准许过炎龙公司和路神公司组装生产“汉阳”牌汽车及使用过该厂“汉阳”牌商标和整车合格证；（6）湖北省十堰市工商局证明文件反映：“炎龙公司”“路神公司”无工商注册登记；（7）市质量技术监督局车辆鉴定意见书反映：根据假冒生产企业提供的证明材料，涉案11辆载货汽车属于“以假充真”的产品；（8）刑事判决书证实：市机动车安全检测中心相关工作人员在检测车辆时有玩忽职守行为。

【诉讼意见与处理结果】

侦查机关以武某涉嫌销售伪劣产品罪移送审查起诉。公诉机关指控，被告人武某提供配件协助无资质方生产以假充真的假冒伪劣汽车并予销售，销售金额达85.7万元；明知购进和销售的汽车不能保证车辆性能仍予销售，销售金额达80.6万元。其行为触犯了《刑法》第140条，应当以生产、销售伪劣产品罪和销售伪劣产品罪追究其刑事责任。辩护意见认为，起诉书指控的事实不清，证据不足。理由为：（1）公诉机关未对涉案车辆提供有效的技术检验、鉴定意见以及证明材料，指控被告人武某的行为构成生产、销售伪劣产品罪和销售伪劣产品罪且应数罪并罚的证据不足；（2）与车辆质量有利害关系的企业单方以“复函”形式证实涉案车辆非其生产、合格证亦非其核发，其证据的效力很低。市质量技术监督局据此鉴定武某所售车辆均系“以假充真”车辆的结论不能作为定案依据；（3）市质量技术监督局并不具备对机动车整车鉴定资质，鉴定人未对涉案车辆现场勘验检查，更未技术性查验。在此情形下质量技术监督局径行得出“以假充真”的结论明显不当；（4）合格证的真伪问题与产品质量问题属于两个不同概念，仅此不能得出涉案车辆属于生产、销售伪劣产品罪中“以假充真”“以次充好”“以不合格产品冒充合格产品”的结论。

一审法院认为，被告人武某在明知无汽车销售资质的情况下，仍采用非正当进货渠道购进并帮助他人购进、销售假冒他人注册商标的汽车从中获利，销售数额巨大，其行为构成销售假冒注册商标的商品罪。依照《刑法》规定，判决如下：

1. 被告人武某犯销售假冒注册商标的商品罪，判处有期徒刑 5 年 6 个月，并处罚金1 700 000元；

2. 非法所得70 000元，依法予以追缴。

宣判后，被告人武某提出上诉，其行为不构成销售假冒注册商标的商品罪，应改判无罪。

二审法院认为，上诉人武某的行为已构成销售假冒注册商标的商品罪。但根据其犯罪情节和悔罪表现，可对其宣告缓刑。依照《刑事诉讼法》《刑法》规定，判决如下：

1. 撤销原审判决对上诉人武某的量刑部分；

2. 上诉人武某犯销售假冒注册商标的商品罪，判处有期徒刑 3 年，缓刑 5 年，并处罚金150 000元。

【法律适用问题】

对行为性质的评价，关键在于对案件事实的确定。那么什么是案件事实呢？在理论上众说纷纭，并没有一个统一的认识标准，但有一点是确定无疑的，即刑事案件中的事实应当是有证据足以支持的、符合刑法规范的事实。为此，在实际工作中，对案件事实的认定应当树立程序法观念、实体法观念和自然法观念。所谓程序法观念，即有证据支持的经程序法过滤的事实才能成为案件事实；所谓实体法观念，即属于具体刑法规范调控的事实才能成为案件事实；所谓自然法观念，即对案件事实的认定应当符合常识、常情和常理。

刑事程序“就像河流的两岸，时时制约着流淌在其中的证据和事实。”[①]从程序法的角度来考察，起诉书指控与判决书所认定事实的主要差异在于被

① 锁正杰：《刑事程序的法哲学原理》，中国人民公安大学出版社 2002 年版，第 130 页。

告人武某生产、销售的车辆是否属于伪劣产品。起诉书认定被告人武某生产、销售了“以假充真”的伪劣车辆，但判决书对该事实予以否认。那么，被告人武某生产、销售质量不合格伪劣车辆的事实是否存在？是否有确实充分的证据支持？公诉机关认定该事实的主要证据为车主的证言、车辆维修人员的证言、市质量技术监督局鉴定意见等。但以上证据正如辩护人提出的那样，并不能足以证实涉案车辆为“以假充真”的伪劣产品。产品质量检验鉴定是一个法定程序，本案由于所售车辆客观鉴定条件丧失而未进行必要技术鉴定，以致无法确认涉案车辆是否属于“以假充真”或者“以次充好”或者“以不合格产品冒充合格产品”的情形。在程序意义上，应视为被告人武某生产、销售伪劣产品的事实不存在。

“有几分证据说几分话”是刑事诉讼的基本观念和规则。按照以上分析，本案被程序法证实的事实框架为：被告人武某在经营汽车配件期间，超范围经营汽车销售生意，未经许可，非法购进湖北三环专用汽车有限公司、汉阳特种汽车制造厂的注册商标标识，又将之非法使用在其销售的“十通”“汉阳”牌汽车上，从中牟取利益。上述事实从刑法规范来考察，可能涉及三个罪名，即假冒注册商标罪、销售假冒注册商标的商品罪和非法经营罪。

按照《刑法》第 213 条、第 214 条、第 225 条的规定，假冒注册商标罪是指未经注册商标所有人的许可，在同一种商品上使用与其注册商标相同的商标，情节严重的行为。销售假冒注册商标的商品罪，是指销售明知是假冒注册商标的商品，且销售金额数额较大的行为。销售假冒注册商标的商品罪，是指违反国家商标管理法规，销售明知是假冒注册商标的商品，销售金额数额较大的行为。非法经营罪是指自然人或者单位，故意从事非法经营活动，扰乱市场秩序，情节严重的行为。其中“非法经营活动”包括：（1）未经许可经营法律、行政法规规定的专营、专卖物品或者其他限制买卖的物品的；（2）买卖进出口许可证、进出口原产地证明以及其他法律、行政法规规定的经营许可证或者批准文件的；（3）其他严重扰乱市场秩序的非法经营行为。

依照上述刑法规范为指导进行分析，显然，被告人武某擅自销售车辆的行为事实属于超范围经营行为，虽违反相关行政法规，但并不符合非法经营罪的罪状内容，不能评价为非法经营罪。被告人武某在未经注册所有人许可，非法购进他人的注册商标标识后，将假冒注册的商标标签在车辆上进行出售。"标签"即"使用"，"标签在车辆上进行出售"即为"销售假冒注册商标的商品"。从事实应当与规范相对应的要求来看，其行为事实既符合假冒注册商标罪的构成特征也符合销售假冒注册商标的商品罪的构成特征。在此情形下，按照最高人民法院、最高人民检察院《关于办理侵犯知识产权刑事案件具体应用法律若干问题的解释》（法释〔2004〕第19号）第13条的规定，对被告人武某的行为，应当以假冒注册商标罪定罪处罚而不应以销售假冒注册商标的商品罪定罪处罚。

如何认定案件事实是司法工作者的基本功、必修课。因为在许多情况下，"法律人的才能主要不在认识制定法，而正是在于有能力能够在法律的规范的观点之下分析生活事实。"因此，对案件事实的认定既要从案件到规范，又从规范到案件，使"目光在刑法规范与生活事实之间顾盼往返"，通过沟通、对话形成规范构成要件与案件事实要件的相互连接，以实现案件事实的"格式化"。

【办案札记】

在刑事诉讼中，案件事实是适用法律的根据和基础，那么怎样来确定案件的事实呢？

对案件事实的确定，在整体上讲，是一个从程序性证明到实体性判断的过程。在这个过程中，既要恪守程序法规范，又要遵循实体法规范，才能赋予案件事实的法律意义。

1. 选择符合程序法规范的事实。

"只有有证据加以证明的才可以视为存在。""事实认定必须经过证据证明这个环节，这是不可逾越的。……依据证据规则所确定的法律事实，是方法论中确定法律事实的基础。"① 所以，案件事实首先应当是一种程序性事实，它产生于刑事诉讼程序之中，受到法律程序和证据的制约。认定案件事实的第一步，就是通过事实与程序法规范互动，把生活事实转化为程序法中

① 王利明：《法学方法论》，中国人民大学出版社2012年版，第173页。

的事实。如果对一个案件据以定罪的证据予以排除时或者所收集的证据对重要情节不能确实充分地证明时，这个事实在案件中就不能成立。换而言之，对案件事实的确定，首要的问题是要明确哪些事实是被证据规则所证明了的事实，哪些事实是没有被证据规则所证明了的事实。只有被证据规则所证明的事实，才是法律上认可的事实，才有进入到法律规范中来予以评价的资格。对于非法证据所反映的“事实”应当予以排除。但是符合程序法规则的事实并非都具有法律评判的价值，只有其中与实体法规范相关联的事实，才有定罪量刑的意义，无关联则无价值。

2. 确定与实体法规范相关联的事实。

法律事实是一种规范性事实。所以，确定案件事实的第二步，就是要明确程序法中事实的法律属性。即通过程序法中的事实与实体法规范互动，把程序性事实转化为实体法事实。从方法论的角度而言，应以实体法规范为指导，首先要对事实进行筛选，从程序性事实中选择有法律意义的事实，删除不具有法律意义的事实。即选择确定可能的不法事实和可能包含责任要素的事实，使事实与法律彼此牵连。不法事实，包括行为、结果或者危险和因果关系等事实；责任事实，包括责任年龄、故意、过失和身份等事实。其次要对事实进行识别，即初步确定被筛选的事实是否具有刑事违法性？事实可能牵涉的刑法规范有哪些？在此基础上，再根据刑法规范来考量特定案件中具体需要的事实要件是什么？事实要件与刑法规范是否对应，使事实与法律相互趋同。最后要对事实进行整理，即根据规范要件对筛选、识别的事实进行分类归纳，确定程序性事实可能涉嫌的犯罪构成要件，并使之与规范要件相对应，寻找最密切联系的规范，得出是否构成犯罪的结论。

对同一个案件事实，以不同的法律规范来分析评价，结论往往不同。无论是筛选、识别还是整理，都要以可能适用的刑法规范为指导进行互动验证。既要依照规范要件不断“剪裁事实”，也要根据事实反复“过滤规范”，只有在二者之间“流连往返”的涵摄，才能使具体事实与特定法律规范相符合，形成确定的案件事实。①

3. 排除可能存在的合理疑问。

对犯罪的判断必须建立在事实判断的基础上，进而在严格规则下确定具体可靠的事实。这就要求，一方面对案件事实的确定，应在尊重生活常识的基础上进行价值判断、规范判断。具体方法是恪守从行为、后果（外在特征）开始到规范判断（合法还是违法）再到责任（有无）的程序规则。另一方面经过程序法过滤和实体法检验的事实也要符合经验理性。即对案件中的法律事实，需要以经验法则、自然法则来证明或者验证，其是否符合常识、常情和常理。尤其是对主观事实的认定，常识、常理、常情可以发挥分析工具的作用，有助于确认罪过的内容及其具体形式。同时，在筛选、识别、整理的过程中，如果所确定的事实尚不能完全满足刑法规范，则事实就无法实现与规范的有效连接，这时也需要对一些“环节”进行推定，对事实的推定也要以经验、逻辑法则为基础。总之，对案件事实的确定不能违背经验法则、自然法则和逻辑法则。

【法规链接】

《中华人民共和国刑法》

第一百四十条 生产者、销售者在产品中掺杂、掺假，以假充真，以次充好或者以不合格产品冒充合格产品，销售金额五万元以上不满二十万元的，处二年以下有期徒刑或者拘役，并处或者单处销售金额百分之五十以上二倍以下罚金；销售金额二十万元以上不满五十万元的，处二年以上七年以下有期徒刑，并处销售金额百分之五十以上二倍以下罚金；销售金额五十万元以上不满二百万元的，处七年以上有期徒刑，并处销售金额百分之五十以上二倍以下罚金；销售金额二百万元以上的，处十五年有期徒刑或者无期徒刑，

① 对案件事实的认定，应当注意：(1) 不要事先根据自己的先前理解或以往处理结论归纳案件事实。(2) 不要事先根据日常概念固定案件事实。(3) 不要事先根据其他法律概念固定案件事实。(4) 不要考虑与构成要件没有关系的事实。(5) 要看到案件事实的不同侧面。(6) 要把握案件事实的实质。(7) 要从客观到主观认定案件事实，而不能相反。摘自 2010 年 8 月 18 日张明楷在全国检察公诉培训上的讲话——《认定犯罪的方法》。

并处销售金额百分之五十以上二倍以下罚金或者没收财产。

第一百四十九条 生产、销售本节第一百四十一条至第一百四十八条所列产品，不构成各该条规定的犯罪，但是销售金额在五万元以上的，依照本节第一百四十条的规定定罪处罚。

生产、销售本节第一百四十一条至第一百四十八条所列产品，构成各该条规定的犯罪，同时又构成本节第一百四十条规定之罪的，依照处罚较重的规定定罪处罚。

第二百一十三条 未经注册商标所有人许可，在同一种商品上使用与其注册商标相同的商标，情节严重的，处三年以下有期徒刑或者拘役，并处或者单处罚金；情节特别严重的，处三年以上七年以下有期徒刑，并处罚金。

第二百一十四条 销售明知是假冒注册商标的商品，销售金额数额较大的，处三年以下有期徒刑或者拘役，并处或者单处罚金；销售金额数额巨大的，处三年以上七年以下有期徒刑，并处罚金。

第二百一十五条 伪造、擅自制造他人注册商标标识或者销售伪造、擅自制造的注册商标标识，情节严重的，处三年以下有期徒刑、拘役或者管制，并处或者单处罚金；情节特别严重的，处三年以上七年以下有期徒刑，并处罚金。

第二百二十五条 违反国家规定，有下列非法经营行为之一，扰乱市场秩序，情节严重的，处五年以下有期徒刑或者拘役，并处或者单处违法所得一倍以上五倍以下罚金；情节特别严重的，处五年以上有期徒刑，并处违法所得一倍以上五倍以下罚金或者没收财产：

（一）未经许可经营法律、行政法规规定的专营、专卖物品或者其他限制买卖的物品的；

（二）买卖进出口许可证、进出口原产地证明以及其他法律、行政法规规定的经营许可证或者批准文件的；

（三）未经国家有关主管部门批准非法经营证券、期货、保险业务的，或者非法从事资金支付结算业务的；

（四）其他严重扰乱市场秩序的非法经营行为。

68. 如何防止事实认定中的错误

——李某某拒不执行判决、裁定案

【案情摘要】

被不起诉人李某某，男，1978 年 8 月 6 日出生，无业。

2014 年 7 月 31 日，李某向喻某某借款 10 万元，李某某为担保人，后归还其中 4 万元。2014 年 11 月 20 日，喻某某提起诉讼，经法院调解，由李某于 2015 年 2 月 10 日前偿还喻某某借款本息共计 62 000 元，李某某对上述债务承担连带清偿责任。期限届满后，因调解书所确定的义务未得到履行，喻某某申请强制执行。2015 年 3 月 19 日，法院向李某某送达执行通知书，限令李某某立即履行。后李某某外出躲债。另查明，李某名下无可供执行财产，李某某有住宅一套、临街门面房一间。

【诉讼意见与处理结果】

公诉机关指控，被告人李某某对人民法院的判决，裁定有能力执行而拒不执行，情节严重，其行为已触犯《刑法》第 313 条，应当以拒不执行判决、裁定罪追究其刑事责任。

一审法院认为，本案事实不清，证据不足。经公诉机关提出，裁定撤回对被告人李某某的起诉意见。

公诉机关撤回后，依照《刑事诉讼法》第 173 条第 1 款规定，决定对李某某不起诉。

【法律适用问题】

李某某拒不执行的是法院民事调解书，而指控的罪名为拒不执行判决、裁定罪，那么，民事调解书是判决还是裁定？拒不执行民事调解书能否构成拒不执行判决、裁定罪？李某某的行为事实是否符合拒不执行判决、裁定罪的构成特征？

2002 年 8 月 29 日全国人大常委会《关于〈中华人民共和国刑法〉第三百一十三条的解释》指出："'人民法院判决、裁定'是指人民法院依法作出的具有执行内容并已发生法律效力的判决、裁定。人民法院为依法执行支付令、生效的调解书、仲裁裁决、公证债权文书等所作的裁定属于该条规定的裁定。"即人民法院的调解书本身不属于《刑法》第 313 条中"判决、裁定"的范围。在人民法院未对生效的调解书作出执行裁定时，即便被执行人有能力履行执行义务而拒不履行，也不能适用《刑法》第 313 条追究被执行人的刑事责任。只有作出"准予执行"裁定，完成了由民事调解书向执行裁定书的转化后，出现了拒不执行的法定情形的，才能适用《刑法》第 313 条。由此，对具有执行内容的民事调解书，被执行人要构成拒不执行裁定罪，需要具备的事实要件应当包括调解书、执行裁定书和行为人有能力执行而拒不执行情节严重，三者缺一不可。

在确定了案件应当证明的定罪事实后，就需要考察对这些定罪事实是否有证据支持，事实本身是否得到了证明，事实的要点与法律的节点是否相对应，具有符合性。显然，从案情来看，人民法院尚未对该民事调解书作出执行裁定，没有裁定事实存在。李某某外出躲债的行为也不属于"情节严重"的情形，即本案事实与拒不执行裁定罪的犯罪构成要件并不相符，或者说就没有犯罪事实存在。在此情形下，追究李某某的刑事责任缺乏事实根据。

办案的质量和司法的公正常常体现在案件的证据和事实上，对具体事实和证据的忽视必然导致适用法律的错误。对案件事实是否构成犯罪的评价，需要牢牢把握三个关键环节：一是明确具体犯罪构成要件及其要素；二是按照犯罪构成要件及其要素整理归纳案件事实；三是确定案件事实与具体构成要件及其要素的符合性。

【办案札记】

准确认定案件事实是公正司法的基础和前提。但在实际办案中，由于受观念、方法和技术等方面的影响，对公诉案件事实的确定有时会出现偏差乃至错误，影响了诉讼效果。为引以为戒，现将事实认定中的常见错误予以简略归纳。

1. 违法性错误。即违反刑诉法及其相关司法解释的规定，而发生的事实认定错误，主要表现为：

（1）违反证据裁判原则。无证据则无事实，证据不足则事实不清。但在具体案件的事实认定中，易出现以“经验”“感觉”等主观推断取代证据判断，笼统地综合评定案件事实的情形。如在证据链条尚有欠缺或者存在疑惑的情形下，直接通过逻辑和经验法则描摹案件的发生脉络，推定事实的成立。在有些情况下，仅凭众多出自同一信息源的证人证言，或者仅凭单一目击实施犯罪的证人证言认定案件事实；或者以经验判断替代证据事实进行过度推定，① 甚至违背逻辑和经验法则对案件事实过限推断，致使事实缺乏必要的证据支撑。

（2）违反证据运用规则。案件事实产生于刑事程序之中，受到法律程序的制约。如证据必须经过查证属实，才能作为定案的根据。但在运用证据裁判事实的过程中，有时对证据材料与定案根据不加区分，不是先行按照任意自白规则、意见证据排除规则和非法证据排除规则等对证据进行过滤、补强或者排除，而是径行依照“证据裁判”确定事实，以致案件经不起法庭的检验。在有的案件中，重视定罪证据，忽略免罪、无罪证据，不能全面客观公正对待不同性质的事实，相反，根据指控犯罪的需要，单向、片面的分析、解释和筛选证据。如在供述和被害人陈述不一致的情况下，优先选择被害人陈述；对供述与辩解不能一视同仁，不善于对辩解进行鉴真，导致指控的案件事实真伪不明，甚至以假为真。

（3）降低对事实的法定证明标准。对案件事实的法定证明标准是事实清楚、证据确实充分。没有证据或者证据体系没有达到法定证明标准的，就不得认为事实的存在。但在一些案件中，无视证据质量和结构体系特点对事实

① 在理论上推定不同于推论。推定是法律适用问题，而推论是事实认定问题。但实践中，对二者的运用并无严格区分。

证明的影响，不严格按照证据规则、证明标准分析、论证案件事实的可靠性、确定性程度；在客观性事实的违法性尚未得到证明就推断主观性事实，主客观不一致；对证据体系得出的结论是否排除了其他可能性，只注重证成不注意证伪、验证，人为地降低法定证明标准，确定的案件事实不能达到印证与心证的统一，经受不住反驳。

2. 观念性错误。即认定案件事实时在认识、思维方面的错误。集中表现为：

（1）先入为主地确认案件事实。在有的案件中，对事实的评价不客观中立，缺乏无罪推定与疑罪从无观念，不善于发现事实中存在的疑点，不以证据验证事实，不重视无罪辩解，以至于把仅有的无罪证据作为孤证予以排除。如被害人陈述与嫌疑人供述不一致时，优先采信被害人陈述，对供了翻、翻了供出现了反复的，优先采信供认内容等，尽可能地“制造”有罪事实。在有的案件中，颠倒案件事实的认定顺序，从主观到客观而不是从客观到主观来认定事实，致使确定的事实不是镶嵌于证据之中而是漂浮于证据之外，更无运用证据修正或者否定预判事实的意识。

（2）评判证据不系统全面。在实际办案中，动态考察证据的意识不强，以点带面、以偏概全的现象时有发生。如对物证的审查，仅关注实物和痕迹是否收集在案，而不重视考察勘验、检查、提取、搜查、扣押是否准确、及时、合法，证据保管链条是否完整，对证明案件事实成立的基础是否扎实、可靠。系统把握、整体评价证据的意识欠缺，简单地认为只要案件关键环节有实物、鉴定意见等客观性较强的证据佐证，事实即可成立。如从被害人卖淫女室内的床单上提取到了嫌疑人的精斑，就误认为拿到了性犯罪的铁证，不考虑卖淫女从事的职业特性对该物证形成的其他可能性。

（3）违反经验逻辑法则。对案件主要事实的证明应当足以“排除合理怀疑”，即要符合逻辑和经验法则。但在有些案件中，对事实成立的证明过程及其结论的合理性不加逻辑分析和经验判断。如对来源不明的客观性证据、对缺乏具体细节的言词证据仍然作为确定案件事实的根据，看不到证据问题对事实认定的否定性意义，被确认的案件事实有表无里，经不起推敲。如对鉴定意见的合理性进行无根据的推定，只认结论不论过程，对其证据效力误以为理所当然，无可争辩，缺乏运用经验、科学和逻辑法则检验证据事实的意识。

3. 方法性错误。即认定案件事实的方法不当而出现的错误。主要表现为：

（1）对证据事实的形式判断与实质判断不加区分。在用证据分析、证明事实的过程中，以形式判断代替实质判断，注重证据的“外部性”，忽视证据的“内省性”，被表面上的、假象上的相互印证所迷惑。如对现场勘验、检查笔录中的见证人只进行形式规范性审查，而不考察勘验、检查过程、内容的真实性，见证人是否与案件有利害关系，有无见证能力等实质性内容。形式性评判与实质性评判脱节，“不能把证据回溯到犯罪事实产生、演变的情景、情理和逻辑之中”，[①] 致使案件中法律的要点与事实的节点不协调，或者把证据相互印证直接等同于证据确实充分，对事实的判断认定，达不到证据与事实的统一。

（2）对主要事实和辅助事实不加区分。事实概括归纳缺失逻辑划分，眉毛胡子一把抓，不善于识别行为事实的结构层次，不关注结果与行为、主观与客观、事实与规范的对应关系。在支持定罪事实的证据群中，对哪些证据可作为定案根据、哪些证据属于主要证据或者次要证据，不注意区别对待。不善于整理证据之间的逻辑关系、结构关系和功能关系，以检验行为主体和行为事实的存在与否。相反，主次、轻重不分，甚至颠倒。如在证明犯罪行为过程的事实只有口供或者其他孤证时，就凭犯罪动机、犯罪前后的表现、犯罪前科等对犯罪事实缺乏直接证明力的辅助性证据来确定案件事实。

（3）背离刑法规范归纳整理案件事实。对自然事实和法律事实不加区分，把事实的认定等同于对案件发生、发展过程中自然事实的概括。不是按照构成要件的结构特征为指导整理归纳，或者不用刑法用语归纳案件事实，或者以观念性预判取代刑法规范，导致所认定的事实中缺乏必要的刑法规范性要件内容。特别是对严格证明和自由证明的范围、对象不明确，对案件事实的法律要领把握不周全，不能根据构成要件及其要素和个案特点，探究、

---

① 蒋和平：“认定证据要注意辩证印证”，载《检察日报》2014年6月18日。

论证应当证明的事实要点。如在有的杀人案件中，因忽视对行为主体、被害人身份事实的证明，出现了真凶再现或者死而复生、亡者归来的怪象。

【法规链接】

《中华人民共和国刑法》

第三百一十三条 对人民法院的判决、裁定有能力执行而拒不执行，情节严重的，处三年以下有期徒刑、拘役或者罚金；情节特别严重的，处三年以上七年以下有期徒刑，并处罚金。

单位犯前款罪的，对单位判处罚金，并对其直接负责的主管人员和其他直接责任人员，依照前款的规定处罚。

69. 怎样判断证据是否确实充分

——王某某等人贩卖毒品案

【案情摘要】

王某某，男，1990 年 8 月 15 日出生，农民。2013 年 6 月 8 日因犯贩卖毒品罪被判处有期徒刑 1 年 4 个月，2014 年 5 月 27 日刑满释放。

被告人马某甲，男，1993 年 2 月 16 日出生，农民。

2012 年 2 月 28 日，吸毒人员周某某电话联系马某乙欲购买 20 克毒品海洛因吸食。当日 14 时许，马某乙让周某某到武威东高速公路入口附近的一路口处进行交易，并讲好毒品价格每克 600 元。后被告人马某甲乘坐王某某驾驶的摩托车到达约定地点，被告人马某甲到路旁与周某某交易毒品完毕后，被公安人员抓获，当场从被告人马某甲身上查获毒资12 000元，从周某某处缴获红色塑料包装的块状可疑毒品 1 包。经鉴定，可疑毒品净重 19.25 克，从中检出海洛因成分。

认定以上事实的证据：（1）被告人马某甲供述、辨认笔录及刑事照片反映：马某乙和王某某是同伙，他们两个合伙让我贩毒。2012 年 2 月 28 日马某乙给我打电话让我去送东西给我 100 元钱，王某某又给我打电话，也让我去送东西。王某某骑着黑色摩托车给了我一包用卫生纸包着的东西（毒品），让我将东西送给小个子男人时被公安机关抓获了。我当时使用的手机号码是 15379473935，王某某手机尾号是 3337，马某乙和我联系的手机号码是 18294161112。并辨认出和其交易毒品的小个子男人为周某某。（2）被告人王某某供述和辩解：马某甲和我是小学同学。2012 年 2 月 28 日，马某甲给我打电话，让我骑摩托车到武威东高速路口接个朋友，我就骑摩托车将他送到高速公路十字，我没有将摩托车熄火，而是掉头以便进城，这时我看见两个小伙子将马某甲按倒，我因害怕就骑摩托车走了。我使用的手机号码是18294113332。电话号码尾号为1112的号码是谁的我不清楚。我以前化名王斌是因为得知公安机关在网上追逃犯罪嫌疑人。(3) 周某某证言、辨认笔录及刑事照片反映：2012年2月28日，我和马某乙约好要20克毒品，每克毒品的价格是600元。下午2点左右我和马某乙电话联系，他告诉我交易毒品的地点在武威东高速公路入口处的一个十字路口。后两个年轻人骑摩托车来了，骑摩托车的那个男的把车停在路边，没有熄火，后座上的那个男的下车后把毒品给我，我把1.2万元钱给他时就被警察抓了。当天和我交易毒品的是马某乙的马仔。我用来联系马某乙的电话是15101918016，马某乙的电话是18294161112。经辨认，其认出马某甲就是给其贩卖毒品的人，未能辨认出骑摩托车的男子。(4) 扣押物品清单、收缴毒品收据证实：从周某某处扣押的可疑毒品海洛因19.25克已被公安机关收缴；从马某甲处扣押黑色海尔手机一部号码为15379473935。(5) 通话记录信息、情况说明等证实：2012年2月28日18294113332的手机号码与18294161112的手机号码、15101968016手机号码与18294161112的手机号码有多次联系。王某某供述其使用的手机号码为18294113332，经调取机主为于某某；马某乙使用的号码18294161112，机主为乔某；马某甲供述当日王某某使用的号码为13884573337，经调查尾号3337机主为马某；于某某、乔某、马某均未找到。(6) 刑事判决书、在逃人员登记表、情况说明证实：2013年1月28日王某某（编造虚假姓名王斌）因贩卖毒品罪被判处有期徒刑1年4个月。马某乙未被抓获。(7) 证人马某丙证言反映：2012年1月，马某乙叫我儿子马某甲到武威打工，名义上是打工，其实是到武威跟着王某某、马某乙给人送毒品，结果我儿子送毒品时就被抓了。2013年12月初，王某某的岳父马某丁给我打电话，说给我8万或10万元钱，让我儿子一个人扛着，不要把别人供出来，我没有答应。(8) 马某丁证言反映：我和马某丙是老乡，马某丙告诉我他儿子因和王某某一起贩毒被抓了，我就自愿做中间人进行调解，意思让王某某家人给钱，事情由马某甲承担，而马某丙要的钱比较多，一直没和我见面。(9) 理化检验鉴定报告证实：所缴获的红色塑料纸包装的白色可疑物，净重19.25克。

【诉讼意见与处理结果】

侦查机关以马某甲、王某某涉嫌贩卖毒品罪移送审查起诉。公诉机关以被告人马某甲、王某某的行为构成贩卖毒品罪提起公诉。辩护意见认为，能够证实王某某参与贩卖毒品的证据只有同案被告人马某甲的供述，其他证据不是与王某某无关就是相互矛盾或者不能印证，孤证不能定案，应当依法宣告被告人王某某无罪。马某甲在共同犯罪中属从犯，应从轻或者减轻处罚。

一审法院认为，被告人王某某贩卖毒品的事实不清、证据不足。经公诉机关提出，裁定撤回对被告人王某某的起诉意见。被告人马某甲的行为已构成贩卖毒品罪。依照《刑法》规定，判决如下：

被告人马某甲犯贩卖毒品罪，判处有期徒刑 6 年 4 个月，并处罚金 12 000元。

宣判后，被告人马某甲提出上诉，认为其只是受王某某安排送毒品，为从犯，应减轻处罚。

二审法院裁定，驳回上诉，维持原判。

【法律适用问题】

刑事诉讼证明活动的法定逻辑规则是：控诉方不能证明有罪，犯罪嫌疑人、被告人就是无罪，而证明有罪的证据标准是“确定、充分”可“排除合理怀疑”。

对于王某某涉嫌贩卖毒品的事实，第一种意见认为，本案指控被告人王某某构成贩毒共犯的事实不清，证据不足。理由为：（1）事发当日，15379473935的手机号与尾号为3332和尾号为3337的手机号均无电话联系，与双方供述的情况相矛盾。（2）本案存在的“硬伤”是，无法查证贩毒当日被告人马某甲和王某某之间是否存在联系和共同预谋贩卖毒品。马某甲证实王某某当日和其联系的电话为尾号为3337，而王某某供认的号码为18294113332，机主信息未查明，双方是否存在联系、联系的内容如何出现断裂，导致王某某说的帮马某甲接朋友和马某甲说的一起贩毒均成为对立性孤证。即本案关于是否成立共同犯罪问题的证据一对一，不能定案。另一种意见认为，王某某的行为成立贩毒共犯。理由为：(1）根据通话记录反映，案发当时王某某曾与毒品上线人员“马某乙”频繁联系，马某甲也和此人在当时密集电话接触，这种情况当不属于巧合，可以确定三人共同预谋的事实成立。(2）同案被告人马某甲供述稳定，其交代的电话联系反映的链条基本完整，证人马某丙、马某丁的证言可以从侧面印证被告人马某甲供述。(3）王某某将摩托车靠边路停下后没有将摩托车熄火，而是掉头随时离开，是有准备的行为，且其在该起贩毒事实之后又因贩毒在被判处刑罚时隐姓埋名，不能排除王某某于犯罪后故意逃避追究的客观事实存在。

显然，第一种意见的出发点是无罪推定，体现的是刑法的保护功能。第二种意见的出发点是有罪推定，体现的是刑法的惩治功能。按照刑事诉讼的要求，对于事实中的疑点，应当由控方用证据来证明或者解释。因为刑事诉讼实行证据裁判而不是经验判断。在本案的证据体系中，从证据的相关性来考察，证人马某丙证言、马某丁证言和王某某化名“王斌”的刑事判决书与本案的定性问题并不存在直接的关联。因为证人马某丙和马某丁证言的共同特点是没有证实与贩卖毒品相关的事实情节，其中马某丙作为王某某的亲属在听说王某某与他人犯罪之后，让对方一人承担责任以解脱其亲属的做法，虽在法律上不妥，但并不能以此证实王某某参与了贩毒。而马某丁关于“马某乙叫我儿子马某甲到武威打工，名义上是打工，其实是到武威跟着王某某、马某乙给人送毒品”的说法来源不清，只能视为一种推测，不能作为定罪的根据。王某某化名“王斌”逃避法律追究的事实与本案事实亦无实质关联性。与贩卖毒品事实直接相关联的证据包括：毒品、毒资、通话记录清单、王某某供述与辩解、被告人马某甲供述。其中，可以直接证明王某某有罪的证据为同案被告人马某甲供述；可以直接证明王某某无罪的证据为其供述和辩解；物证毒品、毒资、书证通话记录清单本身并不能直接证实王某某是否参与了毒品的贩卖。就通话记录显示的情况来看，王某某供述其当时使用的手机号码为18294113332，经查机主为于某某，周某某联系的贩毒人员马某乙使用的号码为18294161112，经查机主为乔某，被告人马某甲供述当日王某某使用的号码为13884573337，经调查机主为马某。尽管2012年2月28日18294161112的号码与周某某所使用的15101918016手机有多次联系，与王某某自称使用的18294113332号码亦有多次联系。但王某某18294113332的手机及尾号为3337的手机号码与马某甲使用的15379473935和并无联系记录。即通话记录反映的事实与二人供述相矛盾，不能证实马某甲所说情况属实。同时，手机联系记录和通过手机联系预谋共同犯罪并不是同一概念。显然，马某甲供述的内容并未被其他证据所印证，王某某的辩解亦未被其他证据所排除，或者说同案人供述相互之间、主观证据与客观证据之间并不印证，在证据不印证的情况下，事实认定就存在不确定性。即证实王某某参与贩卖了毒品的事实不清、证据不足，不能排除合理怀疑。不能因为王某某到过贩毒现场，就认为马某甲对王某某有罪供述是真实的，而王某某辩解是不真实的，否则，就是违反诉讼规则的有罪推定。况且，王某某并不否认到过毒品交易的现场，问题的关键在于到毒品交易现场是去干什么，事先是否存在预谋均无据证实。其在现场的事实虽有“瓜田李下”之嫌，但法律是讲究证据的，“一切疑点利益归于被告”。当证据不足无法确定犯罪嫌疑人、被告人是否犯罪时，应作出有利于犯罪嫌疑人、被告人的推论；当证据体系达不到刑事证明标准时，应对没有确实充分证据证明的事实作出否定性评价。不能因为有人在瓜田里纳了履、在李树下整了冠就认定其偷了瓜、摘了李。

法律观念在很大程度上决定着司法的效果。在“无辜不受定罪”的法律价值取向下，司法的目光应当更多地聚集在无罪证据上而不是有罪证据上。当出现既不能排除犯罪嫌疑又不能证明有罪的两难情形时，在法律上推定为无罪是认定案件待证事实的基本证据法则。

【办案札记】

正确认识和把握证据确实充分的标准，是保证案件价值得以实现的基本途径和手段，更是刑事司法活动走向规范化和科学化的必然选择。从《刑事诉讼法》第53条规定的内容来看，证据确实、充分，不仅是一个认识问题，也是一个价值问题；不仅是一个证成的过程，也是一个证伪的过程。为此，在司法操作技术上，可以将其解构为认识性标准、价值性标准和验证性标准来把握。

1. 认识性标准。证据是构造证明标准的基本结构单元，是证明案件事实的逻辑起点。由众多证据要素构成的证据体系，要达到证明案件事实的目的，证据本身应当与案件具有关联性，并能满足饱和性和结构性的要求。

（1）证据与案件事实相关联。无关联即无价值，证据不能与由它来证明的事实内容相分离，证据只有客观真实，在逻辑上对待证事实有实质证明意义的材料才具有证据资格。①证据本身客观真实。客观真实是关联的内在属性，证据不客观真实，就与事实没有实质关联。如以不同方式存在的事实当以不同的证据形式来表现，使证据及其载体呈现出本原性，进而分析其真实的原因性，才可有效排除非法证据。②证据之间相互关联。证据对案件事实有无证明力以及证明力的大小，取决于证据与案件事实的关联程度。对证据关联度的考察，应着重探析相互的关联点是什么，是客观性关联还是主观性关联，是直接关联还是间接关联，是确定性关联还是非确定性关联，以对证据形成实质性的认知。

（2）证据对待证事实达到饱和状态。“贫信息不确定”，在证明过程符合技术规范的前提下，证据应当满足定性和定量方面的要求，在量上达到饱和状态。①证据收集全面。孤证不能定案，证据不全面结论就不确定。收集在案证据的范围，在证据类型上，当具有多样性和层次性，针对具体案件所形成的不同种类证据，已全部收集在案；在证据性质上，当既包括程序性证据又包括实体性证据；既包括有罪证据也包括无罪、罪轻或者罪重的证据。就程序性证据而言，反映司法活动全过程的证据已收集在案，以确认整个诉讼活动是否在程序框架内运行。就实体性证据而言，应当以足以证明案件的主要事实、情节为标准。当然，证据收集全面仅仅是针对诉讼证明的完整性和有效性而言的，如对留在现场的指纹，并不要求对所有留在现场的指纹全部提取。②证据数量饱和。如果收集的证据缺少对案件事实中某一要件、要素的证明，就不能完整地、准确地描述案件事实。证据数量饱和，意味着全案证据形成了完整的证明体系，即证明案件基本自然事实和犯罪构成要件事实的证据齐备。特别是对于罪与非罪、重罪与轻罪、一罪与数罪等重点的证明对象和内容已由相互验证形成的证据链锁定。但证据数量饱和不等于证据数量的多少，而在于证明力的完整、全面。

（3）证据体系结构完整。证明案件事实的证据体系应当是结构和功能的统一体，以保证证明结论的可靠性。①证据内容确定同一。证据内容不确定就难以得出肯定或者否定的结论性事实。为此，应当关注证据与证据之间的印证程度和结构关系，考察不同类别、性质的证据材料在肯定与否定事实、罪名等重大问题上是否协同一致，有无结构性缺陷，以保证证据系统的整体功能具有加和性，达到得出确定结论的证明目的。②证据体系结构稳定。没有稳定合理的证据体系，就难以得出确定无疑的证明结论。证据系统的结构是否稳定，一要明确证据的形成过程，即明确证据的收集思路。如对证据的收集运用是否按照从客观性证据到主观性证据，从原始证据到传来证据，从直接证据到间接证据的顺序来进行，主观性事实是否有客观性证据来证实。二要注意评价系统内证据要素之间关联点变化的可能性及对系统的整体功能的影响程度。在对案件事实和性质初步作出结论的基础上，要把握证据体系内在的逻辑联系特点和其中的变量因素。如证据之间存在关联的条件是什么，证明该条件存在的证据中所包含的变量因素有哪些。因为同样的证据对不同的证明对象或者在不同的情形下，具有不同的证明意义，其效用价值也不同。

2. 价值性标准。诉讼活动不仅是一个发现真相的过程，同时也是一个实现价值的过程。所以，证据必须受法律规范的调整，诉讼活动必须在正当程序轨道内理性运行，具有法律性和合理性，才能使多元价值实现结构上的均衡。

（1）证据收集符合程序规范。“没有程序就没有正义。”程序合法是诉讼正义的底线，非法证据必须排除。①收集证据主体、对象合法。对诉讼活动的发起、运行应当符合法律的规定，违法必无效。如收集证据的主体适格；取证对象适格；对涉及科学知识的证据，必须由特定机构的专业人员作出等。②证据的收集方法正当。诉讼活动应当以法定的程序和形式为载体来反映客观事实的内容，凡是作为控诉依据的证据必须符合证据的形式规定性，以使证据的实质效力建立在形式效力之上。对于不具备刑事诉讼法规定的证据类型的证据材料，不应纳入诉讼证明之中。③把握证据建构体系。证据来源及其收集过程涉及证据的能力及其证明力的问题，不可忽视对其形成的“过程”是否符合规范的审查判断。要通过分析证据来源，形成的时间、地点、先后顺序等内容，明确构建证据体系的经过和脉络，从宏观上验证证据体系是否符合案件发生、发展的过程。如对视听资料、电子数据要重点审查是形成、固定、保全的过程，以便排除合理怀疑，保证证据的法律效力建立在自然效力之上。

（2）证据的采信运用合理。对指控证据及其内容的采信，既要考虑证据本身的特性，更要置于证据体系中比较、鉴别，并从实体和程序的角度进行评判。在这个过程中不能忽视细节的价值。证据只有相互印证，才有可能使人“内心确认”。没有细节证据就不能印证，真假往往难以辨别。但是绝对的同化往往包含着相对的异化，正所谓“上帝存在于细节之中”，而魔鬼也往往隐藏在细节之中。如对于具体细节完全同一的同案人供述，应当注意对证据本身内容是否合理的鉴别。“有比较才有鉴别”，在对证据内容进行取舍时，也需要关注反证与本证的关系及其对本证体系的影响力等问题，辩证对待证据及其证明力。特别是要注意辨别对证据的评判有无违反自然科学规律、法律规则和相关专业知识的情形。即用一般性经验、自然科学规律和逻辑法则验证某一证据本身是否存在怀疑、怀疑是否合理。如对于各种证据材料的取舍以及各个证据证明力的评判是否符合自然科学规律，是否体现了自然科学精神和自然科学原理。

（3）注重常识和情理判断。证据是否足以排除合理怀疑达到了确实充分的证明标准，也需要依靠常识、常情和常理来检验。首先，证据本身的内容不得违背经验法则、逻辑法则和伦理法则，否则应予排除。如证据的内容、结构体系及其证明力是否符合经验法则、自然科学法则和伦理法则，得出的结论是否符合事物因果关系的逻辑法则。其次，印证并不等于就有证明力。对证据证明力的判断，不能把印证作为唯一依据，认为证据只要得到其他证据印证就有证明力，没有其他证据印证则无证明力，而应当综合全案证据，根据案情是否符合常情、常理和常识，能否形成内心确信，综合全案证据评价，而不能简单机械地予以肯定或者否定。

3. 验证性标准。证据本身不具有自证性，证据反映的事实也需要主观认识来检验。在证明过程符合技术规范的前提下，应当运用具有普遍性、实在性的司法经验、逻辑法则和科学规律等，分析证据的内容、结构体系及其证明力，以达到排除合理怀疑的程度。

（1）注意对证据的内省性判断。印证并不是采信证据的全部，在注重证据外部印证性的同时，不能忽视对证据的内省性审查。根据信息差异原理，有证据必有差异。对于功能相同或者相当证据之间的差异，应当分清证据之间的差异是合理性差异还是非合理性差异。对于不影响定罪量刑的非本质差异，为合理差异，无须排除。但对证据及其体系的评价不能被表面上或者假象上的相互印证所迷惑，错误地采信证据并认定事实。如果“机械性地对待证据，就不能正确理解、把握证据内涵，不能把证据回溯到作为生活行为的犯罪行为之中，不能把证据回溯到犯罪事实产生、演变的情景、情理和逻辑之中，不能在理论与经验、逻辑与情理的双重的、内在的体察中，把握全部证据和主要证明的事实，必定出现不符合客观事实的情况”。[①]

（2）在证成的过程中注意证伪。如果说证据确实充分着眼于建构，那么排除合理怀疑则着眼于解构。为此，对证据确实充分的判断在“建构”的同时还要注意“解构”。①注重在证伪中验证。在证据审查中要有问题意识，要有发现问题、思考问题和解决问题的自觉性。特别是对关键证据要善于质疑、善于辩护，明确证据证明力的边界在哪里，证据体系的缺陷或者薄弱环节在什么地方，证据之间是否协调一致、相互补充。②关注证明力的相对性。注意把握证据相互印证的合理限度，同一个证据在不同的前提下推导出的结论不同。为使证据充分能证，既要关注单个证据的证明“点”，也要关注证据单元的证明“线”和证据体系的证明“面”和证明“体”，如果超出其证明力就变成了不充分能证或者充分不能证，而若干个相同或者不同的证据以不同的方式排列组合起来，也会有不同的证明力，可能倍增也可能抵减。③考察证据体系的封闭性。控诉证据体系没有封闭性，证明结论就有了或然性。但是证据体系本身并不是具有自组织能力的耗散结构，需要根据待证对象具体分析。如案件中的法律要点、事实节点应当有证据一一证明，而不能跟着感觉作出笼统的判断结论。

（3）注重体系结构和功能分析。结构是功能的基础，对功能具有决定作用。对证据结构进行分析，不仅要考察证据的性质和类别是否呈现出多样性

① 蒋和平：“认定证据要注重辩证印证”，载《检察日报》2014年6月18日。

和层次性，更要判明证据相互之间是否存在非线性相互作用，具有协同效应。即便是同样的证据要素，组成不同的结构体其功能也往往有所不同。如果经过对证据优化组合，案件最终的结论难以确定，既无法肯定也无法否定其中的可能性，则不可能得出唯一的确切结论。功能对结构同时具有反作用。在对证据体系的审查中，既要注重对证据单元功能的分析，也要注重对证据整体功能的分析；既要善于把证据问题转化为法律问题来思考，也要善于把法律问题还原为证据问题来对待，保证证据体系结构和功能相互依存、相互制约，同时又相互转化，形成功能与结构相统一的有机整体。

【法规链接】

《中华人民共和国刑法》

第三百四十七条 走私、贩卖、运输、制造毒品，无论数量多少，都应当追究刑事责任，予以刑事处罚。

走私、贩卖、运输、制造毒品，有下列情形之一的，处十五年有期徒刑、无期徒刑或者死刑，并处没收财产：

（一）走私、贩卖、运输、制造鸦片一千克以上、海洛因或者甲基苯丙胺五十克以上或者其他毒品数量大的；

（二）走私、贩卖、运输、制造毒品集团的首要分子；

（三）武装掩护走私、贩卖、运输、制造毒品的；

（四）以暴力抗拒检查、拘留、逮捕，情节严重的；

（五）参与有组织的国际贩毒活动的。

走私、贩卖、运输、制造鸦片二百克以上不满一千克、海洛因或者甲基苯丙胺十克以上不满五十克或者其他毒品数量较大的，处七年以上有期徒刑，并处罚金。

走私、贩卖、运输、制造鸦片不满二百克、海洛因或者甲基苯丙胺不满十克或者其他少量毒品的，处三年以下有期徒刑、拘役或者管制，并处罚金；情节严重的，处三年以上七年以下有期徒刑，并处罚金。

单位犯第二款、第三款、第四款罪的，对单位判处罚金，并对其直接负责的主管人员和其他直接责任人员，依照各该款的规定处罚。

利用、教唆未成年人走私、贩卖、运输、制造毒品，或者向未成年人出售毒品的，从重处罚。

对多次走私、贩卖、运输、制造毒品，未经处理的，毒品数量累计计算。

《中华人民共和国刑事诉讼法》

第五十三条 对一切案件的判处都要重证据，重调查研究，不轻信口供。只有被告人供述，没有其他证据的，不能认定被告人有罪和处以刑罚；没有被告人供述，证据确实、充分的，可以认定被告人有罪和处以刑罚。

证据确实、充分，应当符合以下条件：

（一）定罪量刑的事实都有证据证明；

（二）据以定案的证据均经法定程序查证属实；

（三）综合全案证据，对所认定事实已排除合理怀疑。

第一百六十条 公安机关侦查终结的案件，应当做到犯罪事实清楚，证据确实、充分，并且写出起诉意见书，连同案卷材料、证据一并移送同级人民检察院审查决定；同时将案件移送情况告知犯罪嫌疑人及其辩护律师。

第一百七十二条 人民检察院认为犯罪嫌疑人的犯罪事实已经查清，证据确实、充分，依法应当追究刑事责任的，应当作出起诉决定，按照审判管辖的规定，向人民法院提起公诉，并将案卷材料、证据移送人民法院。

第一百九十五条 在被告人最后陈述后，审判长宣布休庭，合议庭进行评议，根据已经查明的事实、证据和有关的法律规定，分别作出以下判决：

（一）案件事实清楚，证据确实、充分，依据法律认定被告人有罪的，应当作出有罪判决；

（二）依据法律认定被告人无罪的，应当作出无罪判决；

（三）证据不足，不能认定被告人有罪的，应当作出证据不足、指控的犯罪不能成立的无罪判决。

70. 怎样排除合理怀疑

——李某某等人生产有毒有害食品案

【案情摘要】

被告人李某某，男，1981 年 1 月 17 日出生，农民。

被告人侍某某，男，1981 年 1 月 17 日出生，农民。

2015 年 3 月，被告人李某某从被告人侍某某手中分包耕地用于种植洋葱。2015 年 4 月 21 日被告人李某某将侍某某为其提供的国家禁用农药甲拌磷进行稀释后，对洋葱苗进行浇灌时，被农牧局工作人员发现，当场扣缴使用完毕的甲拌磷农药空瓶 88 个，未使用的农药 10 瓶。报案后，二人在现场等候处理，并在公安机关讯问时如实供述了在洋葱地使用甲拌磷的事实。经对现场提取的洋葱苗、土样、水样进行鉴定，从中均检出甲拌磷成分。

【诉讼意见与处理结果】

公诉机关指控，被告人李某某、侍某某违反食品安全管理法规，在农产品种植过程中使用禁用农药，其行为触犯了《刑法》第 144 条，应当以生产有毒有害食品罪追究其刑事责任。辩护意见认为，李某某、侍某某种植的洋葱苗尚未生长为成品洋葱，也没有造成严重后果，希望法庭从宽处罚。

一审法院认为，被告人李某某、侍某某的行为已构成生产有毒、有害食品罪。因有自首情节，可从轻处罚并适用缓刑。依照《刑法》规定，判决如下：

1. 被告人李某某犯生产有毒、有害食品罪，判处有期徒刑 1 年，缓刑 1 年，并处罚金10 000元；

2. 被告人侍某某犯生产有毒、有害食品罪，判处有期徒刑1年，缓刑1年，并处罚金10 000元。

宣判后，被告人李某某、侍某某未上诉。公诉机关未抗诉。

【法律适用问题】

对被告人李某某、侍某某行为事实的性质，一种意见认为，李某某、侍某某的行为构成生产有毒有害食品罪。理由在于：（1）按照《刑法》第144条的规定，在生产、销售的食品中掺入有毒、有害的非食品原料的，或者销售明知掺有有毒、有害的非食品原料的食品的，构成生产有毒有害食品罪。该罪属于行为犯，只要实施了上述行为即可构成犯罪，并不要求实际危害结果的发生。（2）最高人民法院、最高人民检察院《关于办理危害食品安全刑事案件适用法律若干问题的解释》（法释〔2013〕12号，以下简称《解释》）第9条第1、2款分别规定："在食品加工、销售、运输、贮存等过程中，掺入有毒、有害的非食品原料，或者使用有毒、有害的非食品原料加工食品的，依照《刑法》第一百四十四条的规定以生产、销售有毒、有害食品罪定罪处罚。""在食用农产品种植、养殖、销售、运输、贮存等过程中，使用禁用农药、兽药等禁用物质或者其他有毒、有害物质的，适用前款的规定定罪处罚。"李某某、侍某某在洋葱种植过程中，使用国家明确禁止使用的剧毒农药——甲拌磷属于"有毒、有害的非食品原料"，即其行为与《解释》第9条第2款的规定完全相符合，应当定罪处罚。另一种意见认为，李某某、侍某某所生产的洋葱是否属于有毒、有害的食品无据证实，不能排除合理怀疑，其行为不构成犯罪。对于该种行为，应当由行政执法部门责令行为人铲除洋葱苗等行政措施来处理，不应当作为刑事案件来对待。主要理由为：（1）甲拌磷虽然属于禁止使用的"有毒、有害的非食品原料"，但根据案件中的证据情况，但其使用的对象是洋葱苗而非洋葱，二者并非同一概念，洋葱属于食品而洋葱苗不属于食品，随着洋葱的生成洋葱苗会自然死亡，并不进入食物链。从洋葱苗及其种植的土壤、水样中检出甲拌磷并不等于从洋葱中检出了甲拌磷。（2）在未对食品洋葱进行鉴定的情况下，不能得出在"食品中掺入有毒、有害的非食品原料"的确切唯一结论，至少不能排除合理怀疑。因为《刑法》第144条规定的是在“食品”中“掺入”有毒、有害物质，而本案证据只能证实行为人在非食品洋葱苗中“掺入”“添加”有毒、有害的非食品原料甲拌磷，并未证实在食品洋葱中“掺入”“添加”有毒、有害的非食品原料甲拌磷。由洋葱苗长成的洋葱是否含有毒害性非食品原料甲拌磷尚处于未知状态。

的确，毒树之果未必有毒。毒树之果必有毒，仅仅是观念上的一种推测，到底有毒还是无毒应当由证据来说明，因为“法庭上只有证据没有事实”“只有证据证明的才能视为存在”，证据裁判是刑事诉讼的基础原理。具体到本案而言，首先，第二种意见中的两点理由的确有一定的合理性。洋葱苗与洋葱显然不是同一种产品，就像葡萄树与葡萄不同一样，洋葱、葡萄属于食品而洋葱苗、葡萄树不属于食品。在洋葱苗、葡萄树上“掺入”“添加”有毒、有害的非食品原料甲拌磷，并不等于在由其生长发育出的洋葱、葡萄上“掺入”“添加”有毒、有害的非食品原料甲拌磷。由洋葱苗生长、发育成洋葱，有一个较长的生化过程，在这个过程毒害性的物质能否“掺入”“添加”或者残留到洋葱中只有依靠科学的鉴定才能得知，否则结论就有了或然性。即在没有对食品洋葱进行鉴定的情况下，行为人在洋葱苗使用甲拌磷的行为是否侵犯了刑法所保护的法益难以确定，不能排除合理怀疑。不能因为春天为了防止发芽的葡萄树遭受病虫害使用了禁止使用的农药就径行认为秋天结出的葡萄也是有毒害性的。如果这样认识，那么，该检出甲拌磷的土地是否也不能再种植农作物呢？种植农作物的行为是否也构成生产有毒有害的食品罪？其次，上述认识与《解释》并不冲突，原因在于对《解释》中“在食用农产品种植、养殖、销售、运输、贮存等过程中，使用禁用农药、兽药等禁用物质或者其他有毒、有害物质的，适用前款的规定定罪处罚”的理解应当符合常情、常理和常识，这里的“食用农产品种植、养殖”应当是“种植、养殖”的农产品本身就具有食物或者食品的属性，如韭菜、蘑菇、茶叶等。否则，为了防止病虫害在种植葡萄树的过程使用了禁止使用的毒害性农药的，即便结出的葡萄没有毒害性，也构成了生产、销售有毒有害食品罪，岂不成了笑话？最后，关于行为犯的问题。一般认为，行为犯是指只要实施刑法分则规定的危害行为就成立既遂的犯罪。对生产有毒、有害食品罪而言，在“食品中掺入有毒、有害的非食品原料”即构成犯罪，当属于行为犯。问题的关键在于，该罪的行为特征是把有毒、有害的非食品原料掺入食品中，而本案中“掺入”的对象是非食品洋葱苗，行为特征并不符合生产有毒、有害食品罪的构成要件及其要素，或者说行为犯与本案事实并不相干。由此，依据现有证据，对被告人以生产有毒、有害食品罪判处还是有一定合理疑问的。

坚持证据裁判实行无罪推定是排除合理怀疑的必然逻辑。2008 年 6 月 20 日最高人民法院在《关于死刑案件证据审查问题的通报》中指出：“根据证据裁判原则，死刑案件必须在‘事实清楚，证据确实、充分’的基础上，能够排除合理怀疑得出唯一结论。这不仅有量的需求，更有质的要求，必须满足：（1）凡属于犯罪构成要件与认定的事实均已查清，具有相应的证据加以证明；（2）证明犯罪事实、情节的每一个证据经查证属实、核对无误；（3）证明证据提取的有关材料清楚表明该证据通过合法手段提取，符合相关规定；（4）证据与证据之间互相印证，足以排除其他可能性；（5）借助上述证据进行逻辑上的分析、判断、归纳、综合，得出的结论是唯一的。”无罪推定应当是刑事诉讼职业群体共同的方法论，在刑事司法活动中，是否排除了合理怀疑可根据以上具体标准来判断。

法律观念在很大程度上决定着司法的效果。在“无辜不受定罪”的法律价值取向下，司法的目光应当更多地聚集在无罪证据上而不是有罪证据上。当出现既不能排除犯罪嫌疑又不能证明有罪的两难情形时，在法律上推定为无罪是认定案件待证事实的基本证据法则。特别是“给无辜者定罪的错误远比让犯罪者逍遥法外恶劣”。因此，司法活动的基本理念应当是“宁可让十个罪犯逃脱也决不能让一个无辜者遭殃”。

【办案札记】

什么是合理怀疑？在刑事诉讼中，该如何排除合理怀疑呢？

所谓“‘排除合理怀疑’是指对于认定的事实，已没有符合常理的、有根据的怀疑，实际上达到确信的程度。”[①] 这说明，“合理怀疑”，是相对于

① 全国人大常委会法制工作委员会编：《〈关于修改中华人民共和国刑事诉讼法的决定〉条文说明、立法解释及相关规定》，北京大学出版社 2012 年版，第 53 页。

"想象的怀疑""推测的怀疑"而言的，即排除合理怀疑，并非排除一切怀疑，只是要排除有正当理由的、能够足以动摇对案件事实认定效力的怀疑。在刑事案件的事实认定中，可从以下几个方面来着手。

1. 从程序规范的角度排除合理怀疑。

程序合法是排除合理怀疑的重要路径。对案件事实的认定是否排除了合理怀疑，首先应当考察是否严格排除了非法证据。如果证据没有合法性，必然不能排除合理怀疑，对非法证据的排除要着重从证据来源、证据内容、证据形成过程等方面依照刑事诉讼规范进行筛查，考察是否有不合法的没有证据能力的证据进入定罪量刑程序，证据的实质效力是否建立在形式效力之上。其次应当从证据与案件事实的关系来判断证据，排除不具有关联性和客观性的证据。证据与待证对象不相关或者不客观真实，就没有证明力。如与案件事实存在间接联系的证据，对其是否存在证明力，要着重关注证据与证据之间具有同向性。不具有同向性，证据在作用上就不一致，证据之间就缺乏内在的联系性，可能会导致证明力的不足，进而或者对证据的充分性或者对证据的确实性以及其他要素的证明上不能达到确信程度。最后还应明确证据脉络，逆向甄别证据。从对证据的选择运用中寻找问题、质疑问题和解决问题，逆向甄别证据，判断证据脉络。即对证据和事实作合理怀疑检验，明确证据的可采纳性和可采信性原因及其条件。凡是对证据的合法性、证明力有证据支持的怀疑或者符合经验、规律的怀疑，都为合理怀疑。

2. 从实体规范的角度排除合理怀疑。

是否排除合理怀疑不仅是一个程序问题也是一个实体问题。从实体规范的角度而言，是否排除了合理怀疑，首先要明确需要证明的对象，即具体案件需要证明的对象有哪些？该内容是否得到了有效且有力的证明？一般地，属于犯罪构成的要件事实、情节必须严格证明，否则不能定案；对不属于犯罪构成要件事实、情节，除非对行为主体和行为事实的确定能够产生影响或者对犯罪嫌疑人、被告人可能产生不利后果的外，则可自由证明。如在受贿案件中，"权钱交易"的事实是必须严格证明的对象，若对关键的"权钱交易"事实形成"一对一"的证据状态时，就不能认定受贿事实成立。其次要针对案件特点把握"合理怀疑"的标准。由于不同类型案件的特征、犯罪构成要件及其要素不尽相同，需要关注的证明重点也应有所区别。对于案件事实中具体要素的证明程度是否“排除合理怀疑”，应当根据其在具体犯罪中的价值作用来确定。如在侵财案件中，一般情况下赃款赃物的去向不是必须证明的犯罪构成要件事实，但如果有罪供述没有其他证据予以印证，无法形成内心确信时，则赃款赃物的去向就应当成为必不可少的证明内容。另外，还要考察证明自然事实的证据是否清晰明了。对证实案件发生的自然事实的证据是否有证据支持，收集在案的证据与案件发生、发展的过程和结果是否相印证，证明自然事实和法律事实的证据是否足以得出行为主体和行为事实的确定性、唯一性和排他性结论。

3. 从证明标准的角度排除合理怀疑。

刑事诉讼的基本规则是：控方不能证明有罪，犯罪嫌疑人、被告人就是无罪。犯罪嫌疑人、被告人无须承担证明自己有罪的责任，也不承担证明自己无罪的责任。而控诉机关证明犯罪嫌疑人、被告人有罪的标准是证据“确定、充分”可以“排除合理怀疑”。为此，是否排除了合理怀疑，应当着重考察：（1）是否坚持了证据裁判原则。在诉讼活动中，对事实的认定，必须以经过法定程序查证属实的证据作为根据，证据不足或者仅凭裁判官内心推测而认定事实都与证据裁判原则有违，必然不能排除合理怀疑。（2）证明的方法、过程是否合理。在证明过程中是否客观公正地履行了证明责任和义务，是否存在转移证明责任的情形，是否在有罪证据与无罪证据之间进行了平等的“交流对话”等，要以“人们看得见的方式”来判断是否排除了合理怀疑。（3）反证对本证体系的影响程度。一般地，如果证据的核心内容或者关键情节得到印证，则可以证明该事实的存在。但需要注意的是，证据之间相互印证只是证据确实与充分的必要条件而不是充分条件。证据相互印证不等于证据的确实与充分，也不能必然得出“排除合理怀疑”的结论，是否排除合理怀疑，还需要关注相互印证的本证体系是否完整、封闭，是否存在有说服力的反证，反证与本证的关系及其对本证体系的影响力等问题，因为合理怀疑不在于证据的多少，更不要求证据上的对称性。

4. 从经验逻辑法则上排除合理怀疑。

对案件事实的证明并不是刑事诉讼程序的全部，排除合理怀疑作为证据确实充分的内省性判断标尺，离不开常识、常情和常理的检验。对案件事实是否存在“合理怀疑”的判断，一方面在“证成”“建构”的同时进行“证伪”“解构”，要紧紧围绕“犯罪行为是否发生”“何人实施了犯罪行为”等关键环节，全面审视证据证明力的边界在哪里，证据体系的缺陷或者薄弱环节在什么地方，证据之间是否协调一致、相互补充，证明过程中论证是否充分等。另一方面要注意辨别对证据的评判有无违反自然科学规律、法律规则和相关专业知识的情形。即用一般性经验、自然科学规律和逻辑法则验证事实认定中是否存在怀疑、怀疑是否合理。如对于各种证据材料的取舍以及各个证据证明力的评判是否符合自然科学规律，是否体现了自然科学精神和自然科学原理。常识、常理和常情对辨明是非具有重要的协助功能，在运用法律技术证明案件事实的过程，也要善于以证伪的视角考察证据的组织运用是否符合“常识、常理、常情”，推理过程是否符合逻辑规则。如若缺乏认定犯罪的直接证据，即便若干间接证据被证实为真，但间接证据之间无法环环相扣，不能形成完整链条，则链条缺失之处即为合理怀疑之处。

【法规链接】

《中华人民共和国刑法》

第一百四十四条 在生产、销售的食品中掺入有毒、有害的非食品原料的，或者销售明知掺有有毒、有害的非食品原料的食品的，处五年以下有期徒刑，并处罚金；对人体健康造成严重危害或者有其他严重情节的，处五年以上十年以下有期徒刑，并处罚金；致人死亡或者有其他特别严重情节的，依照本法第一百四十一条的规定处罚。

《中华人民共和国刑事诉讼法》

第五十三条 对一切案件的判处都要重证据，重调查研究，不轻信口供。只有被告人供述，没有其他证据的，不能认定被告人有罪和处以刑罚；没有被告人供述，证据确实、充分的，可以认定被告人有罪和处以刑罚。

证据确实、充分，应当符合以下条件：

（一）定罪量刑的事实都有证据证明；

（二）据以定案的证据均经法定程序查证属实；

（三）综合全案证据，对所认定事实已排除合理怀疑。

71. 有利于被告人原则的例外情形

——谭某非法持有毒品案

【案情摘要】

被告人谭某，男，1965年10月15日出生，无业。2008年5月9日因犯贩卖毒品罪被判处有期徒刑1年，并处罚金2000元，2009年2月27日刑满释放。

2013年8月15日，被告人谭某从一重庆籍男子处以27 000元购得冰毒2包、辅料1包。同年8月18日，公安人员在甘肃金昌火车站将谭某抓获，从其身上及包内搜缴可疑毒品4包，电子秤1台，注射毒品用的针管1支，从重庆到甘肃的火车票2张。经鉴定，可疑毒品中甲基苯丙胺净重100.02克，含量为64.92克/100克；海洛因净重1.83克。被告人谭某供述购买毒品一部分是用来吸食的，一部分是用来与其狱友钟某某共同贩卖的。经查，被告人谭某确为吸毒人员，钟某某与谭某并无通信联络，并不知晓谭某购买毒品之事。

【诉讼意见与处理结果】

侦查机关以谭某涉嫌运输毒品罪移送审查起诉。公诉机关指控，被告人谭某的行为触犯了《刑法》第348条，应当以非法持有毒品罪追究刑事责任。辩护意见认为，谭某购买毒品及其辅料是为了吸食而不是贩卖，携带电子秤也是为了购毒时使用，而不是为了贩毒而使用，应当以非法持有毒品罪从宽处理。

一审法院认为，被告人谭某的行为已构成非法持有毒品罪，其曾因贩卖毒品被判处有期徒刑，刑满释放后5年内再犯毒品犯罪，系累犯，又系毒品再犯，应从重处罚。依照《刑法》规定，判决如下：

被告人谭某犯非法持有毒品罪，判处有期徒刑8年6个月，并处罚金20 000元。

宣判后，被告人谭某未上诉。公诉机关未抗诉。

【法律适用问题】

对本案定性的疑问在于，从行为人客观的运输毒品状态能否确定其主观上具有运输毒品的故意，或者说，分歧的核心在于如何区分动态持有毒品与运输毒品？

一种意见认为，非法持有毒品既包含静态的持有，也包括动态的持有。动态持有毒品不等于运输毒品，不能将凡是随身携带或者乘坐交通工具将毒品从甲地“运输”到乙地的行为，均认定为运输毒品罪。运输毒品罪中的“运输”在刑法上有着特定的含义，它包含着运输的目的和意图，而不是单纯的空间上的位移。被告人谭某本身属于吸毒人员，其动态持有毒品的目的不明确，无充分证据证实有其他毒品犯罪意图，动态持有毒品的主观故意是不明确的、目的是模糊和不可求证的，应作出有利于被告人的选择，以非法持有毒品罪定罪。另一种意见认为，“运输”指明知是毒品而采用携带、邮寄、利用他人或者使用交通工具等方法非法运送毒品的行为。非法持有毒品罪与运输毒品罪实际上存在一般和特殊的关系，行为人在运输毒品的过程中，必然存在非法持有毒品的行为，但其非法持有毒品的行为完全可以被运输毒品的行为所吸收，没有追究刑事责任的必要，以运输毒品罪论处即可。被告人谭某从重庆将毒品长距离运输到甘肃金昌，毒品处于运输状态；被告人谭某虽为吸毒人员，但从查获毒品及毒品添加剂、电子秤的事实说明其对购买的毒品不仅仅是为了吸食，且扣押的毒品数量也远远超出了正常的吸食量，应当认定为运输毒品罪。

对于吸毒者在运输毒品过程中被查获的，以非法持有毒品罪还是以运输毒品罪定罪处罚？2000年全国部分法院《南宁会议纪要》指出：“吸毒者在购买、运输、存储毒品过程中被抓获的，如没有证据证明被告人实施了其他毒品犯罪行为，一般不应定罪处罚，但查获的毒品数量较大的，应当以非法持有毒品罪定罪；毒品数量未超过刑法第348条规定的数量最低标准的，不定罪处罚。”2008年全国部分法院《大连会议纪要》指出：“吸毒者在购买、运输、存储毒品过程中被查获的，如没有证据证明其是为了实施贩卖等其他毒品犯罪行为，毒品数量未超过刑法348条规定的最低数量标准的，一般不定罪处罚；查获毒品数量达到较大以上的，应以其实际实施的毒品犯罪行为定罪处罚。”《全国部分法院审理毒品犯罪案件工作座谈会纪要的理解与适用》认为：“如果其被查获毒品数量较大，达到刑法348条规定的最低数量标准的，应当以非法持有毒品罪定罪处罚；如果吸毒者在运输毒品过程中被当场查获，毒品数量大，明显超出其个人正常吸食量的，可以运输毒品罪定罪处罚。”由于上述规范性文件的规定不尽相同，加之，“明显超出其个人正常吸食量”往往是一个难以证明的内容，“可以运输毒品罪定罪处罚”本身也是一个选择性的规定。这样，在司法操作中自然出现了定罪上的混乱。

动态持有毒品与运输毒品在客观上都会使毒品发生空间上的位移，区分的关键在于对“运输”与“持有”如何界定。对此，最高人民法院《关于执行〈全国人民代表大会常务委员会关于禁毒的决定〉的若干问题的解释》规定，“持有”是指占有、携有、藏有或者以其他方式持有毒品的行为。“运输”是指明知是毒品而采用携带、邮寄、利用他人或者使用交通工具等方法非法运送毒品的行为。按照以上解释，“运输”是一种“非法运送行为”，即运输毒品是为了毒品的流通，而动态持有毒品则是为了毒品的占有。因为刑法将运输毒品罪与贩卖、制造、走私毒品罪作为选择性罪名并列，并设置相同的法定刑，只有当运输毒品成为走私、贩卖、制造毒品一个必不可少的中间环节，成为实现毒品从生产到消费的重要环节时，即缺少运输毒品就无法实施走私、贩卖、制造毒品时，运输毒品才具有与走私、贩卖、制造毒品相当的危害性，才有同罚的正当性，这是“同类解释”的基本结论。而出于吸食、窝藏目的而转移毒品的行为，社会危害性显然要低于走私、贩卖、制造毒品的危害性，不能认定为运输毒品罪。如行为人因居住地点的变化，携带数量较大祖传的鸦片乘坐火车从原住地到新住地的途中被查获的，如果没有证据证明其是为了促使毒品流通的，就不能以运输毒品犯罪论处。这说明，运输毒品罪的“运输”具有特定的刑法含义，毒品空间位置的改变只是运输毒品的自然意义，对刑法术语的理解应当在尊重其自然含义的同时重视其规范意义，只有毒品空间的位移具有实现和促进流通的意义时，才能成为毒品犯罪中的“运输”行为。如行为人帮助他人将毒品带过检查区域的，尽管距离很短，并不影响运输毒品罪的成立。为此，在具体实务中，对动态非法持有毒品和运输毒品的区分不能仅从客观的运输毒品状态来确定，还应当注意考量行为人运输的目的和意图，这也是主客观相统一原则的必然要求。

具体到本案而言，被告人谭某虽然非法持有数量较大的毒品，且在其乘坐交通工具途中并抓获，但由于“持有”也可以表现为随身携带等动态形式，并不能以谭某随身携带并使用交通工具运送毒品为由，认定其构成运输毒品罪。因为单纯的空间位移，无论毒品数量多少、距离远近，都不能视为运输毒品的行为。那么被告人谭某将毒品从重庆携带到甘肃，是否具有通过运输毒品以实现营利、扩散的目的？从谭某在侦查阶段的供述来看，其携带毒品的目的是为了运输、贩卖，但由于谭某在审查起诉环节翻供，其在侦查中供述给钟某某出售部分毒品的内容不仅没有得到其他证据印证，相反却被钟某某所否定，而查获的毒品及其添加剂、电子秤本身并不能说明携带毒品的确切意图，亦无其他证据证实其除了吸食外，为什么要把大量的毒品从重庆携带到甘肃？即其主观动机、目的处于一种不确定的存疑状态。由于为了自己吸食而“运输”毒品的行为，并不能导致毒品的流通。同时，对于吸食毒品的人来说，毒品数量的多少只能作为判断是否具有贩卖、运输等目的的参考，并不能必然得出用于扩散的结论。那么，在真相尚未明了的情形下，司法人员该如何选择适用法律？从立法上看，非法持有毒品罪的设立本身不仅体现了从严打击毒品犯罪的意向，也体现了“疑案从轻”的原则。在行为人动态持有毒品的情况下，只要无法确证行为人的目的是为了促使毒品的流通或者获取非法利益，就应作出有利于被告人的选择，以非法持有毒品定性。在此意义上，第一种观点具有合理性。因为“在提出各种证据以探讨真相的过程中，‘排除合理怀疑’乃是司法认知的精髓所在。”① 在对事实的疑问没有消除之前，就应当转换认识真相的角度，调整思考问题、评价事实的逻辑，在体系性思考中选择应当适用的法律规范。但是问题的核心在于，这种疑问必须是合理怀疑。所谓合理怀疑，是指一个普通的理性人凭借常识、常情、常理对证据或者事实产生的怀疑。合理的怀疑，才需要排除，或者说排除合理怀疑，并不是排除所有的怀疑，而是要排除有正当理由的怀疑，以使对犯罪事实的证明达到道德上的确信程度。因此，合理怀疑不应当是与常识、常情、常理相悖的疑问，即作出有利于被告人的选择，不应违背常识、常情、常理，因为刑法上的判断是在尊重常识、常情、常理基础上的规范判断。从这一角度来看，被告人谭某携带大量毒品及其添加剂、电子秤从重庆来到甘肃，显然不仅仅是为了只供自己吸食，其辩解缺乏合理性。相反，从整个行为事实可以说明其在主观上具有运输毒品的故意，客观上具有运输毒品的行为，当以运输毒品罪论处。

需要说明的是，2015 年最高人民法院针对毒品案件中出现的新情况以及以往执法中存在的偏差等问题，发布了《武汉会议纪要》（法〔2015〕129 号）（以下简称《纪要》），《纪要》指出：“吸毒者在购买、存储毒品过程中被查获，没有证据证明其是为了实施贩卖毒品等其他犯罪，毒品数量达到刑法第三百四十八条规定的最低数量标准的，以非法持有毒品罪定罪处罚。吸毒者在运输毒品过程中被查获，没有证据证明其是为了实施贩卖毒品等其他犯罪，毒品数量达到较大以上的，以运输毒品罪定罪处罚。”以上内容虽有客观归罪、有罪推定之嫌，但为动态持有毒品与运输毒品的区分划定了明确的界线，也体现了从严打击毒品犯罪的刑事政策。

【办案札记】

在刑事诉讼中，“疑点的利益当归于被告”是认定事实的普遍原则，但“一般必有例外”。存疑有利于被告人是一种价值冲突的选择判断，在适用时，应当明确其内涵与外延，不能认为只要存在疑问就可以作出有利于被告

① 谌洪果：《法律人的救赎》，中国民主法制出版社 2011 年版，第 122 ~ 123 页。

人的结论。

1. 存疑有利于被告人的适用。

在刑事司法活动中，经常会出现案件事实认定疑问和法律适用疑难的情况。一般认为，对于事实认定疑问，应当作出有利于被告人的选择；对于法律适用疑难，则应根据刑事立法精神进行合理解释，而不能作出有利于被告人的选择。即存疑有利于被告人原则的适用前提是案件事实存在疑问，且这种疑问属于“合理怀疑”。构成“合理怀疑”应具备以下几个条件：首先，“合理怀疑”不是一种任意怀疑，而是建立在对一定证据基础上的怀疑。即对有罪证据不确实、充分而形成的疑问，这种疑问要么是有一定的证据反映，要么符合社会平均价值观念，是符合法理及生活常识、常理、常情的怀疑，而不是纯粹心理上的怀疑。如果某种怀疑毫无根据，纯属凭空猜测，无中生有，则不能视为事实疑问。其次，“合理怀疑”必须是对定罪量刑有影响的怀疑。对被告人定罪量刑有影响的怀疑，才能具有刑法价值，对定罪量刑不产生影响的怀疑，即便符合常识、常情、常理，因不具有刑法评价意义，不属于合理怀疑。最后，“合理怀疑”是“一种道德上的不确信”，即证明行为人有罪的证据及其事实达不到人们在道德上的确信程度。

存在“合理怀疑”才有排除的必要，按照《布莱克法律词典》的解释，所谓排除合理怀疑，“是指全面的证实、完全的确信或者一种道德上的确定性；这一词汇与清楚、准确、无可置疑这些词相当。排除合理怀疑的证明，并不排除轻微可能的或者想象的怀疑，而是排除每一个合理的假设，除非这种假设已经有了依据；它是‘达到道德上的确信’的证明，是符合陪审团的判断和确信的证明，作为理性的人的陪审团成员在根据有关指控犯罪是有被告人事实的证据进行推理时，是如此确信，以至于不可能作出其他合理的推论。”①

① “排除合理怀疑”是指对于认定的事实，已没有符合常理的、有根据的怀疑，实际上达到确信的程度。参见全国人大常委会法制工作委员会编：《〈关于修改中华人民共和国刑事诉讼法的决定〉条文说明、立法解释及相关规定》，北京大学出版社2012年版，第53页。

2. 存疑有利于被告人的限制。

在事实存在疑问作“有利于被告”的选择时，一方面不得违反刑法的基础原理、原则，另一方面也不能为被告人规避法律创造条件。一般认为，存在下列情形时，应当限制或者排除对该原则的适用：

（1）存疑有利于被告人原则的适用，受“合理推定”的限制。“强力的推定是完全的证明。”推定是指在缺乏证据直接证明某一事实时，从已经查证属实的事实为基础，以逻辑法则、经验法则为中介，判定某一事实存在的方法。如果被告人不能作出合理辩解，这种推定即为成立。如在对行为人的主观心理状态的认定存在疑问时，应根据客观事实合理推定行为人主观上是否具有明知某种事实、是否具有某种目的，而不能简单地做出有利于被告人的选择。当然，在不能做出合理推定或者被告人对推定结论提出辩解，且无法排除其辩解的情况下，就应当作出有利于被告人的选择。

（2）存疑有利于被告人原则的适用，受“择一认定”的限制。“择一认定”是指在不能认定被告人实施了某一特定的犯罪行为，但能认定被告人实施了另一处罚较轻的犯罪行为时，可以认定另一犯罪的成立而不能宣告无罪的情形。如在毒品犯罪、假币犯罪中，在对行为人大量持有毒品、假币的前因后果无法查明的情况下，即对可能涉嫌的重罪无法查证时，只能把“方便留给自己，便宜留给罪犯”。选择处罚相对较轻的非法持有毒品罪、非法持有假币罪来认定处理，而不是选择无罪。

（3）存疑有利于被告人原则的适用，受“部分行为全部责任”的限制。在共同犯罪中由于故意的共同性和行为的协同性，决定了共同犯罪的整体性，所以对于共同犯罪适用“部分实行全部责任”原则。所有的实行犯都必须对结果承担全部责任，即使不能查明危害结果具体是由哪一人造成的，也应排除适用“存疑时有利于被告”原则。即便查明某一危害结果是由某人造成的，对其他积极参与的实行犯仍然不能作出犯罪未遂或者不构成犯罪的认定，而应当按照“一人既遂全部既遂”的原则来处理。

（4）存疑有利于被告人原则的适用，受刑事政策的限制。“疑罪从去，仁也”，所以“如果出现疑问，就应该优先选择最宽容和仁慈的推定”。但在有些情况下，也要排除“存疑时有利于被告”原则的适用，如对于贩毒人员被抓获后，从其住所、车辆等处查获的毒品性质认定。《全国法院毒品犯罪审判工作座谈会纪要（武汉会议纪要）》（法〔2015〕129号）指出：行为人因涉嫌贩卖毒品被抓获的，对于从其住所等处查获的毒品，一般应当认定为其贩卖毒品，但确有证据证明该部分毒品并非用于贩卖或者并非其所有除外；行为人对该部分毒品实施的行为构成非法持有毒品罪、窝藏毒品罪等其他犯罪的，依法定罪处罚。原因在于，毒品犯罪取证难度大，基于"见毒就打"刑事政策的考虑，对从其住所、车辆等处查获的毒品可推定为用于贩卖。当然，对事实推定，允许行为人提出相反的证据予以反驳。

【法规链接】

《中华人民共和国刑法》

第三百四十七条 走私、贩卖、运输、制造毒品，无论数量多少，都应当追究刑事责任，予以刑事处罚。

走私、贩卖、运输、制造毒品，有下列情形之一的，处十五年有期徒刑、无期徒刑或者死刑，并处没收财产：

（一）走私、贩卖、运输、制造鸦片一千克以上、海洛因或者甲基苯丙胺五十克以上或者其他毒品数量大的；

（二）走私、贩卖、运输、制造毒品集团的首要分子；

（三）武装掩护走私、贩卖、运输、制造毒品的；

（四）以暴力抗拒检查、拘留、逮捕，情节严重的；

（五）参与有组织的国际贩毒活动的。

走私、贩卖、运输、制造鸦片二百克以上不满一千克、海洛因或者甲基苯丙胺十克以上不满五十克或者其他毒品数量较大的，处七年以上有期徒刑，并处罚金。

走私、贩卖、运输、制造鸦片不满二百克、海洛因或者甲基苯丙胺不满十克或者其他少量毒品的，处三年以下有期徒刑、拘役或者管制，并处罚金；情节严重的，处三年以上七年以下有期徒刑，并处罚金。

单位犯第二款、第三款、第四款罪的，对单位判处罚金，并对其直接负责的主管人员和其他直接责任人员，依照各该款的规定处罚。

利用、教唆未成年人走私、贩卖、运输、制造毒品，或者向未成年人出售毒品的，从重处罚。

对多次走私、贩卖、运输、制造毒品，未经处理的，毒品数量累计计算。

第三百四十八条 非法持有鸦片一千克以上、海洛因或者甲基苯丙胺五十克以上或者其他毒品数量大的，处七年以上有期徒刑或者无期徒刑，并处罚金；非法持有鸦片二百克以上不满一千克、海洛因或者甲基苯丙胺十克以上不满五十克或者其他毒品数量较大的，处三年以下有期徒刑、拘役或者管制，并处罚金；情节严重的，处三年以上七年以下有期徒刑，并处罚金。

法律辩护

72. 怎样判别正当防卫与防卫过当

——罗某某等人正当防卫案

【案情摘要】

被告人罗某某，男，1984年4月20日出生，学生。

被告人董某，男，1987年7月15日出生，学生。

被告人傅某，男，1987年10月8日出生，学生。

2004年7月25日晚，被告人罗某某、董某、傅某和石某在楼下聊天时，与酒后的邢某某发生争执。邢某某拿起铁凳子欲砸石某，被同行的同事拉开，邢某某骑摩托车离开时把罗某某碰了一下。罗某某、董某、傅某和石某商量："若这个男人再来挑衅，我们就捶他。"后邢某某骑摩托车再次返回，捡一块砖头冲向石某，用胳膊夹着石某的脖子推到小房墙上，并用砖块击打石某的后背，石某喊："快帮忙！"罗某某、董某、傅某即对邢某某拳打脚踢，见邢某某仍撕住石某不放，董某和傅某捡起水泥砖块在邢某某的背部、头部击打，邢某某被砸倒在地。被告人罗某某、董某、傅某和石某准备离开现场时，发现邢某某倒地不动遂打电话报警。经鉴定，邢某某外伤致左颞部急性硬膜外血肿、左额骨骨折、左颞叶脑挫裂伤、蛛网膜下腔出血为重伤。

【诉讼意见与处理结果】

侦查机关以罗某某、董某、傅某涉嫌故意伤害罪移送审查起诉。公诉机关指控，被告人罗某某、董某、傅某的行为触犯了《刑法》第234条第2款，应当以故意伤害罪追究其刑事责任。鉴于重大损害是在防卫过程中所造成，应依法减轻处罚。辩护意见认为，罗某某、董某、傅某的行为虽然造成重大损害，但对不法侵害反击的行为是在紧迫情形下制止不法侵害所必需的行为，并未超过必要限度，更未明显超过必要限度，其行为属正当防卫而非防卫过当，以故意伤害罪追究其刑事责任，是对正当防卫制度和公民自卫权利的否定，应宣告无罪。

一审法院认为，被告人罗某某、董某、傅某在深夜难以判断邢某某侵害行为程度的情况下，持砖将邢某某击伤，属制止不法侵害的幅度和范围之内，不属防卫过当。依照《刑法》规定，判决如下：

被告人罗某某、董某、傅某无罪。

宣判后，公诉机关未抗诉。

【法律适用问题】

在诉讼过程中，对罗某某、董某、傅某的行为是否构成犯罪分歧较大。第一种意见认为，罗某某、董某、傅某具有伤害的故意，从其预谋“若这个男人再来挑衅，我们就捶他”的事实，就可足以说明被告人伤害对方是有预谋的行为，双方都有积极加害对方意思的暴力行为，具有互殴的性质，罗某某、董某、傅某的行为应当构成故意伤害罪。第二种意见认为，罗某某、董某、傅某对正在进行的不法侵害进行反击，属于正当防卫，但在当时的环境条件下，其实施的反击行为已明显超过了必要限度且造成了重大损害，属防卫过当，鉴于主观上出于故意，其行为构成故意伤害罪，应依法减轻处罚。第三种意见认为，对不法侵害即时进行的反击行为，不能认定为互殴。罗某某、董某、傅某在遭受不法侵害的情况下，持砖将邢某某击伤，属于制止不法侵害的必需行为，未明显超过必要限度，当为正当防卫，其行为不构成犯罪。

正当防卫的成立，从侵害方面来看，必须以实际存在的正在进行的且具有一定程度紧迫性的不法侵害为条件；从防卫方面来看，必须是针对不法侵害者本人实施没有明显超过必要限度的行为。如果防卫行为因明显超过了必要限度，造成了重大损害，就由正当防卫转化成了防卫过当。即防卫过当从行为内容上看，防卫行为明显超过了必要限度，从行为结果上看防卫行为给不法侵害人造成了重大损害。防卫过当必然具有防卫的动机，只是因为防卫明显超过了必要限度造成了重大损害，才使防卫性质发生了变化，由有益于社会的行为变为有害于社会的行为，由合法变为非法。

就本案而言，焦点问题在于对互殴与防卫该如何区分？防卫行为是否明显超过了必要限度？

互殴，即互相斗殴。因互殴双方都具有侵害性，无论是先动手还是后动手，都属于侵害行为，不具有防卫的意图，从而排除其防卫性质。由此，互殴与防卫的主观区别在于，后动手的一方有无加害对方的意图，如果结论肯定，则双方的行为都是不法侵害，不存在侵害者与防卫者。这也正是对事前挑拨、报复等行为被排除在正当防卫之外的原因。如果结论否定，则后动手一方的行为是对不法侵害的反击行为，即具有防卫性。或者说，互殴与防卫的客观区别在于，是否存在积极的加害行为，即后动手的一方有无加害对方的积极行为，如果结论肯定，则为互殴。如果结论否定，则对后动手一方的行为应认定为防卫行为。如对不法侵害即时进行的反击行为，因事先并无加害意图，当属于正当防卫。所以，不能认为只要存在互相的打斗行为，就都是互殴，也不能认为先动手的一方必然是不法侵害，后动手的一方必然是对不法侵害的防御。

本案的第一个事实为：邢某某拿起坐的铁凳子欲砸石某，并在离开时有滋事行为；第二个事实为：罗某某、董某、傅某和石某商量："若这个男人再来挑衅，我们就捶他。"第三个事实为：邢某某返回现场，捡起砖块殴打对方；第四个事实为：罗某某、董某、傅某冲上去将邢某某砸倒在地；第五个事实为：罗某某、董某、傅某和石某在离开现场时电话报警。

从以上事实过程可以看出，本案中，罗某某、董某、傅某事先并没有加害对方的意图。尽管事先预谋"若这个男人再来挑衅，我们就捶他"。但对预期的危险，行为人有进行防卫的权利。如同对事先准备工具的反击行为不能否定行为的防卫性一样，对事先预谋进行反击的行为同样不能否定行为的防卫性。因为这种预谋以遭受不法侵害为前提，而非积极的加害意图。或者说这种预谋的内容是为了防卫，而不是为了斗殴。所以，本案双方的行为不属于互殴行为，罗某某、董某、傅某所实施行为当为防卫行为。

那么，罗某某、董某、傅某的行为是否属于防卫过当呢？判断防卫过当的基本原则，是否实施了明显超过必要限度给不法侵害人造成重大损害的行为。“重大损害”，就人身损害而言，一般是指重伤、死亡的情况。“超过必要限度”应当是防卫行为在强度上大于不法侵害，而不是与不法侵害基本适应或者相对等。即完全超出了制止不法侵害的必要强度，明显背离了日常生活中的一般观念。本案的事实过程表明，被告人罗某某等人在用轻缓的防卫手段不能制止不法侵害的情况下，才实施了将侵害人致为重伤的防卫行为，将侵害人致伤是足以有效制止不法侵害的必要条件，就造成的后果来看，其限度充其量最多只是超过了必要限度，而不是明显超过必要限度。如果认为只要造成了重大损失就是防卫行为过当，那么，法律就成了不法侵害者的护身符。禁止反抗就是对暴力的鼓励和支持，不能要求“正当”为“不正当”让路。在造成了重大损害的情况下，不能认为行为人实施了积极的防卫行为，就具有了伤害的故意。由此，以故意伤害罪对罗某某、董某、傅某提起公诉并不合适。

“正义有时会迟到，但终究不会缺席。这种迟来的正义在警示：对事实真相的判断，应当保持必要的谦卑，更不要忘记是否追问、拷问过自己的心灵。”（［美］汉娜·阿伦特（Hannah Ardent）：《专制下的个人责任》）

【办案札记】

“有权利必有救济。”当合法权益遭受紧迫侵害，不能得到及时有效的公力救助时，私力救助就具有了正当性、必要性。同时，“有权利必有制约。”私力救助不得偏离正义的轨道。为此，刑法设立了正当防卫和防卫过当制度。在刑事司法实务中，对正当防卫与防卫过当的界别，应当着重注意以下几个方面：

1. 在紧急情况下，应当作出有利于防卫人的判断。

在面对举刀的情况下，不能要求防卫人作出分寸恰当的反应，因为当时的情势容不得防卫人作出理性的思考和判断。防卫人面对突发性、紧急性的不法侵害往往毫无防备、精神紧张，难以判明不法侵害的意图和危害程度，没有充分的条件去选择恰当的防卫方式、防卫工具和强度，更难以预料防卫的后果。这就要求在对待防卫过当的问题上，一要慎重。所谓慎重，应当从维护正义的观念出发，保护公民同不法侵害行为作斗争的积极性，而不是约束、限制正当防卫行为，这样才符合该制度本身的价值趋向。二要宽容。所谓宽容，就是对防卫人不能有苛刻的要求，不能期待防卫人作出非常恰当的反击行为，不能按事后的理性判断，去要求防卫人从容理智地进行正当防卫。刑法不应当给见义勇为者设置过多的行为障碍，也不应该成为见义勇为者的精神枷锁，过于苛刻的防卫要求与法律的期待和精神相背离。

2. 事先设防的行为不能成为否定正当防卫的理由。

一般地，在预期有具体侵害的情况下，事先设防是免遭不法侵害的预防措施，如预先准备工具的行为，不能否定行为的防卫性。只有以此为借口实施积极加害意思的反击行为，或者基于斗殴故意实施的反击行为，才可认定为互殴。因为，正当防卫对防卫方式和防卫工具并没有限制性要求，无论选择何种防卫工具及其防卫方式，只要是为了有效制止不法侵害所必需的，就是符合防卫行为的目的性所要求的。同时，正当防卫是一种积极的私力救济权利，具有一定程度的“攻击性”，只要设防的目的正当，就不能以防卫人明知自己可能遭受不法侵害，却以能够报警而不报警，能够躲避而不躲避为由，否定防卫人的权利，进而认为防卫人具有伤害或者报复对方的故意。如防卫人携带自备防身刀具进行防卫的情况下，不能因为防卫人携带刀具是非法的，就剥夺其正当防卫的权利，更不能以此直接就认为是互殴或者斗殴。因为“行为人在人身受到威胁后但尚未受到危害前便准备工具的行为本身并不能说明是为了防卫还是斗殴，其目的只能根据相关事实和证据来确定，而不能恣意推测。”由此，对防卫还是互殴的判定，应当实质化而不能形式化。

3. 存在疑问时应当作出有利于防卫人的判断。

当事后人们理性的判断对防卫行为是否具有过当性存在合理疑问时，就不能期待防卫人在当时的背景下作出天使般理性的选择，否则，就是放纵不法侵害，限制正当防卫。由此，如果站在人们普遍认知和一般情感的立场之上，对“是否明显超过必要限度”和造成的损害是否属于“重大”问题上存在较大分歧时，就应当作出“不明显”的认定。因为根据认识论的原理，如果某一事物的边界是清晰的、事物的界限是“明显”的，那么人们的判断是不可能出现重大分歧而应当是基本趋同的。[①] 所以，对“是否明显超过必要限度”和造成的损害是否属于“重大”的判断，应从行为的通常性、适当性上考察。“正没有必要向不正让步”，在存在较大分歧时，应当作出有利于防卫人的判断结论。

事实上，不仅在防卫限度上可以进行社会相当性诠释，在“不法侵害是否正在进行”“不法侵害是否已经开始”等方面都可以社会相当性作为判断的理由之一，或者说作为检验判断正确与否的标准之一。如果防卫的时间、措施、强度在社会公众看来是合理而必要的，就说明防卫人已经尽到了基本的注意义务，即便出现了不法侵害者死伤等严重结果，也不能归责于防卫人。所以，不能仅仅因为出现了不法侵害人死伤的结果，就从防卫时间、措施、强度等方面寻找让防卫人承担责任的事由，这实在是一种强防卫人之所难，背法律之正义的错误做法。

4. 明显超过必要限度以超过必要限度为前提。

对于正当防卫及其过当的判断，“不能用一加一等于二的公式来解决，即不可能搞一个截然的、经纬分明的界限和标准，主要是要掌握一个基本原则，然后具体问题具体分析。”[②] 这个基本的原则就是是否实施了明显超过必要限度给不法侵害人造成重大损害的行为。这就要求首先判明是否造成了重大损害，“重大损害”，就人身损害而言，一般是指重伤、死亡的情况。其次判明是否明显超过了必要限度。“必要限度应以制止不法侵害，保护合法权益所必要为标准，易言之，只要是制止不法侵害、保护合法权益所必要的，就是必要限度之内的行为。”[③] 所以“超过必要限度”应当是防卫行为在强度上大于不法侵害，而不是与不法侵害基本适应或者相对等。因为“从生活经验和逻辑上讲，当两种力量基本相当时，其较量的结果只能是势均力敌，难

---

① 苏惠渔：《犯罪与刑罚理论专题研究》，法律出版社2000年版，第242~243页。

② 王作富：《中国刑法研究》，中国人民大学出版社1988年版，第206页。

③ 张明楷：《刑法学》（上），法律出版社1997年版，第231页。

以由一方足以制止另一方。只有当较量中的一方居于优势力量时，才能以强致弱，这是日常生活中的一般经验和逻辑。”[①] 而“明显超过必要限度”当指防卫行为完全超出了制止不法侵害的必要强度，明显背离了日常生活中的一般观念。如对以下情况就可以认为明显超过了必要限度：“为了保护一个轻微的合法权益，而将侵害者置于死地；对于并非立即危及人身安全的不法侵害，采用致残、致死的方法进行防卫；对于并非急迫的不法侵害，采用致残、致死的方法进行防卫；采用缓和的方法完全能够制止不法侵害，采用致残、致死的方法进行防卫。”[②] 在明显超过了必要限度的判别上，还应充分考虑防卫人的个体情况，如心理素质、生活阅历、周围环境等个案因素。

5. 无限防卫不等于无限制的防卫。

《刑法》第 20 条第 3 款规定：“对正在进行行凶、杀人、抢劫、强奸、绑架以及其他严重危及人身安全的暴力犯罪，采取防卫行为，造成不法侵害人伤亡的，不属于防卫过当，不负刑事责任。”对该规定理论上称之为无限防卫权。所谓“无限”只是指防卫强度的无限性，对于具有紧迫性、暴力性的杀人、强奸等严重危及人身安全的暴力犯罪，即使造成犯罪分子重伤或死亡的，也没有超出正当防卫的必要限度，仍应成立正当防卫。但无限防卫权在本质上仍然属于正当防卫权，必然受到正当防卫的正义价值的限制。这种限制主要表现在两个方面：一是在适用条件上，《刑法》第 20 条第 3 款的规定，仍应以成立《刑法》第 20 条第 1 款规定的正当防卫为前提。即对正在进行行凶、杀人、抢劫、强奸、绑架以及其他严重危及人身安全的暴力犯罪，采取防卫行为造成不法侵害人伤亡的，同样要受到正当防卫主客观条件以及防卫时间等条件的限制。如果实施无限防卫的条件已经终结、消失的，自然不存在无限防卫权的问题。二是在防卫对象上，只能是严重危及人身安全的暴力犯罪，如强奸、抢劫、杀人、绑架既可以使用暴力方法，也可以使用胁迫或其他方法。对以暴力方法实施的强奸、杀人、抢劫、绑架行为，因不直

---

① 苏惠渔：《犯罪与刑罚理论专题研究》，法律出版社 2000 年版，第 247 页。

② 侯国云、白岫云：《新刑法疑难问题解析与适用》，中国检察出版社 1998 年版，第 130～131 页。

接危及被害人的生命健康权，不能适用无限防卫，只能进行一般正当防卫。

【法规链接】

《中华人民共和国刑法》

第十六条 行为在客观上虽然造成了损害结果，但是不是出于故意或者过失，而是由于不能抗拒或者不能预见的原因所引起的，不是犯罪。

第二十条 为了使国家、公共利益、本人或者他人的人身、财产和其他权利免受正在进行的不法侵害，而采取的制止不法侵害的行为，对不法侵害人造成损害的，属于正当防卫，不负刑事责任。

正当防卫明显超过必要限度造成重大损害的，应当负刑事责任，但是应当减轻或者免除处罚。

对正在进行行凶、杀人、抢劫、强奸、绑架以及其他严重危及人身安全的暴力犯罪，采取防卫行为，造成不法侵害人伤亡的，不属于防卫过当，不负刑事责任。

第二百三十四条 故意伤害他人身体的，处三年以下有期徒刑、拘役或者管制。

犯前款罪，致人重伤的，处三年以上十年以下有期徒刑；致人死亡或者以特别残忍手段致人重伤造成严重残疾的，处十年以上有期徒刑、无期徒刑或者死刑。本法另有规定的，依照规定。

73. 阻却违法事由及其判断

——赵某贪污、挪用公款案

【案情摘要】

被告人赵某，男，1974 年 9 月 27 日出生，镇计划生育办公室原主任。

2010 年 5 月至 2013 年 7 月、8 月，被告人赵某在任镇计划生育办公室主任期间，以出外考察、陪领导打牌等多种名义，先后侵吞公款66 435元。

2010 年 10 月至 2011 年 12 月，被告人赵某利用其职务便利，将镇计生办公款45 000元借予他人使用。其中：2010 年 10 月，单位职工李某某因装修房屋之需，出具借条经赵某批准后，借用单位公款20 000元。2011 年 9 月，被告人赵某将公款20 000元借予其友汪某某用于生产经营。2012 年 1 月 6 日，汪某某将该款予以归还赵某，但赵某未予归还单位而继续挪作个人使用；2011 年 12 月被告人赵某将公款 5000 元借予王某某用于交给养老保险金，后赵某将挪用款项予以归还。

2014 年 1 月 12 日，被告人赵某受检察机关传讯后，主动交代了其涉案的全部犯罪事实，并退缴赃款68 000元。李某某亦归还了20 000元公款。

【诉讼意见与处理结果】

侦查机关以赵某涉嫌挪用公款罪移送审查起诉。公诉机关指控，被告人赵某身的行为触犯《刑法》第 382 条第 1 款、第 383 条、第 384 条第 1 款，应当以贪污罪、挪用公款罪追究其刑事责任。辩护意见认为，赵某将公款使用后，并未采取非法平帐等掩盖事实真相的行为，没有侵犯公款的所有权，其行为属性当为使用公款而非侵吞公款，只构成挪用公款罪不构成贪污罪。其中，赵某作为单位领导为解决单位职工李某某生活困难出借公款，属于正当工作行为，且李某某出具了借条，李某某与计生站形成的是合法的债权债务关系，不具有刑事违法性和社会危害性。

一审法院认为，被告人赵某将公款20 000元交由李某某使用定性为挪用公款不当，应予纠正。被告人赵某身为国家工作人员，利用职务便利，贪污公款66 435元，挪用公款25 000元，其行为已构成贪污罪、挪用公款罪。鉴于其有自首情节，能退缴全部赃款，可对其贪污罪减轻处罚。依照《刑法》规定，判决如下：

被告人赵某犯贪污罪，判处有期徒刑3年；犯挪用公款罪，免予刑事处罚。决定执行有期徒刑3年。

宣判后，被告人赵某提出上诉，认为其只有挪用公款的行为，不构成贪污罪，应依法改判。

二审法院裁定，驳回上诉，维持原判。

【法律适用问题】

对于被告人赵某某将20 000元公款借给单位职工李某某使用，超过3个月未归还的行为性质，在诉讼中形成两种意见。一种意见认为赵某的行为不构成犯罪，单位领导为家庭经济困难的职工借用公款，符合社会伦理规范，且赵某作为计生站站长有出借公款的权力，李某某出具了借条，所借款项用于日常生活消费，取得款项合法有效，李某某与计生站形成的是合法的债权债务关系，不属于刑法调整的范围。另一种意见认为赵某的行为构成挪用公款罪。赵某将单位的公款借给李某某个人使用，是一种利用职务之便的行为。2002年4月28日全国人大《关于刑法第三百八十四条第一款的解释》中规定“将公款借本人、亲友或其他自然人使用”属于“挪用公款归个人使用”，李某某借款时间长达1年之久，使得这部分公共财产长期处于失控状态，赵某的行为符合挪用公款罪的构成要件，应以挪用公款罪追究刑事责任。

挪用公款罪，是指国家工作人员利用职务的便利，挪用公款归个人使用进行非法活动的，或者挪用公款数额较大进行营利活动的或者挪用公款数额较大，超过了3个月未还的行为。挪用公款与借用公款虽一字之差，但因关系着罪与非罪的界限，需要认真对待。挪用是非法行为，借用是合法行为。是非法挪用还是合法借用可以从以下几个方面来考察：（1）程序是否合法。挪用公款是行为人违反法律、法规或者单位的财务规章制度，擅自决定将公款私用或者借给他人；而借用公款则是按照财务管理制度经单位批准的行为，体现的是单位意志，从而形成合法债权债务关系的行为。（2）形式是否公开。借贷公款通常存在合理正当的理由，在公开状态下进行，由相关财务凭证予以记载，如出具的借据、收条等；以借贷形式的挪用行为一般采用隐瞒、欺骗手段，如利用职权自批自贷、假名冒名等，一般没有合法的财务手续，即使在行为当时出具了形式上的“借贷”手续，也往往是为了掩盖事实真相。（3）动机、目的是否正当。借用公款通常存在合理正当的理由，不具有徇私、徇情等不良动机，相反，往往是情有可原，与其本人利益无关；挪用公款则往往包含着个人私利、私情等因素。

“实质的违法性，就是偏离了社会相当的侵害、威胁法益的行为。”[①] 因为根据社会相当性理论，对于历史形成的社会共同生活秩序范围内的行为，即使该行为具有侵害刑法所保护法益的危险，也属于社会所容许的行为，不属于犯罪的范畴。只有违背了社会伦理规范，背离了一般国民的法感情的行为，才能作为违法加以处理。就利用职务便利使用公款的行为而言，属于挪用还是借用、合法还是违法？不仅要进行形式判断更要注意实质判断，即便行为在形式上与挪用公款罪的构成要件具有符合性，但在实质上为社会一般伦理规范所容许的行为，就没有科处刑罚的必要，这说明对全国人大常委会《关于刑法第三百八十四条第一款的解释》中“将公款借本人、亲友或其他自然人使用”的含义不能片面地理解，国家工作人员利用职务便利将公款借给自然人使用，未必就构成挪用公款罪。本案即为如此，对被告人赵某某利用职务便利，将20 000元单位公款借给单位职工李某某使用，且超过3个月未归还的行为事实不应认定为犯罪行为。

“法律的内在逻辑受制于社会生活的逻辑。”在定罪活动中，不能心中只

---

① ［日］大谷实：《刑法总论》，黎宏译，法律出版社2003年版，第177页。

有教义没有生活，因为形式违法与实质违法，犹如鸟之双翼，车之两轮，都是需要加以关注的“重要事项”，不应疏忽。

【办案札记】

刑法视野中，有的行为具有社会相当性，从而不具有实质违法性，排除犯罪的成立。即刑法理论中的违法阻却事由，又称阻却违法的事由。对违法阻却事由我国刑法只规定了正当防卫与紧急避险两种。但在事实上，法令行为、自救行为、正当业务行为、基于被害人承诺的行为、推定承诺、自损行为、义务冲突等，均可成为违法阻却的事由。在确认不法的过程中，对此应予特别注意。

1. 是否属于执行法令行为。

执行法令行为，是指基于法律、法规、命令的规定，作为行使权利或者承担义务所实施的行为，如基于政策理由排除犯罪性的行为、职务（职权）行为、执行命令的行为和权利（义务）行为等。正是由于执行法令的行为属于社会所允许或者鼓励的行为，才阻却违法。但是，对于执行法令行为成为违法阻却的事由，以行为本身的正当、合法为前提。为此，对能否成为违法阻却事由的执行法令行为，要着重从两个方面来考察判断：一是执行依据是否合法。如果行为人已经认识到执行依据的非法性，仍然按照法规、命令办事，则执行法令的行为，不能成为规避自己法律责任的理由。如明知领导在违法盲目安排指挥工作，却随声附和，不加反对地执行，属于“平庸的邪恶”① 不能阻却违法责任。所以，除合法的执行行为、军事领域的特殊规定外，“上级命令不免除责任”。如《国际刑事法院规约》第 33 条规定：“（一）某人奉政府命令或军职或文职上级命令行事而实施本法院管辖权内的犯罪的事实，并不免除该人的刑事责任，但下列情况除外：（1）该人有服从有关政府或上级命令的法律义务；（2）该人不知道命令为不法的；（3）命令

① ［美］汉娜·阿伦特（Hannah Arendt）《艾希曼在耶路撒冷：关于平庸的邪恶的报道》：“平庸的邪恶”的基本含义是指不加思维地按照命令办事，并以此心安理得地逃避自己非法行为的道德义务和法律责任。

的不法性不明显。……”二是执行行为是否合法。且可以成为违法阻却事由的基本要求是符合法律的目的、要求。如果行为人所实施的行为虽有法律、法规、命令的正当根据，但执行过程中在实体上或者程序上违反了法律、法规、命令的规定，则不阻却违法。相反，可能涉嫌犯罪。如在执行过程中有权利滥用行为的，超越命令范围、内容、方式执行的，不能阻却行为的违法性。

2. 是否存在被害人承诺。

被害人承诺，是指法益主体对他人以特定方式侵害自己可以支配的法益的行为所表示的允许。针对被害人承诺而实施的行为是否可以阻却违法，应当从承诺的有效性和行为人实施的行为是否与承诺相符合来判断。

被害人承诺是否有效，可以从以下几个方面考察：(1) 是否有权承诺。如果承诺人对其不具有处分权的事项进行承诺，则是无效的承诺。个人承诺的权益只限于人身自由权利、名誉权、人格权、财产权利等个人法益。(2) 承诺是否违法。承诺的内容须不违反公序良俗或者具有社会的相当性。一般认为，“生命不能承诺”，如故意杀人罪、故意伤害罪，被害人的承诺并不能成为阻却违法事由存在，但可以成为减轻刑事责任的原因，如安乐死。(3) 意思表示是否真实。承诺必须是被害人独立、真实、自愿的意思表示，而不是出于受胁迫、被欺骗、开玩笑、错误认识或无知等作出的意思表示。但与承诺的内容、范围、对象等无关的动机错误，不能使承诺无效，如为了得到提升，与领导发生性关系，结果没有被提拔，也与强奸罪无关。(4) 承诺是否先于行为。被害人承诺当为事先承诺，事后承诺原则上无效，不能阻却行为人的行为成立犯罪。因为事后承诺不能改变事实本身及其行为的性质，但刑法及其司法解释有明确规定的，应依照规定。如对“先强奸，后通奸”的，按照相关司法解释的规定，不追究先前强奸行为的刑事责任。(5) 被害人是否有承诺能力。承诺人应当能够明确认识到其承诺行为的性质、后果、意义等。承诺能力在刑法中有明确规定的，应当依照刑法的规定确定，如对正常的成年妇女而言，得到承诺的性行为不违背其意志，不犯罪。在刑法对承诺能力没有明确规定的情况下，具有承诺能力的人应是民法上的完全民事行为能力人。

“得到承诺的行为不违法”具有相对性。需视具体情况来区别对待：对于行为人超出被害人承诺的内容、范围实施侵害行为的，不能阻却行为的违法性；对于被害人已有承诺，但行为人对承诺缺乏认识而实施侵害行为的，不能阻却行为的违法性；对于被害人本未承诺，但行为人却误认为被承诺而实施侵害行为的，排除犯罪的故意。

3. 是否属于正当业务行为。

正当业务行为，是指虽然没有法律、法规、命令的直接规定，但在社会生活上被认为是正当的业务上的行为。是否属于业务活动中的正当行为，可以从以下方面来考察：（1）所从事的活动是否超出正常的业务范围。业务的范围是行为的边界，只有没有超出所从事业务的范围，行为才有正当的可能，否则不能排除违法。如记者的采访报道活动在一般情况下属于正当业务活动，但记者不能超出正当业务行为的范围和准则，捏造虚构事实，否则不能免责。（2）是否遵守了业务行为规范。行为规范是保证行为行为人违反行为规范，等于创设了法所不容许的风险，不应免责。如金融服务业明知顾客支取存款的目的是为了行贿、购买假币、走私、购买作案工具等，仍为客户办理存款兑现手续的，只要银行职员的行为遵守了银行的业务操作规程和国家的法律规范，就不能认为成立可罚的帮助犯。因为“遵守了法律和正当手续要求的业务规定的银行职员，形式上就是符合秩序的行为；符合正当交易态样的行为就是社会相当性范围内的行为，不具有违法性。”① 但刑法及司法解释有明确规定的，应当依照规定。（3）具有相应的执业资格、能力。对于一些特定领域的业务活动，行为人应当具备从业的资质和专业知识。如从事诊疗业务行为的人员，应具有医疗执业资质，非医务人员从事的医疗行为，不能成为违法阻却事由。（4）有执行业务的正当目的，具体的业务活动有其特定的目的、方向。如果执行业务的结果偏离了正常业务的目的、方向，或者超出了业务活动本身的范围，就不能成为阻却违法的事由。

4. 是否存在义务冲突。

义务冲突，是指数个互不相容的法律义务同时存在时，为履行其中一个

① 陈洪兵：“中立的帮助行为论”，载《中外法学》2008年第6期，第957页。

或者数个义务而怠于履行其他义务的情形。对是否存在义务冲突，应当注意以下几点：（1）义务冲突状况是否确实存在。只有行为人履行此义务的同时，必然影响对彼义务的履行，除了懈怠一方义务之履行外，别无他法，始得成立义务冲突。否则，不能作为法律义务冲突来对待。如刑事诉讼法规定任何公民都有作证的义务，律师法规定律师对当事人有保密的义务，如果律师在执业活动中获得的信息（非“准备或者正在实施的危害国家安全、公共安全以及其他严重危害他人人身、财产安全的犯罪事实和信息”），对侦破案件有重要价值的，则律师法规定的律师保密义务与刑事诉讼法规定的公民作证义务就可能发生冲突。此时，应当按照“特别规定优于一般规定”的要求，适用律师法中的特别规定，豁免其作证的义务，而不能以义务冲突时“社会利益优于个人利益”为由，要求辩护人履行作证义务。否则，被委托的律师就有可能成为委托人的指控者而不是其辩护者。（2）数个义务冲突的状态是否可归责于行为人。对于因行为人故意或者过失引起的义务冲突，不能作为义务冲突来对待，不阻却责任。（3）冲突的数个义务价值是否相当。在数个冲突法益价值相称的情况下，只要行为人选择履行了其中任何一个或者几个义务，则阻却未履行其他义务行为的刑事责任。如行为人同时负有多个劳动报酬支付义务，在无法同时履行的情况下，只要行为人尽力履行了其中一方的同等价值或者其他优越价值的义务，对其他各方未履行义务的行为，不能视为不法，不成立拒不支付劳动报酬罪。当数个冲突法益的重要性不同时，自然应当按照“利益优越原则”，选择重要的法益履行义务，放弃履行其他义务。如在涉及生命利益的义务与涉及财产利益的义务相冲突时，生命权益应得到优先保护，对于这种义务冲突，因不存在“两难境地”，不应视为刑法意义上的义务冲突。但是，如果放弃履行重要法益的义务，选择履行非重要法益的义务，不能阻却行为的违法性。

【法规链接】

《中华人民共和国刑法》

第三百八十二条 国家工作人员利用职务上的便利，侵吞、窃取、骗取或者以其他手段非法占有公共财物的，是贪污罪。

受国家机关、国有公司、企业、事业单位、人民团体委托管理、经营国有财产的人员，利用职务上的便利，侵吞、窃取、骗取或者以其他手段非法占有国有财物的，以贪污论。

与前两款所列人员勾结，伙同贪污的，以共犯论处。

第三百八十三条 对犯贪污罪的，根据情节轻重，分别依照下列规定处罚：

（一）贪污数额较大或者有其他较重情节的，处三年以下有期徒刑或者拘役，并处罚金；

（二）贪污数额巨大或者有其他严重情节的，处三年以上十年以下有期徒刑，并处罚金或者没收财产；

（三）贪污数额特别巨大或者有其他特别严重情节的，处十年以上有期徒刑或者无期徒刑，并处罚金或者没收财产；数额特别巨大，并使国家和人民利益遭受特别重大损失的，处无期徒刑或者死刑，并处没收财产。

对多次贪污未经处理的，按照累计贪污数额处罚。

犯第一款罪，在提起公诉前如实供述自己罪行、真诚悔罪、积极退赃，避免、减少损害结果的发生，有第一项规定情形的，可以从轻、减轻或者免除处罚；有第二项、第三项规定情形的，可以从轻处罚。

犯第一款罪，有第三项规定情形被判处死刑缓期执行的，人民法院根据犯罪情节等情况可以同时决定在其死刑缓期执行二年期满依法减为无期徒刑后，终身监禁，不得减刑、假释。

第三百八十四条 国家工作人员利用职务上的便利，挪用公款归个人使用，进行非法活动的，或者挪用公款数额较大、进行营利活动的，或者挪用公款数额较大、超过三个月未还的，是挪用公款罪，处五年以下有期徒刑或者拘役；情节严重的，处五年以上有期徒刑。挪用公款数额巨大不退还的，处十年以上有期徒刑或者无期徒刑。

挪用用于救灾、抢险、防汛、优抚、扶贫、移民、救济款物归个人使用的，从重处罚。

全国人大《关于刑法第三百八十四条第一款的解释》（2002 年 4 月 28 日第九届全国人民代表大会常务委员会第二十七次会议通过）

有下列情形之一的，属于挪用公款“归个人使用”：

（一）将公款供本人、亲友或者其他自然人使用的；

（二）以个人名义将公款供其他单位使用的；

（三）个人决定以单位名义将公款供其他单位使用，谋取个人利益的。

74. 阻却责任事由及其判断

——贾某等人窝藏案

【案情摘要】

贾某，男，1986 年 9 月 4 日出生，农民。

陈某某，女，1963 年 8 月 14 日出生，农民。

2000 年 3 月 27 日，贾某某因犯诈骗罪被判处有期徒刑 3 年。2001 年 1 月 1 日，贾某某从看守所脱逃后，潜逃至乌鲁木齐市与其妻陈某某、儿子贾某生活在一起。

2011 年 11 月初，贾某某从所在社区得知公安机关正在开展“清网行动”，又因社区工作人员到其家中了解情况，担心身份暴露，遂与其妻子陈某某、儿子贾某商定：与其在新疆被抓，莫如到甘肃投案自首。次日，由贾某驾车与陈某某一起来到甘肃欲投案自首。途中到其老家经与兄弟姐妹商议，推举其兄长出面与公安机关交涉，要求在贾某某自首后落实从宽政策，不收监执行余刑。因公安机关未答应其要求，经“家族会议”商定不答应条件就不投案。2011 年 11 月 27 日，贾某某与陈某某、贾某等人商定，由贾某驾车返回新疆继续打工，贾某某与陈某某暂时居住在亲戚家“观察形势”。2011 年 11 月 28 日凌晨，公安人员在高速公路一收费站将贾某截获后，贾某主动带领公安人员将贾某某抓获，陈某某到公安机关投案。

【诉讼意见与处理结果】

侦查机关以贾某、陈某某涉嫌窝藏罪移送审查起诉。

公诉机关认为，贾某、陈某某的窝藏行为，属于情节显著轻微危害不大的情形，不应以犯罪论处，建议侦查机关撤回了起诉意见。

【法律适用问题】

在诉讼过程中，对贾某、陈某某的窝藏行为如何评价形成两种意见。一种意见认为，贾某、陈某某明知贾某某是逃犯而长期窝藏，其行为构成窝藏罪。《刑法》第310条规定：明知是犯罪的人而为其提供隐藏处所、财物，帮助其逃匿或者作假证明包庇的，构成包庇、窝藏罪。立法上并没有将亲属排除在窝藏、包庇罪的主体之外，按照罪刑法定原则和法律面前人人平等原则，应予追究。另一种意见认为，贾某、陈某某在新疆与贾某某共同生活的事实，并非贾某、陈某某主动为贾某某提供隐蔽处所的行为，从新疆到甘肃是为了帮助投案，并非帮助其逃跑，均不属于窝藏行为。唯有11月27日贾某与陈某某等人商议后将贾某某藏匿在亲戚家"观察形势"的事实才是窝藏行为，但属于"亲亲相隐"，犯罪情节轻微，在11月28日凌晨公安人员将其抓获后，即主动带领公安人员将贾某某抓获，有立功表现，对其窝藏行为可以视为"情节显著轻微危害不大的"情形，不应以犯罪论处。

对贾某、陈某某的窝藏行为做非犯罪化评价，涉及以下两个问题：一是否违反刑法面前人人平等原则？二是否违反罪刑法定原则？

平等意味着"相同的人和相同的情形必须得到相同的或至少是相似的待遇，只要这些人和这些情形按照普通的正义标准在事实上是相同的或相似的"。但是适用刑法是否平等，不仅要看是否符合法律的规定而且要兼顾社会平均价值观念，是否符合社会的"常情"和"常理"。所以"公民在刑事法律面前一律平等的原则应该与公正原则和人道原则辩证地结合起来"。在犯罪性质相同而人身危险性等因素有所不同的情况下，进行区别对待并不违反刑法面前人人平等原则。正如刑罚个别化原则不仅不违背平等原则，相反，还有利于平等原则的实现一样。另外，罪刑法定原则规定的是"法无明文规定不为罪"，反对的是法外施刑，并不意味着"法有明文规定即为罪"，也不意味着有罪必罚，这应当是两个不同的问题。

在本案中，首先，贾某某潜逃到新疆后，贾某、陈某某确为其提供了藏身之处，但因贾某某与贾某系父子关系、与陈某某系夫妻关系，该行为属于亲属之爱的容隐行为，难以期待贾某与陈某某做出“大义灭亲”的选择。其次，在贾某某从新疆到老家古浪的过程中，贾某、陈某某虽然提供了帮助，但因这种帮助是为了投案，并非帮助其逃跑，该帮助行为不应当受到刑罚的谴责而应当受到鼓励。最后，只有在有期待可能性时，才能进行刑事非难，在不能期待行为人作出适法行为时，应阻却责任的存在。贾某、陈某某虽然实施了将贾某某藏匿在亲戚家的行为，但对于这种因出于家庭成员之间的“爱”而实施的违反刑法规范的行为，刑罚可罚性不大。且窝藏的对象并非重刑犯，在贾某被抓获后，主动带领公安人员将其父抓获，陈某某有自首情节，其行为的社会危害性与人身危险性明显较小。尽管在立法上并没有将亲属排除在窝藏、包庇罪的主体之外，但刑法的精神应当包含最低的社会伦理价值，如果在伦理与法理之间不能期待行为人选择适法行为，就应当考虑对行为人进行非难是否存在合理性、正当性的问题。这样，司法的结论才能体现法理人伦的光辉。所以，“对犯罪人的近亲属实施的窝藏、包庇行为，原则上应认定为缺乏期待可能性，不宜以窝藏、包庇罪论处。即使构成犯罪的，也应从宽处罚。”①

在西汉时期，汉宣帝曾以诏书的形式宣告：“父子之亲，夫妇之道，天性也，虽有祸患犹蒙死而存之，诚爱结于心，仁厚之至也，岂能违之哉！自今子首匿父母、妻匿夫、孙匿大父母，皆勿坐。其父母匿子、夫匿妻、大父母匿孙，罪殊死，皆上请廷尉以闻。”在唐代，《名例律》中又将亲属相隐的范围由亲属间扩大至同居者，确立了“同居相为隐”的原则。孟德斯鸠在《论法的精神》中也曾提出：“妻子怎能告发她的丈夫呢？儿子怎能告发他的父亲呢？为了要对一种罪恶的行为进行报复，法律竟规定出一种更为罪恶的法律……”“刑法是以规制人的行为为内容的，任何一种刑法规范，只有建立在对人性的科学假设基础上，其存在与适用才具有本质上的合理性。”② 这说明，古今中外法律都不排斥情理。因为只有充满人性关怀和道德宽容的法律，才能得到公众的认可、尊重和忠诚，从而提升法的社会价值和功能。

① 张明楷：《外国刑法纲要》，法律出版社2007年版，第790页。

② 陈兴良：《刑法的人性基础》，中国方正出版社1999年版，第1页。

法律虽不同于道德，但法律并不排斥道德。对于发生在亲属之间的日常生活行为，即便客观上有助于犯罪的人藏匿，但只要没有超出社会相当性的范围，就可以认为无期待可能性，不以窝藏罪定罪处罚，这样，司法行为及其结论才能彰显出法律所包含的人道力量。所以，对贾某、陈某某的行为，按照《刑法》第13条“但书”的规定，作出非犯罪化评价，并不违背罪刑法定原则和刑法面前人人平等原则，亦不背离刑法的公正性价值，相反却符合刑法的公正性、人道性价值，这就是“法律之内，应有天理人情在”的含义。

【办案札记】

“无责任则无犯罪。”一般认为，责任阻却的事由包括无责任能力、欠缺违法性认识的可能性、期待不可能以及其他不可非难的行为。在确认责任的过程中，应当注意对以上情形的排除。

1. 无期待可能性。

无期待可能性是期待可能性的相反情形，所谓期待可能性，即适法行为的期待可能性，是指根据具体情况，有可能期待行为人不实施违法行为而实施其他适法行为，其核心是“法律不强人所难”。法律只能要求人们做其有可能去做的事，不能强迫他人做其不可能做的事。如果难以期待行为人实施适法行为或者这种期待较低，就不能对行为人的行为进行完全的否定性评价。在以期待可能性作为出罪或者从宽处罚的事由时，应当注意以下几点：（1）有无期待可能性，是法律可否宽恕的问题，而不是纯粹的道德善恶判断。所以，对有无期待可能性的判断，应以法律规定和客观情势为依据，而不能完全以道德标准替代或者否定刑法判断。（2）是否具有期待可能性，应该以行为人本人的能力为基础标准，以社会一般人的能力为参考标准。“期待可能性小则刑事责任轻”，如对偷盗、抢夺、诈骗等侵财犯罪的初犯、偶犯，行为人是因生活所迫还是挥霍享受，期待可能性不同，所承担的刑事责任应当有所区别。（3）期待可能性只是责任问题，并不是违法性问题。对于违法性问题，如对于亲属之间的遗弃、虐待等本身违反人们情感伦常的行为；利用职权实施的包庇等职务行为；涉及国家安全、社会公共安全等重大利益的事项，一般不得以无期待可能性为由，阻却行为人的责任。

2. 欠缺违法性认识可能性。

所谓违法性认识的可能，是指行为人在行为之时，具有认识自己行为不为法律所允许、而为法律所禁止的能力和条件。故意犯罪的成立以违法性认识的可能性为必要，缺乏违法可能性的认识阻却责任，犯罪不能成立。由此，违法性认识与期待可能性不同，违法性认识的可能性存在与否不等于期待可能性的有无，只有在有违法认识可能性时，才能以期待可能性作为责任阻却的事由。如果违法性认识的可能性不存在，则无考察期待可能性的必要。

“不知法律不免责。”违法性认识的可能性，一般不属于积极证明的内容。所以，在司法实务操作中，对于行为人有无违法性认识的可能，关键在于对不存在违法性认识可能性的排除。如果存在足以信赖的理由，可以认为不具有违法性认识的可能。因为充分的信赖属于“被允许的风险”。如对涉及空白罪状的罪名，需要依照行政、经济法规确定空白罪状的内容及违法性认识的程度，而现代社会中行政、经济法规日趋膨胀且频繁更迭，如果行为人不知新法，仍实施了旧法属合法而依新法属违法的行为，只要不知道旧法无效，就应认为不可能认识自己行为的违法性。同时，当出现违法性的错误不可回避的情形时，就不具有非难可能性。总之，“只要缺乏违法性的认识具有‘相当的理由’，行为人认为其行为被法律允许具有‘可以接受的理由’，就阻却责任。”①

3. 不可非难的其他行为。

刑法的补充性和不完整性，决定着其适用的边界和范围。（1）对于私权范围内的个人行为，如在网络空间裸聊、情侣在公共场所性交、鸳鸯浴、换妻等既非法律所允许又未被法律所禁止的行为，在行为属性上，为个人私生活领域的行为，刑法不应予以非难。②（2）法治社会是多元规则并存的社会，凡是能够用其他手段足以规制的行为，刑法就应该保持歉抑。如对于劳资争议中出现的维权问题，即便引发了群体性事件，影响了社会管理秩序，只要维

① 张明楷：《刑法学》，法律出版社2011年版，第302~303页。

② 林亚刚：《刑法学教义（总论）》，北京大学出版社2014年版，第362~363页。

权的目的、手段正当、合法，应当阻却责任，不应该认为是违法的。[1]（3）对于一些尚未脱逸社会相当性或者轻微脱逸社会相当性的行为，在刑法上都不应当予以非难。如除法律规定的特定情形外，对于一般情形下的知情不举，不能以包庇罪、窝藏罪或者伪证罪来对待；在事先未预谋的情况下，行为人对于事实状况的客观反映性语言及其行为等，也不应成为刑法所非难的对象。

【法规链接】

《中华人民共和国刑法》

第三百一十条 明知是犯罪的人而为其提供隐藏处所、财物，帮助其逃匿或者作假证明包庇的，处三年以下有期徒刑、拘役或者管制；情节严重的，处三年以上十年以下有期徒刑。

犯前款罪，事前通谋的，以共同犯罪论处。

第三百一十六条 依法被关押的罪犯、被告人、犯罪嫌疑人脱逃的，处五年以下有期徒刑或者拘役。

劫夺押解途中的罪犯、被告人、犯罪嫌疑人的，处三年以上七年以下有期徒刑；情节严重的，处七年以上有期徒刑。

---

① 林亚刚：《刑法学教义（总论）》，北京大学出版社2014年版，第318页。

75. 如何判别注意规定与法律拟制

——马某抢劫案

【案情摘要】

被告人马某，男，1970年5月1日出生，农民。2008年12月15日因犯贩卖毒品罪被判处有期徒刑3年，2011年9月10日刑满释放。

2013年3月13日，被告人马某在公园路拧开摩托车电源，窃得“铃木”摩托车1辆，价值5130元。失主发现摩托车丢失后，在周围寻找未果便乘出租车回家，行至庆阳路时，发现其摩托车停放在马路一男子身旁，拿出遥控钥匙验车时，被告人马某见状将失主从出租车上拉下，用拳头击打，并夺下失主手中的摩托车遥控钥匙扔弃后骑被盗车辆逃离现场。经鉴定，失主鼻骨骨折移位明显为轻伤。

【诉讼意见与处理结果】

侦查机关以马某涉嫌抢劫罪移送审查起诉。公诉机关指控，被告人马某的行为已触犯《刑法》第264条、第234条第1款，应当以盗窃罪、故意伤害罪追究其刑事责任。被告人马某辩解，其盗窃得逞后即骑乘窃得的摩托车开往兰州方向，没有与失主见过面，从未殴打过失主，伤害失主的事与其无关，不能让其负责。

一审法院认为，被告人马某的行为符合转化型抢劫的法律要件，公诉机关指控定性不准，予以纠正。依照《刑法》规定，被告人马某系累犯，应从重处罚。判决如下：

被告人马某犯抢劫罪，判处有期徒刑5年5个月，并处罚金2000元。

宣判后，被告人马某提出上诉，认为原审法院定性错误，适用法律不当，应予改判。

二审法院裁定，驳回上诉，维持原判。

【法律适用问题】

从本案的诉讼过程可以看出，对于马某的行为性质侦查机关、审判机关认为应依照《刑法》第 269 条的规定，以抢劫罪论处，而公诉机关则认为应按盗窃罪与故意伤害罪实行并罚，分歧的焦点在于对《刑法》第 269 条中的“当场”及其对刑法设置该法条的意义应如何认识?

《刑法》第 269 条规定：“犯盗窃、诈骗、抢夺罪，为窝藏赃物、抗拒抓捕或者毁灭罪证而当场使用暴力或者以暴力相威胁的，依照本法第二百六十三条的规定定罪处罚。”对马某的行为，以盗窃罪与故意伤害罪实行并罚的理由在于，《刑法》第 269 条中的“当场”有其特定的含义，只有在盗窃、诈骗、抢夺的现场或者在即时发现的追赶过程中实施了暴力或者以暴力相威胁的行为，才属于“当场”，只有这样认识，《刑法》第 269 条的规定与《刑法》第 263 条规定的抢劫罪才具有相当性、同等性，具备转化为抢劫罪的事实基础。本案的事实并不符合这种情形，不应当适用《刑法》第 269 条的规定。认为属于转化犯，[①] 应依照《刑法》第 269 条规定认定的理由在于，《刑法》第 269 条与第 263 条虽然规定的都是抢劫罪，但二者的基本内容不同，属于与《刑法》第 263 规定不同的法律规范，所以对“当场”的理解不应过于狭窄，如果在盗窃、诈骗、抢夺行为实施后的合理时间、场所发生了“暴力或者以暴力相威胁”的行为，应视为犯罪现场的延伸，可以适用《刑法》第 269 条的规定。

以上不同的认识，有其各自的合理性，但也程度不同地存在一定的问题。前一种观点认为《刑法》第 269 条与《刑法》第 263 条在内容上应当具有相当性、同等性显系错误，但对“当场”的把握较为妥当。因为前后行为在时

---

① 转化犯，是基于法律规定，在一定条件下由轻行为（或者轻罪）向重行为（或者重罪）的转化，属于法律拟制的一种情形。

空上的连续性、不间断性是转化的必要条件。后一种观点认识到了《刑法》第269条规定的内容为法律拟制，属于与基本规定不同的法律规范，在这一点上弥补了前一种观点的错误，但却对“当场”的理解过于宽泛。

一般认为，对《刑法》第269条中“当场”的理解可借鉴日本刑法中的“机会延长理论”。该理论认为暴力与胁迫行为必须在盗窃、诈骗、抢夺这些先前行为的机会中实现。所谓机会，是指先前行为的现场以及与该现场相连的追捕过程中，原则上要求在时间与场所上与先前行为密切相连。如果在时间与场所上有一定距离，但仍处于追赶犯罪嫌疑人过程中，则认为是先前行为现场的延长，即机会的延长。判断是否处在先前行为的机会中，有四个标准：（1）暴力与胁迫行为与先前的行为在场所上有连接性；（2）暴力与胁迫行为与先前的行为在时间上有连续性；（3）暴力与胁迫行为与先前的行为在事实上有关联性；（4）追赶事态的继续性，即在处于被追赶的状态中实施了暴力与胁迫行为。

按照以上标准，如果行为人在实施盗窃、诈骗、抢夺犯罪过程中未被发觉，而是隔了一段时间以后，在盗窃、诈骗、抢夺现场以外的其他地方为窝藏赃物、抗拒抓捕或者毁灭罪证而使用暴力或者以暴力相威胁的，则不符合《刑法》第269条的规定，应按所触犯的罪名单独定罪。如果先前的行为已构成犯罪，再与先前的犯罪实行并罚。从案件发生的过程来看，本案正是这种情形。无论如何，在被告人马某盗窃摩托车的时空中，失主及他人并未发觉，也不存在追赶的问题，实施的盗窃行为与失主实施的抓获行为在时间、地点上没有连续性、继续性。对时空中断的，不应再适用转化定罪的规定。由此，一、二审法院对被告人马某的行为以转化型抢劫罪论处有待商榷。

法条总是相同的，但法理往往是不同的。面对相同的事实和同样的法条，以不同的法理来分析，得出的结论就有可能不同。所以，司法人员应当思考，在法条的形式之下，潜藏着值得重视的因素有哪些，在案件事实的背后包含着怎样的要件内容，从而明确在规范之中是什么与具体情形相关联，对于具体情形而言又是什么与规范相关联，以实现对事实和法律规范的准确对接。

【办案札记】

什么是刑法中的注意规定，什么是刑法中的法律拟制，是刑法司法工作者应当明确的基本问题。

注意规定是在刑法已作出基本规定的前提下，提示司法工作人员注意的规定，其特点是并不改变刑法基本规定的内容，即使不设置该规定，也不影响对具体犯罪的认定。所以，对于注意规定，应当按照基本规定作出解释，其内容具有普遍性，可以“推而广之”。法律拟制，则是法律明文规定将不同事物同等对待，以实现相同法律效果的情形。其特点是对相关基本规定的修正或者补充，属于与基本规定不同的法律规范。所以，对于法律拟制，应当按照拟制规定中用语的含义进行解释，其内容具有特定性，不能“推而广之”。对于注意规定与法律拟制的区分，可以从以下几个方面来考察：第一，是否存在设立注意规定的必要性？如果有必要做出注意规定的，可能是注意规定，否则可能是法律拟制。第二，是否存在做出法律拟制的理由？如果不存在规定法律拟制的理由，可能为注意规定，否则可能是法律拟制，因为行为人携带凶器抢夺的行为危害程度与抢劫罪没有实质区别。第三，某条款的内容与基本条款的内容是否相同？如果相同，原则上应为注意规定，否则，具有解释为法律拟制的可能性。第四，解释为法律拟制时，其规定的行为与基本条款规定的犯罪行为，在法益侵害上是否存在重大区别？法律之所以作出拟制规定，是因为这两种行为对法益的侵害程度大体相同，否则，法律拟制本身便缺乏合理性，被解释为注意规定可能更为妥当。第五，条款是否具有特殊内容？注意规定只具有提示性，或者虽有具体内容但没有在基本规定之外增添特殊内容，而法律拟制则增添了特殊内容。①

1. 刑法分则中常见的注意规定。

在刑法分则条文中，除了关于明知、共犯、数罪并罚（其中一行为已被评价为加重情节的除外）、数额累计计算的规定都属于注意规定外，常见的

---

① 张明楷：《刑法分则的解释原理》（下），中国人民大学出版社2011年版，第642~644页。

注意规定还有：

（1）《刑法》第183条第1款：保险公司的工作人员利用职务上的便利，故意编造未曾发生的保险事故进行虚假理赔，骗取保险金归自己所有的，以职务侵占罪定罪处罚。

第2款：国有保险公司工作人员和国有保险公司委派到非国有保险公司从事公务的人员有前款行为的，以贪污罪定罪处罚。

（2）《刑法》第184条第1款：银行或者其他金融机构的工作人员在金融业务活动中索取他人财物或者非法收受他人财物，为他人谋取利益的，或者违反国家规定，收受各种名义的回扣、手续费，归个人所有的，以非国家工作人员受贿罪定罪处罚。第2款：国有金融机构工作人员和国有金融机构委派到非国有金融机构从事公务的人员有前款行为的，以受贿罪定罪处罚。

（3）《刑法》第185条第1款：商业银行、证券交易所、期货交易所、证券公司、期货经纪公司、保险公司或者其他金融机构的工作人员利用职务上的便利，挪用本单位或者客户资金的，以挪用资金罪定罪处罚。第2款：国有商业银行、证券交易所、期货交易所、证券公司、期货经纪公司、保险公司或者其他国有金融机构的工作人员和国有商业银行、证券交易所、期货交易所、证券公司、期货经纪公司、保险公司或者其他国有金融机构委派到前款规定中的非国有机构从事公务的人员有前款行为的，以挪用公款罪定罪处罚。

（4）《刑法》第210条：盗窃增值税专用发票或者可以用于骗取出口退税、抵扣税款的其他发票的，以盗窃罪定罪处罚。使用欺骗手段骗取增值税专用发票或者可以用于骗取出售退税、抵扣税款的其他发票的，以诈骗罪定罪处罚。

（5）《刑法》第236条第2款：奸淫不满十四周岁的幼女的，以强奸论，从重处罚。

（6）《刑法》第241条第3款规定：收买被拐卖的妇女、儿童，非法剥夺、限制其人身自由或者有伤害、侮辱等犯罪行为的，依照刑法的有关规定定罪处罚。

（7）《刑法》第259条第2款：利用职权、从属关系，以胁迫手段奸淫现役军人的妻子的，以强奸罪定罪处罚。

（8）《刑法》第265条：以牟利为目的，盗接他人通信线路、复制他人电信码号或者明知是盗接、复制的电信设备、设施而使用的，以盗窃罪定罪处罚。

（9）《刑法》第271条第2款：国有公司、企业或者其他国有单位中从事公务的人员和国有公司、企业或者其他国有单位委派到非国有公司、企业以及其他单位从事公务的人员有前款行为的，以贪污罪定罪处罚。

（10）《刑法》第272条第2款：国有公司、企业或者其他国有单位中从事公务的人员和国有公司、企业或者其他国有单位委派到非国有公司、企业以及其他单位从事公务的人员有前款行为的，以挪用公款罪定罪处罚。

（11）《刑法》第287条：利用计算机实施金融诈骗、盗窃、贪污、挪用公款、窃取国家秘密或者其他犯罪的，依照刑法有关规定定罪处罚。

（12）《刑法》第300条第3款：组织和利用会道门、邪教组织或者利用迷信奸淫妇女、诈骗财物的，以强奸罪、诈骗罪定罪处罚。

（13）《刑法》第384条第2款：挪用用于救灾、抢险、防汛、优抚、扶贫、移民、救济款物，归个人使用的，以挪用公款罪论处，并从重处罚。

（14）《刑法》第355条第2款：依法从事生产、运输、管理、使用国家管制的麻醉药品、精神药品的人员，有下列两种行为的，以走私、贩卖毒品罪论处：向走私、贩卖毒品的犯罪分子提供国家管制的能够使人形成瘾癖的麻醉药品、精神病药品的；以牟利为目的向吸食、注射毒品的人提供国家管制的能够使人形成瘾癖的麻醉药品、精神病药品的。

（15）《刑法》第385条第2款：国家工作人员在经济往来中，违反国家规定，收受各种名义的回扣、手续费，归个人所有的，以受贿论处。

（16）《刑法》第387条第2款：前款所列单位，在经济往来中，在帐外暗中收受各种名义的回扣、手续费的，以受贿论。

（17）《刑法》第394条：国家工作人员在国内公务活动或者对外交往中接受礼物，依照国家规定应当交公而不交公，数额较大的，以贪污罪定罪处罚。

2. 刑法分则中常见的法律拟制。

“无法律，无拟制。”法律上之拟制以法律有明文规定为限。刑法分则中，常见的法律拟制有：

（1）《刑法》第238条第3款：非法拘禁过程中，使用暴力致人伤残、死亡的，以故意伤害罪、故意杀人罪论处。

（2）《刑法》第247条：刑讯逼供、暴力取证，致人伤残、死亡的，依照故意伤害罪、故意杀人罪论处。

（3）《刑法》第248条：虐待被监管人，致人伤残、死亡的，以故意伤害罪、故意杀人罪论处。

（4）《刑法》第267条第2款：携带凶器抢夺的，以抢劫罪论处。

（5）《刑法》第269条：犯盗窃、诈骗、抢夺罪，为窝藏赃物、抗拒抓捕或者毁灭罪证而当场使用暴力或者以暴力相威胁的，以抢劫罪定罪处罚。

（6）《刑法》第292条第2款：聚众斗殴，致人重伤、死亡的，以故意伤害罪、故意杀人罪论处。

（7）《刑法》第333条第2款：非法组织卖血、强迫卖血，对他人造成伤害的，以故意伤害罪论处。

当然，在刑法分则中，对有的条文是注意规定还是法律拟制，还需要根据具体的情形来判定。

如《刑法》第196条第3款：盗窃信用卡并使用的，依照盗窃罪论处。如果行为人盗窃后在机器上使用的，构成盗窃罪，应属于注意规定；如果行为人对其他自然人使用，也要以盗窃罚论处，就属于法律拟制。

又如《刑法》第362条：旅馆业、饮食服务业、文化娱乐业、出租汽车业等单位的人员，在公安机关查处卖淫、嫖娼活动时，为违法犯罪分子通风报信，情节严重的，依照包庇罪定罪处罚。但《刑法》第310条规定的包庇罪的对象是“犯罪的人”，而卖淫、嫖娼分子未必是“犯罪的人”，如果行为人通风报信的对象是卖淫、嫖娼等不构成犯罪的违法行为人，仍要以包庇罪论，当为法律拟制；如果行为人通风报信的对象是组织卖淫、容留卖淫等构成犯罪的行为人，以包庇罪论，则是注意规定。

【法规链接】

《中华人民共和国刑法》

第二百三十四条 故意伤害他人身体的，处三年以下有期徒刑、拘役或者管制。

犯前款罪，致人重伤的，处三年以上十年以下有期徒刑；致人死亡或者以特别残忍手段致人重伤造成严重残疾的，处十年以上有期徒刑、无期徒刑或者死刑。本法另有规定的，依照规定。

第二百六十三条 以暴力、胁迫或者其他方法抢劫公私财物的，处三年以上十年以下有期徒刑，并处罚金；有下列情形之一的，处十年以上有期徒刑、无期徒刑或者死刑，并处罚金或者没收财产：

（一）入户抢劫的；

（二）在公共交通工具上抢劫的；

（三）抢劫银行或者其他金融机构的；

（四）多次抢劫或者抢劫数额巨大的；

（五）抢劫致人重伤、死亡的；

（六）冒充军警人员抢劫的；

（七）持枪抢劫的；

（八）抢劫军用物资或者抢险、救灾、救济物资的。

第二百六十四条 盗窃公私财物，数额较大的，或者多次盗窃、入户盗窃、携带凶器盗窃、扒窃的，处三年以下有期徒刑、拘役或者管制，并处或者单处罚金；数额巨大或者有其他严重情节的，处三年以上十年以下有期徒刑，并处罚金；数额特别巨大或者有其他特别严重情节的，处十年以上有期徒刑或者无期徒刑，并处罚金或者没收财产。

第二百六十九条 犯盗窃、诈骗、抢夺罪，为窝藏赃物、抗拒抓捕或者毁灭罪证而当场使用暴力或者以暴力相威胁的，依照本法第二百六十三条的规定定罪处罚。

参考文献

1. 全国人大常委会法制工作委员会编．《关于修改中华人民共和国刑事诉讼法的决定》条文说明、立法解释及相关规定［M］．北京：北京大学出版社，2012.

2. 中共中央马克思恩格斯列宁斯大林著作编译局．马克思恩格斯全集：第1卷［M］．北京：人民出版社，1972.

3. 高明暄．刑法学［M］．北京：北京大学出版社，1989.

4. 高明暄．刑法学原理（第二卷）［M］．北京：中国人民大学出版社，1993.

5. 高铭暄．刑法专论［M］．北京：高等教育出版社，2006.

6. 马克昌．犯罪通论［M］．武汉：武汉大学出版社，1999.

7. 马克昌．刑罚通论［M］．武汉：武汉大学出版社，1999.

8. 王作富．中国刑法研究［M］．北京：中国人民大学出版社，1988.

9. 王作富．刑法分则实务研究（上、下）［M］．北京：中国方正出版社，2007.

10. 何秉松．刑法教科书［M］．北京：中国法制出版社，1993.

11. 何秉松．犯罪构成系统论［M］．北京：中国法制出版社，1995.

12. 吴振兴．论教唆犯［M］．长春：吉林人民出版社，1986.

13. 储怀植．美国刑法［M］．北京：北京大学出版社，1996.

14. 陈忠林．意大利刑法纲要［M］．北京：中国政法大学出版社，1999.

15. 杨春洗，杨敦先．中国刑法论［M］．北京：北京大学出版社，2001.

16. 陈兴良．刑法哲学［M］．北京：法律出版社，1997.

17. 陈兴良．刑法的人性基础［M］．北京：中国方正出版社，1999.

18. 陈兴良．刑法理念导读［M］．北京：法律出版社，2003.

19. 陈兴良，周振想，李汝川．刑法教程［M］．北京：中国长安出版社，2004.

20. 陈兴良．共同犯罪论［M］．北京：中国人民大学出版社，2006.

21. 陈兴良．刑法的价值构造［M］．北京：中国人民大学出版社，2006.

22. 陈兴良，周光权．刑法学的现代展开［M］．北京：中国人民大学出版社，2006.

23. 陈兴良，周光权．刑法总论精释［M］．北京：人民法院出版社，2011.

24. 陈兴良，曲新久．刑法案例教程（上、下卷）［M］．北京：中国政法大学出版社，1994.

25. 张明楷．刑法学［M］．北京：法律出版社，2007.

26. 张明楷．刑法学［M］．北京：法律出版社，2011.

27. 张明楷．刑法学（上、下册）［M］．北京：法律出版社，1997.

28. 张明楷．刑法格言的展开［M］．北京：法律出版社，1999.

29. 张明楷．法益初论［M］．北京：中国政法大学出版社，2000.

30. 张明楷．刑法分则的解释原理［M］．北京：中国人民大学出版社，2004.

31. 张明楷．外国刑法纲要［M］．北京：法律出版社，2007.

32. 赵秉志．犯罪未遂的理论与实践［M］．北京：中国人民大学出版社，1987.

33. 赵秉志．新刑法全书［M］．北京：中国人民公安大学出版社，1997.

34. 赵秉志．中国刑法案例与学理研究·总则篇（上、下）［M］．北京：法律出版社，2001.

35. 赵秉志．刑法学（上、下册）［M］．北京：中央广播电视大学出版社，2003.

36. 曲新久．刑法的解释与立场［M］．北京：中国政法大学出版社，2000.

37. 曲新久．刑法的精神与范畴［M］．北京：中国政法大学出版社，2003.

38. 苏惠渔．犯罪与刑罚理论专题研究［M］．北京：法律出版社，2000.

39. 周光权．注意义务研究［M］．北京：中国政法大学出版社，1998.

40. 黄京平．刑法总则案例分析［M］．北京：中国人民大学出版社，2000.

41. 侯国云．过失犯罪论［M］．北京：人民出版社，1992.

42. 侯国云，白岫云．新刑法疑难问题解析与适用［M］．北京：中国检察出版社，1998.

43. 姜伟．犯罪故意与犯罪过失［M］．北京：群众出版社，1992.

44. 熊选国．刑法中行为论［M］．北京：人民法院出版社，1992.

45. 杨兴培．社会转型时期的刑事法理论［M］．北京：法律出版社，2004.

46. 刘明祥．刑法中错误论［M］．北京：中国检察出版社，1996.

47. 黄伟明．刑法总则案例教程［M］．北京：北京大学出版社，2004.

48. 林亚刚．刑法学教义（总论）［M］．北京：北京大学出版社，2014.

49. 王政勋．正当行为论［M］．北京：法律出版社，2000.

50. 陈正云．刑法的精神［M］．北京：中国方正出版社，2007.

51. 王勇．定罪导论［M］．北京：中国人民大学出版社，1990.

52. 黄建辉．法律阐释论［M］．台北：学林文化事业有限公司，2000.

53. 邱兴隆．一切为了权利［M］．北京：中国检察出版社，2011.

54. 储安平．英国风采录［M］．北京：东方出版社，2005.

55. 江平．我所能做的是呐喊［M］．北京：法律出版社，2010.

56. 王利民．侵权行为法归责原则研究［M］．北京：中国政法大学出版社，1992.

57. 王利民．法学方法论［M］．北京：中国人民大学出版社，2012.

58. 梁慧星．民法解释学［M］．北京：中国政法大学出版社，1995.

59. 锁正杰．刑事程序的法哲学原理［M］．北京：中国人民公安大学出版社，2002.

60. 谌洪果．法律人的救赎［M］．北京：中国民主法制出版社，2011.

61. 张智辉，殷玉谈．公诉疑案［M］．北京：中国检察出版社，2009.

62. 尹晋华．法律的真谛（一）［M］．北京：中国检察出版社，2006.

63. 尹晋华．法律的真谛（二）［M］．北京：中国检察出版社，2010.

64. 平野龙一．刑法总论Ⅰ［M］．东京：有斐阁，1972.

65. 山口厚．刑法总论［M］．东京：有斐阁，2007.

66. 木村龟二主编．刑法学词典［M］．顾肖荣等，译．上海：上海翻译出版公司，1991.

67. 大谷实．刑法总论［M］．黎宏，译．北京：法律出版社，2003.

68. 卢梭．社会契约论［M］．北京：商务印书馆，2003.

69. 本杰明·卡多佐．法律的成长［M］．贵州：贵州人民出版社，2003.

70. 艾柯．诠释与过度诠释．［M］．北京：生活·读书·新知三联书店，1997.

71. 博西格诺，等．法律之门［M］．邓子滨，译．北京：华夏出版社，2002.

72. H. L. A. 哈特．法律的概念［M］．北京：法律出版社，2006.

73. 杜里奥·帕多瓦尼．意大利刑法学原理［M］．陈忠林，译．北京：法律出版社，1998.

74. 陈光中，宋英辉，顾永忠．《中华人民共和国刑事诉讼法》修改条文释义与点评［M］．北京：人民法院出版社，2012.

75. 陈瑞华．看得见的正义［M］．北京：北京大学出版社，2013.

76. 樊崇义．刑事诉讼法实施问题与对策研究［M］．北京：中国人民公安大学出版社，2001.

77. 最高人民检察院法律政策研究室．《关于办理利用信息网络实施诽谤等刑事案件适用法律若干问题的解释》的理解与适用［M］∥彭东．刑事司法指南．北京：法律出版社，2013（4，总56）：189.

78. 陈国庆，韩耀元，宋丹．《最高人民法院、最高人民检察院关于办理盗窃刑事案件适用法律若干问题的解释》的理解和适用［M］//彭东．刑事司法指南．北京：法律出版社，2013（3，总55）：140.

79. 史卫忠．生产、销售伪劣商品犯罪认定中的几个疑难问题［M］//姜伟．刑事司法指南．北京：法律出版社，2000（4，总4）：118.

80. 黄京平，石磊，蒋熙辉．窝藏、转移、收购、销售赃物罪的认定与处理［M］//姜伟．刑事司法指南．北京：法律出版社，2000（2）：54.

81. 杨兴培．犯罪的二次性违法理论探究［M］//社会转型时期的刑事法理论．北京：法律出版社，2004：415.

82. 清国．杨志华企业人员受贿案——筹建中的企业工作人员利用职务便利为他人谋取利益非法收受、索取财物的能否以企业人员受贿罪定罪处罚［M］//最高人民法院．刑事审判参考．北京：法律出版社，2004（6，总41）：6—7.

83. 田立文，夏汉清．明安华抢劫案——子女进入父母居室内抢劫的能否认定为“入户抢劫”［M］//最高人民法院．刑事审判参考．北京：法律出版社，2001（10，总21）：26.

84. 张军．王卫明强奸案——丈夫可否成为强奸罪的主体［M］//最高人民法院．刑事审判参考．北京：法律出版社，2000（2，总7）：28.

85. 郭彦东，牛克乾．张世林拐卖妇女案——拐卖两性人能否构成拐卖妇女罪［M］//最高人民法院．刑事审判参考．北京：法律出版社，2000（6，总11）：13—14.

86. 姚裕知，刘一守．胡启能贪污案——截留并非法占有本单位利润款的贪污行为与收受回扣的受贿行为的区分［M］//最高人民法院．刑事审判参考．北京：法律出版社，2004（6，总35）：76.

87. 张果．周敏合同诈骗案——如何理解和把握一人公司单位犯罪主体的认定［M］//最高人民法院．刑事审判参考．北京：法律出版社，2011（5，总82）：21—22.

88. 刘为波．于继红贪污案——不动产能否成为贪污罪的犯罪对象［M］//最高人民法院．刑事审判参考．北京：法律出版社，2002（6，总29）：47—48.

89. 臧德胜．刘某、姚某挪用公款案——如何认定职务犯罪案件中的自首及把握“办案机关掌握的线索”范围［M］//最高人民法院．刑事审判参考．北京：法律出版社，2012（1，总 84）：66.

90. 程永生．杨永保等走私毒品案——仅因形迹可疑被公安机关盘问后即如实交代罪行的应认定为自首［M］//最高人民法院．刑事审判参考. 北京：法律出版社，2001 年（1，总 12）：15—16.

91. 余森，仲桂．汪某故意杀人、敲诈勒索案——如实供述的罪行与司法机关已经掌握的罪行在事实上密切关联的不构成自首［M］//最高人民法院．刑事审判参考．北京：法律出版社，2012（1，总 84）：19—20.

92. 王小明．《全国法院审理毒品犯罪案件工作座谈会纪要》的理解和适用［M］//最高人民法院．刑事审判参考．北京：法律出版社，2001（12，总 23）：72—73.

93. 陈胜友．姚某贩卖毒品案——不满 18 周岁的人因毒品犯罪被判处五年有期徒刑以下刑罚，其再次实施毒品犯罪的，是否能够认定为毒品再犯［M］//最高人民法院．刑事审判参考．北京：法律出版社，2014（5，总 100）：59.

94. 张智辉．对共同犯罪中几个问题的探讨［J］．法学季刊，1985（4）：21.

95. 张明楷．论疏忽大意的过失［J］．法律学习与研究，1989（1）：47.

96. 林维，王充．选择性罪名的适用探讨［J］．人民检察，1997（8）：44.

97. 肖中华．论共同犯罪成立是否以符合同一犯罪构成要件为前提［J]. 中国刑事法杂志，1999（6）：30.

98. 姜伟，陈正云．罪刑法定与刑法解释［J］．人民检察，2001（1）：15.

99. 游伟，谢锡美．论不可罚的前后行为［J］．华东政法学院学报，2002（2）：15.

100. 林亚刚．主犯若干问题的探讨［J］．法制与社会发展，2003

(5)：123.

101. 张明楷．论揭发“他人”犯罪行为［J］．人民检察，2005(10)：17.

102. 张明楷．论“揭发”他人犯罪行为［J］．人民检察，2006（4)：17—18.

103. 张明楷．论揭发他人“犯罪行为”［J］．人民检察，2006（15)：47.

104. 张明楷．不当得利与财产犯罪的关系［J］．人民检察，2008（13)：25—27.

105. 陈洪兵．中立的帮助行为论［J］．中外法学，2008（6)：957.

106. 沈志民．论刑法上的占有及其认定［J］．当代法学，2010（3)：36—39.

107. 张明楷．共同犯罪是违法形态［J］．人民检察，2010（13)：8.

108. 周光权．造意不为首［J］．人民检察，2010（23)：7.

109. 王蓓．贪污罪与受贿罪的司法实务区分［J］．人民司法·案例，2010（24)：47.

110. 张明楷．论减轻处罚与免除处罚［J］．人民检察，2015（7)：14.

111. 線杰．未成年人累犯问题研究［J］．人民检察，2015（11)：34.

112. 林辛建．18周岁前后犯数罪的累犯认定标准［J］．人民司法·案例，2016（8)：34.

113. 赵秉志，肖中华．“如实供述自己罪行”的认定［N］．检察日报，2001-12-07（3）.

114. 周光权．因果关系的判断［N］．人民法院报，2003-02-21(3）.

115. 屈学武．正确理解刑法的谦抑性原则［N］．光明日报（理论版)，2003-11-04.

116. 张明楷．如何使解释结论符合法条目的［N］．人民法院报，2005-11-23（3）.

117. 储槐植．真善美：司法官刑法适用解释的标准［N］．检察日报，2008-06-30（3）.

118. 邓楚开．刑事司法中的形式理性与实质理性［N］．检察日报，2009－01－13（3）．

119. 游伟．反思刑事优先论［N］．检察日报，2010－03－18（3）．

120. 蒋和平．认定证据要注意辩证印证［N］．检察日报，2014－06－18（3）．

后 记

作为法律人，思考是一种责任和态度。那么，我在二十余年的执法办案经历中又思考了些什么？

在仰望星空与脚踏实地之间，我时常扪心自问。

宵衣旰食，夙夜匪懈。从二十年基层公诉的苦乐年华中，搜寻出一些自以为有思索意义的案例，略述拙见，汇集为《公诉案件办案思路指引》，以期通过剖析其中的成败得失，反思检讨自身的理论素养、公正品质、文化情愫以及洞察、思维和判断的能力。案例是联系理论与实践的桥梁与纽带，每一个案例，都记录着执法的历程；每一个案例，都记载着经历者的足迹。无论是经验还是教训，都值得珍视。

《公诉案件办案思路指引》所收集的案例，除个别源于甘肃省金昌市人民检察院和金昌市永昌县人民检察院外，绝大多数为金昌市金川区人民检察院所办理的案件。对具体案例按照“案情摘要”“诉讼意见与处理结果”“法律适用问题”“办案札记”和“法规链接”的结构顺序编排研习。其中，在“诉讼意见与处理结果”部分，简明扼要地反映了不同司法机关或者诉讼参与者认识问题的态度和思路，便于读者从点滴的办案工作中感受执法的真实。在“法律适用问题”部分，侧重于从技术角度对案件在适用法律和运用法理方面的问题或者意见，进行一鳞半爪式的探讨性评论，对其中牵涉的理论争议问题，一般不做过多的探究。因为对案例的评析，往往需要的是找到一个观察问题的视角或者方法，而不是对理论观点本身对与错的评判。特别是对有些案件而言，答案的确定性和唯一性总是相对的，重要的是能否从案件的处理过程中领悟执法的智慧，获得行动的启示。法律人的职责，不仅是学术性的也应当是社会性的，不仅是技艺性的也应当是道德性的。为此，在评析中也将一些司法理念、思维方法、执法伦理贯穿于其中，以强化对司法文化与司法职业伦理的认知、感悟和体察。在“办案札记”部分，重点是针对案例涉及的某一方面的问题而展开，或者是对执法实践感悟的梳理，或者是对特定主题内容的归纳整理，抑或是对某一问题的粗略探索，不一而足，不拘一格。如果说在“法律适用问题”部分是把复杂的问题简单化，那么，在本部分则可以说是把简单的问题复杂化，目的在于增强对同类问题的系统化认识，培育一点基于司法实践的学术研究品格。

德国法理学家拉德波拉克指出：“只有那些具有内疚之心的法律职业人才能成为好的法律职业人。”民法学家江平教授解释说：“内疚之心就是永远觉得自己做得不够好，永远觉得自己离社会给自己的目标、历史给自己的责任、当事人赋予我的期望还有距离……如果任何一个职业都要求具有内疚之心的话，从事法律职业可能更加需要有这样的内疚之心。内疚之心也就是时刻反省自己，内疚之心就是在晚上睡觉的时候要扪心自问，我所做的事情，我今天所做的事情是不是对得起自己的良心。”刑法学家陈兴良教授认为：“学术是一种个人的志业，写作更是一种个体化的行为，先有个人的‘自思’，才有公众的‘共思’。共思是以自思为前提的，若无前者则无后者。”实际上，无论是“内疚”还是“自思”，都是一种从业的良心和责任。如果说《公诉案件办案思路指引》也包含着这样的成分或者味道，祈愿这种简单的“内疚”“自思”之砖可以引来更多司法实务者的“自省”“共思”之玉。

“往者不可谏，来者犹可追。”尽管每一次的自省、自思都会增加新的感受，每一种感受都会使我吸吮到甘苦兼具的执法乳浆，但囿于本人才疏学浅、知识沉淀不够，心有余而力不足，不论是法律观点评说还是对知识的梳理归纳，其中的错误定然较多，恭请学界贤达、司法才俊不吝指出、匡语扶意。

在写作过程中，宁夏回族自治区人民政府主要领导的殷切关怀和西北政法大学教授、博士生导师贾宇校长的热情关注，温厚感人，给了我巨大的鼓舞；我国刑法学著名学者、中国人民大学终身教授王作富老师，刑事诉讼法学知名学者、西北政法大学教授裴苍龄老师，法理学知名学者、西北政法大学教授严存生老师，西北政法大学教授、博士生导师汪世荣老师、冯卫国老师、闫晓君老师和副教授杨为乔老师渊博的学识、深邃的观点似甘露滋心，为我点燃了思想火花、思考的力量。特别是汪世荣老师耳提面命，挥墨作序，教诲之情令人感怀；宁夏回族自治区公安厅王喆博士、清华大学周磊博士后的悉心指导，使我获益匪浅；知识产权出版社齐梓伊编辑对书稿的精心设计，令我深受启发。西北政法大学研究生教育学院、中华法系与法治文明研究院为我提供了教学相长的舞台，使我在学术的殿堂不断接受知识的洗礼，吸取执法的养分。金昌市金川区人民检察院全体同事们的大力支持，让我深感温暖。没有他们的教诲、关爱和帮助，不可能在繁忙的执法办案工作之余快乐地思考、写作，把书稿完成，呈现在读者面前。

在书香、案卷与键盘交织的时空里，妻子停辛伫苦，女儿温恭朝夕，可以说在书稿的字里行间都渗透着她们的心血，充满了她们的爱。在艰辛的写作过程中，也时常想起呕心沥血培育过我的小学、中学以及大学的老师们的身影和教导，还有已经远去的母亲，仿如昨夜星辰，熠熠闪光，始终照亮着我前行的脚步。

大爱无痕。感谢成长过程中所有哺育、帮助过我的好人，正是他们让我在执法的岁月中充满了激情，写作的时光里充满了乐趣，生活的世界中充满了阳光，他们的名字烙在胸口全是爱，涌上心头都是思念。

祝好人一生平安！

韦兴顺

2017 年 10 月